Peter Hacks

Historien und Romanzen

Urpoesie, oder: Das scheintote Kind

Piper
München Zürich

ISBN 3-492-03092-0

Lizenzausgabe des Aufbau-Verlags
Berlin und Weimar 1985
Satz: Offizin Anderson Nexö, Leipzig
Druck und Bindung: Wiener Verlag, Himberg bei Wien
Printed in Austria

Historien und Romanzen

David, Junge!

Ein König war in Israel,
Von allem Volk der längste.
Streng war sein Sinn, hart sein Befehl.
Doch plagten ihn die Ängste.
Es rasete in ihm, zumeist
Vorm Schlafengehn, ein böser Geist.
Da kam ein Knab im Schäferhut,
Der schlug die Harfe stark und gut,
Und wie er her die Harfe nimmt,
Da rief der Geist ganz mißgestimmt:

Laß ruhn, laß ruhn dein Saitenspiel,
David, Junge!
— Ich spiel, ich spiel, so viel ich will,
Böser Geist.
— Ich mag nicht raus aus meinem Haus,
David, Junge!
— Aus deinem Haus spiel ich dich raus,
Böser Geist.
— Mein Haus ist morsch, mein Haus ist faul.
— Dein Haus, das ist mein König Saul.
— Und heilst du ihn, dann hängt er dich.
— Eh er mich hängt, verdrück ich mich.
— Ach, du blöder David-Junge!
— Ach, du blöder böser Geist.

* * *

Da wich der Geist von Saul geschwind.
Still ward sein Haupt, sein krankes.
Dem Knaben gab sein Königskind
Zur Frau er voll des Dankes.
Und übte noch denselben Tag
Auf David einen Mordanschlag.
Da leckt der böse Geist sein Maul,
Da zog er wieder rein in Saul,
Da schrie der Saul nach David dann,
Da fing das Lied von vorne an.

— Laß ruhn, laß ruhn dein Saitenspiel,
David, Junge!
— Ich spiel, ich spiel, so viel ich will,
Böser Geist.
— Er jagt dich wieder, du wirst sehn,
David, Junge!
— Kann wieder in die Berge gehn,
Böser Geist.
— Und wenn du erbst sein Königreich?
— Sing ich ein Klaglied ihm sogleich.
— Und wenn du König bist wie er?
— Dann plagt mich kein Gewissen mehr.
— Ach, du blöder David-Junge!
— Ach, du blöder böser Geist.

Scipio

Ach! die Republik, der Staat der Meisten,
Ist, bei aller Tugend, hochgebrechlich.
Dauernd kommen welche, die was leisten
Und daraus ein Vorrecht ziehn. Tatsächlich
Ist die Furcht, daß Könige entständen,
Nur in Monarchien abzuwenden.

* * *

Einmal auf Liternums Gutsgelände
Ritt ein niegesehner Gast durchs Tor,
Der Besitzer, sprang vom Pferd behende,
Fordert Bett und Essen und verlor
Kein Wort drüber, blieb. Ein Kerl aus Eisen,
Traf er nie mehr Anstalt abzureisen.

Nein, er freute, wandelnd durch das Weingut,
Sich der herbstlich tiefen Blätterfarben,
Trank auch was aus einem Krug von Steingut
Oder zeigt der Sonne seine Narben.
Scipio war es, den Italien pries
Und voll Dank den Afrikaner hieß.

Jener, der im strahlendsten der Züge
Den Trickgeneral und Schlachtendieb,
Das Geschöpf der Wüste und der Lüge,
Von Roms Pforten in sein Sandland trieb.
Aber als er heimkam von der Tat,
Gab es ein paar Fragen im Senat.

Gut, der Krieg Karthagos ist beendet!
Aber hat er auch die Stadt zertrümmert?
Hat er Puniens Handel abgewendet?
Hat er sich um Abrechnung gekümmert?
Zwar, er hat den Hannibal geschlagen,
Doch verweigert uns die Unterlagen!

Als dem Triumphator nach Minuten
Endlich aufging, was man von ihm wolle,
Da, als träfe man sein Herz mit Ruten,
Stand er sprachlos, wandte sich im Grolle,
Und für ewig floh er aus den Mauern,
Die er rettete, zu seinen Bauern.

Unter einer Gruppe von Platanen
Ließ er sich ein Grab errichten. Hier?
Rief der Grabmetz, fern von Ihren Ahnen? —
Richtig, sagte Scipio, doch bei mir.
Und er sprach, befragt, wie er das meine:
Diesem Vaterland nicht meine Beine.

* * *

Ähnlich wieder ein gewisser H.
Eines Tags aus irgendeinem Grund
Legte er den Stift weg, saß nur da,
Fing mit großer Sorgfalt Fliegen und
Sprach, auf neue Werke angesprochen:
Diesem Vaterland nicht meine Knochen.

Das Leichenkonzil

Der Beklagte sah nicht wohl aus. Zwar auf seinem
Haupt, dem bleichen,
Trug er noch die Bändermütze, jenes höchste
Würdenzeichen,
Doch im Saale der Konzilien, wo man ihm so oft
gehuldigt,
Saß er jetzt, der Papst Formosus, schlimmer
Dinge angeschuldigt.
Neben ihm ein Diakon, ihm als Beistand
wohlvereidigt;
Denn die heilge Kirche richtet keinen, den sie
nicht verteidigt.
Einen starken Duft verbreitend, struppgen Kinns,
die Wangen knöchern,
Starrt der Papst auf die Versammlung, starrt aus
hohlen Augenlöchern
Auf die Farbenpracht der Stolen, das Gewog der
Kuttenträger,
Auf den sechsten Stephan endlich, seinen
Folgepapst und Kläger.
Freilich eine ganze Reihe Kirchenfürsten, unter
ihnen
Alle Formosianer, waren Krankheits halber nicht
erschienen.

Sprach Papst Stephan: Der du führest Stab und
Ring nach deinem Amte,
Weil die heilge Kirche keinen ohne Prüfung je
verdammte,

Gibst du zu, daß du entgegen der kanonischen Bestimmung
Deinen Bischofssitz verließest für des Petersstuhls Erklimmung?
— Mein Mandant hat nicht verstanden! rief der biedre Diakon.
Doch Papst Stephan lächelt milde: Bruder, er versteht mich schon.
Hier erhob sich zwischendringend Lambert, Kaiser von Italien:
Welch gelehrte Kleinigkeiten, was für kindische Lappalien,
Warum fragst du nicht den Argen nach der ärgsten seiner Taten,
Wie er Rom, die hohe Feste, an die Deutschen hat verraten? —
Scharf sprach Stephan: Im Konzile, wo sich Gott geruht zu zeigen,
Hat die Klugheit dieser Welt, hat der Kaiser selbst zu schweigen.

Und so fuhr er zum Formosus fort mit ruhigem Gebaren:
Ist es wahr, daß du als Hirte der barbarischen Bulgaren
Dieses Land der schlechtbelehrten heidengläubig dumpfen Toren
An die spalterischen Teufel Method und Kyrill verloren?
— Mein Mandant versteht auch diesen Punkt nicht. So der Diakon.

Und Papst Stephan lächelt milde: Bruder, er
versteht mich schon.
Und aufsprang zum andern Male Kaiser Lambert
von dem Sitze,
Seine braunen Adern schwollen, seine Augen
schossen Blitze:
Warum fragst du den Verruchten, statt nach
Schul- und Pfaffensünden,
Warum fragst du nicht, weshalb er aus tiroler
Alpenschlünden
Jenen kärntnerischen Arnulf ränkevoll gerufen
hat
Zu Gemeng und Mauerkampfe in die eigne
Vaterstadt?
— Ich ersuche, sagte Stephan, mit Ereifrung
aufzuhören
Und den ordentlichen Fortgang des Konziles nicht
zu stören.
Aber Lambert schwieg nicht stille. Römer,
Konsuln, Senatoren,
Unsrer Erde alte Mitte, unser Rom wird neu
geboren,
Wenn im Bunde mit Italien es sich dehnt zum
Kaiserreiche,
Daß an Ruhm es dem der Franken oder der
Teutonen gleiche.
Wohin ist es durch Formosus mit dem stolzen
Rom gekommen?
In die Mörderhand der Deutschen, in den
Würgegriff der Frommen!

Hat der Widerstand der Bürger Arnulfs Horden
auch vertrieben,
Ist doch des Formosus Anhang und Gesindel
hiergeblieben,
Und es schleichen deutsche Spitzel in dem
Schatten von Sankt Peter,
Unabsetzbar, heiligmäßig, lauter fromme
Hochverräter! –
Schnaufend setzte sich der Kaiser. Sprach sehr
ernst Papst Stephan: Hier
Fragt allein die Kirche, jedes weitre Wort verbitt
ich mir.

Und sehr gütig zum Formosus: Nicht doch länger,
Mensch, verhehle,
Daß du ein Erzketzer seiest, denk an deine ewge
Seele,
Sag, wie du dem Satan dienest, sag, wie du den
Schöpfer schmähest,
Gleißend ein Gefäß der Lüge, so, du schweigest
und gestehest,
Wohl so seien Ring und Krummstab abgetan dir
Kirchenschänder
Und die scheußlich angemaßten, die
Pontifikalgewänder,
Und drei Finger abgehauen von der Hand mit
einem Beile,
Daß kein Höllenabgesandter Gottes Segen mehr
erteile,
Und wer je von dir geweiht ward oder von
von dir Geweihten,

Hab durchaus verloren seine priesterlichen Eigenheiten,
Außer er erhält sie wieder von uns selbst nach hohem Wissen,
Doch dein Leichnam, in die Tiber sei der stinkende geschmissen. –
Heilger Vater, sagte Lambert, Sie verzeihn, daß ich geschäftig
Ihnen in den Text gefallen, ich bin wirklich schrecklich heftig.
Drauf der Anwalt. Des Formosi Unrecht, rief er, sei erwiesen,
Aber mancher Umstand wieder spräche lebhaft auch für diesen;
Er beschrieb des Teufels Arglist in Zitaten und in Bildern,
Wohlgeeignet, wie er vortrug, auch die schwerste Schuld zu mildern.
Und das allerletzte Wort hatte nun die Vollversammlung.
Endlos tagte im Geheimen bei der Pforten Vollverrammlung
Das Konzil. Die Kardinäle, Presbyter und Ordensbrüder,
Sie bewegten, von Gebeten krafterfüllt, das Für und Wider.
Aber dann mit einer Stimme und in Würdigung der Lage
Billigt man des Papstes Gründe und verfuhr nach seiner Klage.

Eins vielleicht noch nachzutragen wäre hier zu
dem Verfahren:
Nämlich daß Formosus tot war, etwa seit
dreiviertel Jahren.
Aufgegangen war der Deckel von des Papstes
Sarkophage
Lange, eh er sichs versehen, lange vor dem
jüngsten Tage,
Und entstiegen war der Leichnam blinzelnd den
Gewölbestufen,
Nicht von seinem Heiland, bloß von Polizisten
aufgerufen.
Der Prozeß lief, wie Prozesse immer laufen, nach
der Norm.
Eben nur des Täters Zustand bleibt ein Fehler in
der Form.
Höchst erfolgreich war der Ausgang, etwas
drastisch war das Mittel.
Manchmal in der Rechtsgeschichte fehlt das
fragliche Kapitel.

Die goldne Laus zu Bismark

Die Bürger von Bismark, die saßen beim Bier
In bitterer Weltbetrachtung:
Wir haben das Stadtrecht. Eine Stadt, das sind
wir.
Und doch schenkt uns keiner Beachtung.
Was fehlt? Eine Kirche! Die zeigt unsern Rang!
Beschlossen, verkündet. Der Anfang gelang.
Und die Grube ward geschippt
Und das Fundament gekippt,
Schon die Quadern karrt man her,
Und dann war der Säckel leer.

Da kam aus Ülzen des Weges gerollt
Eine Kutsche mit feurigen Speichen.
Ein Fremder stieg aus: Ich leih euch das Gold,
Ihr könnt es später begleichen.
Die Bürger von Bismark nahmens so gern
Und erkannten in ihm den Engel des Herrn.
Ziegel wölbt und Terrakott
Brausend sich empor zu Gott.
Einen Dom, frech wie den,
Hat die Altmark nie gesehn.

Und wie sie zum Hochamt wandeln, voran
Der Propst mit dem räuchernden Fasse,
Da lehnt im Domtor der fremde Mann
Und spricht: Ich bitte zur Kasse.
Und da wurde natürlich allen klar,
Daß der aus der Kutsche der Teufel war.

Nämlich heutzutage Geld
Hat nur mehr die Unterwelt.
Leider dann mit Schnelligkeit
Folgt der Tag der Fälligkeit.

Ich seh schon, sprach jener, ich habe kein Glück,
Ihr seid pleite, da hilft ja kein Sülzen.
Doch von Gold eine Laus, die laß ich zurück.
Tats, und entfernt sich gen Ülzen.
Und die Laus und die rennt und mit scharrendem
Bein
Ins geheiligte Dämmer der Kirche hinein.
Mitten jetzt in Gottes Haus
Steckt die goldne Teufelslaus,
Und was Wunder, daß man mit
Bangigkeit zum Opfer schritt.

Der Propst dem Heiland das Stichwort gibt.
Da seltsam auf dem Brokate,
Da kommt die Laus gekrabbelt und nippt
Vom Wein und bepißt die Oblate.
Und was sie pißte, das stank so,
Daß die Gemeinde voll Grausen floh.
Und die Kirche stand und stank,
Bis sie ganz in Trümmer sank.
Nur ein Turm mit einem Sprung
Steht noch zur Besichtigung:

Die goldne Laus zu Bismark.

Das Muttergottesbild

An Papst Pii Heiligkeit
Vom geringsten seiner Diener,
Frommerbötig allezeit,
Cosimo, dem Florentiner.
— Lieber Piccolomini,
’s ist nur eines Possens wegen,
Doch dem Bankhaus Medici
Ist ein wenig dran gelegen.

Es betrifft den Buhlverkehr
Einer Ordensfrau aus Prato
Mit dem Künstler Lippi, der
Auch ihr Prior war bis dato.
Jener Lippi nämlich ist
Karmeliter, ein beschuhter,
Kaum empfehlenswert als Christ,
Doch als Maler ein sehr guter.

Zum Fall selbst. Die Nonnengild
Von der Santa Margherita
Ordert ein Marienbild
Bei besagtem Karmeliter,
Und die jüngste hat er schnell
Und die allerschönste Nonne
Ausbedungen zum Modell
Für die liebliche Madonne.

Großer Gott! im zartsten Lenz
Mußt man ihn ins Kloster schieben,
Anders wäre in Florenz
Keine Unschuld heilgeblieben.
Dieser, mein Filippo, nun
Steckt mit der in einer Zelle,
Und schon macht er sich zu tun
An dem himmlischen Modelle.

Heute zählt Anatomie
Jeder zu den Kunstgeboten.
Aufhebt und bis übers Knie
Er den Saum, den blau und roten.
Und wie er so aufhebt, jäh
Strömt ein Duft aus ihrem Fleische,
Jener so geschlechtliche
Und noch so liebkindlich keusche.

Als er sahe, was er roch,
Überbraust ihn das Verlangen.
Ists dem Hl. Geiste doch
Nicht viel anders einst gegangen.
Ruchbar wird auch, ganz wie in
Nazareth, der Jungfrau Wehstand;
Mein Filippo immerhin
Zeigt sich voll bereit zum Ehstand.

Mein Eneo Silvio!
Klugheit und ein Meer von Gründen
Raten, die verfluchten zwo
Der Gelübde zu entbinden,
Und gerettet ist das Paar
Und das Bild. Von Lippis Werken
Fast das beste ists und gar
Dienlich, Gottes Ruhm zu stärken.

Denn der Glauben, Heiligkeit,
Und die Kunst, sie sind nur scheinbar
Eins, doch in der Wirklichkeit
Sind sie häufig schwer vereinbar.
Und ich denke mit Vergunst,
Tun wir Lippi nichts zu Leide:
Denn den Glauben und die Kunst,
Beide wollen wir doch beide.

Johannes Tetzel

Wache auf, mein süßer Hirt,
Sprach die Tochter von dem Wirt,
Weil der Mensch nach Trunk und Kuß
Einmal an die Arbeit muß.
Auf dem Markt von Jüterbog
Wartet schon der Opferstock,
Denn im kleinen Grenzverkehr
Fegt er Sachsens Taschen leer.
  Wie? mein Ablaß dünkt euch teuer?
  Sitzt erst ihr im Fegefeuer,
  Gebt ihr eine Million
  Gern für fünf Minuten schon!

Aus dem päpstlichen Tresor
Kramt er Gnad um Gnade vor.
Aber weh, was ist geschehn?
Kaum ein Kunde läßt sich sehn.
Quäkt ein Weib aus Wittenberg:
Bei uns ist ein Mönch am Werk,
Der verkündet kurz und knapp:
Lasset von dem Ablaß ab!
  — Ab von Ablaß! Gute Werke
  Sind das Maß der Glaubensstärke,
  Denn Gott stellt dem Adam frei,
  Ob er fromm, ob sündig sei.

Brennt den Doktor! Hört auf mich,
Der als Ketzerrichter ich
Zwar ein Kerl von schlichtem Sinn,
Doch ein Mann des Volkes bin.
Füchse, weiß ich, wild und rot,
Schlägt man, wenn sie jung sind, tot! –
So hat Tetzel laut geschrien.
Ach, man hörte nicht auf ihn.
    Und ein wahres Rufgemetzel,
    Wo er geht, umbrandet Tetzel,
    Bis nach Leipzig er, der Stadt,
    Selber sich verkrochen hat.

Endlich ist mit Dulden Schluß,
Denn nun kommt der Nuntius.
– Ei, Ihr überklugen Herrn,
Konntet Ihr nicht auf mich hörn?
Damals ging es kinderleicht
Mit dem Teufel. Heute reicht
Nur noch Strenge, blind und roh!
– Auch die Kirche sieht das so. –
    Tetzel kam auf Lebensdauer
    Hinter eine Klostermauer,
    Wohin Luther ihm sehr lieb,
    Daß er ihm verzeihe, schrieb.

Englische Eröffnung

An einem Juninebeltag
Sind über die Atlantikwogen
Bei sanftem Wind und Wellenschlag
Mit Kurs Quebec dahingezogen
Drei gut französische Fregatten,
Die ihr Geschwader verloren hatten.

Dann teilt die Trübe sich. Es bricht
Der Nebel auf wie in zwei Wände.
Es öffnet strahlend sich die Sicht
Aufs ozeanische Gelände.
Und plötzlich liegt ganz klar und nah
Die ganze englische Flotte da.

Nun ja, man trifft sich nicht nur gern.
Denn George und Louis zeigen gleiche
Besitzbegier nach jenem fern
Und rauhen Vizekönigreiche.
Man grüßt knapp nach den Anstandsregeln
Und will ansonst vorübersegeln.

Da — Linienschiff für Linienschiff
Dreht bei und zeigt die breite Seite,
Als ob ein Artillrieangriff
Im Todesernst sich vorbereite.
Der Kapitän von der »Alcide«
Er denkt: Ich denke, es herrscht Friede.

Doch es ist wahr: geraume Zeit
Sind wir auf See, fast vierzehn Wochen,
Am Ende ist Feindseligkeit
Zu Haus inzwischen ausgebrochen. –
Er greift zum Sprachrohr: Haben wir
Krieg oder Frieden, Kavalier?

Dort, achtern auf der »Dunkirk«, steht
Der Kapitän auf seinem Flecke,
Schreit: Frieden, Frieden, Sir! und dreht
Den Trichter zum Kanonendecke
Und fügt in echt altenglischer Ruh
Das Kommando: Feuer! hinzu.

Der Krieg, der siebenjährige,
So ging er an, von diesem Platze.
Und jeglicher seitherige
Eröffnet mit demselben Satze.
Man lädt. Und einer brüllt vom Steuer:
Frieden, Frieden – Feuer!

Mozart auf der Reise nach Paris

Lieber Mozart, ich bin froh,
Etwas für Sie tun zu können,
Die Duchesse will von Chabot
Ihnen einen Abend gönnen.
Sie ist klug und hat ein Ohr,
Spieln Sie ihr was Schönes vor.
  Die Chabot, sagte Grimm,
  Sie ist wirklich nicht so schlimm
  Wie die andern reichen Krähen,
  Die so gar nichts von Musik verstehen.

Ach, ich ginge gar nicht hin,
Wäre nicht der Scheiß der Schulden.
Wer ist diese Herzogin?
Der Fiaker nimmt vier Gulden.
Und man spielt sich dumm und tot
Für ein kaltes Abendbrot.
  Aber gut, lieber Grimm,
  Wenn dir einer gibt, dann nimm.
  Gut, gut, gut, wir werden sehen,
  Was Frau Durchlaucht von Musik verstehen.

Von perlmuttnen Brüsten her
Sprühte Diamantenfeuer.
Leider, der Kamin war leer,
Auch der Flügel war kein neuer.
Schrecklich knarrte das Pedal
In dem ungeheizten Saal.

— Sähen Sie, lieber Grimm,
Diese nackten Weiber im
Kreise um den Whisttisch thronen,
Spieln mal Sie die Fischer-Variationen!

Hams kein besseres Klavier?
No, dann spiel i eben hier.
Hams net zwoa, drei Buchenscheiter?
No, dann spiel i eben weiter.
Meine Finger san so klamm,
Krieg kaum a Oktavn zsamm.
Glaubn das Sie, lieber Grimm,
Daß i hier den Ruhm erklimm?
Und der Dank für die Tortur?
Eine goldne Taschenuhr.

Dieser Motzert oder so,
Der, den Sie mir neulich schickten,
Der gehört, sprach die Chabot,
Wieder zu den ganz Verrückten.
Er ist fabelhaft begabt,
Aber hat den Bock gehabt.
Kunst ist Kunst, lieber Grimm,
Doch die Künstler, die sind schlimm,
Die den Preis von einer Uhr nicht sehen
Und so gar nichts von dem Publikum
verstehen.

Der Salut von Memel

— Luise, liebes Kind, ich muß . . .
— Wohin, wohin, wohin?
— Nach Tilsit fort zum Friedensschluß,
Weil ich geschlagen bin. —
Der König geht. Der König spricht:
Die Ruhe ist die erste Pflicht,
Drum reize mir den Kaiser nicht,
Das hat jetzt keinen Sinn.

Luise wollte tanzen gehn,
Wohin, wohin, wohin?
Zu einem Britenkapitän,
Der kam bei Tagbeginn.
Schon hüpft sie fröhlich in das Boot,
Der Busen weiß, die Wangen rot,
Ein alter Maat von echtem Schrot,
Der roch nach Teer und Gin.

Luise an der Bordwand schwebt,
Wohin, wohin, wohin?
An schwankem Seil ein Kran sie hebt,
Daß sie das Deck gewinn.
Ein Hochruf donnert von den Rahn,
Im Seewind knattert Englands Fahn,
Luise hängt an ihrem Kran,
Es knarrt die Ruderpinn.

Luise steigt der Magenbrei,
Wohin, wohin, wohin?
Aus Mund und Nase ein Gespei,
Es schießt ihr übers Kinn.
Das schöne Kleid aus Musselin,
Das hat sie völlig vollgespien.
Luise speit wie ein Delphin
Und wünscht sich sonstwohin.

Kanonen feuern den Salut.
Wohin, wohin, wohin?
Sie feuern gut, sie treffen gut,
Es warn noch Kugeln drin.
Halb Memel lag in Schutt im Nu.
Napoleon murmelt: Quel dégoût.
Der Wilhelm schreit: Verdammte Kuh.
Gott schütz die Königin!

Infamie

Der Nordwind bläst den Kaffee kalt,
Wie heiß das Stövchen brennt.
Es sitzt der Marschall Macdonald,
Der Herzog von Tarent.
— Es liegt des Kaisers große Armee,
Es liegt das Zarenheer
Begraben unterm gleichen Schnee.
Und übrig ich und er.
  Nur wir: das zehnte verbündete Korps.
  Es ist mir ein Rätsel, wie ich ihn verlor.
  Er steht ja ganz nah, weshalb bleibt er fort?
  Ein Brief, Marion? Endlich! Fast dacht ich das
    Wort
  Infamie. —

Herr Marschall! glatt sind Weg und Steg,
Der Schnee fällt höh'r und höh'r.
Wenn ich mich Richtung Memel leg,
Ists reine force majeure.
Man hat schon einen Wolf gesehn.
Ich trag ja auch die Sorg
Um meine Männer. Tauroggen, den
30. 12. Yorck.
  — Abfiel der Bube, lief über zum Feind,
  Viel hat er geschworen und wenig gemeint.
  Ach, ich und der Yorck, das war Frieden und
    Sieg.
  Doch Yorck mit Rußland bedeutet den Krieg.
  Infamie.

Getroffen ist ins tiefste Mark
Der Freiheit edle Idee.
Ob ich mein schönes Schloß und Park
Noch einmal wiederseh?
Das engelländsche Silberpfund
Erstickt die Völkertat,
Die spanischen Kapläne und
Der preußische Verrat.
Sie kochen mit Mehl, und sie lieben im Hemd,
Und die Kunst des Verrats ist ihnen nicht fremd.
Zugunsten der Knute hat unverzagt
Der Korporalstock den Aufstand gewagt.
Infamie.

Man melde meine Hochachtung
Dem Herrn Genralleutnant,
Vielleicht bei mildrer Witterung
Käm noch der Treff zustand.
Doch wirds ein Treff zum Waffentanz,
Dann, Herr, auf möglichst bald.
Tilsit, 30. 12. Ganz
Ergebenst, Macdonald.
Das ist die Sprache der Konvention.
Die Sprache des Herzens hat andern Ton.
Wer Marschall, König und Kaiser verrät,
Dem folgt ein Wort, wo immer er geht:
Infamie.

Der sterbende Sänger

Als Preußen, Rußland und Österreich
Gegen Frankreich und Deutschland stritten,
Da ist ein Jüngling, schwarzlockig und bleich,
Mit in den Tod geritten.
Laßt Mutter, Braut und Geliebte zurück! –
So hatte er gedichtet
Im »Josef Heydrich«. Ein schönes Stück
Und stark gegen Frankreich gerichtet.

Und wie er lag ins Moos gerafft,
Da traten starr und geisterhaft
Vors Aug ihm hin, das brechende,
Drei Frauen, sichtbar sprechende.

Die Mutter sprach: O Theodor,
In dir wuchs uns ein Gott empor.
Der Vater zahlte die Verleger.
Was willst du bloß als Schwarzer Jäger?
Nichts ist, das dich zu Preußen zwingt,
Du bist ein Wiener aus Dresden.
Man tut nicht alles, was man singt.
Der Tod, der tut am wehsten.

Die Zeit war knapp, das Bild entschwand,
Die Braut Antonie vor ihm stand.

Die Toni sprach, die schöne Braut:
Noch ist nicht unser Haus gebaut,
Fort aus der Ringstraße in Wien

Kann nur ein Narr zum Lützow fliehn.
Bleib, mein Verlobter. Bleib und schreib
Mir weiter schöne Rollen,
Ich spiel dir jedes Heldenweib
Auch vor der Burg, der vollen.

Dann gab mit einem Bühnenfluche
Sie Platz dem dritten Nachtbesuche.

Die Frau Bankier Pereira sprach:
Napoleon, das ist die Schmach.
Der Völkervogt, es hassen ihn
Die Israelitinnen von Wien.
Die Fanny Arnstein spendet Geld,
Die Rahel hat sich beigesellt.
Wir sind nicht blond, doch blond und licht
Sind unsre Seelen. Unsre Pflicht
Ist euer Mut. So fühlen es
Sogar die Damen Eskeles.
Drum wenn du mich liebst wie ich dich,
Sei tapfer und verlasse mich.
Nimm dieses Buch zum Liebespfand.
Die Leier stickt mit eigner Hand
Ich in die grüne Seide. Du
Zieh hin und füg das Schwert hinzu.

Sie sprach noch viel im selben Ton,
Die zarte Henriette.
Des Sängers Geist war längst entflohn,
Da stand die Halluzination
Noch redend an der Stätte.

Von Gadebusch zog gen Schwerin
Ein Sarg unter Trommelschlägen.
Zwei Eichen rauschen bei Wöbbelin,
Dort ist sein Grab gelegen.
Ihr schönen Wiener Jüdinnen,
Ihr ließt ihm keine Ruh.
Und hätt doch können werden
Ein zweiter Kotzebue.

Der Geistergeburtstag

Vorm Bühneneingang her und hin
Bin ich einmal gegangen,
Man soll von einer Künstlerin
Nicht Pünktlichkeit verlangen.
Ich schlenderte und roch mit Lust
Den mitternächtlichen August
Und kam im Unversehen
Vor einem Haus zu stehen.

Ein schönes Haus, so klassisch treu,
So einfältig erlesen,
Es ist gewiß wohl einmal neu
Und dennoch schön gewesen.
Die Tür war auf. Der Hausflur klang
Durchtönt von Männerchorgesang,
Ein Herr hat mich gebeten,
Gefälligst einzutreten.

— Wer ist, der hier noch singt so spat,
Der Kreis fidel und kregel?
— Wir feiern den Geburtstag grad
Von dem Professor Hegel.
Ich bin der Dichter Raupach. Ich
Vernehm ja, daß Sie über mich
Sehr nett geschrieben haben.
Salut am Kupfergraben.

Doch still, der Alte! — (Ich berichts,
Weil es nicht ohne Reiz war):
Er selbst, sprach Hegel, geh ins Nichts,
Die Jugend folg. Es sei zwar
Die heutge Jugend blöd wie nie,
Doch sei, daß ausgerechnet die
Des Fortschritts Werk verrichte,
Der Witz der Weltgeschichte.

Da schlug es zwölf. Und stracks erhob
Die Runde sich, die frohe.
Jetzt fordert, rief man, unser Lob
Der andre Zeitheroe.
Am Rand jetzt zwischen Tag und Tag
Begehen wir auf einen Schlag
Die göttergleich Erhöhten,
Hegeln zugleich mit Goethen.

Ich auch trank auf den Anlaß viel,
Ein volles Glas Burgunder,
Und sprach zu Raupach: Mein Vergil,
Sprach ich, es nimmt mich wunder,
Daß Sie nach all den Jahren hier
Bei Scherz und Lied, bei Punsch und Bier
Als Gaukelwerk sich regen. —
Er sprach: Unter Kollegen,

Uns wieder wundert, daß Sie, ein
Lebendger, uns beehren,
Wir glaubten, daß nur wir allein
Der Nachricht teilhaft wären,
Wer, seit man teutsche Männer findt,
Von denen die zwei größten sind,
Wer erst kommt und wer dann kommt,
Kurzum, auf wen es ankommt.

Der FW III zum Beispiel hat
In ziemlich rüden Noten
Der Presse die Berichterstat-
tung über uns verboten.
Auch in der Macht ja wohnt Idee,
Wir übersehn nicht, daß die Spree,
Die hier so still vorbeifließt,
In Richtung Stadtvogtei fließt.

Daher, solang nicht breit genug
Geteilt wird unser Denken,
Muß sich auf balladesken Spuk
Die Weltvernunft beschränken.
Und bis er sich nicht frisch erweist
Im Volksgemüt, behält der Geist
Etwas Gespensterhaftes.
Ich hoff, die Menschheit schafft es. –

Drauf ich: Ich seh die Sache doch
Nicht so durchaus verpfuscht noch,
Die Zeitung zwar schweigt immer noch,
Und meine Liebste duscht noch,
Doch grade von dem Goethe wie
Sogar vom Hegel heget sie
Als geistige Erscheinung
Die allerhöchste Meinung.

So zählten wir schon zwei bereits;
Will mich auch gern verbinden,
Der großen Wahrheit meinerseits
Noch Anhänger zu finden.
Doch es wird eins und für Sie Zeit,
Ich danke für die Gastlichkeit. –
Der Raupach sagte bieder:
Erwähnen Sie mich wieder.

Lola und Ludwig

Sie saß auf seinem Lederknie
Und spielte ihm im Barte,
Die Oberlippe wölbte sie,
Die maurisch leicht behaarte,
Zum sanften Kusse ihm hinan,
Ihr Aug, das irisch blaue,
Es sprach: Du bist der erste Mann,
Dem ich mein Herz vertraue.

Da klirrts, da splitterts. Ein Rumor
Von außerhalb des Tores.
— Mein liebster Ludwig, was geht vor?
— Das Schicksal zürnt, Dolores.
Das Schicksal zürnt. Es murrt und knurrt
Und wirft mir ein die Scheiben.
Erfüllung, die dem Alter wurd,
Hat wohl kein Recht zu bleiben.

Ja, ich bin alt, und du bist kalt,
Uns peinigt kein Verlangen.
Der Erdenmensch kann dergestalt
Schon Himmelsglück empfangen.
Die Liebe edlerer Natur,
Vom Drang erlöst der Sinnen,
Man findet sie bei Greisen nur
Und bei Tänzerinnen.

— Wer aber wirft die Scheiben ein?
— Ach, Kind, man kann nur raten.
Es können die Jesuiten sein,
Doch auch die Demokraten.
Die Roten und die Schwarzen sind
Sich eins zum jetzgen Zeitpunkt,
Denn über dich und mich, mein Kind,
Besteht ja gar kein Streitpunkt.

Sie lieben selbst wie Hund und Sau,
Die Weiber, die sie haben,
Sind ungewaschen, und picklig rauh
Die Hintern der Meßknaben.
Die Roten oder Schwarzen sinds,
Die uns die Wonne neiden.
’s gilt nicht der Kunst, ’s gilt nicht dem Prinz,
Es gilt gewiß uns beiden. —

Sie hielten sich erschrocken fest
Und saßen Haupt an Haupt gepreßt
Und saßen stumm und lange,
Die schöne Frau, der alte Mann,
Und eine welke Träne rann
Über ihre rote Wange.

Das Volk der Baiern trennte voll Hohn
Das keusche Seelenerlebnis.
So blieb die deutsche Revolution
Doch nicht ganz ohne Ergebnis.

1866 oder: Sagen Sie mal was gegen Bismarck

— Bismarck, was hör ich, ein Krieg ist in Sicht?
Wer ist denn hier der König, den führ ich Ihnen nicht.

— Wenn es um Rußland geht: der Zar
Ist mir gewogen ganz und gar.
Hinsichtlich jeder Zeiterscheinung
Sind er und ich stets einer Meinung.
Denn rechts des Niemen und rechts der Elbe
Das Dorfsystem ist fast dasselbe,
Der Barin zahlt wie der Baron
Viel lieber Prügel aus als Lohn,
(Nur sollen mir die leibeignen Seelen
Dereinst auch noch den Reichstag wählen).
Wir fühlen: jede Obrigkeit
Ist eine Gottgegebenheit,
Kurz, im Erhalten und Bewahren
Akkordier ich völlig mit dem Zaren.
Er hat mir versprochen, beim Kriegsgeschehn
Stillzuhalten und zuzusehn.

— Famos, lieber Graf. Famos, famos.
Doch bin ich noch die Skrupel nicht los,
Womit ich mich seit Tagen quäl.

— Wegen Viktor Emanuel?
Aber grad der hat als Genossen
Mich ins demokratische Herz geschlossen.

Ich bin der letztverbliebne Sohn
Der europäischen Revolution.
Die alten Reichsverfassungsstänker
Waren edle und tiefe Denker,
Haben nur das eine nicht bedacht,
Daß man Umsturz nicht in Kirchen macht.
Der König liebt mich. Er hat seine
Fürsten beseitigt wie ich meine,
Und böse sind wir im gleichen Grad
Mit dem Papst und seinem Staat.
Ich hab ihm Venetien angetragen.
Er wird sich tapfer mit uns schlagen.

— Sie haben noch immer nicht kapiert ...

— Majestät fürchten, Frankreich marschiert?
Doch nicht Napoleon. Bei dem Mann
Lernte ich alles, was ich kann:
Von Parlamenten und Parteien,
Nicht hinzuhören, was sie schreien,
Die Kunst des Staatsstreichs, des Volksbegehrens
Und des vom Volk die Straße Leerens;
Denn nur eine Kostenrechnung des Blutes
Verhindert Schlimmes und tut Gutes.
Wie alle Erfinder ist Bonaparte
In seinen Nachahmer vernarrt.
Er traut mir völlig. Ich bin da kühler.
Er ahnt nicht, daß am besten Schüler
Der beste Lehrer wird zuschanden.
Er ist vollkommen einverstanden.

— Nein, Bismarck, Sie sind ein Genie.
Ich weiß ja, sowas können Sie.
Ich wollte sagen: Mich verdrießt,
Wenn der Deutsche so auf den Deutschen schießt.

— Ach so, gottlob, ein Mißverständnis.
Deutsche sind nach meiner Kenntnis
Ganz unbetroffen. Mein Eisen fressen
Sollen Nassauer, Hannoveraner, Hessen,
Auch Leute aus Württemberg oder Baden
Kämen allenfalls zu leichtem Schaden,
Doch sind sie geschossen nach Deutschland hinein,
Dann mögen sie ganz ruhig sein.
Ein Roland stell, in Erz gegossen,
Ich mich vor Reich und Kaiser hin.
Auf Deutsche, Sire, wird nicht geschossen,
Solange ich der Kanzler bin.

Die Flucht nach Astapowo

Rüstig, rüstig, Väterchen,
Durch die Scheiben graut das Frühlicht,
Hoch vom Strohsack, Kopf in Eimer,
Blankgefegt die Birkendielen,
Holz zum Hauklotz, Holz gespaltet,
Angefacht den Eisenofen,
Angelegt den groben Kittel
Und die groben Pluderhosen
Und die Stiefel, selbstgenäht
Von den Sohlen zu den Schäften.
Auf dem Bord das Schusterwerkzeug,
Schusterahle, Pech und Heftzwirn.

Doch wie er nun stapft ins Nebenzimmer,
Verdrießt ein Anblick ihn, ein schlimmer:

Kandelaberglanz bestrahlte
Brustgeschmeid und Ordensstern,
Damen sprachen, schön bemalte,
Mit Majors und Kammerherrn.
Schon halb satt von dem Geschwafel
Rückt er mürrisch an die Tafel,
Und es sprach der Cheflakai:
Befiehlt Herr Graf den Hirsebrei?

* * *

Spute, spute, Väterchen,
Hustend, fiebernd, ohne Handschuh,
Aber frei. Aus Herrenknechtschaft

Endlich fort trägt dich der Dampfzug,
Trägt dich fort nach Astapowo,
Wo der Vorstand von dem Bahnhof
Dich in seiner Hütte aufnimmt,
Ist gottlob ein Tolstojaner.
Auf dem Strohsack endlich ruhst du
Aus, die hippokratschen Hände
Überm Kräuselbart gefaltet.
Einsam, einsam bist du endlich.

Doch draußen vor dem Siechenzimmer
Da ging das Leben fort wie immer:

Gräfin Sonja war der Reise
Eilig hinterher gehetzt,
Wartend auf dem Abstellgleise
Stand ihr Sonderwagen jetzt.
Am Piano bange Nächte
Denkt sie der Autorenrechte,
Auch die Söhne waren mit,
Mit denen sie ums Erbe stritt.

Eingetroffen war Herr Mayer
Aus der großen Stadt Paris,
Den Pathé, der Filmverleiher,
Was sich regte, drehen ließ.
Und die internationale
Presse haust im Wartesaale
Und erörtert am Buffet,
Ob es nicht bald zu Ende geh.

Ferner hastig abgeschickte
Gendarmrie entstieg der Bahn,
Auch der stark beunruhigte
Gouverneur von Riasan.
Selbst aus Petersburg im Norden
War ein Herr entsandt geworden,
Der im Teehaus Schmetterling
Subjekte in Zivil empfing.

Auch der Staretz Warsonofij
Mit dem Morgenzug erschien,
Es erwartet halbbesoffen
Nicolaus, der Pope, ihn.
— Rasch zum Grafen! dem Synode
Liegt an einem frommen Tode.
— Damit sieht es trübe aus,
Versetzt der Pope Nicolaus.

In dem Dorf für ihren Rubel
Müht sich redlich eine Hur,
Die bei Tolstojs Sterbetrubel
Einen Sack voll Gold einfuhr.
Bis an ihren Lebensabend
Blieb sie wohl- und würdehabend,
Unter keinem Umstand mehr
Beging sie den Geschlechtsverkehr.

Erläuterungen

David, Junge!

Eine Versifikation von 1. Samuel 9. bis 31. und 2. Samuel 1.

Scipio

Publius Cornelius Scipio Africanus major. Er besiegte 202 a. n. Hannibal bei Zama und emigrierte anschließend.

Das Leichenkonzil

Der Papst Formosus starb 896, er wurde vor Gericht gestellt und verurteilt 897. — Die Herausbildung von Nationalstaaten in Europa entschied sich in hohem Maße während des 10. Jahrhunderts, und tatsächlich gab es, ungefähr seit dem Jahr 900, sogar eine Reihe von Päpsten, welche bereit waren, vaterländische Rücksichten über die vatikanischen zu stellen. Sie begann mit dem Papst Stephan VI und seinem Freund und Nachfolger Sergius III, und sie endete mit Johann XII (963). Das sogenannte »Leichenkonzil« war die Eröffnung dieser, wenn man will, prae-guelfischen Politik, welche mit einem kirchengeschichtlichen Fachwort als die »Herrschaft der Schweinerei« bezeichnet wird.

Die goldne Laus zu Bismark

Bismark suche man in der Gegend von Stendal.

Das Muttergottesbild

Die Briefpartner sind Eneo Silvio Piccolomini (der Papst Pius II) und Cosimo Medici (der Vater des Vaterlandes). Das Modell war die Nonne Lucretia Buti. Der Vorfall ereignete sich in Lippis fünfzigstem Lebensjahr, kurz nach Mitte des Quattrocento, und hatte den Filippino Lippi zur Folge, welcher ebenfalls gut malte. — Die beschuhten Karmeliter sind die duldsamere Richtung jenes ursprünglich sehr strengen Bettelordens; sie tragen schwarze Kutten und weiße Hüte.

Johannes Tetzel

Der Nuntius, welcher Tetzel für das Verbrechen, den päpstlichen Nutzen früher als der Papst verfolgt zu haben, im

Jahr 1519 mit lebenslänglicher Einsperrung bestrafte, war Karl von Miltiz.

Englische Eröffnung

Fand statt im Juni 1755. Die drei französischen Kauffahrer hießen die »Alcide«, die »Lys« und die »Royal Dauphin«.

Mozart auf der Reise nach Paris

Die Rede ist vom Abend des 1. Mai 1778.

Der Salut von Memel

Die ausführlichste Nachricht über den mißglückten Ausflug zu der Fregatte Astraea am 1. Juli 1807 hat die Nachwelt von dem Ruppiner Landrat Friedrich Christian Ludwig Emilius v. Zieten aus Wustrau; die Nachricht von dieser Nachricht aber dankt der Verfasser seinem Freund Gotthold Gloger, der ihm den Stoff in selbstloser Kollegialität zur Verfügung überließ. — Die Königin befand sich im vierten Monat. Der Vorwurf, falls Dichtung Vorwürfe erhebt, gilt nicht ihrem Magen.

Infamie

Der Überbringer von Yorcks Brief, Marion, war Macdonalds Adjutant. Der Inhalt beider Briefe ist ungeändert.

Der sterbende Sänger

Der kaiserlich-königliche Hoftheaterdichter Theodor Körner kam am 26. August 1813 ums Leben. Das Zitat heißt wörtlich: »Laßt Vater und Mutter, Weib und Kind, Freund und Geliebte entschlossen zurück«. — Arnstein, Pereira, Eskeles: Wiener Bankiers. Damen spielten im Kampf gegen Napoleon eine große Rolle; gegenbonapartistische Propagandanester europäischen Ausmaßes waren die Salons der Germaine Staël in Coppet, der Luise Radziwill in Berlin und der Franziska Arnstein in Wien.

Der Geistergeburtstag

Hegel wohnte Am Kupfergraben 4 a. Hegels Geburtstag war der 27. August, Goethes der 28. August. Die »Zusammenfeier« beider Ehrentage wurde von Hegel und seinen Freunden am 27. August 1826 veranstaltet — übrigens, wie hier zum entschiedenen Nachteil der Wirklichkeit festgestellt werden muß, nicht in Hegels Wohnung, sondern in den Beyermannschen Festsälen Unter den Linden. Hegels Rede ist treu wiedergegeben. FW III ist Friedrich Wilhelm der Dritte. Das Berichterstattungsverbot an die Oberzensurbehörde erging in Wahrheit erst nach dem Ereignis, auf Grund des Berichts der Vossischen Zeitung über dasselbe. — Stadtvogtei: das Gefängnis. »Salut«, gesprochen »Salüh«.

Lola und Ludwig

Also Maria Dolores Elisa Rosina Guilbert, genannt Lola Montez, und König Ludwig I von Bayern. — Die Februarrevolution in Paris und die Schließung der Münchener Universität wegen jesuitischer Studentenumtriebe führten zu Emeuten im Februar 1848 und zu Ludwigs Abdankung im März.

1866 oder: Sagen Sie mal was gegen Bismarck

»Barin« ist soviel wie Gutsherr. Mit den Kirchen, in denen man keinen Umsturz macht, meint Bismarck die Paulskirche. »Kostenrechnung des Blutes« ist eine Übersetzung von économie du sang.

Die Flucht nach Astapowo

Leo Nikolajewitsch Graf Tolstoj verschied am 28. Oktober 1910. Der Bahnvorsteher hieß Osolin. Der Herr aus Petersburg war der stellvertretende Polizeiminister. Der Ortspope hieß Nikolaus Gratzianski. Sonderwaggons waren wirklich mit Klavieren ausgestattet.

Urpoesie, oder: Das scheintote Kind

Ein Versuch über die Ballade

I Herkunft und Wesen

Begriff der Ballade, von Goethe bestimmt

Alle Wege führen über Goethe. Auch wer die Gattung der Ballade zu erörtern vorhat, kommt nicht um Goethe herum, und ich spare also viel Schuhwerk, wenn ich gleich bei ihm losgehe.

Goethe teilt seine Gedanken über die Ballade zum ersten Mal in den Anmerkungen zum »Divan« mit. »Es gibt nur drei echte Naturformen der Poesie: die klar erzählende, die enthusiastisch aufgeregte und die persönlich handelnde: Epos, Lyrik und Drama. Diese drei Dichtweisen können zusammen oder abgesondert wirken. In dem kleinsten Gedicht findet man sie oft beisammen ... wie wir an den schätzenswertesten Balladen aller Völker deutlich gewahr werden«.

Ein paar Jahre später wiederholt er diese Erläuterung der Ballade. Der Ort ist merkwürdigerweise eine Buchbesprechung — es gibt eben eine Art Buchbesprechungen und eine andere, oder jedenfalls gab es sie. Er nimmt die Lehre vom Miteinanderwirken der drei Dichtarten wieder auf und fügt hinzu: »Übrigens ließe sich an einer Auswahl solcher Gedichte die ganze Poetik gar wohl vortragen, weil hier die Elemente noch nicht getrennt, sondern wie in einem lebendigen Ur-Ei zusammen sind«.

Das ist Goethes berühmte Lehre vom Ur-Ei. Sie

ist allgemein anerkannt, es hat ihr bisher niemand widersprochen. Weshalb rede ich noch fort?

Es ist nicht nur, weil, wenn eine Formel auf die Wirklichkeit angewendet werden und das Wesen zur Erscheinung kommen soll, die eigentlichen Schwierigkeiten erst auftreten und behoben werden müssen. Meine Beweggründe sind noch ernsthafterer Natur. Ich meine erstens, daß die Menge der Dotter, die in dem besagten Ei sich befinden, größer ist, als Goethe zählt, und ich will, zweitens, untersuchen, was seit Goethe aus der Angelegenheit geworden ist. Die Balladen der Jetztzeit sehen anders aus als die Goethesche Begriffsbestimmung. Eins von beiden muß unhaltbar sein, die Bestimmung oder die Jetztzeit.

Erweiterung der Merkmale

Das Wort Ballade bedeutet so viel wie Tanzlied, und Goethe vernachlässigt mithin zwei Bestandteile, die, zusätzlich zur Lyrik, zum Drama und zum Epos, die Ballade ausmachen: den Tanz, der im Namen steckt, und die Musik, die im Tanz steckt. Man könnte einwenden, Goethe habe sich auf rein literarische Eigenschaften beschränken wollen. Aber Tanzbarkeit und Vertonbarkeit sind literarische Eigenschaften, (so wie ja beispielsweise Aufführbarkeit eine bedingende Eigenschaft des Dramas ist, und was wäre in vollkommenerem Maße Literatur als das?)

Über die Vertonbarkeit kann es kaum einen Streit mit Goethe geben. Zelters erster Brief an Goethe meldet gleich die Vertonung des »Zauberlehrlings« und der »Braut von Korinth«, und von dem Tag an packte Goethe, wann immer er eine Ballade fertig hatte, sie ein und schickte sie Zeltern. Die Freundschaft dieser Männer ist immer auch die Freundschaft der Ballade mit der Musik.

In minderem Grade als ihre Verbindung mit der Tonkunst mag die Verbindung der Ballade mit dem Tanz einleuchten. Jeder ist gewohnt, die Balladen, die er kennt, auch im Konzertsaal zu hören. Wer aber hätte, der Klangähnlichkeit ungeachtet, je eine Ballade im Ballett gesehn? Tatsächlich schrieben die Trobadors, von denen das Wort Ballade herkommt, noch Zwiegespräche, die zum Tanzen bestimmt waren. Seither denkt keiner mehr daran. Ich will indessen daran denken und dieses Rätsel ein wenig verfolgen. Es gab immerhin einmal Bewußtseinszustände in den frühen Tagen unserer Rasse, wo von Kunst, die nicht mit Tanz einherging, überhaupt die Rede nicht sein konnte. »Die Tanzkunst«, behauptet Lukian, »ist so alt wie die Welt«.

Eleusis

Es läßt sich mit Gewißheit nicht sagen, ob Goethe mit seinem Ur-Ei das älteste oder anfänglichste Ei meinte, das Ei, vor dem kein Ei war. Goethe erfaßte das Geschichtliche und das Gestalthafte in ein und derselben Sicht und mochte sich da ungern entscheiden; das schwierige Wechselverhältnis von morphologischer und historischer Existenz eines Genres war ihm noch nicht zur Denkaufgabe geworden. Er war so bereit, die Ur-Poesie im Jahr 1797 herzustellen, wie er keinen Anstand nahm, die Ur-Pflanze im Jahr 1787 zu pflücken. Übrigens kann ihm die heutige Philologie wie die heutige Botanik für beides nur danken.

Aber kein Zweifel ist, daß eine Kunstsorte, die das lyrische, dramatische, epische, tänzerische und musikalische Geschäft auf einen Hieb betreibt, in Wahrheit einer fernen Stufe der Menschheitsentwicklung zugeordnet werden muß. Es ist dies die Stufe des magischen Denkens, wo alles noch alles bedeutete und nichts von nichts nicht abhing. Auf jener Stufe waren nicht nur die künstlerischen Gattungen nicht von einander gesondert, sondern die Kunst selbst war es noch nicht einmal von der Wissenschaft. Ich für mein Teil finde sogar an dieser äußersten Verwechslung noch Aufhebbares. Solange eine Entdeckung noch nicht in unterhaltender Form vorgetragen werden kann, ist sie auch noch nicht wissenschaftlich.

Die Ballade verstehen wollen heißt also, sich aufs Kultgedicht rückbesinnen. Ich fühle mich in Europa besser zu Haus als in Schwarzafrika oder Insulinde oder einer anderen der ausgedehnten Sackgassen des Weltgeists, und ich bleibe bei einem hierorts vertrauten Beispiel, dem Mysterium. Im Mysterium wurde Leuten, die ihre Welt so unerträglich fanden wie wir die unsere, eine Göttergeschichte vorgeführt, welche bewies, daß aus dem äußersten Unerträglichen, dem Tod, noch ein Herauskommen sei: die Auferstehung. Ob die das nun glaubten oder nicht, sie erlebten es mit, und die Veranstaltung bewirkte eine Aufrichtung ihrer niedergedrückten Gemüter.

War die Entsprechung des Mysteriums zur Ballade Goethe bewußt? Ich meine, sie war es. Das erfolgreichste unter den Mysterien, das von Eleusis, handelte von der Göttin Demeter, einer Art vorsintflutlicher Roggenmuhme, die ihre Tochter an die Unterwelt verlor und aber aus ihr zu retten vermochte. Dieses eleusische Märchen hat Goethe in der »Proserpina« im uranfänglichsten Sinne balladesk, nämlich monodramatisch verarbeitet. Das Stück zeigt die Gefangennahme der Proserpina in der Hölle. Da die Hölle bei Goethe modernerweise für die Ehe steht, fand er keine Möglichkeit, sie wieder herauszuholen.

Scheidung auf Matriarchalisch

Der Auferstehungsgedanke wurzelt natürlich in Erfahrungen, die mit dem Ackerbau und den Jahreszeiten zu tun haben. Die Saat hatte aus dem Korn und die Sonne aus dem Winter aufzuerstehen; hiervon hing alles ab, und die Kunst machte sich daran, das jährliche Gelingen der Sache nach ihren Kräften zu beeinflussen. Aber die Gottheiten im Mysterium sind schon die alten Vegetations- und Kalendergottheiten nicht mehr. Sie stammen aus den Zeitläuften des Mutterrechts, und was sie zum Schicksal haben, ist schon nicht mehr bloß die Physik, sondern bereits die Gesellschaft.

Die Königinnen im Mutterrecht waren nicht weniger oft verheiratet, als es die nordamerikanischen Filmschauspielerinnen sind, und ihr Ruf hing, wie der der Stars, von der Zahl der Männer ab, deren sie sich entledigt hatten. Im Gegensatz zu jenen aber verfügten sie über eine Weise, bei allem Wechsel Beständigkeit vorzutäuschen. Sie ermordeten ihren Gatten und behaupteten, der neue, den sie nahmen, sei der alte oder wenigstens dessen Sohn. Sie konnten umgekehrt auch Beständigkeit in Wechsel umfälschen. In dem Fall brachten sie einen neuen Gatten, den sie für den alten ausgaben, um; während dieser Feierlichkeit ging der alte auf eine kurze Reise oder versteckte sich in einer Grube, von wo zurück er sich als ein vom Tode wiedererweckter und insofern neuer blicken lassen durfte. (Die zur Schlachtung vorgesehenen Ersatzgatten erscheinen in der Mythologie als die dümmlichen Brüder und menschgezeugten Zwillinge, mit denen so viele Göttersöhne geschlagen sind; man kennt den Iphikles, den Kain oder den Santiago). Es klingt verwickelt, aber es ist nicht verwickelter, als Politik immer ist.

Politisch nämlich war das Verfahren unumgänglich. Im Mutterrecht verfolgten alle Wissenschaft und Staatskunst ein gemeinsames Ziel: die Leugnung jedweder Nützlichkeit des Mannes. Die Wissenschaft widerlegte, daß er bei der Fortpflanzung beteiligt sei, und der Staat konnte sich keinesfalls einen König leisten, der über Jahre hinweg durch Heldentaten seine Unentbehrlichkeit bewies. Ich gebe aber zu, daß die Tötungsweisen nicht nach jedermanns Geschmack waren. Sie verrieten eine schmerzhafte und kenntnisreiche Aufmerksamkeit für Innereien. Hart umkämpft war das männliche Geschlechtsorgan, und es darf nicht vergessen werden, daß das Zeitalter der Frauenherrschaft zugleich auch das Zeitalter der Menschenfresserei war; die Frau hatte von Anfang an ihr besonderes Verhältnis zum Kochtopf. Die Stoffe jener Tage sind behaftet mit einem Duft von Zauber, Folter und Sperma, und die Balladen-Stoffe haben diese Witterung nicht verloren.

Die unter allen Balladen der Welt vielleicht als einzige ganz gattungsgerechte ist die Ballade »Edward«, die wir in Herders Nachdichtung haben. Eine Mutter erkundigt sich bei ihrem Sohn, weshalb er mit blutigem Schwert daherkomme. Der Sohn gibt zwei falsche Erklärungen und dann eine dritte richtige: Er hat seinen Vater erschlagen. Der Pfiff am Schluß besteht für den Hörer darin, daß der Sohn es im Auftrag der Mutter getan hat, und für die Mutter darin, daß er sie hierfür verflucht.

Edward also ist so ein mutterrechtlicher Nachfolger-König. Er hat, wie Ödipus, den Vater, d. i. den Amtsvorgänger, getötet, um ins Einverständnis mit der Königin zu kommen, und, wie Orest, nimmt er der den Vatermord aber übel, und daß er seine Verwünschung abgefragt haben will, ist, weshalb er sein Schwert nicht abwischt.

Die große Blüte des Matriarchats lag in jener Vorzeit, in welcher Europa keltisch besiedelt war. Daher fallen uns, wenn wir an die Ballade denken, Landstriche wie Spanien, Aquitanien, Irland und Schottland ein. Die Kelten haben die Gattung überliefert. In der Ballade bahnt sich der gälische Untergrund seinen Weg durch die gesitteten Oberschichten, so wie das Wasser seine unerratbaren Gänge durch den Erdboden findet und am einen oder andern Ort als Quell zutage tritt.

Das sechste Merkmal

Mysterien sind keine Geheimnisse. Sie heißen nur so, und es ist Prahlerei dabei. In Wahrheit erscheint in den Mysterienkulten die alte Zauberwelt als amtlich zugelassener und behördlich geregelter Vereinsaberglaube. Der antike Staat rechnete mit jenen urtümlichen Vorstellungen, die in den tiefen Schichten sowohl der Seelen als der Bevölkerung unverschwunden waren, und er verwies sie ganz gern in die höchst loyale Subkultur des Mysteriums, etwa wie heute die biologische Roheit der Jugend vom Staat väterlich betrachtet wird, solange sie sich in die Subkultur der Diskotheken sperren und eingrenzen läßt.

Es ist also in dieser Erscheinungsform der Ur-Poesie mit dem »Ur« so weit nicht her. Das Mysterium hat in unangefochten vaterrechtlicher Zeit den mutterrechtlichen Mythos zum Gegenstand; es hat ihn längst nicht mehr zum Inhalt. Die Stoffe des Mysteriums — die Fabeln von den heiligen Königen Osiris, Dionysos oder Orpheus — liegen der Form nach auf dem Muster der eigentlich alten Wetter- und Fruchtbarkeits-Märchen, und auf dem Muster der mutterrechtlichen Stoffe liegend muß man sich, wieder ein schönes Stück weiter, die Formen des Heldenlieds, des Dramas und eben auch des Mysteriums und der Ballade denken. Ich könnte die Entstehung der Ballade nicht in ihren einzelnen Schritten verfolgen, ich will es auch gar nicht. Sie hat von jedem dieser Schritte Boden an den Füßen. Das Naturhafte jedenfalls ist an der Ballade der älteste und vermutlich überflüssigste Bestandteil.

Die Ballade kann der Begleittext zum Faustkeil nicht gewesen sein. Der alte Steinzeitmensch ist ein verwirrtes Geschöpf, außerstande, eine Absicht sachbezogen und im Zusammenhang zu betreiben, dabei immerfort weggelenkt in die unvernünftigen Verhaltensschienen der Magie und der Stammesrituale. Er ist zugleich unstet und gefesselt und das Gegenteil von frei.

Diese Dschungel-Neurotiker, die in ihrer fahrigen Entschlußlosigkeit und ihren angstvoll-weltfremden Wiederholungszwängen ehestens an Beamte und im geringsten nicht an Götter erinnern, haben ein Gebilde von so reich zusammengesetzter Einfachheit wie die Ballade nicht erfunden. Die Ballade ist nicht das Lallen aus der Menschheitswiege. Sie hat, über eine lange Reihe von Vermittlungen, mit dem Anfang zu tun, aber sie ist nicht am Anfang. Am Anfang war Pedanterie und Stammeln.

Ich halte mich so lange bei diesen Vorfahren auf, weil sie in der Geschichte der Balladentheorie eine große Rolle haben. »Je wilder, d. i. je . . . freiwirkender ein Volk ist«, versichert Herder im Ossian-Aufsatz, »desto wilder, d. i. desto lebendiger, freier, sinnlicher, lyrisch handelnder müssen auch . . . seine Lieder sein«. Herder, denke ich, sieht das nicht richtig.

Das Mysterium hat zu seiner Voraussetzung eine unverständlich und unleidlich gewordene hellenistische Gesittung, der gegenüber es Trost in der Vergangenheit sucht. Es redet, wehmütig und erinnerungsschwer, von gewesenen Sachen, die von gewesenen Sachen reden. Im Ur-Ei ist ein gewisser Zustand der Fäulnis nicht zu übersehen. Ich gelange zu dem Schluß, daß zur vollständigen Bestimmung unserer Gattung — neben die Grundmerkmale, die wir schon haben — ein sechstes Merkmal treten muß: Geschichtlichkeit. Die Ballade hat ihr Dasein im entschiedensten Imperfekt. Sie stellt Gegenwart in Frage — indem sie ihr, ohne viel Reflexion und Federlesens, den schönen Rükken kehrt.

II Handwerk

Kult und Gattung

Die Ballade ist ein Wesen von sechs Naturen. In ihr vereinen sich eine lyrische, eine dramatische, eine epische, eine tänzerische, eine musikalische und eine geschichtliche Natur, und das ja nun nicht bloß so, daß sich von jeder der Naturen eine Andeutung oder ein Zipfel zeige, sondern im heiligen Ernst: Diese Gattung soll allen diesen höchst unterschiedlichen Gesetzeswelten vollständig Genüge tun. Eine derart übertriebene Kunstaufgabe konnte nur in einer Lage gestellt werden, die auf Kunst überhaupt nicht hinauswollte.

Wir haben keinen Anlaß anzunehmen, daß die Texte oder Handlungen, die in den Mysterien zur Schau gestellt wurden, künstlerischen Wert besaßen. Das Mysterium wollte die Welt richtig beschreiben. Es beschrieb sie auf poetische Weise lediglich deshalb, weil es sie richtiger nicht zu beschreiben vermochte. Man brachte dauernd die Zeichen mit den Dingen durcheinander, was die Gabe der Anschaulichkeit nicht eben fördern konnte, und anstatt eines Begriffs von Schönheit hatte man Kniffe der Massenbeeinflussung. Es fehlte der Sache gewiß nicht an Wirkung. Aber sie enthielt nicht einen Hauch von Humor.

Erst mit der Ballade betreten wir ästhetisches Gefilde: Das Mysterium kommt zur Vernunft als

Gattung. Die Gattung ist kaum erfüllbar. Sie bringt die Vernunft, die mit dem urzuständlichen Wust von Gleichnissen, Beschwörungen und Auflistungen zu arbeiten sich natürlich weigert, in keine geringe Verlegenheit. Wer über Kunst nachdenkt, freilich, ist selten ganz unverlegen, und ich mag mich nicht bei dem großen Haufen derer einreihen, die das Nachdenken über Kunst von vornherein als eine untaugliche Weise, sich diesem Gegenstand zu nähern, abtun. Es sind das, scheint mir, dieselben, die auch über andere Gegenstände ungern denken.

»Die Besonnenheit des Dichters«, schreibt Goethe, »bezieht sich eigentlich auf die Form«. »Die Form«, schreibt Goethe, »will erkannt, will bedacht sein«. »So wäre doch vielleicht«, schreibt Goethe, »ein Schema aufzustellen, welches zugleich die äußeren zufälligen Formen und diese inneren notwendigen Uranfänge in faßlicher Ordnung darbrächte«.

Lyrik. Der Balladendichter als Daduchos

Lyrisch, wenn wir Hegel folgen, ist die Ballade, indem sie »eine Begebenheit in der Weise berichtet, daß nicht der Vorfall selbst, sondern die sich darin widerspiegelnde Gemütslage den Mittelpunkt ausmacht. Die Innerlichkeit der Stimmung spiegelt sich in der Außenwelt wider«. — Das Lyrische an der Ballade ist das Stimmungsvolle. Der Balladenfreund weiß, mit welchen Zutaten die Ballade die Stimmung zubereitet.

Es geht immer um Auflösung, Verunreinigung und Verpanschung der Dingzustände. Der Boden ist unfest, die Luft verhangen, das Feuer hüpfend, das Wasser in der Laune des Wirbels oder des Gischtes. Der Wetterhahn muß knarren, die Gardine wehen; die Toten mischen sich unter die Lebenden. Die Stimmung in der Ballade ist die Stimmung des Hier-stimmt-was-Nicht. Er befinde sich eben wieder, meldet Goethe im Balladenjahr 1797 an Schiller, auf »diesem Dunst- und Nebelweg«.

Dieselbe Grauzone aber ist es, in welcher das Mysterium seine göttlichen Begebnisse geschehen ließ. Man kann dem mysteriösen Zwielicht eine sehr tiefe, priesterliche Bedeutung beimessen, aber es darf auch nicht unerwähnt bleiben, daß es von einem Beleuchtungsmeister und auf bengalische Art hergestellt wurde. Der Mann hatte den Titel des Daduchos, was Fackelträger heißt, und er verschaffte, ähnlich einem neuern Sowjetregisseur, seinem Dargebotenen den andächtigsten Beifall, indem er mit Flackern sorgte, daß es durchaus im Unklaren und im Schlechterkennbaren blieb.

Eine Balladendichterin von nicht gemeinem Rang beginnt ein Werk so:

»Stürmisch ist die Nacht,
Kind im Grab erwacht«.

In dieser unübertrefflichen Exposition spüren wir zweifelsfrei die Kempner-Pranke. Was die Kunst des Zupackens und der abschließenden Gedankenprägung angeht, ist diese Meisterin der festen Hand jedem männlichen Mitstreiter voraus.

Das scheintote Kind also kommt in seinem Grabmöbel zu sich, aber: »Finster ists und stumm«. Es klopft gegen das Gehäuse; es schreit — immer wieder vergebens: »Finster bleibts und stumm«. Es reißt sich an einem Sargnagel und verblutet endlich, und auf so allertraurigste Weise hat nun die Welt ihre Ruhe wieder:

»Niemand sah sich um:
Finster bliebs und stumm«.

Dies ist, nach dem »Edward«, die letzte Ballade, deren Inhalt ich zu erzählen vorhabe. Ich komme mit den beiden aus. Das Kempnersche »Notturno« hält sich in der Stoffwahl eng an der Welt der Mysterien.

Es stellt ja ein jedes Mysterium eine nächtliche Weiheveranstaltung dar, eine Weihnacht, worin der Himmelskönig aus seiner unterweltlichen Verborgenheit herauserscheint und sich in seinen

Strahlen und Gewändern herzeigt. Die Schatten, welche, bei Nacht und Wind, in den Balladen schweifen, sind nicht die Schwaden der Hochmoore oder der Nebelwälder, es sind schon tatsächlich die Bewohner des Schattenreiches. Der Scheintod, vor dem die Kempner, wie die meisten ihrer Zeitgenossen, große Angst hatte, ist genau der richtige Zustand und der Platz unter dem Erdboden genau der richtige Spielort für die Ballade. (Nur eben verhält es sich so, daß von den fünf Großreligionen des späten neunzehnten Jahrhunderts — dem Antisemitismus, dem Vegetarianismus, dem Antivivisektionismus, dem Spiritismus und dem Pessimismus — die Kempner jedenfalls auch dem letztern anhing, daher bei ihr die Auferstehung ausfällt und das Kind eingegraben, wie es ist, bis zum bösen Schluß auch gelassen wird).

Die Mysterien wußten da bessere Nachricht. Sie verkündeten die Auferstehungserlaubnis für jedermann, und als deren Zeichen stand der Ritus der Taufe, eine gleichnishafte Handlung, während welcher der Teilnehmer durch ein Unten ins Oben geführt wurde. Man taucht den Täufling unter Wasser, und er darf dann wieder zur Oberfläche. Oder man führt ihn in Höhlen, und er darf wieder ans Licht. Man führt ihn auch in die Tiefen unterhalb des Bewußtseins: in die Labyrinthwelt der Triebe, welche von verführerischen und lasterhaften Spukgestalten bewohnt ist. Aus ihr stammen die Feen, Gnomen und Elben, aus ihr stammt der Ballade

Erste Lady, die Lorelei. Es gibt auch homosexuelle Gespenster.

Geschichtlich betrachtet ist Homosexualität eine Erinnerung an jenen Abschnitt der Frühzeit, wo die Männer, verstimmt durch das unfreundliche Betragen der herrschenden Frauen, sich in gleichgeschlechtliche Unternehmungen eingelassen hatten, so wie heute das Betragen der herrschenden Männer der Alice Schwarzer zu einem Schein des Rechts verhilft. Aber in die Ballade gehört die Homosexualität einfach deshalb, weil dunkle Mächte grundsätzlich in sie gehören. Der Erlkönig ist schwul wie Prinz Eugen. In keinem andern Verstand bevölkert die schönhintrige Schar der Pagen unsere Gattung; das betreffende Stück des Freiherrn Münchhausen trägt die beziehungsvolle Überschrift »Jenseits«.

Drama. Der Gott und sein Mörder

Das Sterben ist am Auferstehen der unangenehme Teil. Die Förmlichkeiten der Ermordung des Prinzgemahls machen das Dramatische an der balladesken Lage. Oft enthalten sie einen brauchtümlichen Zweikampf – etwa in den Isis-Mysterien den zwischen dem teuflischen Seth und seinem himmlischen Bruder Osiris, im Verlauf welchen Handels der Seth den Osiris in Stücke hackt und an verschiedenen Stellen in den Nilsümpfen versenkt. Die grobe Übersetzung der Geschichte bereitet keine

Mühe. »Bruder« heißt auf Mythisch immer »Amtsbruder«, die Sümpfe sind die stinkende und nicht lebenswerte Welt unterhalb der Herrschaft, und der Mord ist eine üblere Sache als bloß ein Anschlag aufs Leben; denn er steht für das Übel der Entthronung. Die Weisen, diese Thronwechsel im Matriarchat zu besorgen, ich sagte es schon, waren nicht fein.

Die Ballade unterscheidet sich von der Novelle dadurch, daß es in ihr nicht hinreicht, wenn einer in eine falsche und widersinnige Lage nur so hineinschlendert und dort als ein Staunend-Leidender sich bis zur glücklichen Auflösung verhält. Es geht in der Ballade nicht zwischen Mensch und Verumständung, sondern zwischen Held und Feind. Der Held muß seinen Kampf führen oder doch immerhin zum Kampfe sich bereiten.

Der Unterschied zum Drama wiederum ist, daß zwischen dem Spieler und dem Gegenspieler eine Rechtsgleichheit nie statthat. Hierfür wurzelt die Ballade zu tief im Heiligen und Ungebildeten. In ihr ist der Held gut und der Feind böse. Die Aufgabe des Feinds ist, den Helden dorthin zu befördern, wohin der Held nicht gern will, zur Hölle, und die Aufgabe des Helden ist, den Kampf zu gewinnen oder wenigstens sittlich und gleichsam nachträglich zu gewinnen; denn worauf es vor allem ankommt, ist nicht so sehr die Erhaltung des Helden als die Erhaltung der Weltordnung.

Wie der König den Taucher in den Strudel, so schickt auch das Fräulein Kunigund den Ritter Delorges in die Löwengrube, das feuchte Weib den Fischer ins Wasserloch, die Frau Venus den Tannhäuser in den Hörselberg, der Graf Savern den Fridolin in des Ofens Bauch, das Hexentrio die Eisenbahn in den Fluß Tay: Nach »da unten« nämlich, wo »es aber fürchterlich ist«.

Die Forderung nach Einheit des Interesses steht für das Drama in einem dauernden Widerspruch zu seiner Fähigkeit, einen großen Beziehungsreichtum zu entfalten. Für die strenggestalte Ballade versteht sich die Einheit des Interesses von selbst. Das sprungartige Reihen von Greuelszenen überläßt sie den Nebengattungen der Moritat und der Volksballade. Über die Pflicht der Ballade zur unvermittelten Rede und zur in Wort und Widerwort gegnerisch sich steigernden mündlichen Auseinandersetzung mag ich mich nicht eigens verbreiten.

Epos. Ballade versus Legende

Von den Eigenschaften des Epischen ist der Ballade die wichtigste verwehrt: Länge. Das epische Behagen ist eine schöne Wirkung. Inmitten einer Vielzahl fleißig hingebreiteter Dinge fühlt sich der Leser des Vorhandenseins und der Dauerhaftigkeit der Welt versichert, um welcher Gewißheit willen er sich gern Geduld abmüßigt. Nur auf Behagen eben will die Ballade in keinem Fall hinaus. Die zermürbende Ausführlichkeit der Droste läßt den Leser gähnen und verstimmt den Urteilenden. Das Genie der balladesken Kurzweil ist natürlich Heine, der in drei oder vier Vierzeilern große Balladen gibt und damit, wenn man es so nennen will, die epigrammatische Ballade erfunden hat.

Auch die übrigen Wesensmerkmale der Epopöe — die Verzögerung, die Abschweifung, die Umstellung des Zeitablaufs und der relative Eigenwert der Einzelbegebnisse — taugen in der Ballade nicht. An ihr ist episch allein das, daß die dramatische Verumständung nicht sowohl exponiert und gehandelt, als vielmehr eingeleitet und berichtet wird, wobei der Bruch zwischen epischer Vergangenheitsform des Berichts und dramatischer Gegenwärtigkeit des Wechselgesprächs eine eigentümliche Spannung erzeugt. Es gibt auch die Präsensballade, aber die ist um diese Spannung ärmer. — Mir scheint zumal in dem Jahrhundert, worin ich schreibe, nötig, die Ballade von der Verserzählung abzuheben, jener Erzählung, die, wenn auch in Versen, nichts weiter ist als eine solche.

Das Erzählgedicht ist die Grenzüberschreitung der Ballade zum Epischen hin, so wie die Gespensterballade die Grenzüberschreitung ins Lyrische und das Heldenlied die Grenzüberschreitung ins Dramatische ist. Manche Fachleute haben in Gespensterballade, Heldenlied und Legende die drei Grundformen der Ballade ausmachen wollen. Es sind aber bloß die drei Nachbarformen. Das Besondere der Ballade besteht im Zusammentreffen der

Naturen, und sie hat ihren vollen Witz an deren mittlerem Treffpunkt, nicht an den Rändern, wo sie leicht zu dichten geht.

Epos. Die Wende zum Licht

Für den eigentlich epischen Bestandteil der Ballade halte ich einen, über den die Prosa in vergleichbar genauem Bau eigentlich nur in der Kurzgeschichte verfügt. Ich meine die Pointe. Ich habe mich hier aber zu erklären.

Alle Kunst verhält sich zur Welt, indem sie deren Widersprüche verzeichnet und dann mit ihnen fertig wird. Das Kunstwerk kann ohne eine gewisse Unruhe nicht sein und ohne einen gewissen Ruhezustand nicht enden. Aber die Ballade, schlichten Gemütes, wie sie ist, nimmt die Beziehung zwischen Jammer und Behebung des Jammers ganz unumwunden und ganz sinnfällig.

Der Urmensch, muß man sich vorstellen, wurde naß, wenn es regnete, und fror, wenn es kalt war, und im Fall gar irgendeine Jahreszeit ihre Pflicht nicht tat, geriet er in äußerste Verlegenheit und in die Wahrscheinlichkeit Verhungerns. Der Wetterwechsel ist das Urbild des Glückswechsels. Auf dem Muster des Wetterwechsels, wie schon erwähnt, lag dann in weitergeschrittenen Zeitläuften das Muster des Thronwechsels, und auf dem liegen seither alle Muster des Schicksalsumschlags ins Heitere. Das Auferstehen ist am Sterben der angenehme Teil.

Balladenhandlungen leiten einer Wende entgegen. Sie tun es auf möglichst krummem und knappem Weg, aber sie tun es nicht so ohne Vorbereitung, daß der frohe Schlag nicht auch wieder ein wenig erwartet käme. Die Stimmung, ein lyrisches Merkmal, leistet dem epischen Merkmal der Wende Beistand, indem sie eine unbestimmte Neugier erregt und, indem sie nichts verrät, allerlei vermuten läßt. Für die Art vorzubereiten, ohne vorzubereiten, gibt es ein Fachwort: Suspense.

Je deutlicher die Wende sich ausprägt, desto mehr Kunst steckt in ihr. Die matteste Form der Wende hat statt, wenn der Dichter sich damit begnügt, seine böse Geschichte mittels einer guten Moral im Begriff aufzuheben. Stärker erscheint die Wende, wenn der Weg der Erzählung um eine uneinsehbar gewesene Ecke zum Ziel sich biegt. Der Bereich des Balladesken beginnt, wenn die Wende zum Guten wider die Voraussicht sich einstellt, also am besten in Form einer Erkennungsszene. Um der Erkennungsszene willen kommen die alten Bettler und Harfner in die Gattung gewandert, die außer ihrem langen Bart eine ebenso lange Vorgeschichte mit sich herumschleppen, die sie, auf ein Stichwort hin, zur Verblüffung der Umstehenden auspacken. Die Lage muß undurchschaut gewesen sein und plötzlich überschaubar werden. Es kann (wie in Chamissos »Rechtem Barbier«) ein Trick im Spiel gewesen sein, der am Ende offenbart wird, oder (wie in der »Braut von Korinth«) ein Zauber, der sich entschleiert.

Die eigentliche Pointe bedarf nicht bloß einer den Handelnden verdeckten Vorgeschichte. Sie bedarf einer vorsätzlichen Irreführung des Hörers, dem der wahre Tatbestand oder der wahre Beweggrund der Tat oder beides vorenthalten wird. Nur so läßt sich bewerkstelligen, daß ihm, wie im »Edward«, die volle gegenteilige Wahrheit in den letzten paar Schlußversen an den Kopf geknallt werden kann.

Ich wollte, ich könnte mit einem Leser rechnen, der immer ein bißchen mehr denkt, als ich sage. Ich mag nicht platter verstanden sein, als ich schon bin. Ich erkläre also ausdrücklich, daß jede Wende, auch eine zum Untergang, eine Befreiung bewirkt. Das mythische Bewußtsein hat Tod und Auferstehung ohnehin nicht zu trennen im Sinn, und zur Entsorgung des Gemütshaushalts auch eines neuzeitlichen Kunstverbrauchers dient ein trauriger Schreck so gut wie ein froher.

Tanz. Der unsichtbare Herr

Der Tanz war es, der in frühen Tagen die Vielzahl der Gattungen in sich begriff und zusammenhielt. Das war, als die Fabeln kurzen Atem hatten und wenig mehr besagten, als daß man vorhatte, den für ein Tier zuständigen Geist auf den Pfad zur Fallgrube zu locken oder den Kopf und die Seele eines Ausländers zu essen. Der Zauber, die Tötungsvorschrift, die Aufzählung einer Taten- oder Ahnenreihe waren mit Heulen und Tamtam unterlegbar und, ästhetisch gesehen, Diener des Tanzes. Die Diener sind inzwischen entlaufen. Sie sind – als Lyrik, Drama, Epos, Geschichte und Musik – selbst Herren geworden, und auch die Fabeln sind nicht mehr von so grober Beschaffenheit, daß ein Tanz sie abzubilden vermöchte.

Schon das Mysterium, scheint es, hat auf den Tanz verzichtet. Das Tanzlied als Kunstform endet, und nicht in deren besten Stücken, bei den Trobadors. Ein Abglanz der Sache findet sich noch an einigen Volksliedern und Handwerkertänzen, worin eine dürftige Begebenheit neben einem dürftigen Tanzablauf auf beziehungslose und abwechslungsarme Weise einhergeht.

Ich erwähne demnach den Tanz nicht als ein Merkmal, das ist. Ich erwähne ihn, weil die Unterordnung der Merkmale unter eine gesamte Haltung der Ballade auch nach seinem Verschwinden gelingen muß. An die Stelle der Herrschaft des Tanzes ist ein gedachtes Einigendes getreten: der Begriff des Gattungsgerechten, der sich, solange getanzt wurde, von selbst verstand und den nun nur höchste Kunstabsicht noch herzustellen vermag. Die Herrenlosigkeit der Ballade seit Wegfall des Tanzes ist die Ursache, aus welcher diese Schrift sich nötig macht.

Sicherlich stimmt die Forderung nach Einfachheit und Anschaulichkeit der Balladenhandlung mit den einstigen Bedürfnissen der Tanzfabel überein, und Goethe findet in Schillers »Handschuh«

einen »sehr glücklichen Gegenstand: Die ganz reine Tat«. Sicherlich spricht Herder, wenn er in der »lebendigen Gegenwart der Bilder« das »gleichsam Tanzmäßige des Gesanges« findet, von Zusammenhängen, die einmal bestanden und zwischen den Zeilen nachzuwirken und mitzuschwingen nicht aufgehört haben. Aber den balladesken Tanz selbst gibt es nicht mehr. Man kann sagen, die Ballade sei ein zu schwierig gewordener Tanz, ein Tanz, den zu tanzen Füße nicht mehr ausreichen.

Ich habe also den Tanz nur eingeführt, um ihn wieder hinauszuwerfen? Nicht nur, doch hiervon später.

Musik. Stücke für Ohren

Wenn die Balladen inzwischen keine Stücke für Füße mehr sind, Stücke für Ohren sind sie geblieben. In der Regel sind sie vertonbar und sind vertont. Aufsagbar sind sie allemal, und den Fortschritt der übrigen Lyrik zum Lesegedicht hat diese hinterwäldlerische Gattung nicht mitgemacht. Am besten gelobt ist eine Ballade mit dem sonst eher müden Lob: Das läßt sich hören.

Die Vortrefflichkeit eines Hörgedichtes hängt davon ab, ob man es schnell versteht, und davon, ob man es lange erinnert. Das Gedicht muß in den Kopf ohne Reibung hinein, und es muß dennoch fest in ihm sitzen. Von der Ballade verlangt ist demnach der bildhafte Vortrag eines merkwürdigen Gegenstands, und verlangt sind Reim und Vers, jene Vorstufen der Musik, deren die Sprache sich als Gleit- sowie als Haftmittel bedient.

Ich behandle die Verslehre der Ballade nicht im Zusammenhang mit ihrem epischen oder dramatischen und nicht einmal in dem mit ihrem lyrischen Wesen: weil die Ballade tatsächlich ihre eigene, nämlich musikalische Meßart hat. Es bedeutet ja nicht nur das Wort Ballade in der wörtlichen Übersetzung so viel wie Tanzgedicht; das Wort Vers selbst meint nichts anderes als eine Drehung beim Tanzen. Die Metrik der Urpoesie muß schon auch eine Urmetrik sein.

Für den epischen Vers fehlt der Ballade die Ausdauer. Keine Ballade geht im Hexameter; Versuche mit der Nibelungenstrophe haben zu redseligen, also schlechten Balladen geführt. Auch der dramatische Vers ist für umfangreichere Gebilde vorgesehen. Der Trimeter und der Alexandriner kommen in der Ballade nicht vor, und der im Kosmos des Dramas so schnell und rauh sich gebärdende fünffüßige Jambus wirkt im geballten Raum der Ballade eher glanzlos.

Wiederum sind viele lyrische Verse zu kunstvoll und abgerundet, um einem flinken Fortgang förderlich zu sein. Ich kenne eine einzige Ballade, die für ein antikes Maß sich entscheidet: Lenaus »Drei Zigeuner«, die im gereimten priapeischen Vers sehr glücklich, wenn auch nicht eben aufregend gattungsgerecht, gehalten sind.

Die obere Längengrenze des Balladenverses liegt

genau eine Silbe unter Blankverslänge: beim fünffüßigen Trochäus, dem die Ballade um seiner stoßartigen Heftigkeit willen zugetan ist. Sehr liebt sie auch den trochäischen Tetrameter, einen langen Vers, der aber aus zwei kurzen zusammengesetzt ist und daher das Malend-Berichtende wie das Dringende gleichermaßen leistet.

Aber die eigentlichen Balladenverse sind die sämtlichen deutschen Liedverse, die regelrechten und die frei gefüllten. Dem, worauf es den erzogeneren Gedichtformen ankommt: Reinheit, Ausgefeiltheit, Vermeidung von Verstößen — all diesen Tugenden gegenüber verhält sich die Ballade achtlos und ohne Politesse. Ihr geht es allein um die gesamte Haltung, und sie hat Erlaubnis zu allem, was ihr das Einnehmen der gesamten Haltung erleichtert. Unter den Schlagern sind solche, die balladeske Züge aufweisen. Jede Ballade aber will und sollte ein Schlager sein.

Musik. Der Balladendichter als Hierophant

Musikalisch ist die Ballade auch in dem, daß die Erzählung nicht einfach vorangehn, der Kampf nicht einfach zur Entscheidung streben und die Stimmung nicht einfach zuständlich sich hindehnen darf, ohne daß auf bestimmte Merk- und Ruhepunkte zurückgekommen wird. Gleich dem Tonkunstwerk arbeitet die Ballade mit wiedererkennbaren Bauteilen, mit Motiven. Goethe kitzelte, angesichts der Erstfassung der »Kraniche des Ibykus«, aus Schiller die Kraniche als »langes und breites Phänomen« heraus: als ein die Ballade festigendes Merkzeichen, welches sich »neben die Sonne« stellen lasse. Was meint er mit »neben die Sonne«? Und weshalb nennt Schiller seine Stelzvögel »Schicksalshelden«?

Ich betrachte vergleichbare Merkzeichen aus anderen Balladen. Ich finde Gestirne (Chamissos »Sonne«, die »es an den Tag bringt«), Körperteile (Strachwitz' »Herz von Douglas«) und solche Dinge, die heute der Vermögenssteuer unterlägen, (den goldenen Becher des Königs von Thule, den Ring des Polykrates oder das mit dem Glück des Schlosses Edenhall verknüpfte Trinkglas). Ich finde Tiere und Pflanzen. Und ich finde Geräte — Geräte des Kriegs, der Kunst und des Handwerks, welche durch erstaunlichen Eigenwillen und eine sonderbare Neigung zur Selbstregsamkeit verblüffen: »Etzels Schwert« von Meyer etwa oder Freiligraths »Trompete von Vionville« oder jenen nachtragenden Schiffsbalken aus Batavia mit seinem Elefantengedächtnis. — Es liegt schon ziemlich am Tage, daß es sich bei all diesen Gegenständen um keine gewöhnlichen Gegenstände handelt.

Das magische Denken nahm, völlig richtig, einen Zusammenhang aller Dinge mit allen Dingen an und folgerte, hierin freilich etwas kurz schließend, daß, wenn man an einem Ding oder an einem Partikel des Dings drehte, die mit dem Ding verbundenen Dinge sich mitdrehen würden. Das ist die

Grundidee des Zauberns. Jedem Planeten war ein bestimmtes Metall, ein bestimmter Edelstein, ein bestimmtes Tier, Gewächs oder Leibesglied zugeordnet, und gelang einem, vermöge eines sogenannten materiellen Sympathiemittels in die Reihe zu kommen, hatte man den Hebel, der die gesamte Reihe in die gewünschte Richtung schob.

Diese rein zweckbestimmten Wunderdinge kehren, in schon begrübelter Form und mit großer Beibedeutung besetzt, im Mysterium wieder als die heiligen Dinge. Es gab da ganz verständlicher Weise die Kornähre, die Rebe und den Ziegenbock, und es gab, nicht minder verständlicher Weise, die Feige und den Phallus. Das Mysterium hatte auch für diese Abteilung seinen Amtsdiener. Er hieß der »Erscheinenmacher der heiligen Dinge«, der Hierophant.

Das materielle Sympathiemittel also verharmlost sich bei abnehmendem Aberglauben und zunehmendem Calvinismus zum Kultsymbol, und das Kultsymbol verblaßt zum literarischen oder musikalischen Motiv. In der letztern Gestalt wird von ihm keine nachprüfbare Nützlichkeit mehr gefordert. Das ist der Grund, aus welchem eine weitere Ausmagerung, sollten selbst noch durchaus vernünftige Zeiten bevorstehn, nun wohl nicht mehr zu befürchten ist.

Im Motiv hat die Ballade ein Stehendes. Ein anderes Stehendes hat sie im Refrain. »Der Refrain, das Wiederkehren ebendesselben Schlußklanges, gibt dieser Dichtart den entschiedenen lyrischen Charakter«. (Goethe).

Alles Unverrückbare oder zu seinem Ausgang mehrfach sich Heimwendende begründet in der Kunst jene Befindlichkeit, die wir als die poetische bezeichnen. Die Ballade, die nicht bloß Poesie sein darf, kann jedoch beim Stehenden nicht stehnbleiben. In ihr muß ein Beharrendes als ein zugleich Beharrendes und Bewegtes erscheinen. Das nämliche Motiv tut hinten einen anderen Dienst als vorn; der nämliche Refrain ändert seine Nachricht je nach der Strophe, an der er hängt und zu der er ins Verhältnis gesetzt ist. Die Ballade hat sich angewöhnt, dieses Beharren in der Bewegung in drei Schritten zu vollziehen.

Der Dreischritt ist lyrisch, indem er einen Grundton angibt. Er ist musikalisch, wie Wiederholung immer musikalisch ist. Er ist episch; denn er schreitet. Und er ist dramatisch dadurch, daß er, oft in Form der Wechselrede, die Erkennung oder den Zusammenprall vorbereitet.

Die musterhafte Ballade setzt sich zusammen erstens aus Eröffnung und Suspense, zweitens dem Dreischritt, drittens der Erkennung oder Action und, viertens, der weltentschlüsselnden Pointe. Als sehr schön gearbeitet erweist sich das Kempnersche

»Notturno«, wenn der Refrain »Finster ists und stumm«, innerhalb des Dreischritts drohend zu »Finster bleibts und stumm« abgewandelt, als die ungetrost und endgültige Schlußaussage »Finster bliebs und stumm« das Werk und zugleich alle eitle Hoffnung beendet.

Der Dreischritt enthält die Einheit der Dichtarten in der Ballade. Er enthält zudem die Einheit des Widerspruchs zwischen Fortgang und Ewigkeit, für dessen künstlerische Mitteilung diese Gattung gerade das richtige Werkzeug ist. Ohne Zweifel ist der balladeske Dreischritt der kennzeichnendste Bestandteil meines Untersuchungsgegenstandes und sein ergiebigstes Gestaltungsmittel.

Geschichte. Rücktritt des Königs

Ich habe nicht zu begründen vor, daß und warum Geschichtlichkeit ein Begriffsfach der Kunst sei. Aristoteles hat das besorgt. Ob ein Stoff jeweils dem Mythos, der Sage, der Geschichte oder der Gegenwart entnommen ist, bedingt seine Brauchbarkeit für einige Gattungen, macht ihn untauglich für andere und legt derjenigen Gattung, welche sich seiner bedient, Einschränkungen und Vorschriften auf, die ihr allgemeines Wesen ins Besondere und bis ins Sonderbare hinein bestimmen.

Die Ballade kann sich von ihrem mythischen Ursprung nicht beliebig weit entfernen. Eine mythische Fabel ist eine Fabel, welche sich selbst bedeutet und bei der nichts gedacht werden soll, als was gehandelt wird. »Die Balladen umfassen«, lehrt Hegel, »die Totalität eines in sich beschlossenen Begebnisses«. Die Begebnisse der Neuzeit aber haben einmal an sich, daß sie weder in sich beschlossen noch ihre Ganzheit in ein paar überschaubaren Bildern herzugeben bereit sind.

So meint die Ballade den Begriff der Geschichtlichkeit in einem höchst anderen Sinn, als die Wissenschaft ihn meint. Sie meint die Geschichte, die vor der Geschichte statthatte, jenes unbestimmte Früher, das auf seine Art ein immer ist. Sie hat ein Nichtjetzt im Kopfe, welches dem Jetzt von heute gegenüber ein vergangenes sein soll und aber als ein genaues Jetzt sich auch damals nicht hätte antreffen lassen.

In der sehr alten Zeit, wo selbst ein Gott kaum etwas Besseres war als ein geflügelter Großbauer, oder an solchen schwer auffindbaren Orten wie der Insel Thule konnte der König Held der Ballade sein. Ein wenig näher herangerückt, wirkt er schon zu wirklich. (Allenfalls aus den östlichen Selbstherrschaften haben wir noch die Abteilung der Sultansballade. An der Geschicklichkeit, mit der Platens »Harmosan«, Rückerts »Krämer von Ispahan«, Schacks »Wie Sultan Mahmud Recht vollstreckt« gebaut sind, zeigt sich die Gunst des königlichen Stoffes. An ihrer geringen Schlagkraft zeigt sich der Umstand, daß Deutschland, in Asien zu liegen, durchaus sich weigert). Je weiter die Ballade und ihr Stoff der Gegenwart entgegentreiben, je ärgerlicher verengt sich der Schauplatz, worauf der Täter noch mit seiner Tat übereinstimmt und einen Helden zu machen die Freiheit und die Einfachheit behält. Die Ballade muß vom Königsstuhl herunter. Sie rückt aus der Mitte des Weltgeschehens an dessen Rand oder gar völlig aus dem Weltgeschehen heraus.

Seit Ende des vorigen Jahrhunderts verkehrt die Gattung unter Dienstboten, armen Wäscherinnen, Lokomotivführern, Matrosen, Bettlern, Gastarbeitern und überhaupt in ganz subalterner Gesellschaft, in der sie ihren mythischen Anspruch, ein kämpferisches Leitbild vom handelnden Menschen in einer behandelbaren Welt zu geben, in irgendeinem geschichtsphilosophischen Ernst nun wahrhaftig nicht mehr erfüllt. Die sozialdemokratische Ballade hat der Königsballade den Garaus gemacht.

Geschichte. Restitution des Königs?

Auch in der klassischen Ballade erscheinen Könige meist nur in der Nebenrolle eines Vorgesetzten des Helden oder überhaupt nur mehr als Jahreszahlen mit Bäuchen und Kronen. »Als König Rotbart lobesam . . .«, als König Franz »vor seinem Löwengarten . . .«, da war es, daß das und dies Erzählbare sich zutrug. — Immerhin wird der König umso verfügbarer, mit desto mehr Klugheit er begriffen ist.

Während Heine den König Karl ganz gemütlich an die Wiege seines künftigen Henkers und damit in eine balladeske Lage setzt, versucht C. F. Meyer, die gesamte englische Umwälzung in die geistig so arme wie poetisch prunkvolle Gegenüberstellung vom Glück und Unglück der Großen hineinzusimpeln, für welche alberne Dialektik er dann recht gar schulmeisterlich eine motivische Pflanze ins Bild zerrt, eine Rose, die doch dafür, daß sie bei Wassermangel und schlechter Pflege welk wird, wirklich nicht kann. Gewiß hat Meyer das Recht, unfähiger als Heine zu sein. Aber weshalb hat er es nach Heine und überdies noch am selben Gegenstand? Ich frage so, weil ich die Hoffnung, die eigentliche, die völkerbewegende Geschichte mit der Balladengattung auszusöhnen, für so völlig abgetan noch nicht halten mag.

Dagegen freilich spricht alles Nachdenken und alle Erfahrung. Der glücklichste Stoff für die Ballade, das wird wohl bleiben, ist nicht die breite geschichtliche Verumständung, sondern das faßliche Einzelgeschick, und ihre personelle Besetzung erfolgt demnach am überzeugendsten weder ganz oben noch ganz unten und vielmehr auf einer gewissen mittleren Ranghöhe. Die Ebene der Geschichtsballade ist die Grafenebene. Ihren Rollenzettel entnimmt man vernünftigerweise nicht dem Gothaischen Hof-Kalender. Man entnimmt ihn dem Taschenbuch der Gräflichen Häuser.

III Die neuzeitliche Ballade als Probe auf den Gattungsbegriff

Triumvirn mit Gefolge

Von den hundert Balladen, die die Deutschen besitzen, sind je ein Viertel von Goethe, Schiller und Heine und ist das verbleibende Viertel von sonstigen Dichtern verfaßt. Unter denen wieder haben manche — Bürger, Chamisso, Uhland, Freiligrath, Geibel und Fontane — der Gattung Dienste erwiesen. Andere — Müller, Rückert, Schwab, Platen, Droste, Strachwitz, Scherenberg, Kopisch, Lenau, Vogl, Mörike, Schack und Dahn — hatten gelegentlich Glück und sollen für das Glück, das sie hatten, gelobt sein.

Mit anderen Worten: Die Gesamtmenge der ungefähr fünfundzwanzig deutschen Balladen, welche nicht von den drei Großen, sondern von dem besagten Rest stammen, benötigte zu ihrem Dasein nicht weniger als neunzehn Urheber. Meine Liste ist nicht unumstößlich. Aber es wird, bei allem abweichenden Geschmack, wohl keiner mehr als fünf oder sieben Balladendichter zufügen oder abziehn wollen. Die deutsche Ballade ist durchaus eine Hervorbringung der deutschen Klassik.

Jeder der Klassiker näherte sich dem Musterbild der Ballade so weit, wie dasselbe eine Annäherung eben duldet. Es ist nicht möglich, einem von ihnen den Zuschlag zu geben. Sie sind gleich gewaltig in der Nachricht, gleich überströmend im Erzeugungseifer, gleich hilfreich als Beiträger zur Gattung. Vielleicht kann man sagen, daß Goethe und Schiller den Maßstab setzten und daß Heine ein paar unverzichtbare Kniffe fand, dem Maßstab gerecht zu werden. Wenn er hinter den Weimaranern an Kunsternst und bewältigter Form zurückblieb, so übertrifft er sie doch in zwei entscheidenden Punkten. Er ist der Meister der Pointe, und er ist — durch die fünfzig Jahre, die er weiter vorn ist, zugleich beeinträchtigt und bevorteilt — der Vater unserer gegenwärtigen Balladensprache.

Ein Nachteil für Dramatiker

Ich gehe hier, wie man schon sieht, nicht als Literaturwissenschaftler vor. Ein Literaturwissenschaftler ist seiner Veranlagung nach unfähig, eine Sache, die sich selbst als Literatur hinstellt, unbearbeitet zu lassen. Er untersucht alles, was es gibt oder was von sich sagt, daß es es gebe, mit der gleichen biedern Sammler-Emsigkeit und der nämlichen ehernen philologischen Gleichmacherei. Wichtig oder nebensächlich, bewährt oder folgenlos — das einzige Gelingen, das er seinem Gegenstand abfordert, ist, daß dem, als eine Richtung sich namhaft gemacht zu haben, gelungen sei.

Ich hingegen benehme mich eher wie ein Leser. Die Erfahrung lehrt mich, welche Balladen sich im nationellen Gutheißen durchgesetzt haben, von denen mag ich nur reden. So wenig es Mehrheiten gestattet ist, über zeitgenössische Kunst zu richten, so sehr fällt Abstimmung ein Urteil über Kunst, vorausgesetzt, der Hammelsprung dauert ein paar Menschenalter.

Einmal die »Lorelei«, jenes kunstmäßige Volkslied und schärfstgedachte Naturgebilde, beiseitegelassen, sind Heines Balladen hauptsächlich um ihrer Pointen willen beliebt. Ohne allen Zweifel sind der »Tannhäuser« oder das »Schlachtfeld bei Hastings« auf tiefere Weise Balladen, als es der »Schelm von Bergen« oder die »Donna Clara« sind. Aber jeder kennt die, und nur einige kennen jene.

Goethes und Schillers Unlust an der Pointe erkläre ich mir daher, daß diese Dichter dramatische Dichter waren. Die Pointe, ich sagte es an seinem Ort oben, entsteht, indem dem Leser Sachverhalte, deren er, um unterrichtet zu sein, benötigt, verweigert werden. Die Pointe zählt unter die Betrugsdelikte. Ein derartiges Verfahren widerspricht nun aber durchaus den Gewohnheiten und der Ehre des Dramatikers. Es sitzt einfach nicht in seinem Handgelenk. Die Ballade vereinigt so viele Dichtarten tatsächlich nur, um demjenigen, der eine dieser Dichtarten beherrscht, Ärger zu machen und Hindernisse in den Weg zu legen. Im Drama weiß der Zuschauer Bescheid, die Handelnden nicht. Im »Edward« wissen die Handelnden Bescheid, der Leser nicht.

Die dramatische Entsprechung zur Pointe ist der

Coup de théâtre, welches Mittel der jüngere Dumas oder Edgar Wallace glanzvoll beherrschten. Es ist nicht, daß der Theaterstreich nicht in die Dramatik gehörte. Der Theaterstreich gehört in die Dramatik wie die Schwarze Messe in die Religion.

Der Ballade aber ist, was im Drama billig ist, teuer. Je heftiger die Schlußwendung, desto eingängiger die Ballade. Das Bedürfnis nach einer schlagartigen und wunderbaren Lösung, einem Umkippen aller bisherigen Gewißheit, einem Ausgang wider alles bessere Vermuten ist als solches nicht schimpflich und wird dem Menschen von den meisten Weltzuständen ziemlich nahe gelegt. Jesu Auferstehung aus der Hölle war so eine Schlußwirkung, mit der das Publikum schon nicht mehr gerechnet hatte. Die Pointe war so gut, daß man sie sich bis heute noch weitererzählt.

Das balladeske Tönen

Aus der Geistersprache her eignet der Ballade ein unmißkennbarer Tonfall, der in seiner tänzerischen Aufgeregtheit und priesterlichen Pomphaftigkeit über das bloß Liedmäßige in Richtung des Kernigen und Beschwörenden hinausgeht. Die Ausdrucksschwierigkeit für Götter besteht darin, daß sie sich über sehr entlegene Gegenstände mitzuteilen haben, ohne daß ihnen die Gemeinde auseinanderläuft.

Die Zaubermacht des balladesken Tönens bewirkt, daß beispielsweise von Goethe der »Erlkönig« und der »Zauberlehrling« erfolgreicher als die »Braut von Korinth« und der »Gott und die Bajadere« sind, und daß Dahns »Gotenzug«, bei aller Abgeschmacktheit, Dutzende von handwerklich makellosen, freilich eben nicht tönenden Werken ausgestochen hat. Gattung geht vor Kunst. Ohrenfreundlichkeit überwiegt viele edlere Vorzüge.

Goethe und Schiller haben den Ton in Gestalt des hohen Tons. Sie haben ihn durch Faßlichkeit gemildert, aber sie haben ihn nicht als Naturton und nicht als Weise. Sie benutzen Rhythmen und Worte, die Anstrengung verraten und Anstrengung fordern. Es sind nicht die Rhythmen und Worte, mit denen man sonst umgeht. Selbst wenn Schiller das Gemüt des Hörers mit Schwung überrumpelt — er überrumpelt es mit Fremdem, und es ist Zwang dabei.

Heine hat Höhe ohne Feierlichkeit, Erhabenheit im Saloppen (was auf deutsch heißt: im Sauton). Er ist immer leicht, und nur was fürs Hirn leicht ist, klingt im Ohr. Wo das Denken beginnt, tritt das Poetische ab. Heines berühmtester Balladenvers ist im Grunde der aristophanische Anapäst. Er ist es so sehr im Grunde, daß er als solcher an der Oberfläche schon nicht mehr herauskommt. So ist Heine immer. Im Grunde Hegel, außen Gassenhauer. Wie in Hinsicht der Pointe also hat Heine in Hinsicht des balladesken Tönens den Goethe und den Schiller noch was lehren können. Ihm fehlt der weithintragend schwere Glockenton der großen, bronzenen Kunststrophen. Aber man muß zugeben: Ohne ihn wäre es nicht weitergegangen.

Im Balladenwerk der Klassiker steigt die Wahrheit der Ballade zur Wirklichkeit auf. Erfahrung bestätigt die Lehre: Der Erfolg der klassischen Balladen ist in deren Gattungsgemäßheit begründet. Es läßt sich noch zeigen, daß die erfolglosen Balladen den Begriff der Gattung verletzen. Ich will rasch das neunzehnte und zwanzigste Jahrhundert noch ablaufen.

Die schlechte Utopie der Ganzheit

Seit Adam grub und Eva aber spann, beklagen sich Unvergnügte über die Arbeitsteilung, so als wäre ein Wesentliches gewonnen gewesen, wenn Adam mitgesponnen und Eva mitgegraben hätte.

Auch die Aufspaltung der Kunst in Kunstsorten wird mißbilligt. Herder setzt diese ästhetische Arbeitsteilung für das Übel der Arbeitsteilung überhaupt, und er feiert von daher das Zusammenwirken der Dichtarten in der Ballade als Ausdruck einer angeblichen und vorbildlichen Allkräftigkeit des »alten und wilden« Menschen, des (so die Abhandlung über den Ursprung der Sprache) »rohen Naturmenschen, der noch seine Seele so ganz, wie seinen Körper, aus einem Stück fühlet«.

Wir wissen, daß es eine solche ursprüngliche Ganzheit niemals gegeben hat und — sollte der

Mensch sich seinen Namen je noch verdienen wollen — niemals hat geben dürfen. Von Anfang an leistete sich die Gesellschaft, neben den anderen Fachleuten, auch ein paar Fachleute für Allgemeinbildung; das mußte genügen, und das genügte. Freilich kenne ich keine Gesittungsstufe, die für Herders empfindsame Art rückverlegten Hoffens zu früh ihre Daseinszeit gehabt hätte. Ich bin sicher, daß der paläolithische Wilde vom eolithischen Wilden als von einem ganz famosen ganzen Kerl geschwärmt hat.

Die Romantik war es, die sich, in Nachfolge der Herderschen Gedanken, der »Pfeile des wilden Apollo« bediente. Die Zahl der Treffer ist geringer als die der Abschüsse. Die romantische Ballade, offen zu reden, spielt mengenmäßig eine Rolle, sonst keine.

Ballade von der Stange

Die romantische Ballade ist die Ballade nach dem Naturangst-Muster. Einer geht in den Wald und trifft ein Waldweib, das dann als nicht so gutartig sich herausstellt, wie es hübsch ist.

Der Stoff eignet sich gut für die Massenfertigung. Er ist alten Kuhhäuten zu entnehmen. Er enthält die Gattungsmerkmale vollzählig und in so anspruchsloser Form, daß sie sich gern vertragen, und wann oder wo hätte es je einen Markt gegeben, auf dem Angst sich schwer hätte verkaufen lassen? Die

Sache kann eigentlich nur glatt gehn. Weshalb nur geht sie auch immer so matt und so platt?

Das Verhältnis der Romantik zur Natur ist ja nicht etwa unverwickelt. Es ist im Gegenteil besonders verwickelt, und das darum, weil es so besonders einfältig ist. Die Romantik, welche einen ständischen Aufbau der Gesellschaft befürwortet, nimmt die Gesellschaft als ein Naturhaftes und Gewachsenes; so ist ihr die Natur kein Gegenbild zur Gesellschaft, sondern deren Bild, kein Anderes, sondern ein Eigenes. Die Romantik fühlt sich eins mit der Natur und in ihr zu Hause.

Aber dieser Standpunkt war just in dem Augenblick abgetan, in dem er eingenommen wurde. Die Romantik spürt am Leibe, daß die Gesellschaft so friedlich pflanzlich und einvernehmlich grün eben nicht beschaffen ist. Einflüsse von außen, des Staates nämlich, schlagen mit zertrümmerndem Donner drein, und im Innern rührt sich eine unheimliche Betriebsamkeit: die verborgene Macht des Kapitals, welche unvermutete Wirkungen verursacht und die Wege verwirrt. Das eigentlich Eigene droht plötzlich als das Fremdeste. Die Natur verwandelt sich aus einer Heimstatt in ein Haus Usher.

Der Romantik fehlt es der Natur gegenüber zu sehr am Begriff, als daß die romantische Angst vor einer derart neuzeitlich entstellten Natur etwas anderes sein könnte denn die Angst der Romantiker vor sich selber und vor ihrer eigenen Unmaßgeblichkeit. Derlei Angstliebe ist nicht leicht ins

Bewußtsein zu heben. Sie schlägt um in ein enttäuschtes Schmollen und liebhabermäßiges Übelnehmen: Die Natur wäre schon schön und seelenvoll, wenn es nur diese vielen Nachtgestalten nicht in ihr gäbe oder wenn nur bei Sturm die Stämme nicht so verdrießlich laut knarrten.

Überhaupt ist das Weben in der Natur keine sehr gute Entsprechung für die Verkehrsformen der Menschen, jedenfalls seit Erfindung des Staates nicht. Schon Shakespeare zieht vor, die Ordnung des menschlichen Zusammenlebens mit einer künstlichen Natur, dem Garten, zu vergleichen. Auch später im Imperialismus, wo das scheinbar Regellose aller Beziehungen wie ein unbeherrschbarer und unbeherrschter Wildwuchs sich darstellen mag, erscheint die Brechtsche Metapher von der Niederlage des Individuums im seelenverschlingenden Dschungel mehr eindrucksvoll als erkenntnisträchtig. Gerade im neunzehnten Jahrhundert aber fehlt fast jede Ähnlichkeit zwischen dem naturhaften Zeichen und dem gesellschaftlich Gemeinten, und aus dieser Unstimmigkeit entsteht die romantische Unart der anlaßlosen Stimmung und entsteht die Billigballade, welche die Gattung so sehr in Verruf und an den Rand der Lächerlichkeit gebracht hat.

Das neunzehnte Jahrhundert enthält ein paar ständisch-bürgerliche Balladen der schwäbischen Schule, ein paar königstreue Balladen aus dem »Tunnel über der Spree«, ein paar volksrechtlerische Balladen von Jungdeutschen, ein paar Hervorbringungen der Bismarckschen Renaissance. — Es enthält natürlich auch die Wagnerei, die lange vor Wagner einsetzt, mit Gedichtanfängen etwa wie Arndts

»In der Freude der Hallen zechte
Frode, König von Hadaland«,

und, für mein Gefühl, den Höhepunkt bei Hans von Wolzogen erreicht: »Vor Heervaters Halle steht Heidrun, die Ziege«.

Das Balladengut des neunzehnten Jahrhunderts ist nicht selten redlich gefühlt und sauber gefertigt. Aber es findet sich nichts darunter, das nicht in einem gesellschaftlichen Abseits seinen Ort hätte, und wenig, das für die Kunst unentbehrlich wäre. Die Gattungswoge schwappt noch nach. Die eigentliche Beschäftigung der Ballade im neunzehnten Jahrhundert indessen ist nicht das Nachschwappen, sondern das Verdunsten.

Der Verdunstungsvorgang vollzieht sich in Form von sprachlichen Neuerungen, die sich, wunderlich genug, mit dem Namen Realismus verknüpfen. Es geht um die Entdeckung, daß man genauere Wörter als bisher benutzen und also beispielsweise mausbraun von flohbraun unterscheiden kann. Am stolzesten war man auf Tätigkeitswörter, insonderheit auf solche, die an die Sinnesempfindungen sich wenden.

Die Literaturwissenschaft gibt auf diese Neuerung bis heute viel, aber ich sehe den Grund zum Stolz nicht. Selbstverständlich ist Genauigkeit eine Urtugend in allen Künsten. Aber es kann doch der genaue Ausdruck nur der Ausdruck eines genauen Gedankens oder eines genauen Sachverhalts sein. Jedes Wort ist das richtige, das zu einem richtigen Satz beiträgt, und auch der richtige Satz ist nur dadurch richtig, daß er richtig im Stück steht. Andererseits stellt eine beliebige Menge richtiger Wörter, für sich genommen, überhaupt noch nichts Rechtes dar. Das krampfhafte Haschen nach dem besonders einmaligen, unaustauschbar treffenden und eigens hergeholten Wort entlarvt den Schreiber als schlecht belehrt und nicht vom Fach. Stümper dichten so.

Ich verzeichne also die Erfrischung der Gattung durch neue Töne, die von den morastigen Geräuschen der Droste über die Liliencronschen Flirr- und Klingelwelten bis zur völligen Auflösung der balladesken Lage in machistischen Schall und Rauch sich, je länger, je siegreicher, in den Vordergrund schieben. Ich leugne die Töne nicht, freilich fehlen mir die Balladen.

Das Ende des Jahrhunderts geht dann bereits von der Abwesenheit der Ballade aus: Es parodiert sie. Die Parodie ist die künstlerisch vertretbarste Weise, eine Sache fortzubesitzen, die man verloren hat. Die balladeske Lage wird nun wieder, eben als Jux, erinnert.

Die Herrschaft der Monopole läßt dem kleinbürgerlichen Sänger die Wahl zwischen der Flucht ins Verblasene und der Auflehnung in der Anarchie. Die Anarchie ist es, die den Heine-Ton fortbildet — weit übers Ziel des Balladentones hinaus, aber immerhin zum Ausdruck einer gewissen muntern Randgruppenlaune. Es entstehen komische Landstreicher-, Huren- und Lumpenballaden, deren Dichter wie Wedekind, Thoma, Hesse und Gan sehr vergnügliche vorgelegt haben. Es entsteht auch leider wieder eine Lehrmeinung, die vorträgt, die Gattung blühe fort und ihre allerneueste Erscheinungsform sei die literarische Moritat. Es ist der reine Blödsinn. Die Drehorgelweise ist weder neu, noch ist sie eine Erscheinungsform der Ballade.

Die Moritat war vor der Ballade, bei Claudius, Gleim, Stolberg und Lenz. Die Moritat war neben der Ballade, im Vormärz, bei Hoffmann von Fallersleben, Herwegh, Weerth und Dingelstedt. Niemand kam auf den Einfall, die eine mit der andern zu verwechseln. Weshalb redet man plötzlich, die Ballade habe sich jüngsterdings der Moritat genähert? Weshalb sagt man nicht, die Moritat hat eine Zeit nach der Ballade, so wie sie vor und neben der Ballade eine Zeit hatte?

Ein deutscher Schriftsteller machte schon im achtzehnten Jahrhundert sich peinlich bemerkbar, der den Unterschied auch nicht kannte: Bürger, und es war kein Geringerer als Schiller, der ihn auf den Unterschied hinwies. Schillers Schrift heißt »Über Bürgers Gedichte«. Sie untersucht das Verhältnis des Künstlers zur breiten Menge und enthält alles grundlegende Nachdenken über Wirkweise und Verständlichkeitspflicht der Ballade, über das Leichte und das Schwere an ihr, kurz, über deren gesamte öffentliche Seite. »Herr Bürger vermischt sich nicht selten mit dem Volk, zu dem er sich nur herablassen sollte«, steht da, und: »Anstatt es zu sich hinaufzuziehen, gefällt es ihm oft, sich ihm gleich zu machen«. — »Das Klinglingling, Hopp Hopp Hopp, Huhu, Sasa, Trallyrum larum u. dgl. m. nicht zu vergessen«.

Schiller hat die Frage des »Volksdichters« erledigt, es gibt nichts nachzutragen. Für diejenigen, die gern ohne Kenntnis mitreden, hat Becher auf den Schillerschen Aufsatz sehr nachdrücklich hingezeigt. Jetzt soll ich alles wiederholen? Die Weigerung der Menschheit, Denkergebnisse in ihrem Bewußtsein aufzustocken, läßt nur zwei Schlüsse zu: Entweder kann der Mensch nicht denken, oder er wird seit anderthalb Jahrhunderten auf irgendeine Weise daran gehindert.

Genug von der Moritat. Schlechte Erziehung ist

kein Ersatz für Ursprünglichkeit, und in dem Maße, in welchem das Volk Anspruch auf Mitwirkung am Staate erhebt, hat es das Recht auf den Volkston verloren.

Starke Ermutigung durch Heuchelei

Paul Heyse überschrieb eine seiner Balladen, die den Gattungserfordernissen nicht genügte, mit dem Titel »Novelle«. Das war ein Mann, für den ein Wort noch ein Wort war. Ich hätte dem Paul Heyse auf sein bloßes Wort tausend Mark geliehen; man erkennt schon hieraus, was für eine Ausnahme er darstellt.

Das zwanzigste Jahrhundert nämlich, worin von Ballade nun endgültig die Rede nicht länger sein kann, entwickelte eine ganz unglaubliche Gewohnheit des Hochstapelns und der Täuschung vermöge unberechtigten Führens fremder Namen. Seit kein Gedicht mehr eine Ballade ist, heißen alle Gedichte »Balladen«. Alle Gedichtüberschriften beginnen mit »Ballade vom . . .« oder — vollends unerträglich — »Ballade von den . . .«.

Also: »Ballade von den scheinbaren Dingen« oder: »Ballade von den zumal Samstags ruchlosen Männern« oder auch: »Ballade von den nachtretenden Dichtern in den großen Städten«.

Es gibt diese genannten Titel nicht wirklich. Ich habe sie erfunden, ich will niemanden kränken. Aber jeder kennt die weitläufigen Gebilde mit ihrem nie versiegenden Wortreichtum und Redeschwall, die unter solcher Art Titeln vorzustellen wären. Jeder beobachtet die wunderbare Wanderung der Gattung Ballade aus dem Werk in die Überschrift. Dieses lippenmäßige Behaupten eines der Sache nach Unvorhandenen ist wie eine Zwangstat. Das Gewissen, dessen Inhalt hier verdrängt ist und am irrsinnigen Ort herausbricht, muß unbeschreiblich schlecht gewesen sein.

Für das zwanzigste Jahrhundert spricht, daß ihm, wenn schon nicht die Ballade, das schlechte Gewissen doch geblieben ist. Es heuchelt Balladen noch, und was noch geheuchelt wird, ist ja nicht vollends tot. Die Ballade lebt, indem man sie heuchelt; vielleicht ist nicht ganz sinnlos, wenn ich der Möglichkeit, ihr zu einem etwas kräftigeren Lebendigkeitszustande zu verhelfen, ein paar abschließende Überlegungen widme.

IV Ist die Ballade eine abgetane Gattung?

Chalcedonensische Scherereien

Daß Balladen nicht mehr geschrieben werden, ist verhältnismäßig neu. Daß Balladen grundsätzlich nicht schreibbar sind, gilt, seit die Gattung vorliegt. Die Ballade ist eine Gattungsperson von sechs Naturen und folglich sechs Willen; derartige Personen gehören nicht in die Welt, sondern in die Gottgelehrsamkeit.

Die Undurchführbarkeit der Ballade rührt aus dem schlichtesten aller Hemmnisse, dem Platzmangel. Stimmung braucht Platz. Erzählung braucht Platz. Spiel und Gegenspiel brauchen Platz. Hoffe keiner, sie könnten selbdritt auf dem bißchen Platz der Ballade sitzen wie drei Engel auf einer Nadel. Ich rede schon nicht von dem ungeheuer vielen Platz, worauf Vertonbarkeit sich erst ausbreitet.

Das Bild von den Engeln ist noch ein vorläufiges, es verharmlost. Wir sind nicht so einfältig zu glauben, die Dichtarten könnten den Platz unter sich aushandeln, dergestalt etwa, daß sie sich schmal machen und jede ein wenig beiseite rückt. Das Miteinander ihrer Willen ist nicht von der Art eines Nebeneinander, sondern eines Ineinander, einer Durchdringung. Aber auch ein Ineinander dehnt. Wenn ich, zum Beispiel, einen dramatischen

Vers poetisch haben will, verfahre ich so: Ich tue weniger Nachricht in ihn als in Verse sonst und lasse ihm hierdurch einen Schwingboden von Wörtern, die keine Aufgabe haben, als zu hallen und zu tönen. Dann hallt und tönt er. Im poetischen Drama ist die Fabel, um der Poesie willen, auf Hauptpunkte verdichtet, aber es ist ein Verlust an Gegenständlichkeit und an äußerer Bewegtheit bei dieser Stücksorte unvermeidbar.

Aber ein Drama verfügt über den Platz von fünfzig Balladen.

Die ursprüngliche Einheit der Naturen im magischen Bewußtsein war an viele törichte Voraussetzungen gebunden. Im Begriff des Zauberns gingen Erkennen und Bewirken, Sein und Meinen, Singen und Wissen auf unvertretbare Weise durcheinander. Die paar Stoffe waren immer schon bekannt und mit knappen Andeutungen zur Stelle. Und vor allem war das Zaubern doch eben nicht mehr als ein Arbeitsgang. Es lief auf Nutzen hinaus, nicht auf Schönheit. Das Zauberwerk erhob keinen Anspruch darauf, ein Kunstwerk zu sein.

In der alten Ballade also hatten die Dichtarten leicht sich einigen: Sie einigten sich, bevor es sie gab. Seit es sie gibt, schließen sie sich aus. Die Naturen haben sich aus dem vielbedotterten Ei zu großem Eigensinn und entschiedenster Fertigkeit ausgewachsen, und wollte man den Verlauf dieser Entwicklung umkehren, wäre das, als wollte man einen ganzen Korb prächtiger Hähne in ein Ei wieder zurückstopfen.

»Edward« läßt sich nicht nachahmen und ließ es zu Goethes Zeit so wenig wie zu unserer. Dieser blutige Schottensohn kann kein Vorbild sein. Was er kann, ist, er stellt eine Aufgabe.

Trennung der Naturen

»So wunderlich«, sagt also (im »Divan«-Anhang) Goethe — »So wunderlich sind diese Elemente zu verschlingen, die Dichtarten bis ins Unendliche mannigfaltig; und deshalb auch so schwer eine Ordnung zu finden, wornach man sie neben oder nach einander aufstellen könnte. Man wird sich aber einigermaßen dadurch helfen, daß man die drey Hauptelemente in einem Kreis gegeneinander über stellt und sich Musterstücke sucht, wo jedes Element einzeln obwaltet«.

— Aha! wirft hier der moderne Philolog, der bisher mit Goethe sich auseinanderzusetzen für völlig überflüssig hielt, dazwischen: Auch Goethe verzichtet auf den Zusammenfall der Naturen in einem einzigen Werk. Wir dürfen getrost Ballade nennen, was wir wollen. Es genügt, die Gattungsbestimmung zu ändern, um die Gattung zu kriegen; (es genügt, die Tauben Störche zu rufen, schon ist der Storch nicht mehr ausgestorben). Goethe stimmt da ganz mit uns überein. — Wer? Goethe mit Ihnen?

»Alsdann«, fährt Goethe fort, »sammle man Beispiele, die sich nach der einen oder nach der andern

Seite hinneigen, bis endlich die Vereinigung von allen dreyen erscheint und somit der ganze Kreis in sich geschlossen ist«. Ich übersetze. Die Gesamtzahl der vorhandenen Balladen erfüllt nur den Begriff der Ballade, so wie nur die Menge der Geister als insgesamte den Begriff des Weltgeists erfüllt. Freilich ist an dieser gemeinschaftlichen Herstellung des Gattungswesens nicht jedes Einzelwesen beteiligt, nicht jede Ballade und auch, des bin ich mir ziemlich sicher, nicht jeder Geist.

Annäherung der Naturen

Biermanns »Moritat auf Biermann sein Oma Meume in Hamburg« halte ich, wenn es zwar ein oder zwei Schlußstrophen zu viel hat, für das deutschsprachige Gedicht dieses Jahrhunderts, das einer Ballade am ehesten ähnelt. Unser bedeutendster Balladendichter ist augenscheinlich Brecht. Er hat keine Balladen geschrieben, aber seine Nichtballaden sind, im angeführten Goetheschen Sinn, Erkundungen von Wert und großer Reichweite.

Das Schwerste an der Ballade ist das Dramatische, und Brecht, der zu Drama ohnehin kein Verhältnis hat, gibt keine Begebenheiten unter einander zuwiderhandelnden Leuten. Aber er schrieb lyrische Gedichte, in denen er, die kraftvollen Töne Villons und Kiplings vermittelnd, eine gespannte Daseinslage mit mutigen Bildern einem triebgeladenen Herzen empfiehlt. Und er schrieb erzählende

Gedichte, die, mit nahezu Gellertscher Redlichkeit, in mildem Fortgang einem Schluß der Weltweisheit entgegenstreben. Er selbst nannte die alle Balladen, und angesichts ihres Rangs muß ich nicht unbedingt an der Bezeichnung mäkeln. Brechts Größe besteht ja, was immer er treibt, in der Beweisführung, wie gut immer noch zu dichten geht, wenn man die Gattung verfehlt hat.

Zur Gänze freilich hat die Sache erst derjenige, der die Trennung der Naturen als den ersten Schritt zu deren Wiederzusammenfügung erkennt. Es sind ja eben die entwickelten Gegensätze, die lohnen, zur Einheit gebracht oder wenigstens zur höchstmöglichen Einheit optimiert zu werden. Die Romantiker, die, anders als Goethe, keine Schwierigkeit mit der Ballade sahen, scheiterten ausgerechnet auf diesem Felde so auffällig: weil Gattungsschwierigkeiten als solche außerhalb ihres Gesichtskreises lagen, und weil sie gerade von der Ballade glaubten, daß sie ihnen lag. Sie hielten sich für Synthese-Fachleute. Sie unterliefen die Schwierigkeiten, und sie erreichten die Aufhebung des Naturenwiderspruchs dort, wo alle Widersprüche sich leicht aufheben lassen, unter Niveau. Solchem vorschnellen Fertigsein gegenüber ist die Brechtsche Vereinzelung der bessere Ansatz und kann der Verfallszustand der Weg sein.

Der Weg bleibt ein Weg zu einem überhohen Ziel. Es werden mit Notwendigkeit weiterhin alle Balladen ihren Namen nur ungefähr verdienen. Die Naturen werden nie restlos ineinander aufgehn: Die Ballade wird zu episch, zu lyrisch, zu dramatisch oder aber zu lang sein. Es liegt nun aber oft im Wesen eines wünschenswerten Ergebnisses, daß man zu ihm nicht gelangt. Auf den Grad der Annäherung kommt viel an, und wo das Vollkommene nicht zu haben ist, da ist ein höherer Grad der Annäherung schon die Vollkommenheit. Man wird beim Urteil über eine Ballade jedenfalls zu erwägen haben, ob das Gattungsziel in ihr mitgedacht ist und immerhin als angegangenes erscheint.

Hacks. Jünglingsballaden

Wie, nach all dem, ließen derartige Annäherungen ans Musterhafte bei heutigen Zeitläuften sich denken? Meine Meinung — und das kann, da ich ein Schriftsteller bin, nur heißen, meine tätige Bemühung — stellt sich in zwei Versuchsreihen dar, welche, da es mit der Mitte ja eingestandenermaßen hapert, die breite Frage von deren beiden äußersten Enden her in die Zange nehmen.

Es gibt auch in der reifsten Gesellschaft einen Ort, wo einer zu Unreife das Recht hat und zur Reife keiner verpflichtet ist: den grünen Ort des Jungseins. Man sagt von der Menschheit nicht, sie altere. Die Menschheit altert nicht, sie hat Geschichte. Aber eins hat eben der biologisch frühe Mensch mit dem geschichtlich frühen Menschen denn doch gemeinsam: daß sie vor den gesitteten

Daseinslagen der Entfremdung geistig sich aufhalten.

Der Jüngling, insofern er noch gar nichts arbeitet, lebt vor der Arbeitsteilung, und insofern er noch gar nichts bewirkt hat, traut er sich noch alles zu. Er ist noch handelndes, denkendes und empfindendes Wesen in einem, man frage nicht, mit wie viel Glück, aber er ist es. Mit dem Unterschied, daß seine Umwelt ihm bedeutet, daß es mit ihm dereinst auf mehr hinauslaufen soll und er also die Erlaubnis nicht hat, sein bißchen Zustand für einen abgeschlossenen zu halten, ähnelt der Jüngling dem Wilden. Jede Kinderstube ist ein Urwald.

Diese vorerwachsene Ganzheit und universelle Nichtigkeit macht den Jüngling seit jeher zum Balladenfreund und macht auch in der Gegenwart dem Dichter möglich, Balladen für Jünglinge zu schreiben. Es sind solche Balladen schon vorhanden, sie heißen Rockballaden. Es hat sich aber meines Wissens bisher kein erzogener Verfasser dieser Kunstsorte angenommen. Vielleicht ist der Grund des Widerwillens der folgende.

Der Überschuß an körperlichen Antrieben, der beim Jüngling einen gewissen ungerichteten Bewegungsdrang hervorruft, und die Bereitschaft seines dürftigen Ich, mit anderen Ichs ohne viel Vorwahl und Auslese gesellig zu verschmelzen, bringen von den Naturen der Ballade gerade die urtümlichsten wieder ins Spiel. Wir stoßen auf eine lärmende und eintönige Musik, und wir begegnen einer Gewohnheit des, weder zu Zwecken der Kunst noch des geschlechtlichen Verkehrs hinaufgeläuterten, massenhaften Tanzens. Die gesamte Haltung der Ballade fällt zurück in das vorästhetisch-dumpfe Gesamt einer getrommelten und gesprungenen Gruppenerregung. Die Rockballade gerät in die Nähe des Gesamtkunstwerks; das, glaube ich, ist, warum sie verstimmt.

Nun hat sich wiederum während der letzten Jahrzehnte jenes Merkwürdige zugetragen, daß, mit Erfindung des Films und der übrigen Bildträger und -bänder, das Gesamtkunstwerk ästhetischen Erwägungen plötzlich zugänglich geworden ist. Sogar Wagners Musik hat im Kino mit einem Mal gezeigt, wozu sie taugt. Es ist möglich geworden, alle Künste, die des Worts, des Tons, des Darstellens wie des Abbildens, zu einander in ein absichtsvoll und mittelbewußt bewegtes Verhältnis, sei es des schönen Einklangs, sei es des witzigen Haders, zu setzen. Das Fernsehbild hat ein wenig die Gestalt des Ur-Eis.

Hierdurch keineswegs erledigt ist der Grundeinwand gegen das Gesamtkunstwerk: daß, je mehr Künste miteinanderwirken sollen, desto tiefer unter Wert jede einzelne derselben abgelassen werden muß. Es bleibt auch bei dem Gesetz, daß alle Künste mitsammen nie so viel leisten können, wie jede für sich könnte. Aber in einer Ordnung halten lassen sie sich im Fernsehen, und mich dünkt, vieler Bedenken ungeachtet, erprobenswert, ob nicht das Fernsehen Schauplatz einer gesprochenen, gesungenen, gehandelten, getanzten und von der

Malerei der Lichtlinse und der Harfnerei der Elektronen begleiteten Balladenform zu werden vermöchte. »In der Tat«, bemerkt Lukian in seinem Aufsatz (der keine bescheidenere Absicht verfolgt als, den Zusammenhang der Operette mit dem Mysterium zu erhärten) – »In der Tat ist es etwas Reizendes um Gesang mit Tanz«.

Günstig am Fernsehen ist: Die gläserne Scheibe schützt vor dem Schweiß der Teilnehmenden. Auch im niedrigsten ästhetischen Fall dürfen wir die Freiheit des beobachtenden Genießers nicht aus dem Kunstbegriff verlieren, und Erfahrung zeigt, daß die Rockballade vor Ort, also in den Festschuppen und Sippenhäusern jenes juvenilen Stammes, gar keine Aussicht hat. Der Aufruhr dort ist viel zu groß, als daß irgendein Sinnvolles hergegeben oder abgenommen werden könnte. Aber vor dieser Art Störung sind wir vorm Bildschirm in Sicherheit. Die Fernseh-Röhre ist der Guckkasten des Gesamtkunstwerks.

Hacks. Historien

In der Jünglingsballade lebt sich die Gattung voll aus, umgeht freilich, um das zu dürfen, den Ernst des Jahrhunderts. Ein genau gegenteiliger Ansatz ergäbe sich vom Jahrhunderternst her und aus der Anmutung, die Gattung solle – soweit sie irgend, ohne ihre Selbstheit zu verlieren, kann – dem Bewußtseinsstand unserer »so unpoetischen Tage«

auf seine Höhe folgen: dorthin, wo sie weder ihre Inhalte noch ihre eigenen Spielregeln mehr anders als nach einer Menge hinter sich gebrachten Denkens noch findet.

»Dazu aber wäre erfordert«, fährt Schiller (in dessen Bürger-Verriß wir uns wieder bewegen) weiter, »daß die Dichtkunst selbst mit dem Zeitalter fortschritte, daß sie sich alle Vorzüge und Erwerbungen desselben zu eigen machte«. — Das Wort »Erwerbungen«, für mein Ohr, klingt stolzer und überzeugter als das muskelrollende »Errungenschaften«.

Es stellte sich dann der Ballade die Aufgabe, unbekümmert um ihre ganze vorvernünftige Aura, sich auf das vor der Vernunft Haltbare an ihr streng zu beschränken. Die meisten literarischen Formen sind die verbliebenen Gehäuse abgefaulter Kulte. Man versteht das Gehäuse besser, wenn man weiß, wie es zustande kam, aber die Regeln unseres Denkens sagen nicht, daß ein Zustandegekommenes mit seinem Ursprung Ähnlichkeit haben müsse. Kurz, meine andere Empfehlung an die Ballade ist, sich endlich zu etwas Anstand zu ermannen und entschlossen die Ur-Eierschalen abzuwerfen.

Geschichtlichkeit gehört zur Ballade. Aber Geschichtlichkeit wäre nun nicht mehr »Beschäftigung mit alter asiatischer, nordischer usf. Mythologie«, und aufträten nicht länger »graue Gestalten und kahle Namen und trockene Züge mit tiefen Ahnungen«. (Es ist Hegels Görres-Schelte, aus der ich hier aushebe, und ich mag nicht verschweigen, daß Hegels Darstellung der Ballade bei aller Gerechtigkeit eines Untertons von Verachtung keineswegs ermangelte). Geschichte wäre diejenige Geschichte, die in Wirklichkeit war, einbezogen die langen Flechtwerke ihrer Verursachungen und Vertäuungen. Die Ballade stiege von der Grafenebene zur Weltebene hinauf. Die Ballade würde zur Historie. Ist was an dem, das nicht ginge?

Sollte eine so erfreuliche und bewährte Kunstsorte in einem magischen, also falschen Weltbild ihre Daseinsbedingung haben? Sollte die Dialektik weniger leisten, als das Faseln konnte? — Die Anstrengung einer balladesken Historie bestände natürlich im Aufspüren glücklicher Punkte: solcher Punkte, wo aus dem äußern Verlauf der Geschichte auf deren Wesen immerhin sich schließen ließe und wo in der Haltung von Handelnden das Gesetz ihres Handelns wenigstens andeutungsweise zu erscheinen sich bereitfände.

Gut beraten ist der Dichter mit Stoffen, die schon berühmt sind. Er soll nicht vom Ruhm des Stoffes absahnen; er soll nur nicht Fußnoten mitdichten müssen, so wie das die wilden Sänger eben auch nicht mußten. Das Berühmtmachen eines bisher unberühmten Stoffs ist für die Ballade noch verdienstvoller, nämlich noch schwieriger, als für das Drama, welches seine inhaltlichen Voraussetzungen mitzuteilen und auszubreiten Raum hat.

Derartige glückliche Punkte und Stoffe gefunden, mag es dann auch der neuesten Ballade nicht zur Schande gereichen, wenn in ihr schon einmal das zur Gemütslage passende Wetter herrscht. Aber ich will auch das Wetter wissenschaftlich. Ich verzichte lieber auf alles Blätterrauschen, ehe daß ich den Eindruck zuließe, es sei irgendjemandes Seele, die da durch die Bäume bläst.

Ich stelle die Frage wahrscheinlich übersäuberlich oder streitsüchtig; jeder fragt aus seiner eigenen Not. Um die Dichtkunst der Verkommenheit, worin sie ist, zu entreißen, soll mir jedes Mittel recht sein, selbst Aufklärung. Ich ertrage Unvernünftiges nicht mehr, wenigstens zur Zeit nicht, und nicht einmal zum poetischen Spaß. Wie bösartig sind die Leichtfertigkeiten Tiecks, wie niederträchtig sind die Possen Dadas mißbraucht worden: Man hat aus ihnen Weltbilder gemacht. Nehme sie also selbst an der Schönheit Schaden — woran die Ballade im jetzigen kranken Menschheitsaugenblick einzig gesunden kann, ist Nachahmung, Nachahmung, Nachahmung. (Und dazu ein gerüttelt Maß an Erkenntnis).

Ungestorbene Leichen

»Ungestorbene Leichen« sind es, sagt Frau Kempner, die man nur allzu oft »zum Orkus hinab« senkt, und sie erkundigt sich so verständig, daß es einem das Herz bricht: »Wißt ihr nicht, wie weh das tut, / Wenn man wach im Grabe ruht?«

Ich überlege, in welchem Umfang diese Dichterin die ungeheure Verallgemeinerungsfähigkeit ihres Lieblingsstoffes überschaute. Auf eine Weise tat sie es wohl. Sie konnte nie einsehn, weshalb gesicherte Güter von einem Tag zum andern, aus gleichsam journalistischen Gründen, auf den Kehricht sollen, und sie war eine zu gute Wirtin, um viel Verständnis für die Gewohnheit des Wegwerfens zu haben, nach welcher schon ihr Jahrhundert mit seinem Hausrat umging.

Ich fühle, was die weggeworfene Ballade angeht, wie Kempner. Schiller fühlte wie ich. Wenn Sie einen großen Mann kennen, kennen Sie alle. »Und doch wäre es ein sehr niederschlagender Gedanke«, schreibt Schiller, »wenn diese jugendlichen Blüten des Geistes in der Fruchtzeit absterben, wenn die reifere Kultur auch nur mit einem einzigen Genuß erkauft werden sollte«.

Es geht mir hier wirklich nicht um mich oder um Balladen, die von mir sind. Es geht mir um die Gattung, und es geht mir um diese besondere Gattung nicht dringlicher als um alle anderen Gattungen auch. Gattungen sind erfunden worden, um bestimmte Bedürfnisse zu befriedigen. Darf denn die menschliche Rasse fortleben und ihre Bedürfnisse sterben lassen? Sind Bedürfnisse überhaupt sterblich? Es kann ja sein, eine Gattung war mit elenden und nichtswürdigen Umständen untrennbar verknüpft oder ist durch eine tüchtigere Gattung ersetzt oder ist aus einem Zwang der Verhältnisse nicht mehr machbar. Das alles geht zu denken. Aber ich stelle sehr selten fest, daß man den Sachverhalt ihres Tods oder Scheintods besonders sorgfältig prüft, bevor man die Gattungen auf dem Beinacker des Zeitgeschmacks verscharrt. Ich finde, es geschieht eher lustvoll.

Die Kempnersche Ballade vom scheintoten Kind ist also eine Ballade über die Ballade und diese meine Abhandlung einer Klingelschnur vergleichbar, die aus dem Grab der Ballade in die Welt der Lebenden führt. Aber wer befände sich noch in dem Wahn, es genüge zu klingeln, und schon würden mit Spaten die Helfer herbeigeeilt kommen, so als wäre üblich, einen auszugraben, aus keinem besseren Grund als dem, daß er noch lebt? Wenn die Kempner eine Pessimistin war — gemessen am Kapitulantentum des zwanzigsten Jahrhunderts war der Pessimismus des neunzehnten der reine Fortschrittsglaube. Mir ist sehr klar, daß ich mit all meinem Folgern und Zurechtrücken für die Ballade nicht mehr erreicht habe als eine gelehrte Wiederholung des Kempnerschen Zornrufs:

»Wir wollen nicht auf bloßen Schein
Beseitigt und begraben sein!«

Inhalt

Historien und Romanzen

Christian v. Ditfurth · Das Moskau-Spiel

Ein Verkehrsunfall in Moskau. Das Opfer: Georg Scheffer, der beste Spion des Bundesnachrichtendienstes in Russland. Der BND schickt Theo Martenthaler, um die Leiche nach Deutschland zu überführen. Ein Job für einen Nachwuchsagenten. Doch als Martenthaler die Leiche identifizieren will, drückt ihm die schöne Moskauer Rechtsmedizinerin Sonja Kustowa eine Urne in die Hand. Mit Scheffers Asche, wie sie behauptet. Ein Täuschungsmanöver des russischen Geheimdienstes FSB. Ist Scheffer wirklich tot? Was steckt hinter dem Verwirrspiel der Moskauer Behörden? Und warum gibt Sonja Kustowa Martenthaler bei einem Kneipenbesuch einen Tipp? Martenthaler löst das Rätsel und fliegt mit dem Beweis nach Hause: Der FSB hat Scheffer ermordet. Das glaubt er, bis er entdecken muss, dass er in die Falle getappt ist. Alles ist anders. Das Spiel ist viel größer, heimtückischer und gefährlicher, als Martenthaler es in seinen finstersten Albträumen gefürchtet hätte. Gekränkt und wütend reist er gegen den Willen des BND zurück nach Moskau. Auf sich allein gestellt und immer in Lebensgefahr, verstrickt er sich in den Intrigen seiner Feinde. Bis er auf eine Spur stößt, die in die Achtzigerjahre führt. Als die Welt am Rand des Atomkriegs stand. Und als Martenthalers Vater zusammen mit Georg Scheffer für den BND gegen die Sowjets in Moskau spionierte.

Wer hat gesagt, der klassische Spionagethriller sei tot? Virtuos und nie um eine überraschende Wendung verlegen, inszeniert Christian v. Ditfurth das Bild einer Welt, in der Wahrheit Lüge ist und Lüge Wahrheit. Der kalte Krieg ist längst nicht vorbei.

CHRISTIAN v. DITFURTH

DAS MOSKAU-SPIEL

PENDRAGON

Prolog

Oberstleutnant Stanislaw Jewgrafowitsch Petrow saß mit halb geschlossenen Lidern auf seinem Stuhl und sog den Rauch seiner Zigarette ein. Er hielt den Rauch lange in seiner Lunge, dann atmete er stoßweise, aber gemächlich aus und setzte Wölkchen in die Luft. Er verfolgte sie mit seinen großen blaugrauen Augen. Petrow hatte einen hageren, länglichen, fast rechteckigen Schädel und lockige dunkelbraune Haare. Ein Hauch von Melancholie umgebe ihn, hatte eine Genossin einmal gesagt. Seine Soldaten im Bunker 15 von Serpuchow südlich Moskaus kannten ihn als einen Offizier, der nicht viel redete und dem es lächerlich erschienen wäre, markige Sprüche abzusondern, wie das so viele andere Offiziere der ruhmreichen Sowjetarmee taten.

Seine Soldaten behelligten ihn nicht, wenn er in der Nacht auf der zweiten Ebene des dunklen Kontrollraums auf seinem Stuhl zu dösen schien. In Wahrheit war er wie eine Katze, die im Dämmerschlaf jedes Geräusch hörte und jede Bewegung wahrnahm. Im Notfall würde Petrow in Sekundenbruchteilen tun, was die von ihm selbst verfasste Vorschrift einem diensthabenden Offizier in einem Bunker des sowjetischen Raketenfrühwarnsystems befahl. Es sollte Moskau so schnell wie möglich vor einem amerikanischen Atomraketenangriff warnen, um dem Generalsekretär Andropow und dem Generalstab Zeit zum Gegenschlag zu geben. Fünfundzwanzig Minuten. In diesem Bunker liefen die Datenströme der Aufklärungssatelliten zusammen, der Augen des sowjetischen Weltreichs.

»Wenn wir versagen, wird die Heimat vernichtet und der Feind überlebt«, hatte Petrow seinen Soldaten erklärt, als er vor gut zwei Jahren nach Serpuchow versetzt worden war. »Wenn wir nicht versagen, wird unsere Heimat vernichtet und der Feind auch.« Er erinnerte sich noch gut an die verdutzten Gesichter seiner Untergebenen. Aber wenn die Amerikaner die Dinge ähnlich sahen, würden sie nicht versuchen, einen Atomkrieg zu gewinnen. Doch genau mit dieser Verlockung spielten manche Experten und Politiker im Westen. Ganz öffentlich, und wer wusste, was sie unter Ausschluss der Öffentlichkeit besprachen? Das schrieb die Presse, das meldeten Auslandsberichterstatter im Fernsehen. Für den neuen amerikanischen Präsidenten war die Sowjetunion das Reich des Bösen. Das Böse aber muss vernichtet werden. Immer und überall. Deshalb hatte die sowjetische Militärführung die Offiziere der Raketenstreitkräfte, der Luftwaffe und der Überwachungsstationen zu größter Wachsamkeit vergattert. Der Feind plane einen Angriff. Er fühle sich überlegen. Er wittere seine Chance. Für ihn sei die Sowjetunion eine historische Fehlentwicklung, die er berichtigen wolle. Wie der General bei der letzten Inspektion hatte durchblicken lassen, sammelten die Kundschafter an der unsichtbaren Front überall im Westen Informationen, die bewiesen, was die Moskauer Führung befürchtete.

Petrow ließ sich nicht viel vormachen, aber dass die Stimmung in der politischen und militärischen Führung umgeschlagen war, dass es nicht nur Propagandageschwätz über den stets aggressiven US-Imperialismus war wie sonst, sondern Angst, wirkliche Angst, das spürte er. Er hatte ein Gefühl für Stimmungen. Die waberten von der Führung hinunter in die Partei- und Staatsorgane wie Nebelschwaden.

Meistens durchschaute er die Propaganda, dieses Gespinst aus Lügen, Wahrheiten und Halbwahrheiten, mit dem man den Feind bearbeitete und das eigene Volk anspornte. An allen Unbilden im Sowjetlager war der Feind schuld. Wenn sich irgendwo ein Volk erhob gegen die Parteiherrschaft, wie in der DDR, Ungarn, Polen, der Tschechoslowakei, so steckte der Feind dahinter. Natürlich, man musste den Feind unter Feuer halten, man musste ihn einschüchtern, man musste vielleicht auch mal die Panzer rollen lassen, doch Petrow hatte längst begriffen, dass es sich einige ganz oben etwas zu leicht machten.

Aber diesmal war es ernst.

Manchen Tag schlief er schlecht. Er träumte vom eigenen Versagen, wie er die blinkenden Zeichen auf den Kontrollmonitoren falsch deutete, wie die Trümmer von Moskau in einer Feuersbrunst versanken und zusammengeschmolzen wurden, zuletzt der Turm der Lomonossow-Universität. Seltsamerweise. Nicht weniger erschreckend erschien ihm die Vorstellung, dass ein einziger Raketensprengkopf, der über Moskau explodierte, genügen könnte, sämtliche Befehlsstrukturen lahmzulegen und das Land wehrlos zu machen. Der elektromagnetische Impuls, jenes so rätselhafte wie wissenschaftlich bewiesene Phänomen: die Ausschaltung des Feindes, indem man alle Elektronik auf einen Schlag zerstörte. Da säßen dann die Führer der mächtigen Sowjetunion in ihrem Bunker, und sie würden nichts erfahren von dem, was außerhalb ihrer Betonfestung vor sich ging, und sie konnten niemanden dort draußen mehr erreichen und niemandem mehr etwas befehlen. Bis Verbindungen wiederhergestellt wären, bis die Raketenstreitkräfte den Gegenschlag einleiten könnten, wäre es zu spät, weil die USA bis dahin die Raketensilos und Bomber zerstört hätten. Er sah Menschen vor sich, die Mutter, die Schwester, die Verkäuferin in dem Laden, die ihm gestern verschämt zugelächelt hatte, den Jungen, der mit einem fast luftleeren Fußball die Fensterscheibe des Schuppens zerschossen und mit dem Petrow einen unausgesprochenen Schweigepakt geschlossen hatte, bekräftigt nur durch ein Blinzeln mit beiden Augen, was der Kleine erst mit einem Staunen und dann mit einem strahlenden Lächeln quittiert hatte. Überhaupt die schreienden, lachenden, plärrenden und sich prügelnden Kinder auf dem Schulhof in der Nachbarschaft, welche die sowjetische Disziplin erst noch lernen mussten. Die alten Frauen, die mühsam die Bürgersteige entlanghumpelten und immer eine Tasche trugen. Die Veteranen, die ihre Orden vom letzten Krieg stolz herzeigten, weil sie außer dem Stolz und der jährlichen Parade nichts bekommen hatten. Die schönen jungen Frauen, die im GUM nach Kleidern suchten und zu oft unzufrieden wieder nach Hause gingen. Sie und alle anderen würden zerfetzt und zu Asche verbrannt und vom Feuersturm über die Todesäcker verbreitet, die einmal Städte gewesen waren. Petrow hatte Dokumentarfilme über die Atombombenabwürfe über Hiroshima und Nagasaki gesehen, und er wusste, dass jeder einzelne Sprengkopf unter den vielen Tausenden Mehrfachsprengköpfen, die von den Raketen fast punktgenau ins Ziel befördert wurden, ungleich größere Zerstörungen anrichten würde als die beiden Bomben über Japan.

Er drückte die Zigarette aus und linste auf den Bildschirm vor sich. Flimmernde weiße Schrift auf dunkelgrauem Hintergrund. Wenn er die Schrift lange anstarrte, bekam er Kopfschmerzen.

23 Uhr 57, 25. September 1983, zeigte die Uhr auf dem Schreibtisch an.

Er zündete sich eine weitere Zigarette an, stand auf und ging eine Runde. So, wie er es jedes Mal um diese Zeit tat, wenn die Müdigkeit nach ihm griff. Er schaute sich um, wie seine Leute die Zeit totschlugen. Hauptmann Sokolow, sein Stellvertreter, las wie immer in einem Roman, aber mit einem Auge verfolgte er den Computerbildschirm vor seiner Nase. Lesen im Dienst widersprach den Vorschriften, doch Sokolow hielt sich so wach, ohne seine Aufgabe auch nur eine Sekunde zu vernachlässigen. Leutnant Kirow, der Computerexperte, bearbeitete seine Tastatur. Kirow war ein brillanter Kopf, viel zu schade fürs Militär. Viel zu klug, um in einem muffigen Bunker herumzusitzen. Petrow schaute Kirow über die Schulter, aber er konnte nichts anfangen mit den kryptischen Befehlen, die der Leutnant in den Computer eingab.

Die Tür zum Nebenraum war angelehnt. Dort saßen vier Soldaten, bewaffnet mit AK-47-Sturmgewehren, die den Bunker zu bewachen hatten. Um den Bunker herum war ein Stacheldrahtverhau, der oben und in der Mitte von einem Starkstrom leitenden Draht gesichert wurde. Am Tor standen zwei Soldaten. Vier weitere patrouillierten in Zweierstreifen entlang des Zauns. Zu viel für einen einsamen Bunker südlich von Moskau. Zu wenig, um ein gut geplantes Kommandounternehmen des Feindes abzuwehren. Wenn es dem gelang, unbemerkt in den Luftraum einzudringen, was als unmöglich galt. Allerdings hatte Petrow da seine Zweifel. Das Radar reichte nicht weit genug. Wenn es Raketen im Flug anzeigte, war es für eine Reaktion fast schon zu spät. Es blieben nur Minuten. Deshalb hatten sie das Satellitenfrühwarnsystem gebaut, das die US-Atomraketenbunker vierundzwanzig Stunden am Tag überwachte. Seitdem hatten sie nicht mehr zwölf Minuten Zeit, auf einen Raketenangriff zu reagieren, sondern eine knappe Viertelstunde länger. Milliarden von Rubeln für eine knappe Viertelstunde.

Vor drei Wochen hatte die Luftwaffe dieses südkoreanische Spionageflugzeug über Sachalin abgeschossen. Vielleicht war es doch eine Passagiermaschine auf Irrwegen gewesen, wie die Propaganda des Westens behauptete, die Petrow in den stark gestörten Radiosendungen gehört hatte. Doch Petrow wusste auch, dass US-Bomber sich seit einiger Zeit immer wieder dem sowjetischen Luftraum gefährlich näherten. Provokationen. Sie testeten die Luftabwehr. Da dürfen die sich nicht wundern, wenn wir schießen. Sie legen es darauf an. Was zu viel ist, ist zu viel.

Petrow fuhr zusammen, als die Alarmsirene heulte. An der Kontrollwand blinkte in roter Schrift ein Wort: Start. Sie hatten es vorher nie gesehen. Sokolow und Kirow starrten ihn an. Die Farbe wich aus ihren Gesichtern. Kirows Stirn war mit einem Schlag von Schweißperlen übersät. Sokolows Mund stand halb offen. Auf dem Radarschirm ein Punkt, der sich schnell bewegte. Eine Interkontinentalrakete. Richtung Moskau. Eine Minuteman II, deren Sprengkopf durchs All raste.

Petrow war plötzlich klatschnass am ganzen Körper. Was tun? Die Vorschrift forderte, die Meldung über eine Direktleitung an den Generalstab und Andropow weiterzugeben. Keine Zeit, das Politbüro einzuschalten oder gar den Obersten Sowjet. Die Militärführung würde binnen weniger Minuten allein entscheiden müssen, ob die Interkontinental- und Mittelstreckenraketen der Sowjetunion, land- und seegestützt, gestartet werden sollten, um die einprogrammierten Ziele in den USA und Westeuropa zu vernichten, damit das Territorium der Feindstaaten in ein verstrahltes Trümmerfeld verwandelt wurde, in dem auf Jahrhunderte niemand würde leben können. Die Vorschrift verlangte, die eigenen Raketen zu starten, bevor der Feind sie zerstören konnte. Bevor die Sowjetunion vernichtet und wehrlos war.

Petrow nahm den Telefonhörer, hielt ihn eine Weile in der Hand, dann legte er wieder auf. Sokolow beobachtete, was Petrow tat, sagte aber nichts. Er hätte angerufen, was sonst? Kriegsgericht?

Aber Petrow dachte: Wenn der Feind angriff, dann doch nicht mit einer einzigen Rakete, die zwangsläufig den tödlichen Gegenschlag auslösen musste. Nein. Selbstmord würden die Imperialisten nicht begehen. Das war ein Fehlalarm. Wenn er nach Moskau meldete, was seine Augen sahen, würde Panik herrschen. Panik war ein gefährlicher Berater. Der Weg in den Tod.

Sie starrten. Endlich verschwand der Punkt vom Schirm. Petrow schnaufte durch und schaltete die Sirene aus.

Sokolow und Kirow starrten ihn immer noch an. Sokolow wischte sich mit dem Ärmel über die Stirn.

»Fehlalarm«, flüsterte Petrow.

Kirow lachte, etwas zu laut. Sokolow prustete.

Petrow überlegte, wie er die Meldung über diesen Vorfall abfassen konnte, ohne in Teufels Küche zu kommen. Er habe sofort erkannt, dass es ein Satellitenfehler gewesen sei. Kein Grund, die Führung zu alarmieren. Kein Grund, Unruhe zu schaffen. Wir haben Wichtigeres zu tun.

Wir schützen die Sowjetunion.

Er wusste natürlich, dass nicht nur er über diesen Vorfall berichten würde. Selbstverständlich arbeitete einer der Genossen im Bunker für die GRU, den Geheimdienst der Sowjetarmee.

Die Sirene. Wieder die Sirene. Wieder cin Punkt auf dem Schirm. Sokolow und Kirow zuckten zusammen. Petrow erstarrte.

Er zwang sich, ruhig zu bleiben. In Windeseile durchdachte er alle Möglichkeiten, die in den Vorschriften standen und die ihm seine Fantasie vorschlug. Er schaute auf den Punkt, und als auch der verschwand, schaltete er die Sirene aus und nahm den Telefonhörer, um einen Fehlalarm nach Moskau zu melden. Kaum hatte er den Hörer in der Hand, heulte es wieder und dann noch zwei Mal. Fünf Raketen.

Wenn er fünf Raketen meldete, mindestens fünf Raketen, wie hoch war die Wahrscheinlichkeit, dass die Führung den Gegenschlag auslöste? Er stellte sich die erregte Debatte im Generalstab vor. Wer hatte dort gerade Dienst? Wer entschied wirklich? Fünf Atomraketen würden Moskau pulverisieren. Kaum Zeit, sich in die Bunker zu flüchten. Der Enthauptungsschlag, der die Sowjetführung ausschaltete. Der gigantische elektromagnetische Impuls, der alle Kommunikations- und Überwachungseinrichtungen lähmte.

Petrow konnte nicht übersehen, was der Bildschirm ihm zeigte. Was, verdammt, sollte er tun in diesem Augenblick, in dem der Wahnsinn den teuflischen Beschluss gefasst hatte, dass er, Oberstleutnant Stanislaw Jewgrafowitsch Petrow, über das Schicksal der Erde entschied? Er, der heute gar nicht hier sein sollte, sondern einen kranken Genossen vertrat. Petrow dachte an seine Mutter, die in einer ärmlichen Datscha am Ostrand von Moskau hauste, an den Vater, der an Spätfolgen einer Kriegsverletzung unter unerträglichen Schmerzen zugrunde gegangen war. An die Schwester, die sich frisch verliebt hatte nach einer kaputten Ehe mit einem versoffenen Taugenichts. Auch wenn seine Untergebenen ihn erwartungsvoll und ängstlich anstarrten, war Petrow allein, einsamer, als je ein Mensch gewesen war.

1

»Da ist was im Busch.« Klein hob die Unterarme, die Ellbogen blieben auf den Lehnen seines ledernen Chefsessels liegen, seine Handflächen zeigten zum Gegenüber. »Was im Busch. Und sie klopfen drauf.« Er klopfte mit den Händen leicht auf den Tisch. Ein doppelter Ehering. Mit schmalen Augen starrte er den noch jungen Mann mit dem Intellektuellengesicht an, der ihm gegenübersaß, so, wie er es immer tat, wenn ihm etwas wichtig war. Wenn er eine Antwort suchte. Zum Spalt zusammengekniffene Augen in einem knochigen Kopf. Augen, die noch nie gelächelt haben konnten. In denen man lesen mochte, wie hart einer werden musste, der überlebt hatte. Die Angriffe des Feindes, die Machtkämpfe im Dienst, die Intrigen, den Verrat. Und Klein war einer, der es schätzte, hart zu sein.

Den Verrat.

»Irgendwas.« Er streckte sich ein wenig, öffnete die Augen, hob die Augenbrauen, senkte sie, hob sie wieder. Augenbrauengymnastik. »Und wir wissen nicht, was.« Er schaute sein Gegenüber an, als müsste der es wissen. Als wäre es eine Enttäuschung, wenn er es nicht wüsste. Er knetete Luft mit den Händen. Dann erst lüftete er das Geheimnis: »Scheffer ist tot. Autounfall. Am Ismailowopark, in der Nähe von den Hotelblocks, Sie kennen die. Mit den griechischen Blocknamen.« Er sagte es beiläufig.

Scheffer war tot. Autounfall.

»Sagt die Miliz.«

Die Moskauer Miliz sagt viel oder nichts. Und immer das, was ihr vorgeschrieben wird.

Autounfall.

Theo Martenthaler ließ seine Augen durch die runden Brillengläser die Wand hinter Klein entlangwandern. Ein

Regal mit Vorschriften, Gesetzestexten und ein paar Büchern über Osteuropa und Russland. An der Wand ein Landschaftsaquarell, in der Ecke Sessel, grau bezogen, um einen runden Glastisch. Der Blick durch das breite Fenster zeigte Schwärme winziger Schneeflocken, die der Wind fast waagerecht vor sich hertrieb. Weit hinten erkannte man die Mauer, die das BND-Gelände in München-Pullach abschirmte. Hinter der sich schon Gehlen versteckt hatte, nachdem er an einem 6. Dezember hier eingezogen war. Hinter der Felfe gewühlt hatte, der Maulwurf aus dem Osten. Theo Martenthaler hatte schon so oft in Sankt Nikolaus gesessen.

Er schaute auf Klein, der in den vergangenen sieben Jahren darauf geachtet hatte, dass Theo alles lernte, was ein Spionageprofi beherrschen musste. Klein hatte den Kopf zurückgelehnt und presste die Fäuste zusammen. Martenthaler hatte ihn nur einmal so erlebt. Als Kleins Frau gestorben war. Krebs, hieß es. Aber Klein hatte kein Wort darüber verloren.

Autounfall am Ismailowopark. Scheffer tot.

Martenthaler kannte die Betonblöcke. Hotels der Standardkategorie. Teils renoviert, teils noch Sowjetstil. Blick auf den Park mit dem See. Am Horizont, hinter dem Wald, endlose Plattenbauten. Im Wald eine Zwiebelturmkirche, drei Türme. Jeden Morgen ein anderer Sonnenaufgang, mal als Licht hinter einer Wand dunkler Wolken, mal als Feuerkugel am klaren Horizont über dem Wald, der die Feuchtigkeit der Nacht ausdampfte, mal als im Dunst gebrochene weiße Strahlung, die einem in den Augen schmerzte.

Theo Martenthaler war vor acht Monaten aus Moskau zurückgekehrt. Sein erster gefährlicher Einsatz. Zuvor war er in Rom und Lissabon gewesen, Fingerübungen, Geplänkel, langweilig. Klein hatte ihm Zeit gegeben zu lernen, nachdem er gleich nach dem Studium – Politologie, Osteuropäische Geschichte – an der Berliner Humboldt-Universität beim BND angeheuert hatte. Theo sei in die Fußstapfen des Vaters getreten, hatte Klein einmal gesagt. Er hatte es nicht gewollt, das jedenfalls redete Theo sich ein. Aber irgendwie war er dann doch dabei. Große Fußstapfen. In Russland hatte Theo den alten Scheffer wiedergetroffen und mit ihm zusammen das Chaos in der BND-Residentur geklärt. Georg Scheffer war ein perfekter Agentenführer gewesen, aber eine Residentur leiten, das konnte er nicht. In der freien Wildbahn machte ihm niemand etwas vor, er war fürs Täuschen und Tarnen geboren. Am Schreibtisch aber drohte er zu ersticken, sank seine Laune auf den Nullpunkt.

Scheffer hatte ihn in Moskau natürlich gleich auf seinen Vater angesprochen, und Theo erinnerte sich sogar an frühere Zeiten, wenn auch etwas nebelig. Und dann hatte Scheffer Theo getroffen mit einer lapidaren Bemerkung: »Wie der Vater, so der Sohn.« Gewiss wusste Scheffer nichts von dem Familienzerwürfnis. Oder wusste er es doch? Hatte er Kontakt zu Henri gehabt oder es sonst wie erfahren? Hatte er sich dazu eine eigene Psychologie gestrickt: Mag schon sein, dass du deinen Vater verabscheust oder wenigstens nicht viel mit ihm anfangen kannst? Die Wahrheit, mein Lieber, die findet man aber nicht auf der Oberfläche, sondern viel tiefer, als du ahnst. So tief, wie du es nicht einmal befürchtest. Immerhin, in Theo war schon hin und wieder die Idee aufgeschienen, er könne trotz allem seinem Vater mehr ähneln, als ihm lieb war. Er könne sogar versuchen, ihm das zu beweisen. Ihm auch zu zeigen, dass er diesen Job genauso gut, wenigstens genauso gut, beherrschen könne. Vielleicht war sein Leben nichts anderes als ein Wettlauf gegen den Vater. Doch diese Gedanken hatte er immer schnell unterdrückt. Scheffer aber hatte mit einem Satz den Deckel angehoben.

Martenthaler junior, der schlaksige Feuerwehrmann, den Klein geschickt hatte, weil ein anderer nicht greifbar war, da machte sich Theo keine Illusionen. Aber er, der Ersatzspieler, hatte es hingekriegt, und der alte Scheffer war aufgeblüht in seinem soundsovielten Frühling. Er kannte alle Tricks, sogar die FSB-Leute würden eingestehen, dass sie ihn für einen Meister ihres Fachs hielten.

»Und wo dort?«, fragte Martenthaler mit jungenhafter Stimme und strich sich durch seine schwarzen Haare mit frühen vereinzelten grauen Strähnen. Ihm summte noch die CD von Chickenfoot im Ohr, die er laut im Auto gehört hatte. Eigentlich müsste ich jetzt traurig sein, geschockt. Aber es war nichts in ihm, nur der Nachklang der Musik. Vielleicht, so dachte er, will ich es nicht an mich heranlassen. Theo war ein Mann, der über sein Innerstes mit sich verhandelte. Er hätte jetzt gerne etwas getrunken, aber er wusste, dass er es nicht durfte. Es war hart genug gewesen, sich die Dauertrinkerei abzugewöhnen. Wenigstens einigermaßen.

»Da ist ein Supermarkt gegenüber den Hotels, dazwischen eine Straße, nicht breit. Scheffer tat so, als wollte er einkaufen. Dann raste ein Geländewagen heran und fuhr ihn um. Fahrerflucht. Es gibt wohl Zeugen.«

»Was sagt die Miliz?«

»Das. Nicht mehr. Sie sagt, was sie nicht leugnen kann. Und: Der Fahrer soll besoffen gewesen sein. Wahrscheinlich.«

»Und woher wollen die das wissen?«

Klein hob die Hände ein paar Millimeter über die Tischplatte und ließ sie wieder sinken.

»Das Kennzeichen?«

Klein schüttelte kaum merklich den Kopf.

Theo wollte etwas sagen, doch dann schwieg er. Sie saßen sich gegenüber und schauten aneinander vorbei.

Klein war seit viereinhalb Jahren Chef der Abteilung für operative Aufklärung des Bundesnachrichtendienstes. Er hatte in den Siebzigerjahren in Brandenburg im Knast gesessen, weil er in den Westen abhauen wollte, aber verraten worden war. Nachdem die Bundesregierung ihn freigekauft hatte, war er eine Zeit lang arbeitslos gewesen, dann jobbte er bei einer Lebensmittelkette und einer Reinigungsfirma in Viersen. Trotz seiner Haft in der DDR gab Klein nicht den schäumenden Antikommunisten. Er war immer sachlich, spröde. Er überlegte, bevor er etwas sagte. Niemand hatte ihn fluchen oder herumbrüllen gehört. Aber dass er denen im Osten so oft wie möglich in den Arsch treten wollte, galt als gesicherte Erkenntnis. Klein war der beste Mann für den Job, ein Glücksfall für den BND nach einer Reihe von Wichtigtuern, Opportunisten, Bürohengsten, Sesselfurzern und Karrieristen, die als seine Vorgänger dem Dienst den Ruf eines Dilettantenvereins eingebrockt hatten, von dem er sich noch lange nicht würde befreien können. Klein war es im Gegensatz zum eitlen BND-Präsidenten recht, wenn der Dienst unterschätzt wurde. Als Abteilungsleiter hatte er sich nicht mit dem Geheimdienstkoordinator in Berlin gutzustellen, und seine Erfolge standen nicht in der Zeitung. Es wurde in den Fluren des Dienstes sogar gemunkelt, Klein habe den Herren in der Hauptstadt einmal lang und breit seine Aufgaben erklärt und ihnen auf diese Weise mitgeteilt, was er von ihnen hielt. Was irgendeinen Schlaumeier veranlasst hatte, das geflügelte Wort in Umlauf zu bringen: Die Koordinatoren kommen und gehen, der Dienst bleibt.

»Der alte Mann«, sagte Theo, als ihn das Schweigen bedrängte. So hatte Scheffer sich selbst genannt. Der alte Mann, das Frontschwein, er hatte schon in den Achtzigerjahren gegen die Sowjetunion gearbeitet. Ein Einzelgänger, nicht verheiratet, keine Freundin, keinen Freund, nur Kollegen. Ein kleiner, untersetzter Mann mit grotesk kurzen Beinen und langen Armen. Auf dem schmächtigen Oberkörper ein runder Schädel mit Stirnglatze, immer leicht gerötete Hautfarbe, schmale Lippen und eine Stimme, die meist gemütlich klang wie die eines ewige Harmonie einfordernden Spießers, welche aber auch die Luft zerschneiden konnte. Dann war sie leise, gefährlich leise, scharf, Wort für Wort fast betonungslos und wie gedruckt. Eine Intelligenzbestie. Er lebte in einer Einzimmerwohnung in Pullach, gleich um die Ecke, wenn er in Deutschland war. Falls er nicht arbeitete, das kam selten vor, spielte er Schach gegen sich selbst oder einen Computer.

Martenthaler kannte Scheffer nicht gut, jedenfalls schlechter als die Legenden, die über den alten Mann erzählt wurden aus der guten alten Zeit, als der Feind wirklich ein Feind war. Aber was Theo wusste und in Moskau mit ihm erlebt hatte, reichte ihm, um den Mann zu achten, dem es gelungen war, einen Maulwurf in der Ersten Hauptverwaltung des KGB einzubauen. Er hieß Michail Kornilow. Die Informationen sprudelten bis zum November 1986, dann war die Quelle verstopft. Jeder kannte den Weg, den Kornilow gehen musste: Geheimprozess im Lefortowogefängnis, Urteil, Genickschuss im Keller. Scheffer hatte unter dem Verlust gelitten, er fühlte sich verantwortlich, suchte nach einem Verräter, auch weil ihn der vom unausgesprochenen Vorwurf entlasten würde, ein Fehler bei einem Treff, beim Informationsaustausch über einen toten Briefkasten oder Nachlässigkeit beim

Abschütteln der KGB-Überwacher hätte die Niederlage bewirkt. Es nutzte nichts, dass Scheffer sich immer wieder einredete, sein Maulwurf habe das Risiko gekannt, besser als jeder BND-Agentenführer, denn Kornilow hatte schließlich vierzehn Jahre für das KGB gearbeitet. Natürlich wusste jeder, der mit dieser Sache betraut war, dass Scheffer ein Musterprofi war, der sich doppelt absicherte und dem es gelang, sich dem geschicktesten Verfolger zu entziehen. Sogar in Moskau. Niemand im Dienst glaubte, dass Scheffer einen Fehler gemacht hatte. Jeder andere, der nicht. Aber der Zweifel konnte jeden fertigmachen, auch den Unschuldigsten.

Nach dem Verlust des Maulwurfs wurde Scheffer noch vorsichtiger, geradezu übervorsichtig. Die Arbeit stockte. Die Nerven verließen ihn, ohne dass es auf den ersten Blick erkennbar gewesen wäre. Aber man hatte ihn trinken gesehen. Nicht nur einmal. Bald wurde er aus Moskau abgezogen und bekam einen Bürojob in Pullach. Aber vom ersten Tag an drängte er darauf, nach Moskau zurückzukehren. Er konnte es nicht auf sich sitzen lassen, dass er sich als Versager fühlte und nach Kornilows Verhaftung tatsächlich abgebaut hatte. Er musste anderen nichts beweisen, aber sich. Er wollte sich eine zweite Chance geben.

Er sagte es nicht, aber er hielt sich nach wie vor für den besten Agentenführer in Russland, und er hatte recht. Scheffer der Fuchs kannte sich so gut in Moskau aus wie sonst niemand. Er sprach fließend Russisch, und wenn er es für nötig hielt, fluchte er wie ein Russe. Erst lange nach dem Untergang der Sowjetunion gab die BND-Führung endlich dem Drängen nach. Nun schien es nicht mehr so gefährlich in Moskau. Neue Zeiten. Das KGB war aufgelöst, die Nachfolgedienste waren mächtig, aber nicht mehr allmächtig. Und der alte Mann ging zurück nach Russland, drei Jahre vor der Pensionierung. Das war man ihm schuldig. Und in diesem Fall beglich der Dienst seine Schuld, wo er doch so viele andere hatte hängen lassen. Scheffer kannte noch einige Leute, die vom KGB in den neuen russischen Inlandsgeheimdienst FSB und den Auslandsgeheimdienst SWR gegangen waren. Kollegen, wenn man so wollte, die sich achteten, wenn sie es verdienten.

Jetzt lag er im Leichensaal der Moskauer Rechtsmedizin.

»Er wollte einen toten Briefkasten leeren«, sagte Klein. Er zündete sich eine Zigarette an und trotzte so dem jüngst verhängten Rauchverbot.

»Er hatte einen aufgetan im FSB, einen alten KGB-Oberst, den er von früher kannte, Deckname Gold. Zwanzigtausend Euro gegen eine Speicherkarte. Und dann vielleicht mehr.«

»Was für eine Speicherkarte?«, fragte Theo.

»Dokumente, abfotografiert. Russische Wirtschaftsspionage im Westen, vor allem bei uns. Atomtechnik, Flugzeugindustrie, das Übliche. Eigentlich ein Fall für die Kölner Brüder, aber was man hat, das hat man.«

»Wegen so was bringen die keinen um«, sagte Theo. »Haben sie doch auch früher nicht gemacht. Die eigenen Leute, wenn sie denen Verrat nachgewiesen haben, gut. Aber keinen von uns.«

»Sie sind einer unserer besten Analytiker«, sagte Klein. »Sie waren gerade in Moskau. Sie haben Agenten geführt, gewiss keine Spitzenleute, aber Kleinvieh macht auch Mist. Obwohl Ihnen noch ein bisschen Erfahrung fehlt. Natürlich halten wir Alten das den Nachfolgern gern vor. In dem Punkt könnt ihr uns nämlich nicht überholen, jedenfalls nicht vor unserem Abgang.«

Theo grinste leicht. Natürlich, die neuen Leute kannten den Kalten Krieg nur aus Büchern. Ihnen fehlte die Aura des Kampfes mit dem mächtigsten Geheimdienst aller Zeiten, dem KGB. Theo kannte die meisten Sachbücher, wissenschaftlichen Arbeiten und auch Romane über diese Zeit, aber diese Zeit kannte er nicht. Da war er ein Kind gewesen. Doch die Alten, fand Theo, waren irgendwie stehen geblieben, sie konnten sich nicht von der Vergangenheit lösen, von der »Heldenzeit«, wie manche spotteten. Von Vierzehnachtzehn. Damals zweifelten nur Spinner am Sinn ihrer Arbeit. Die große Krise des BND kam nach dem Untergang des Sowjetimperiums, als ein Säufer Russlands Präsident wurde, dessen monströser Grabstein in den Landesfarben auf dem Nowodewitschi-Friedhof bezeugte, dass Suff und Größenwahn Geschwister waren. So einer und sein Land taugten nicht als Hauptfeinde. Im Gegensatz zur neuen Mode, diesem Irrsinn mit Methode, den Großterroristen, die ganz fromm so viele Ungläubige wie möglich in die Hölle bombten. Doch mit dieser Welt des Wahns beschäftigten sich andere Abteilungen, dem Himmel sei gedankt.

Aber ich, fragte sich Theo, ich habe wirklich nicht viel Erfahrung. Dass Klein mich hier zum Superagenten macht, ist lächerlich. Und Klein muss es doch wissen, dass Theo in Moskau nichts Großartiges gerissen hatte, nichts jedenfalls, das in den Annalen des BND erwähnt werden müsste. Ein bisschen aufgeräumt eben, eine Art Verwaltungsarbeit. Er hält so große Stücke auf mich wegen meines Vaters. Das muss es sein. Diese Gedanken flogen durch sein Hirn, während er Klein zuhörte.

Der schien zu lächeln und Theos Gedanken zu lesen. Aber natürlich lächelte er nicht. »Sie haben Talent, kommen ganz nach Ihrem Vater. Vermutlich hören Sie das nicht gern. Wollen nicht an ihm gemessen werden. Aber Sie müssen sich damit abfinden. Er war richtig gut. Scheffer hätte es bestätigen können.«

Richtig gut. Wann sagte Klein das schon mal?

Klein schwieg eine Weile, seine Augen schweiften langsam, aber ziellos durch den Raum, fast unsicher, als würde er ihn jetzt erst geistig in Besitz nehmen.

Theo wusste, sie hatten sich gut gekannt, Klein, Scheffer und sein Vater. Ein paar Mal waren sie bei Martenthaler zu Hause gewesen, da ging Theo zur Schule und seine Mutter lebte noch und war auch noch nicht geschieden. Wann war das noch einmal? Jedenfalls bevor Henri nach Moskau ging. Klein und Martenthaler senior hatten einiges getrunken und der Vater viel geredet und gelacht und wurde immer lauter, je weiter der Abend vorrückte. Scheffer saß meist in einer Sofaecke, nippte am Glas und schien in sich versunken zu sein. Er dachte vielleicht an die Nimzowitsch-Indische Verteidigung oder einen Agenten in den Morozow-Werken in Charkow, wo der T-80-Panzer gebaut wurde. Klein war damals schon der schneidige Typ, als wäre er beim Militär gewesen wie so viele Kollegen im BND. Der Vater lachte gewissermaßen für Klein mit. Vielleicht hatten sie dem in Bautzen das Lachen abgewöhnt, vielleicht hatte er es nie gekonnt. Der sei so auf die Welt gekommen, schon ganz fertig, hatte ein Kollege mal gefrotzelt.

»Ich habe keine Ahnung, warum Scheffer sterben musste. Es kann nicht mit seiner Arbeit zu tun haben. Ich schließe das aus. Mord und Totschlag gibt es schon lange nicht mehr. Wir sind ja schließlich keine russischen Journalisten.«

»Und wenn es wirklich ein Unfall …«

»Niemals. So einer wie Scheffer lässt sich nicht überfahren. Schon gar nicht in einer Nebenstraße, die so übersichtlich ist.«

Martenthaler nickte. Er kannte sie. Die Straße war kerzengerade und schmal. Und wirklich, es gab Leute, die ließen sich nicht überfahren.

»Doch ein Betrunkener? Steht mit laufendem Motor am Straßenrand, der Fuß rutscht vom Kupplungspedal …«

»Glauben Sie das?«

Martenthaler zuckte mit den Achseln. »Ausschließen kann man es nicht.«

»Ausschließen kann man niemals gar nichts«, sagte Klein. »Aber solange ich diesen Job mache, hat es so einen Zufall nicht gegeben. Scheffer läuft nicht vor einem Auto über die Straße, das mit laufendem Motor wartet. Er wäre hinten herumgegangen. Der rechnete immer mit allem.«

»Auch ein Scheffer macht mal einen Fehler.« Theo wurmte es, er witterte in der Erhöhung des Toten die eigene Missachtung.

Klein schloss die Augen, öffnete sie wieder, starrte auf das Aquarell, als sähe er es zum ersten Mal, dann stierte er Martenthaler an. »Natürlich. Aber keinen tödlichen.«

»Das heißt, es war gar kein Autounfall? Aber es gab doch Zeugen?«

»Die wir nicht befragen können. Ich kann mir einiges vorstellen, aber nicht, dass Scheffer dort überfahren wurde. Ende.«

Gut, dachte Theo. Wenn Klein es sagt.

»Vielleicht hat er einen toten Briefkasten geleert oder leeren wollen, aber der FSB hat den Briefkasten überwacht und Scheffer umgebracht beim Versuch, ihm das abzunehmen, was drin gelegen hat. Aus Versehen. Hat jemand anders nachgeschaut, ob der Briefkasten noch belegt ist? Es muss dann doch auch ein Vorzeichen geben.«

»Natürlich. Aber der Kollege, den wir geschickt haben, kennt das Vorzeichen natürlich nicht. Und er hat sich nicht getraut, weil er glaubt, dass die Russen am Briefkasten auf der Lauer liegen. Straßenarbeiter, die eher so taten, als würden sie arbeiten. Sagt der Kollege. Aber wir wissen ja, ein toter Briefkasten ist der beste Ort, einen Spion zu fangen.« Klein putzte sich die Nase. »Sie sollten sich mit Großmann zusammensetzen. Das ist unser Resident in Moskau, stellvertretender Kulturattaché. Sie kennen ihn nicht, glaube ich. Er war schon mal in Moskau, vor Ihrer Zeit. Eigentlich verdankt er es Ihnen, dass er das zweite Mal dort hindurfte. Hätten Sie nicht aufgeräumt …«

»Natürlich. Ich rekapituliere: Wir wissen nicht einmal, ob der Briefkasten leer oder belegt ist. Also auch nicht, wo die Speicherkarte ist. Wir können das zurzeit nicht überprüfen und werden es wohl nie herausbekommen, weil der FSB auf der Lauer liegt.«

»Ja«, sagte Klein. »Und wenn sie nicht mehr auf der Lauer liegen, dann finden wir nichts mehr im Briefkasten. Es ist zum Kotzen. Aber wir wissen oder, ehrlich gesagt, ahnen etwas anderes. Dass es nämlich gar nicht um diesen Briefkasten geht. Wenn Scheffer ermordet worden ist und die Russen das als Unfall tarnen, dann steckt dahinter eine große Sache. Irgendeine Sauerei. Ich weiß aber nichts von einer großen Sache, und ich müsste es doch wissen. Scheffer hätte es berichtet, gerade wenn er gefürchtet hätte, dass es gefährlich würde.« Er verfiel in Schweigen, und Theo fand es bald fast schmerzhaft, den Mann schweigen zu sehen, während irgendetwas in ihm arbeitete. Seine Stirnhaut bewegte sich, und er schien sachte zu kauen. »Außerdem, heute wird in unserem Geschäft nicht mehr gemordet, jedenfalls nicht in Moskau. Es gibt dafür keine Gründe mehr, was wir da tun, ist läppisch im Vergleich zu früher.« Er blickte Theo in die Augen. »Vielleicht hängt die Sache gar nicht mit Scheffers letztem Moskauaufenthalt zusammen«, sagte er endlich. Dann schwieg er wieder eine Weile. »Er war ja auch Anfang der Achtzigerjahre dort. Zusammen mit Ihrem Vater. Wenn es also nicht mit einem heutigen Unternehmen zusammenhängt, und ich könnte wirklich keines nennen, das einen Mord rechtfertigte, dann liegt der Hund womöglich in der Vergangenheit begraben.«

»Gewiss«, sagte Theo, um etwas zu sagen.

»Diese Meinung vertritt übrigens besonders vehement unser Geheimdienstkoordinator, dieses Genie in Berlin«, sagte Klein. Und noch einiges mehr.

Zurück in seinem Büro, schaute Theo auf die Enden seiner Hosenbeine. Sie waren ein wenig zu lang, bedeckten einen Teil der Schuhe. Theo war zufrieden.

Generalleutnant Kasimir Jewgonowitsch Eblow stand unbewegt am Fenster und starrte hinaus in den Schnee auf dem Lubjankajaplatz. In der Fensterscheibe verschmolz seine schemenhafte Gestalt mit dem Widerschein des matten Lichts der Laternen, die den Platz beleuchteten. Dort, wo früher die Statue Feliks Dserschinskis gestanden hatte, bis wild gewordene Rowdys sie mithilfe eines Krans ausgerechnet der deutschen Firma Krupp vom Sockel rissen, dort, wo für den General jetzt die Leere das Symbol der neuen Zeit war, schiss ein Hund auf die Straße, unbekümmert vom Verkehr, der sich mühsam durch Schnee und Matsch wälzte. Eblow erkannte die Konturen seines breiten Gesichts mit den großen Augen und den kurz geschnittenen grauen Haaren. Da, wo viele Jahre ein Schnauzer über der Lippe gehangen hatte, war nun glatte Haut, darüber endete eine breite Nase mit großen Löchern. Eblow wusste, er war kein schöner Mann, klein, stämmig, mit einem Bauerngesicht. Aber die Augen, das hatte ihm damals an der Hochschule eine Genossin gesagt, die Augen seien traurig, sentimental. Und das gleiche sein sonst eher unscheinbares Aussehen mehr als aus. So hatte sie es nicht gesagt, aber so hatte er es verstanden.

Jedes Mal, wenn er am Abend auf den Platz hinausschaute und sich sein Spiegelbild mit anbrechender Dunkelheit immer deutlicher ausfüllte, fiel ihm diese Genossin ein. Er wusste nicht mehr richtig, wie sie ausgesehen hatte. Es war eine kurze Affäre gewesen, und auch deshalb hatte er es gut gefunden. Aber sie hatte besser als sonst jemand begriffen, was für ein Mensch er war. Er hatte sich nicht verändert, er hatte schon früher mehr an Russlands Größe als an den Sozialismus geglaubt. Er erinnerte sich mit Grauen an die Zeit der Stagnation, als Breschnew Generalsekretär war und in seinen letzten Jahren in eine Mumie mutiert zu sein schien. Wie er kaum in der Lage war, vom Blatt abzulesen, dass der Sozialismus unaufhaltsam auf dem Vormarsch sei, die Sowjetunion bereits beginne, den Kommunismus aufzubauen, während es im GUM kein Waschmittel, kein Fleisch, keine Schuhe, keine Fernsehgeräte mehr zu kaufen gab, sondern nur klebriges Brot. Als es den Arbeitern und Bauern ohne behördliche Genehmigung verboten war, zu reisen in dem Land, in dem sie herrschten. Wo sich die Bonzen in Sonderläden versorgten, in denen es alles gab, wo sie die Krüppel des Kriegs aus der Hauptstadt vertrieben hatten, um sich deren Anblick zu ersparen. Das und vieles mehr hatte Eblow nicht vergessen. Und er übersah auch nicht, dass die treuesten Genossen aus jener Zeit, Breschnews Gesundbeter, längst geldgierige Geschäftsleute geworden waren, die Mercedes und Bentley fuhren und sich im Winter in Kitzbühel und im Sommer an der Riviera vergnügten.

Doch profitiert vom Niedergang der Sowjetunion hatte kurioserweise auch er. In den Jahren der Unordnung hatte er einen amerikanischen Agentenring gesprengt und der CIA so beigebracht, dass sie nun keineswegs freie Hand hatte. Das hatte ihn kurz vor dem Ende Gorbatschows die Karriereleiter hochkatapultiert.

Heute hätte er eigentlich Grund gehabt, zufrieden zu sein. Doch er war es nicht. Er fühlte sich wie in den Tagen der Niederlage und wie so oft danach. Der Trübsinn hatte ihn ergriffen, als das große Sowjetreich untergegangen war und mit ihm das Komitee für Staatssicherheit, das KGB. Was halfen da alle Siege im Krieg gegen einen Feind, der immerhin der gleiche geblieben war? Aber der Kampf war nicht zu Ende. Eblow malte sich immer wieder aus, wie sie in Langley triumphiert hatten. We won, hatte der CIA-Stationschef in Moskau ans Hauptquartier telegrafiert, und vielleicht war es für ihn eine besondere Genugtuung gewesen, zu wissen, dass der Verlierer die Siegesmeldung mitlas.

Eblow würde sich bald nach Hause fahren lassen in seine Dreizimmerwohnung im Meschchanskijviertel. Dort würde Ludmilla auf ihn warten wie schon seit fast dreißig Jahren, und sie würden wenig reden, dies und jenes nur, eher um sich zu vergewissern, dass der andere da war. Ludmilla hatte ihn gerettet damals, ohne sie hätte er sich eine Kugel durch den Kopf geschossen mit der Neun-Millimeter-Makarow, die in seinem Tresor lag. Vielleicht würde er es doch noch tun eines Tages. Aber bis dahin hatte er noch etwas zu erledigen. Der erste Schritt war getan.

Henri Martenthaler saß auf seinem Sessel im fast dunklen Wohnzimmer und schwenkte bedächtig sein Cognacglas. Er hatte gerade den Hörer aufgelegt und überlegte, wie lange er schon nicht mehr mit Theo gesprochen hatte. Der Sohn hatte ihn nur gefragt, ob sie miteinander reden könnten. Dienstlich. Er hatte ernst geklungen, doch entsprach das dem miesen Verhältnis zwischen ihnen, wenn es überhaupt ein Verhältnis gab. Da war kein Platz für Scherze. Aber vielleicht wollte Theo auch nur seine Verlegenheit zügeln. Eigentlich hatten sie nie richtig miteinander gesprochen. Henri hatte keine Kinder gewollt, und als doch ein Sohn geboren wurde, führte er es auf die Heimtücke seiner Frau zurück, an der er sich nun aber nicht mehr rächen konnte, da Roswitha tot war. Sie hatte ihn verlassen, um mit einem Mann zusammenzuleben, den Henri nur einmal sah, was ihm jedoch genügte, sich beleidigt zu fühlen. Ein seltsamer Typ, klein, fast pummlig, kaum Haare auf dem Kopf. Filialleiter eines Supermarkts, Kundenberater der Sparkasse, so etwas.

Doch war der Typ gewiss Theo ein besserer Vater gewesen, das konnte Henri zugeben. Denn er hatte den Sohn ja nicht gewollt, und er konnte nicht über seinen Schatten springen. Roswitha hatte ihn vorgeführt, und Henri ließ sich nicht vorführen. Eigentlich war es die beste Lösung, dass Roswitha ihn verlassen hatte, obwohl er es als Niederlage empfand. Er hatte Theo dann nur noch selten gesehen und in sich entdeckt, dass es so besser war, dass er seinen Sohn nun akzeptieren konnte, weil er nur wenig mit ihm zu tun hatte. Henri hatte sich in den Jahren nach der Trennung weiter in sich zurückgezogen und sich ganz auf seinen Beruf konzentriert. Gut, da hatte es noch diese Affäre mit der Frau in Moskau gegeben. Er hatte es genossen, auch weil es von Anfang an unverbindlich war. Sie hatten eine Gelegenheit wahrgenommen, die sich anbot. Sonst nichts.

Henri Martenthaler hatte ein merkwürdiges Ziehen im Unterleib verspürt, als er von Roswithas Tod erfuhr durch eine Trauerkarte, die der Typ verschickt hatte. Was dieses Ziehen war, darüber dachte er nicht nach. Er dachte nie über Dinge nach, die er nicht mehr ändern konnte. Bei der Scheidung hatte Theo auf der Seite seiner Mutter gestanden und schien fast froh zu sein, seinen Vater loszuwerden. Gewiss hatte sie den Kleinen ausgiebig bearbeitet und mit irgendwas bestochen. Wenn du das und das sagst, dann … Es war eine kleine Verschwörung gewesen, und sein Sohn hatte mitgemacht. Vielleicht sehe ich das ein bisschen übertrieben, doch es ist nicht ganz falsch, dachte Henri und nippte an seinem Glas. Er war nachtragend, wie andere sagten, aber er fand, es war sein Recht, so zu sein. Er war schließlich ein Mann mit Prinzipien. Henri fand, dass er seine Umwelt keineswegs vor eine schwierige Aufgabe stellte, denn er war berechenbar, gerecht, vor allen Dingen war er konsequent, und er lebte die Konsequenz vor. Zwei und zwei sind vier, diese jederzeit überprüfbare und unabweisbare Gleichung konnte als sein Lebensmotto gelten, und er verspürte eine leichte Verachtung für jene, die dieser einfachen Wahrheit nicht folgten. Wenn etwas richtig war, dann musste es getan werden. War etwas falsch, durfte es nicht getan werden. Nie würde Henri von jemandem etwas fordern, das falsch war. Schon gar nicht von sich selbst. Aber wenn er etwas richtig fand, setzte er alles dafür ein, die Begründung ergab sich von selbst. Er akzeptierte klaglos, dass es nur wenige Menschen gab, die sich mit ihm auseinandersetzten, obwohl er durchaus charmant sein konnte. Er war sogar in der Lage, sich anzupassen, in Grenzen natürlich und solange nicht Grundsätzliches anlag. Bei unwichtigen Dingen, die gab es ja auch, konnte er sogar ein Lächeln finden für Dummheiten, darüber hinwegsehen. Das hatte er sich beigebracht. Im Beruf hatte er keine Freunde mehr gehabt außer vielleicht Scheffer und Klein, die aber einen Mindestabstand zu ihm einhielten und ohnehin viel unterwegs waren wie er auch. Doch sie wussten, dass Henri ein ausgezeichneter Feldagent war, einer ihrer besten im Kalten Krieg. Aber seitdem waren die Helden nicht mehr gefragt.

Henri hielt sich weiter in Form, als würde er noch gebraucht. Er war immer noch schlank und durchtrainiert, seine Gesichtskonturen waren kantig, die Haare extrem kurz geschnitten. Er hatte im Keller einen Fitnessraum eingerichtet, wie er ohnehin meist zu Hause blieb, weil draußen die Gefahr lauerte, immer noch, bis er tot war. Das wusste und respektierte er. Denn zwei und zwei sind vier, und es waren nicht alle Rechnungen beglichen. Er konnte es nicht vermeiden, einkaufen zu fahren, und auch für andere Verrichtungen musste er sein Haus verlassen. Dann stieg er in seinen Citroën-Geländewagen, vergaß nie, die Walther PPK in den Anorak zu stecken, und schaute unterwegs fast genauso oft in den Rückspiegel wie nach vorn. Er registrierte jede Veränderung auf der gewohnten Route. Ob ein neuer Papierkorb an dem alten Haus mit der lehmbraunen Fassade und dem löchrigen Holzschindeldach angebracht worden war, ob ein Tourist sich auffällig verhielt, ob ein Fensterladen zur Unzeit geschlossen oder geöffnet war, ob ein Auto rückwärts eingeparkt war. Henri fühlte, wie seine Muskeln latent angespannt waren, immer bereit, auf jede denkbare Überraschung zu reagieren.

Er gab sich auch zu, dass er keineswegs aus dem Nichts kam und auch nicht gänzlich gefeit war vor den Fehlern seiner Eltern. Henri erinnerte sich gut an die ewigen Streitereien seiner Eltern. Der Vater war Wehrmachtoffizier gewesen, ein kleiner General, aber zackig. Befehlston auch zu Hause. Nie hatte er seinem einzigen Jungen über das Haar gestrichen, nie hatte er ihn gelobt. Ein Aha war die höchste aller Auszeichnungen gewesen. Wenn man zu viel lobt, werden sie übermütig. Zucht ist das A und O der Erziehung. Man muss den Kindern erst das Rückgrat brechen, um Menschen aus ihnen zu machen. So hatte er es mit seinen Untergebenen gehalten, so auch mit der Familie. Die Mutter – warum musste sie nur diesen Kerl heiraten? – hatte es bald nicht mehr ausgehalten. Sie trat heimlich einer freikirchlichen Sekte bei, die mehr im Verborgenen wirkte, aber von der Gestapo wohl nicht ernst genommen worden war, und als es dann doch herauskam, belegte der Vater sie mit der Höchststrafe, indem er schwieg und ihr verbot, das Haus ohne seine Billigung zu verlassen. Doch sie ging weiter in ihre Sekte und war nun bereit, die Gefahr noch strengerer Bestrafung auf sich zu nehmen. Natürlich merkte der Alte, wenn er auf Fronturlaub war, dass sie sich ihm heimlich weiter widersetzte, zumal sie irgendwann begann, fromm auszusehen. Vor allem das Kopftuch nervte ihn und genauso die religiöse Literatur. Es war eine Verwandlung in ihr vorgegangen, die auch nach dem Krieg anhielt, genauso wie der Befehlston des nun erst einmal arbeitslosen Vaters. Henri sah die Verwandlung, konnte sie aber nicht beschreiben, am ehesten noch, indem er sich ihren Blick vorstellte, in welchem die Verzweiflung unergründlicher Sanftmut gewichen war, einer Dauermilde, die bis zum Ende unerbittlich dem Geknarze ihres Ehemanns trotzte und die vielleicht verhinderte, dass der eines Tages nicht mehr aufwachte, weil das mit einem Messer in der Brust nicht so leicht ist.

Dieser Wechsel zwischen hasserfülltem Schweigen und der Ausgabe von Befehlen mit dem antrainierten Schnarren in der Stimme war schrecklicher als die Prügel, die Schulkameraden in anderen Familien einstecken mussten, die aber wie das berühmte reinigende Gewitter berechenbar eine Phase der Entspannung einleiteten, in der das schlechte Gewissen des Schlägers das Seine beitrug, um die Stimmung wieder aufzuhellen. Wenn der Vater doch nur geschrien und geschlagen hätte, dachte Henri. Ich habe auch nicht geschrien und geschlagen. Doch ich habe geredet mit ihr und Theo, wenn geredet werden musste. Ich bin eben keiner, der viel redet.

Er legte Sinatra auf den Plattenspieler. I did it my way.

Das Licht vom Nachbarhaus ließ die Schneeflocken glänzen. Nun war es windstill geworden, träge schwebten sie hinab. Tagsüber, bei guter Sicht, konnte man die Gipfel der Vogesen sehen und das Rheintal, hier vom Hang der Breisgaukleinstadt Staufen.

Henri erhob und streckte sich, wie er es immer tat, wenn er lang gesessen hatte. Er war groß, immer noch schlaksig. Er hatte viel Sport getrieben, Fußball, Tennis, zuletzt Radfahren, bis dieser wahnsinnige Amerikaner ihm ein Messer in den Oberschenkel gestochen hatte. Seitdem zog Henri sein Bein ein wenig nach, kaum sichtbar.

Er würde schlecht schlafen in dieser Nacht, wie immer, wenn etwas Unangenehmes heranzog. Es würde unangenehm sein, wenn nicht schlimmer. Henri wusste es, er hatte einen sechsten Sinn für drohenden Ärger. Es wurde in der Tat eine schlimme Nacht, in der all die Krakententakel aus der Vergangenheit nach ihm griffen, er sich an das erinnerte, was er getan hatte und was er nie wieder ausräumen konnte. Die Vergangenheit entfernte sich nicht, sie rückte ihm immer näher, je älter er wurde.

Theo hatte nach dem Frühstück Radenković und Olga, das Antennenwelspärchen, mit Algen gefüttert, hatte auch noch einen Blick auf die Doppelseite seines gerade erstandenen Fachbuchs über Aquariumsfische geworfen, in dem er am Abend zuvor mehr zur Ablenkung geblättert und gelesen hatte, und war dann aufgebrochen. Er hetzte seinen schwarzen 3er-BMW über die Autobahn. Erst Richtung Stuttgart, wo er in mehreren Staus wegen Baustellen hängen blieb, dann über Karlsruhe, wo er nach Süden abbog, in Richtung Freiburg. Das Navigationssystem zeigte ihm an, wie viele Kilometer er noch vor sich hatte. Er war um acht Uhr losgefahren und würde wegen der Staus fast sechs Stunden brauchen, zwei Stunden zu viel. Normalerweise raste er nicht. Aber er spürte, dass er keine Zeit hatte. Klein hatte keinen Druck gemacht, jedenfalls nicht direkt. Aber es war klar, dass etwas geschah, das die Arbeit des Dienstes in Russland bedrohen könnte. Es erinnerte ihn an die schwarze Serie der CIA Mitte der Achtzigerjahre, als das KGB die gesamte Spionage der Amis in der Sowjetunion stilllegte, auch weil die Agency an der falschen Stelle nach dem Maulwurf gesucht hatte. Es war ein Blutbad gewesen. Und jetzt fürchtete Klein, und seine großen Chefs fürchteten es auch, dass dem BND Ähnliches widerfahren könnte. Natürlich im Kleinformat, man war ja nicht die CIA. Aber ein paar Spione führten sie doch, Selbstanbieter meistens. Es war ein Scheißgefühl, wenn Agenten, die man mühsam gewonnen hatte und die sich einem anvertraut hatten, im Knast verschwanden oder im Hinrichtungskeller von Lefortowo. Was hast du falsch gemacht? Hast du den Fehler gemacht, der dem Menschen, der dir vertraut hat, das Leben kostete? Eine Schlamperei? Ein Maulwurf? Was hast du übersehen? Hat das Opfer nicht aufgepasst? Hat es dem Druck und der

Angst nicht mehr widerstehen können, und du hast es nicht gemerkt? Hast du den Schweiß auf der Stirn nicht gesehen, das schlecht verborgene Zittern der Hände, die leeren oder angstvollen Augen? Es blieb immer etwas, das genügte, einem den Schlaf zu rauben. Manche Großmäuler sagten lässig, so sei das Geschäft. Wer sich darauf einlasse, wisse, was er tue. Ohne Risiko gehe es nicht. Wer die Gefahr suche, komme darin um. Aber keiner von denen, die so abgebrüht taten, schlief nachts gut, wenn sie selbst in so einer Geschichte mit drinhingen. Keiner. Da war sich Theo sicher.

Er fluchte über einen Duisburger Lastwagenfahrer, der an der Ausfahrt Offenburg plötzlich nach links zog, Theo zum Bremsen zwang und seelenruhig ein Elefantenrennen begann, wobei er sich bestenfalls millimeterweise an einem rumänischen Lkw vorbeischob. Theo nutzte mehrfach die Lichthupe, obwohl er wusste, dass es nicht helfen würde. Behalt die Nerven, mahnte er sich. Du triffst deinen Vater, was soll's? Und dass der sich nicht um dich gekümmert hat, das ist abgehakt. Jedenfalls hat es nichts mit dem Dienst zu tun.

Er hatte Klein wieder im Ohr, der ihn so eindringlich angeschaut hatte. »Wenn wir da ein Leck haben, dann finden und stopfen Sie es. Beeilen Sie sich. Tun Sie alles, was Sie für nötig halten. Aber vergessen Sie nicht, dass wir nicht zu Ihnen stehen werden, wenn es hart auf hart kommt.«

»Ein Himmelfahrtskommando«, hatte Theo gesagt. Er fand es dann selbst etwas pathetisch.

»Na ja.«

»Um Sie richtig zu verstehen: Ich soll alles tun, was nötig ist. Egal, was im Gesetzbuch steht.«

»Geheimdienste brechen Gesetze, sonst wären sie keine

Geheimdienste. Wenigstens die Gesetze der Länder, in denen sie operieren. Sie sollten sich nur nicht erwischen lassen. Und wenn doch, dann werden wir Sie nicht kennen.«

»Erfreuliche Aussichten«, sagte Theo. »So was hatte ich mir schon immer mal gewünscht. Wenn ich Erfolg habe, kriege ich einen Bürojob, bis Gras über die Sache gewachsen ist, wie aufregend. Wenn etwas schiefgeht, dann vergammle ich in einem Russenknast, und niemand kümmert sich um mich.«

»Vielleicht können wir im letzteren Fall die Dienstjahre anrechnen«, sagte Klein, und fast schien es, als würde er grinsen. »Lieber wäre es mir natürlich, Sie könnten uns solche Komplikationen ersparen. Sie wissen ja, wie stur Behörden sein können. Fragen Sie Ihren Vater. Der ist damals leider unter nicht nur erfreulichen Umständen vorzeitig in den Ruhestand gegangen. Seitdem redet er nicht mehr mit uns. Aber Ihnen sollte er sagen, was er weiß.«

»Vielleicht hat es gar nichts damit zu tun. Mit Anfang der Achtzigerjahre.«

»Bis August 1985 haben Ihr Vater und Scheffer zusammengearbeitet. Kann sein, dass da etwas vorgefallen ist, das uns erklärt, warum Scheffer starb. Vielleicht ist alles ganz anders. Es steht Ihnen frei, Ihre Untersuchung woanders zu beginnen. Sie könnten die Akten durchsehen, die Scheffer bearbeitet hat, Berichte aus Moskau, Quittungen, Notizen. Das sollten Sie auf jeden Fall tun. Aber wenn ich Sie wäre ...«

Theo winkte ab. »Ist klar.«

Der Duisburger Laster hatte tatsächlich ein paar Zentimeter gutgemacht. Und Theo spürte neben seiner Ungeduld, wie er nervös wurde. Je näher er dem Vater kam, desto unwohler wurde ihm in der Magengegend. Er erinnerte sich wieder an Scheffers Satz: Wie der Vater, so der

Sohn, und ärgerte sich, aber nicht über den Satz, sondern über sich, dass es ihm etwas ausmachte. Der Stiefvater, er ließ sich Roland nennen, war ein Waschlappen gewesen, er hatte von Anfang an unter Mutters Knute gestanden, versuchte es allen recht zu machen und machte es niemandem recht. Er war Verkaufsleiter einer Textilladenkette in München, und Theo fragte sich, je älter er wurde und je besser er die Verhältnisse durchschaute, wie man ohne Rückgrat überhaupt irgendetwas werden konnte. Als Theo seine pubertäre Rebellionsphase hatte, tauchte Roland ab, verließ das Zimmer, sobald es Streit gab, versuchte zu schlichten, wo er hätte entscheiden müssen, verharmloste im Nachhinein alles und handelte sich schließlich Theos unauslöschbare Verachtung ein. Damals fragte er die Mutter oft nach seinem Vater, und die Mutter arrangierte es endlich, dass sich Theo und Henri sporadisch trafen, Henri, weil er es als seine Pflicht ansah, und Theo, weil er seinen Vater suchte. Aber der lud den Sohn nie zu sich nach Hause ein, immer sahen sie sich woanders, im Café, Restaurant, einmal auch in Hellabrunn, immer blieb eine Distanz zwischen ihnen. Und der Kontakt brach für eine Weile ab, als Theo mit dem Studium begann und sich erwachsen fühlte. Erst als er sich für einen Beruf entscheiden sollte, tauchte Henri wieder auf.

Der Laster zog mit provozierender Trägheit auf die rechte Spur. Theo gab Gas. In Bad Krozingen verließ er die Autobahn, das Navigationsgerät führte ihn nach Staufen, in die Weingartenstraße. Er war tatsächlich zum ersten Mal hier, und als er vor dem Grundstück bremste, fragte er sich, wie sich sein Vater ein Haus in dieser Lage leisten konnte.

Die Haustür war metallbeschlagen mit auf alt getrimmten Ornamenten. Doch Theo sah an den massiven

Schließbolzen im engen Spalt zwischen Tür und Türrahmen gleich, dass sich hinter dem Kitsch hochmoderne Sicherungstechnik verbarg. An dieser Tür würden sich selbst Profieinbrecher umsonst abarbeiten. Er schaute zum kleinen Fenster neben der Tür und erkannte einen zwischen den Doppelglasscheiben eingelassenen Sensor. Dann sah er unter dem Dachvorsprung einen winzigen Bewegungsmelder, gewiss nicht der einzige am Haus und in der Nähe. Im Haus musste eine hochkomplexe Alarmanlage mit eigener Stromversorgung installiert sein. Jetzt entdeckten seine Augen auch einen kleinen Aufkleber in einer Fensterecke, der jeden, der auch nur einen Hauch Ahnung von diesem Gewerbe hatte, abhalten würde, sein Glück zu versuchen. Armalite Security, das Beste vom Besten, mit störungssicherer Direktverbindung zum nächstgelegenen Polizeirevier. Ein teurer Spaß, normalerweise eingesetzt bei Kunstausstellungen oder Superreichen, die ihren Wohlstand mit der Angst bezahlten, ihn zu verlieren.

Er klingelte. Es dauerte eine Weile, bis er Schritte hörte. Nachdem drei Schließzylinder leicht schmatzend, aber sonst kaum hörbar betätigt worden waren, wurde die Tür geöffnet. Theo war abgespannt, er schwitzte an den Händen.

Der Vater war alt geworden, tiefe Falten auf der Stirn und an den Mundwinkeln, graue Strähnen im Haar. Blaugraue Augen. Eine gesunde Hautfarbe, leichte Bräunung.

Aber warum bunkerte er sich ein?

»Komm rein.« Henri streckte Theo die Hand entgegen. Theo zögerte, dann nahm er sie.

»Hunger? Wir könnten was essen gehen.«

»Danke, nein«, sagte Theo. »Es sei denn, du willst essen gehen.«

Henri schüttelte den Kopf, drehte sich um und ging

über den dunkelgrauen Steinboden zu einer Tür, die offen stand. »Komm.« Dann: »Was zu trinken?«

O ja, Theo hätte gern etwas getrunken.

Über der Tür ein winziger Bewegungsmelder. Theo fragte sich, wie viele von diesen Sensoren versteckt angebracht waren.

Theo hängte seinen Mantel an die Garderobe und folgte Henri ins Wohnzimmer. Der zeigte auf einen Sessel mit dem Rücken zu einem Panoramafenster, und Theo setzte sich.

»Warst noch nie hier«, sagte Henri, ohne eine Antwort zu erwarten. Er bewegte sich noch immer gleichförmig, extrem beherrscht, und auch seine Stimme war ruhig. Nur das Bein zog er ein wenig nach. Theo wusste, Henri wäre auch ruhig, würde er vor einem Erschießungskommando stehen. Irgendwie erinnerte er ihn an Klein. Vielleicht hatte Klein sich an das Gehabe der Bundeswehroffiziere angepasst, von denen es beim BND wimmelte. Vielleicht hatte er auf der Suche nach einer neuen Identität hier zugegriffen. Ach, unwichtig.

Der Großvater war auch so gewesen. Keine Gemütsregung zeigen, es wäre ein Zeichen von Schwäche.

»Hast dich ja ganz schön eingeigelt hier«, sagte Theo.

Henri zuckte die Achseln und lächelte. Dann sagte er: »Das steckt einem im Blut, irgendwann. Wenn man mal erlebt hat, was echte Profis anrichten können …« Er vollendete den Satz nicht. Er wollte erst andeuten, dass Theo auch noch infiziert würde vom Sicherheitsbazillus. Aber warum sollte er einen Mann belehren, der zwar sein Sohn war, ihm aber doch fast so fern stand wie ein Fremder? Während er Theo insgeheim musterte, entdeckte er doch, dass ihre Ähnlichkeit, die er schon früh erkannt hatte, mittlerweile ausgeprägt war. Es war sein Sohn. Die gleiche sportliche Figur, wenn auch schlaksiger, es zeichneten sich auch schon die Gesichtszüge ab in dem Jungengesicht, die einen unnahbar erscheinen ließen oder arrogant. Wenn nur die Brille nicht wäre, die ihn älter machte.

Ob er auch Magenschmerzen bekam, wenn es eng wurde? Theo überlegte, ob er nachhaken sollte, aber dann dachte er sich, dass jeder das Recht habe, auf seine Weise zu spinnen. Er konnte sich Schlimmeres vorstellen, als ein Haus in eine Festung zu verwandeln.

»Klein schickt mich.« Theo kam gleich zur Sache. Was hätte es sonst zu besprechen gegeben?

»Aha.« Theo sah Henri nicht an, ob er überrascht war. »Klein also«, sagte Henri. Dann schwieg er.

Früher waren Klein und Henri so was wie Freunde gewesen, sofern man Freund sein kann in einem Geheimdienst. Auch Scheffer hatte dazugehört. Aber die Freundschaft war verraucht, auch im Gespräch, das Klein mit Theo geführt hatte, war wenig davon zu spüren gewesen, ein unbestimmbarer Nachhall vielleicht. Klein hatte gesagt, dass er und Henri nicht mehr miteinander sprachen. Was war da passiert? Nur aus den Augen aus dem Sinn?

»Scheffer ist tot.«

Henri warf einen fragenden Blick auf seinen Sohn. Georg ist also tot.

Theo begann zu berichten, was Klein ihm gesagt hatte. Autounfall, Zeugen, Ismailowopark.

Henri hörte zu. Sein Gesicht war starr wie das einer Mumie. Er konnte seine Mimik abschalten wie das Deckenlicht. Er mochte sich freuen, er mochte trauern, er mochte sich ärgern. Oder alles gleichzeitig. Er hätte Poker spielen sollen, dachte Theo. Und dann dachte er: So sieht ein Mann aus, der innerlich verhärtet ist, der es sonst nicht ausgehalten hätte. Hinter der Maske seines Vaters verbarg sich etwas, das er unendlich gern herausfinden würde. Allein schon, dass Henri die Maske aufsetzte, bewies, dass er etwas verbarg.

Vielleicht nur seine Trauer. Womöglich konnte er sie nicht zeigen, und das war alles. Aber vielleicht war das auch nicht alles.

»Klein sagt, du könntest mir vielleicht einen Hinweis geben. Mag doch sein, dass Scheffers Tod mit eurer Zeit in Moskau zu tun hat.«

Henri winkte ab. »Das ist mehr als zwanzig Jahre her. Du sagst, der Dienst hat ihn wieder nach Russland geschickt. Ich will dir sagen, wer schuld ist. Derjenige, der zugelassen hat, dass Scheffer wieder nach Moskau gegangen ist.« Er tippte sich an die Stirn, zwei Mal. »Sag Klein, er soll den Idioten suchen, der Georg das erlaubt hat. Dann hat er den Schuldigen.«

Theo dachte, so falsch ist das nicht. Warum schickt man einen Mann in einem Alter nach Moskau, in dem andere längst ihre Frührente einstreichen? Seit wann nimmt der Dienst Rücksicht auf Marotten seiner Mitarbeiter?

»Scheffer wollte wieder nach Moskau. Unbedingt.«

»Das ist doch egal. Seit wann interessiert die, was einer will?« Jetzt hatte Henri seine Stimme doch erhoben, ein wenig nur, aber er hatte es.

Theo staunte, es war genau das, was er gerade gedacht hatte. Warum regte Henri sich auf, wo er doch sonst den Eindruck erweckte, dieser Gefühlszustand sei ihm so fremd wie einer Kuh das Schlittschuhlaufen? Und warum tat er es bei der Frage, wer schuld sei an Scheffers Tod? Weil er seine Trauer in Wut ummünzte?

»Nun hat ihn gewiss nicht der BND am Ismailowopark totgefahren«, sagte Theo betont gelassen. »Und außerdem, seit wann bringen die unsere Leute um?«

Henri versank in seinen Gedanken. Nein, da hatte Theo recht, die Russen brachten Spione schon lange nicht mehr um. »Einen Grund werden sie schon haben«, sagte er endlich, um etwas zu sagen.

Theo spürte, wie er wütend wurde. Aber es gelang ihm, sich zu beherrschen. Dass Henri nicht einmal eine Vermutung herausließ, war das nicht auch eine Aussage? Nur, was für eine? Theo wurde das Gefühl nicht los, dass Henri mauerte. Warum? Weil er Klein die Butter auf dem Brot nicht gönnte? Weil es ihm Freude bereitete, wenn der Dienst im Dunkeln tappte? Verdammt, was war da geschehen, dass Henri so einen Hass auf Pullach hatte? Über den er aber nicht sprach, um ihn umso mehr heraushängen zu lassen.

Warum kommt Henri nicht gleich auf das Naheliegende, einen Unfall? »Und wenn es ein Unfall war?«

»Vielleicht«, sagte Henri. »Vielleicht auch nicht.«

»Klein sagt, Scheffer würde so was nicht passieren. Seitenstraße, kerzengerade, schmal.«

Henri zuckte mit den Achseln.

Aber er musste doch wissen, dass Scheffer zu den Leuten gehörte, die keine Unfälle hatten. Den hätte nicht einmal ein herabstürzender Dachziegel getroffen, weil der alte Mann schon gehört hätte, wie er sich lockerte.

»Vielleicht ist er gerade auf eine Riesensache gestoßen, und dann ist dem FSB die Sicherung durchgeknallt. Irgendeiner von denen hat Mist gebaut, und das versuchen die jetzt zu vertuschen. Unfall, wenig originell. Da waren die schon mal besser, oder? Obwohl, so ein blöder Unfall, der kann doch passieren.«

Theo konnte es nicht beweisen, aber er wusste, dass Henri die Nebelwerfer gezündet hatte. Gut, er war vergleichsweise ein Frischling, aber das erkannte selbst er.

Wollte Henri ihn testen? Er hätte jetzt doch gerne etwas getrunken, ein Glas Wodka nur. Er schaute Henri in die Augen. Henri, was weißt du? Henri war gut gewesen damals, und wenn er sich äußerte, dann mit Bedacht. Kein Wort ohne Grund. Täuschen und tarnen, ablenken. Warum servierte Henri nicht eine Reihe von Hypothesen, was geschehen sein könnte? Wäre das nicht die geschickteste Art, zu überspielen, was er wirklich wusste? Stattdessen schwadronierte er herum und ließ den eigenen Sohn zappeln. Wobei er das mit jedem gemacht hätte. So jemand wie Henri akzeptierte die Tatsache, dass er einen Sohn hatte, das war ja unbestreitbar, die biologischen Ursachen kannte er, vielleicht auch noch die konkreten Umstände der Zeugung, aber das war es dann auch, zumal wenn der Sohn ihn verraten hatte, auch wenn es hundert Jahre her war. Wollte Henri andeuten: Ich weiß was, aber euch Scheißern verrate ich es nicht?

»Vielleicht, vielleicht, vielleicht.« Henri schaute hinaus auf die Vogesen, deren Gipfel am Nachmittag von hellgrauen Wolken verhüllt gewesen waren. In dieser Nacht würde er nicht schlecht schlafen, sondern gar nicht. Seine Gedanken kreisten um eine einzige Frage: Was wissen die Russen, was die Pullacher? Und wenn die Russen etwas herausgefunden hatten und anfingen, die Rechnung zu begleichen? Zuzutrauen war es ihnen. Sie vergaßen nichts, egal wie die Tscheka sich gerade nannte. Niederlagen schon gar nicht.

Theo beobachtete seinen Vater, wie der die Augen schweifen ließ, bei der Aussicht auf die Vogesen verharrte, ohne sie aber zu sehen in der Dunkelheit, sie dann weiterwandern ließ, bis sie Theo anblickten.

Der beherrschte sich. »Scheffer war zwei Mal in Moskau. Zweiundachtzig bis fünfundachtzig, mit dir, und jetzt wieder. Wenn es kein Unfall war, dann ist damals oder jetzt etwas geschehen. Ist damals was passiert?«

Henri lächelte. Doch glaubte Theo, dass es aufgesetzt war. Lächeln, um ein paar Zehntelsekunden herauszuschinden.

»Wir haben das KGB nach Kräften geärgert, das war unser Job. Aber im Vergleich mit den Amis waren wir Waisenknaben.«

»Also nichts?«

»Nichts.« Henri schüttelte leicht den Kopf. »Nichts von Bedeutung.«

Sie drehten sich noch eine Weile im Kreis, bis Theo aufgab. Er schlug eine erneute Einladung zum Essen aus und verabschiedete sich knapp.

Henri schaute dem BMW nach, bis die Rücklichter verschwunden waren. Mein Sohn, dachte er, nicht schlecht. Hartnäckig, hat einen Riecher, wie es scheint. Schnell im Kopf und auch körperlich fit. Er kommt ganz nach mir. Und jetzt rückt er mir auf die Pelle. Doch er wird nichts herausfinden. Nicht einmal alte Hasen würden das.

Henri lächelte. Vielleicht hatte sein Sohn noch mehr drauf als er, schließlich hatte er eine gute Ausbildung genossen, da hatte Henri nicht gespart. Aber im Geheimdienstgeschäft war Theo noch grün hinter den Ohren. Warum hatte Klein gerade Theo beauftragt, die Scheffer-Sache zu untersuchen? Wollte Klein ihm auf die Pelle rücken, wollte er ihn dazu bringen, einen Fehler zu machen, indem er seinen Sohn in die Geschichte verwickelte? Zuzutrauen wäre es ihm.

Seltsam, jetzt fiel ihm ein, dass sie früher hin und wieder etwas gespielt hatten. Mensch ärgere dich nicht oder Scrabble oder Dame, später auch Skat. Henri hatte ungern verloren, aber Theo hatte es überhaupt nicht ausgehalten, wollte so lange spielen, bis er gewonnen hatte. Auch später hatte er unter antrainierter Verbindlichkeit immer wieder seinen Ehrgeiz aufblitzen lassen, einen brennenden Ehrgeiz, der es ihm verbot zu versagen. Ob Klein das auch wusste?

In der Nacht lag Henri wach. Er versuchte nicht einmal zu schlafen. Er überlegte, ob er sich weiter am PC mit der Schlacht von Waterloo abmühen sollte, in der er diesmal Napoleon zum Sieg verhelfen wollte, bevor es Nacht würde oder die Preußen kamen. Henri schloss die Augen, schon war sie wieder da, die finstere Zeit.

Er fühlte sich mies. Aber hätte er dem Sohn gesagt, was er wusste, es hätte sie beide in Teufels Küche geführt. Wie hätte Theo es aufgenommen, wenn er ihm verraten hätte, dass Georg noch einmal bei ihm gewesen war, bevor er wieder nach Moskau fuhr? Und das nicht ihrer alten Freundschaft wegen, wenn man die so nennen konnte, sondern weil der alte Mann immer noch über die beste Nase verfügte und auch über das beste Gedächtnis. Er hatte Henris Flucht miterlebt damals, und er hatte sich seinen Reim gemacht auf die Umstände und die Gründe. Da war einiges zusammengekommen. Er war plötzlich aufgetaucht, ohne sich anzukündigen. Sie hatten sich fast ein Vierteljahrhundert nicht mehr gesehen gehabt, denn Georg besaß keine Freunde, die unter ungeklärten Umständen den Dienst verlassen hatten.

Sie hatten im Wohnzimmer gesessen. Georg war fast versunken in dem großen Sessel. Seine Augen hatten ein wenig gestaunt, denn für seine Verhältnisse war hier alles unbezahlbar: die Lage, der Blick, die Umgebung, die Möbel, das Haus sowieso. Natürlich hatte er auch die Sicherheitsvorrichtungen erkannt. Und genauso natürlich warf das alles einige Fragen für ihn auf. Aber er stellte sie nicht, jedenfalls nicht direkt.

Gerne nahm er einen Kaffee, und dann schien es fast so, als handle es sich um ein gemütliches Wiedersehen alter Freunde.

»Es ist schön hier«, sagte Georg mit leiser Stimme.

Er hat Haare verloren, das Gesicht ist grau und faltig, dachte Henri. Aber die Augen waren wach wie eh und je. »Ja.«

»Ich gehe noch mal rüber.« Georg senkte seinen Blick auf die Kaffeetasse, dann trank er einen winzigen Schluck und behielt die Tasse in der Hand.

»Warum tust du dir das an?«

Ein erstaunter Blick. »Bevor ich abreise, würde ich gern erfahren, warum du damals wirklich fliehen musstest. Wir haben ja seitdem nicht mehr geredet.«

Henri ersparte sich die Erwiderung, Georg hätte ihn anrufen können, nachdem er aus der Sowjetunion zurückgekehrt war. Es war Henri aber recht gewesen, dass der Kontakt abbrach.

»Sie waren hinter mir her. Wie das so war. Warum willst du das wissen?«

»Das fragst du?« Er setzte vorsichtig die Tasse ab und sinnierte vor sich hin. »Ich will wissen, auf was ich mich einlasse. Die Risiken ausloten. Wie man das so macht.«

Henri winkte ab, vielleicht ein wenig zu heftig. »Das ist eine Ewigkeit her, und die Sowjetunion gibt es nicht mehr.«

Scheffer sinnierte wieder, dann wiegte er seinen Kopf. »Ja und nein. Sie vergessen nichts, die Kollegen.«

Henri schwieg und fixierte eine Amsel, die auf dem Balkongeländer saß.

»Es ist wirklich schön hier«, sagte Scheffer. Dann seufzte er leise. »Unsere Freunde aus Langley haben sich nach deiner Flucht auch ziemlich aufgeregt. Es ging wohl um Geld.«

Henri blies ein wenig Luft aus. »Kann sein.«

Georg war jetzt unendlich geduldig. »Nun«, sagte er fast gemütlich, »in Pullach herrschte damals Chaos. Das haben sogar wir im Feld mitbekommen. Die haben einen geschickt, und der hat komische Fragen gestellt, du kennst das. Wenn es drunter und drüber geht, schicken sie einen. Wie jetzt auch wieder. Sie geben mir Theo mit.«

Henri starrte ihn an.

»Er bleibt nur fürs Aufräumen dort. Maximal acht Wochen. Er ist gut, sagt man. Kommt nach dir. Wir fliegen morgen Nachmittag.« Das klang so wie: Es ist jetzt der letzte Zeitpunkt, es mir zu sagen.

Er erhob sich schwerfällig aus dem Sessel, trat ans große Fenster und starrte hinaus. Georg blieb eine Ewigkeit stehen.

Dann wandte er sich Henri zu. »Inzwischen geht es nur noch ums Geld. Damals wussten wir noch … wofür und wogegen wir kämpften. Ich habe diesen Kampf geliebt, wirklich geliebt. Ich liebe ihn heute noch. Es ging um Freiheit oder Tyrannei, um uns oder sie. Und weil es um das Grundsätzliche ging, habe ich niemanden verachtet außer den Verrätern. Ihre und unsere.«

Henri nickte.

»Du bist gegangen«, sagte Georg.

Henri nickte wieder. Georg schaute sich fast demonstrativ um. »Hast du was angestellt? Muss ich etwas wissen, bevor ich fahre? Ich war zusammen mit dir dort, vielleicht wollen die mir was anhängen. Etwas, von dem ich nichts weiß. Ich hatte noch nie Lust auf Lefortowo. In meinem Alter wird man bequem.« Er schaute Henri entschuldigend an.

Henri schüttelte den Kopf und zog einen Moment die Augenbrauen hoch. »Niemand hat mir etwas vorgeworfen.«

Georg seufzte wieder. »Manchmal überdeckt man eine kleine Sauerei, damit eine große nicht zum Himmel stinkt.«

Henri schwieg, dann sagte er: »Das passiert. Manchmal ist so etwas auch ganz vernünftig. Aber ich kenne keinen solchen Fall.«

»Gewiss.«

Nachdem Scheffer mit einem knappen Abschiedsgruß gegangen war, saß Henri noch lange auf dem Balkon. Er schaute hinaus auf die Vogesen, die gerade zäh von der Dunkelheit geschluckt wurden. Es war noch mild, eine warme Brise umwehte das Haus. Die letzten Vögel zwitscherten, am Himmel hinterließ ein Flugzeug Kondensstreifen. Ein warmer Sommer ging zu Ende. Irgendetwas klapperte, aber es alarmierte Henri nicht, das war wieder beim Nachbarn, der so laut kochte und abräumte. Einmal stand er auf und schenkte sich in der Küche ein Glas von dem Bordeaux ein, den er auf Empfehlung der schwarzhaarigen Verkäuferin im Weinladen des Städtchens gekauft hatte, um ihn zu probieren. Er trank einen Schluck, und seine Zunge und sein Gaumen nahmen den Geschmack auf. Der tiefrote Wein tendierte zum Herben, wie Henri es mochte, ein wenig Kirsche steckte darin, auch Eiche vom Fass, vielleicht ein Hauch Vanille. Während er schmeckte, arbeitete sein Hirn auf Hochtouren. Er kalkulierte alle Möglichkeiten und begann dann die unwahrscheinlichen auszusortieren. Am Ende stand ein so einfaches wie furchterregendes Ergebnis. »Zwei und zwei sind vier«, murmelte Henri. Er machte einen genauen Plan, verdichtete ihn auf das Notwendige, befreite ihn von unnötigen Risiken und fand ihn schließlich ganz einfach. Es hing alles davon ab, ob die alte Verabredung noch funktionierte. Und ob es den noch gab, mit dem er sie getroffen hatte.

Neun Wochen später stieg er nach dem Frühstück in seinen Geländewagen und fuhr in der Herbstsonne die Hangstraße hinunter ins Städtchen. Jedes Mal, wenn er in ein Auto stieg, griff die Erinnerung an den Unfall nach ihm, den er kurz nach der Fahrprüfung gehabt hatte. Ein gebrochenes Bein, ein paar Prellungen, nichts Ernstes, aber Ursache einer Panik, die er erst in seinen alten Tagen ganz unter Kontrolle bekommen hatte. An der Abzweigung zur Hauptstraße wich er einem Trecker aus, der mit einem schwer beladenen Hänger von der Weinlese kam. Er hielt vor dem Weinladen und kaufte noch zwei Flaschen Bordeaux, lächelte der Verkäuferin zu und lobte ihre Empfehlung, wie er es immer tat, wenn er den Laden aufsuchte. Henri verstaute die Weinflaschen im Kofferraum und fuhr weiter. Es war so wie immer. Nur dass er diesmal das Städtchen verließ und scheinbar ziellos durch die Gegend fuhr. Henri behielt den Rückspiegel im Auge, und als er sicher war, dass niemand ihm folgte, gab er Gas und fuhr in Neuenburg auf die Autobahn in Richtung Basel. Er rollte mit dem Verkehr, überquerte in Basel unkontrolliert die Schweizer Grenze, fuhr in Richtung Innenstadt, bis er eine Swisscom-Telefonzelle neben einem Zeitungskiosk entdeckte. Er fand nicht weit entfernt eine Parklücke am Straßenrand und betrat die Telefonzelle. Er las die Telefonnummer von einem Zettel ab, wählte, hörte, wer sich meldete, und legte gleich wieder auf. Er stand einen Moment, nickte leicht, dann setzte er sich wieder ins Auto und fuhr zurück nach Hause. Auch diesmal entdeckte er nichts Auffälliges vor sich oder im Rückspiegel. In der Nacht packte er eine Reisetasche, und am Morgen fuhr er wieder los. Aber diesmal hielt er nicht, sondern verließ die Stadt, folgte der schlängeligen Straße nach Bad Krozingen, sah auf den Hängen die Bauern und ihre Helfer bei der Weinlese und vergaß nie, den Rückspiegel im Auge zu behalten. In Bad Krozingen nahm er die A 5 in Richtung Karlsruhe. Er fuhr eher gemächlich, passierte Karlsruhe und fuhr in Heidelberg ab. Dann folgte er der Bundesstraße 3 in Richtung Darmstadt, kehrte aber schon in Heppenheim wieder auf die Autobahn zurück. Rechts zog sich der Odenwald, weitab Einzelhäuser an Hängen, Dörfer, Weinberge. Auf dem Kamm immer wieder Burgen.

Er beschleunigte, fuhr wieder langsam, beschleunigte, ließ wieder Autos vorbei. Aber er tat dies sehr unauffällig, bedächtig. Am Frankfurter Kreuz war er endlich zufrieden und gab Gas. Der Diesel brummte, und Henri konzentrierte sich nur noch aufs Fahren. Im Autoradio verfolgte er teilnahmslos die Nachrichten, das war nicht mehr seine Welt. Terror, Klimakatastrophe, der Niedergang der Wohlfahrtsstaaten, der Aufstieg Asiens, Kriege der Weltmächte in den Wüsten und in den Bergen. Einen Bericht vom Nahostkonflikt empfand er als Nachhall der finsteren Zeit. Eine Reminiszenz.

An einer Raststätte nördlich von Kassel tankte er und trank einen Espresso, der bitter schmeckte. Abgefahren war er hier spontan, als er das Schild eines Autobahnmotels gesehen hatte. Er setzte sich in seinen Wagen und fuhr die paar Hundert Meter zu dem Motel, ließ sich unfreundlich mustern von einem Rentner, der den Nachtportier mimte, checkte ein, stieg die Treppe zum ersten Stock hoch, öffnete die Zimmertür und begab sich in den Muff, der ihm entgegenströmte. Fast alles war dunkelrot, die Bettdecke, der Stuhl, auch der Teppich. Die Wände waren ockerfleckig tapeziert. Als er das schwere Fenster aufriss, dröhnte der Verkehr hinein. Aber er hielt es ein paar Minuten aus. Dann schloss er das Fenster und zog den Vorhang zu, ging ins Bad, machte sich fertig und legte sich aufs Bett. Ganz weit weg, gedämpft durch die Lärmschutzscheiben, das Rauschen der Autobahn. Henri schaltete das Licht aus und starrte an die Decke. Durch den Vorhangschlitz zuckten schwache Lichtblitze der Autoscheinwerfer ins Zimmer. Er lag unbewegt und bedachte noch einmal, was er sich vorgenommen hatte. Bald schlief er ein.

Nach einem Frühstück aus Plastikverpackungen und einem ekligen Kaffee fuhr er weiter. In Hamburg entschloss er sich, die A 1 in Richtung Lübeck zu nehmen, folgte ihr bis zum Autobahnkreuz Bargteheide und hätte fast die Abzweigung nach Kiel verpasst, die in einer scharfen Kurve lag. Auf der A 21 ging es weiter, bis bald schon Bad Segeberg auftauchte. Irgendetwas sagte ihm, er solle in Richtung Ostsee fahren, und er folgte der B 432 nach Puttgarden. Die Sonne brach sich in den schon dunkelbraunen Blättern der Allee, nachdem er, wie ein Schild ihm verriet, die Trave überquert hatte. Immer weiter. Er sah eine Ausschilderung nach rechts: Pronstorfer Krug. Das sprach ihn an, und er folgte der Wegweisung, die in einigem Abstand an einem See entlangführte. Er kam durch ein Dorf, und nach einigen Biegungen las er das Straßenschild. Klinkerbauten, rechts, an einer Linkskurve, nach hinten versetzt, ein großer Gutshof, an der Straße ehemalige Landarbeiterhäuser, links eine Felssteinkirche. Nach zwei Aussiedlerhäusern stand er plötzlich vor dem Hotel. Es war ein großes, weiß verputztes Gebäude, rechts davon zweistöckige Holzhäuser, davor ein Rasen mit Swimmingpool, Stühlen und Tischen.

Die Rezeption war im großen Gebäude. Eine adrett gekleidete Frau mittleren Alters gab ihm mit einem Lächeln den Schlüssel für das Zimmer, das im Erdgeschoss des am nächsten gelegenen Holzhauses lag. Er trug sein Gepäck dorthin, das Zimmer war einfach, aber funktionell eingerichtet, sauber und groß. Hier würde er es gut aushalten. Am Abend wählte er aus der erstaunlichen Speisekarte ein Zanderfilet und ein Glas Riesling. Während er aß, bedauerte er es schon, dieses Hotel gewählt zu haben, denn er dürfte nun nie wieder herkommen, um Urlaub zu machen.

Am späten Vormittag fuhr er nach Bad Segeberg, fand in der Fußgängerzone eine Telefonzelle, wartete, bis ein alter Mann fertig war, betrat sie, steckte eine Telefonkarte in den Schlitz, wählte eine lange Nummer mit Moskauer Vorwahl, wartete angespannt und war erleichtert, als abgenommen wurde. Doch da war nur Schweigen. Henri drückte den Hörer fest an den Mund und sagte auf Russisch: »Hören Sie genau zu oder zeichnen Sie es auf, es wird nicht wiederholt. Wladimir lässt grüßen. Vor zwei Monaten sind zwei gekommen. Einer ist abgereist. Der andere ist gefährlich.« Er legte auf und verließ die Zelle.

2

Dunkelgraue Wolken lasteten schwer auf der Stadt, Schneematsch am Straßenrand. Babuschkas in dicken Mänteln unter Wollmützen, Kinder auf dem Weg von der Schule. Zögerlich nahm der Winter die Stadt in seinen kalten Griff im November 1982.

Der Mercedes-Benz fuhr mit zischenden Reifen über den nassen Asphalt in Richtung Zentrum. Das Wetter passte zur Stimmung, Flaggen auf halbmast, Menschen mit rotem oder schwarzem Trauerflor. Wenig Autos auf den Straßen. Ein schwarzer Zil 4104 raste über den für die Politprominenz reservierten Mittelstreifen, die Vorhänge an den hinteren Seitenfenstern geschlossen.

»Selbst das längste Siechtum hat ein Ende«, sagte Kolbe, der ihn vom Flughafen Scheremetjewo abgeholt hatte.

Henri Martenthaler hörte kaum zu, das Dauergeschwätz des kleinen, fetten Botschaftsfahrers mit der Boxernase nervte ihn.

»Und der Breschnew, der sah doch schon die ganze Zeit aus wie seine eigene Leiche«, sagte Kolbe, den es nicht verdross, dass sein Fahrgast auf der Rückbank nicht antwortete. »Und jetzt ist er endlich tot. Sie kommen zur rechten Zeit, jetzt ist mal was los.« Er überholte einen Wolga, das Tauwasser spritzte an der Seitenscheibe hoch. »Und, was haben Sie vor in der Hauptstadt vom Arbeiter-und-Bauern-Paradies?«

»Spionieren«, sagte Henri kühl.

Der Fahrer stutzte, dann fing er an zu lachen. »Das war mal ein Guter.« Er lachte weiter.

»Presseabteilung«, sagte Henri. Er zwang sich, ein Mindestmaß an Höflichkeit zu zeigen.

»Das ist ja fast das Gleiche.« Der Fahrer lachte wieder.

»Spionieren! Den Witz muss ich mir merken.« Er schniefte. »Und wer macht das Rennen?«

Henri schaute aus dem Fenster. Graue Fassaden, dann eine Einfahrt, darüber ein rotes Transparent mit Hammer und Sichel und einer Aufschrift, die den roten Oktober pries. Gesichtslose Zweckbauten, Zwiebeltürme mit abblätternden Golddächern und Kreuzen. Verschlissene Gardinen.

»Andropow oder Tschernenko?«, fragte der Fahrer.

Zwei alte Männer. Einer von ihnen würde der neue Generalsekretär der Kommunistischen Partei der Sowjetunion werden, Chef des zweitmächtigsten Landes der Erde.

»Also, ich tippe auf Tschernenko«, sagte der Fahrer, dem es nun offensichtlich egal war, ob sich der Mann auf der Rückbank für sein Geschwätz interessierte.

Henri sah die Betonklötze auf beiden Seiten der Straße. Im Hintergrund ein Stalinbau mit Spitzturm, der an eine Kathedrale erinnerte. Er hatte im Vorbereitungslehrgang erfahren, dass solche Bauten nicht nur Behörden beherbergten, sondern auch Wohnhäuser waren.

Der Fahrer bog rechts ab, dann sagte er: »So, das ist nun die Uliza Bolschaja Grusinskaja Nummero 17, Ihr künftiger Arbeitsplatz. Wenn Sie nicht gerade spionieren.« Er drehte sich um und zwinkerte Henri mit einem Auge zu, dann lachte er.

Sie warteten, bis das Stahltor der Botschaft sich öffnete, nachdem Kolbe dem Wachhabenden seinen Ausweis gezeigt hatte.

»Viel Erfolg beim Spionieren!«, sagte der Fahrer, während er den Kofferraum öffnete und Henri sein Gepäck gab, einen Koffer und eine Reisetasche. Die packte er gemeinsam mit seiner Aktentasche mit der linken Hand, den Koffer mit der rechten. Kolbe eilte voraus, um die

Tür zu öffnen. Dann zwinkerte er noch einmal und verschwand.

Am Tresen saß eine in die Jahre gekommene Dame, todschick gekleidet mit einem beigen Kostüm, perfekte Hochfrisur, eine schmale Brille mit Goldgestell auf der Nase.

»Martenthaler«, sagte Henri. »Ich bin …«

»Ich weiß«, sagte die Dame. »Wenn Sie mir bitte Ihren Bundespersonalausweis geben, muss leider sein, dann rufe ich Herrn Weihrauch, den Leiter der Pressestelle.«

Henri stellte das Gepäck ab.

Sie betrachtete den Ausweis, dann nahm sie den Telefonhörer ans Ohr, drückte einen Knopf und meldete Henris Ankunft. Sie nickte und legte auf.

»Er kommt gleich«, lächelte sie.

Henri schaute sich um. In einem Drehständer Karten und Infomaterial über Moskau. An der Wand ein Glaskasten mit Bekanntmachungen, einschließlich des Speiseplans für die Kantine.

Er hatte die Aufzugstür übersehen, bis sie sich öffnete. Ein kleinwüchsiger Mann mit kurzen schwarzen Haaren tippelte ihm stramm entgegen, die Energie in Person. Er stoppte vor Henri, schaute ihm aus klaren braunen Augen ins Gesicht, drückte ihm kräftig die Hand, wohl um zu zeigen, dass geringer Körperwuchs nicht gleichbedeutend war mit Kraftlosigkeit. Henri verstand sofort, dass Weihrauch von morgens bis abends dagegen kämpfte, klein zu wirken. Der Mann war anstrengend, keine Frage. Na ja, dachte er, andere fangen wegen so was Kriege an.

»Kommen Sie! Das Gepäck lassen Sie hier stehen. Das bringt Herr Kolbe nachher in Ihre Wohnung. Die ist übrigens nicht weit von hier, ganz nah am Zoo.«

Im Aufzug roch Henri, dass Weihrauch sich parfümierte, nicht aufdringlich, aber nicht überriechbar.

Im zweiten Stock führte Weihrauch Henri zu einer Tür in einem langen Gang, öffnete diese, blieb daneben stehen und zeigte hinein. »Bitte!«

Henri betrat ein großes Büro, ein Chefbüro. Schreibtisch, Sitzecke, Regal, eine Topfpflanze, zwei Moskauer Stadtansichten an der Wand, das Übliche. Ein Blick aus dem Fenster zeigte graue Fassaden von Mietwohnungen. Dazwischen leuchtete das fleckige Gold eines Zwiebelturms. »Ich trommle die Kollegen zusammen. Nachher haben Sie einen Termin beim Kollegen Gebold, das ist der andere Stellvertreter meiner Wenigkeit. Ihr Gegenspieler, wenn Sie so wollen.« Er lachte hell über seinen Scherz.

Während Weihrauch telefonierte, hatte Martenthaler plötzlich Hamann im Ohr. »Lassen Sie sich durch das Gehabe dort nicht beeindrucken. Die fühlen sich alle wichtig. Bedeutendste Botschaft und so weiter. Sie tun so, als wären Sie Stellvertreter von Weihrauch. Das ist Ihre Legende. Wenig originell, aber wirksam. Die Russen kennen Sie noch nicht, das ist ein Vorteil. Wir lassen Sie unter Klarnamen arbeiten, Ihr Deckname für Berichte und den Kontakt zu uns ist ›Vogel‹. Fragen Sie mich nicht, wer auf den Namen gekommen ist. Verhalten Sie sich am Anfang ruhig, keine Aktionen, dann werden die vielleicht denken, Sie seien tatsächlich Pressefritze, und werden Sie irgendwann nicht mehr so genau im Auge behalten. Erst dann werden Sie aktiv. Ihr Kollege da, Gebold, den hat das KGB längst auf dem Kieker. Die Genossen der Zweiten Hauptverwaltung haben einen Haufen Personal, Geld und Zeit. Wir könnten Gebold abziehen, aber das wäre falsch, weil die Genossen dann sofort den Nachfolger suchen würden. Also lassen wir Gebold weiter spionieren. Allerdings so, dass nichts herauskommt, sodass die Genossen denken, sie hätten es mit einem Trottel zu tun. Er wäre nicht der erste in diesem Gewerbe. Und ich gestehe, Gebold spielt seine Rolle verdammt gut.«

Henri wusste immer noch nicht, wie der Abteilungsleiter das gemeint hatte. Ein typischer Hamann, Andeutungen, Zweideutigkeiten, oft unter der Gürtellinie, ein Zyniker oder besser gesagt einer, der den Zynismus als Ruhekissen gewählt hatte. Hamann würde nicht mit den Wimpern zucken, wenn er einen in den Tod schicken müsste. War er moralisch auch ein Schwein, so hatte Henri an seinen Fähigkeiten nicht den geringsten Zweifel. Der kleine dürre Mann mit der frühen Vollglatze und dem Schmiss am Kinn kannte die Sowjetunion und wusste aus eigener Erfahrung, was es bedeutete, im Herzen des finsteren Imperiums Spione anzuwerben. Natürlich wollte er nicht wissen, was Hamann absondern würde, wenn es Henri böse erwischte, wenn er rausgeschmissen wurde aus der Sowjetunion oder wenn einer seiner Agenten aufflog. Auf Mitleid sollte er nicht wetten.

Sie raubte ihm den Atem in dem Augenblick, als sie das Büro betrat. Sie war knapp über eins siebzig, schlank, trug halblange dunkelbraune Haare, hatte ein schmales Gesicht und große Augen. Pinkfarbene Bluse und kurzer schwarzer Rock, kaum geschminkt. Es stimmte alles an ihr. Er schätzte sie auf Anfang dreißig. Sie reichte ihm die Hand, die er vorsichtig nahm, während Weihrauch sie vorstellte: »Angela Morgenstern, welch schöner Name«, sagte Weihrauch, und es schien Henri, dass er das nicht zum ersten Mal gesagt hatte. »Pressereferentin. Wertet die sowjetischen Zeitungen aus und muss viel Fernsehen gucken. Irgendwann wird sie Quadrataugen haben. Bis dahin aber genießen wir ihre natürliche Schönheit.«

»Solange man den Morgenstern nicht auf den Schädel geschlagen bekommt«, sagte Henri und erschrak über sich selbst. Plump, wie dumm, dachte er. Sei nicht so verkrampft.

Angela lachte ihn an. Er schaute ihr in die Augen, ein wenig zu lang. Sie schaute offen zurück, als wollte sie fragen: Was bist du denn für einer? Sie sagte: »Das Mittelalter ist vorbei, Herr Kollege, falls Sie es noch nicht bemerkt haben sollten. Und heute nimmt man anderes, um es Leuten auf den Kopf zu hauen.«

Wie meinte sie das, verdammt? Henri war sauer auf sich selbst. Wie kann man nur so blöd sein?

Dann blickte er zur Tür, wo der nächste Mitarbeiter eintrat. Ein großer Mann, kräftig gebaut, derbes Gesicht, kurze weißblonde Haare, ein wenig schmierig.

»Karl Herbst, das Mädchen für alles«, stellte er sich vor. Er hatte einen wabbeligen Händedruck. Er schaute Henri kaum an und setzte sich neben Angela Morgenstern, die, wie es Henri schien, ein wenig von ihm abrückte.

Der letzte Geladene war Gebold. Korpulent, fast fettleibig, ein schwarzer Haarring, Schweiß auf der Stirn, schwerer Atem, Mausaugen über einer breiten Nase. Ein Schnauzer, schmal wie ein Strich. Er reichte Henri eine feuchte Hand, schaute teilnahmslos auf seinen neuen Kollegen, als wüsste er felsenfest, dass sie nichts miteinander zu tun hätten. Dichte schwarze Haare kräuselten aus dem Hemdsärmel.

»So, mehr kommen heute nicht. Herr Herbst, wenn ich Sie bitten darf«, befahl Weihrauch.

Herbst verschwand aus dem Zimmer und kehrte mit einem Tablett zurück, darauf eine Flasche Krimsekt und Gläser. Geschickt öffnete Herbst die Flasche und goss ein, das verriet Routine. Alle standen nun wieder.

»Wir arbeiten viel«, sagte Weihrauch, »da dürfen wir

auch mal feiern. Zumal wenn ein neuer Kollege kommt. Herzlich willkommen!«

Er stieß als Erster mit Henri an, dann Herbst, Angela Morgenstern, an deren Mundwinkeln Henri zwei reizende kleine Falten entdeckte, schließlich Gebold. Der grinste und murmelte etwas, das Henri nicht richtig verstand. Vielleicht: »Auf gute Zusammenarbeit.«

Nach dem Anstoßen trank keiner, stattdessen richteten sich alle Augen auf Henri. Der sah die Erwartung in Angelas Augen, sie machte ihn wirklich nervös. Er räusperte sich. Ein großer Redner war er nie gewesen.

»Ich freue mich, dass ich nun hier bin, und werde natürlich versuchen, ein guter Kollege zu sein. Vielleicht, es wäre schön, haben Sie ein bisschen Geduld mit einem Neuen. Ich kenne mich hier nun gar nicht aus und werde viele Fragen haben.« Er warf einen Blick zu Angela, sie lächelte. Fast ein wenig verschmitzt, dachte Henri. »So ein Vorbereitungskurs ist ganz nett, aber die Wirklichkeit ist etwas anderes.« Er musste sie flüchtig anschauen, ihre Blicke trafen sich, dann hob er sein Glas, die anderen taten es ihm nach, er trank und war erlöst, weil er glaubte, die ersten Minuten seiner Einführung ohne Blamage überstanden zu haben, wenn er auch langweiliges Zeug gelabert hatte. Es war ihm warm geworden und er hoffte, nicht zu schwitzen. Du bist mir ein toller Spion, der bei so einer läppischen Veranstaltung weiche Knie kriegt.

»Wo waren Sie denn, bevor Sie zu uns kamen?«, fragte Angela, nachdem sich alle gesetzt hatten.

»Ich war bei Martha Chemie in Bergisch Gladbach, Presseabteilung, dann habe ich mich beim Auswärtigen Amt beworben und bin seltsamerweise genommen worden. Wahrscheinlich war gerade ein Engpass bei Presseleuten.«

Gelächter.

Er fand, er habe diesen Teil seiner Legende passabel erzählt. In Wahrheit hatte er sich in Hauptstädten Westeuropas nach oben gedient. »Und jetzt, nach dem tollen Vorbereitungskurs, bin ich absolut fit, um alle diplomatischen Verwicklungen wegzudiskutieren.« Wenn die wüssten, was für einen Vorbereitungslehrgang er absolviert hatte. Techniken der Spionage: Nachrichtenübermittlung, Verfolgen und Abschütteln von Verfolgern, Methoden des KGB, Verhalten bei Verhaftung.

Wieder Gelächter.

Angela schaute ihn neugierig an. Er musste sich zusammenreißen, sie nicht anzustarren.

»So jung und schon ein Welterklärer!«, rief Weihrauch fröhlich.

»Wenn man älter wird, ist man nicht mehr so leichtsinnig, alles zu wissen«, lachte Henri. »Die Zeit bis dahin will ich aber nutzen.«

Weihrauch grinste. »Ich glaube, Sie werden sich in unserem Haufen gut zurechtfinden. Wir haben eigentlich alle eine Meise. Jeder eine eigene.«

»Und Ihre?« Gleich bereute Henri seine Voreiligkeit.

»Mich natürlich ausgenommen«, sagte Weihrauch. »Was haben Sie denn gedacht?«

Gedacht habe ich, dass diese Leute offenbar in Ordnung sind, so auf den ersten Blick. Bei Herbst war er sich nicht sicher. Bei Angela fürchtete er, sie würde seine Selbstbeherrschung testen, sogar wenn sie es nicht beabsichtigte. Weihrauch schien nichts an sich heranzulassen, richtig cool, der Typ. Nur Gebold, stimmt, der saß auf dem Sessel in der Ecke, lachte mit, wenn auch verhalten, sagte kaum etwas und spielte jetzt mit Streichhölzern. Vielleicht ein Raucher in Not. Ein finsterer Geselle, unsympathisch und überhaupt nicht darauf geeicht, diesen Eindruck zu verwischen. Er wollte so sein. Warum?

»Dann gedenken wir jetzt des Genossen Breschnew, auf dass er in den Himmel einzieht mit Fanfaren und Schalmeien!«, sagte Weihrauch, aber er sagte es nicht fröhlich. »Bin gespannt, was nun kommt. Bin wirklich gespannt.«

Ja, dachte Henri, das ist in diesen Tagen die wichtigste Frage der Welt. Sie rüsten wie bescheuert, die Sowjets stellen Mittelstreckenraketen auf, die USA wollen auch welche in Westeuropa aufstellen, der Präsident in Washington redet vom Krieg, sogenannte Experten fabulieren, ob man einen Atomkrieg vielleicht doch gewinnen könne. Und in Moskau stirbt Breschnew, der die Sowjetarmee in Afghanistan einmarschieren ließ und irrwitzig gerüstet hat, der aber doch, hinfällig, wie er war, diese wandelnde Mumie, berechenbar schien im Guten wie im Schlechten. Bei ihm wusste man meistens, was passierte, wenn man auf dieses oder jenes Knöpfchen drückte. Wie würde das beim Neuen sein? Wer würde der Neue?

»Was meinen Sie, Herr Martenthaler?«, fragte Angela. Er sah sie an und fragte sich, wie er hier arbeiten und leben könne, ohne immer an sie zu denken. Nach der Trennung von Roswitha hatte er nicht geglaubt, sich bald wieder verlieben zu können. Man fällt auf sie rein, auf die schönen Frauen, und dann kommt das Elend, hatte er seitdem gedacht. Und jetzt bin ich dabei, wieder hereinzufallen. Einfach so, ruck, zuck. Ja, ich sehne mich danach. Aber lass es sein, du wirst genug Scherereien kriegen. Oder? Außerdem, sie wird kaum etwas von dir wollen. Bestimmt hat sie einen Freund oder ist verheiratet. Reiß dich zusammen.

»Dazu fällt mir nichts Originelles ein«, sagte er. Er zuckte die Achseln. »Jedenfalls nicht mehr als Herrn Kolbe, dem hiesigen Kremlexperten.«

Gelächter.

»Tschernenko oder Andropow, wer sonst?« Henri schaute sich um, um nicht nur sie anzusehen.

»Warten wir, wer Vorsitzender des Beerdigungskomitees wird, dann wissen wir es«, sagte Weihrauch. »Ich glaube, die ziehen die Sache schnell durch. Und wenn Sie mich fragen, Andropow wird's. Tschernenko sieht ja fast schon aus wie Breschnew im Endstadium.«

»Das KGB an der Macht«, sagte Angela. »Toll!« Ihre Falten an den Mundwinkeln vertieften sich, als sie lachte. Sie lachte offenbar gern.

»Die Macht hat die Partei, das Politbüro«, sagte Henri. »Auch über das KGB.«

»Oh, unser neuer Experte, er wird den Kollegen Kolbe weit übertreffen und bald durch alle Fernsehstudios der freien Welt gereicht werden, weil wir ohne seine Analysen nicht auskommen werden.« Angela lachte, während sie es sagte. Aber es war ein Rüffel. Gerade die Nase gezeigt in der Botschaft und schon die große Klappe. Das weiß doch jeder. Henri fühlte sich blöd, es war nicht nötig gewesen. Ab und zu die Schnauze halten.

Herbst stellte sich neben ihn und sagte: »Der Fahrer hat schon mal Ihr Gepäck in die Wohnung gebracht. Ich hoffe, es ist Ihnen recht.«

»Vielleicht setzen wir uns einen Augenblick zusammen in meinem Büro«, sagte Gebold. Er stand auf, um Widerspruch auszuschließen. Henri folgte Gebold auf den Gang, dann um die Ecke, wo der Kollege ganz am Ende eine Tür öffnete. Gebold trat ein, Henri hinterher. Das kann ja heiter werden, dachte Henri.

Gebold deutete auf einen Stuhl vor dem Schreibtisch. Er setzte sich dahinter. Das unvermeidliche Regal mit Aktenordnern, ein paar Bücher, darunter welche über das

KGB, auf dem Fensterbrett ein Gummibaum, in der Ecke ein Safe, an der Wand ein Foto vom Roten Platz mit dem Lenin-Mausoleum. Den Feind immer im Auge, grinste Henri innerlich. Er dachte an Angela, dann schob er den Gedanken beiseite, aber nicht weit weg, das klappte nicht.

Gebold erhob sich wieder und winkte Henri zu sich, dann zeigte sein Finger zum Fenster, nach draußen. »Pressearbeit in Moskau ist ein hartes Brot, um es klar zu sagen«, trompetete er. »Aber jetzt brauch ich erst einmal einen Kaffee.« Er deutete auf die Wände, dann auf sein Ohr, ging hinaus und winkte Henri, ihm zu folgen. Was für ein albernes Theater, dachte Henri. Versteckspiel in der Botschaft. Die beiden fuhren im Aufzug ins Erdgeschoss, dann gingen sie durch die Tür an der Rückseite der Botschaft. »Hier kann man reden«, sagte Gebold. Er schaute sich um, als wären hundert Richtmikrofone auf den ummauerten Hof der Botschaft gerichtet. Dann zündete er sich eine Zigarette an. »Im abhörsicheren Raum ist es so stickig.« Er zog an der Zigarette, die Glut leuchtete rot auf. »Drinnen nicht mal eine Andeutung über unseren richtigen Job hier. Damit das klar ist.«

Henri ersparte sich eine Antwort. Er war zwar neu in Moskau, aber blöd war er nicht. Er war kein BND-Frischling, Geheimhaltung ist alles, wenn nicht in Moskau, wo dann? Im Vorbereitungslehrgang hatten sie ihm das wieder und wieder eingebimst, bis er fragte, ob sie ihn für einen Spionagelehrling oder geistig minderbemittelt hielten. Er fluchte innerlich, dass Gebold ihm nicht gesagt hatte, dass sie nach draußen gehen würden. Die Kälte kroch ihm unter die Haut, während sie Gebold nichts auszumachen schien. Henri versuchte sich nicht anmerken zu lassen, dass er fror.

»Gut, dass Verstärkung gekommen ist«, sagte Gebold.

»Ich werde Sie in die Lage einweisen, und dann überlegen wir, wie wir Sie am besten einsetzen können.«

Henri war versucht, dem Mann zu erklären, dass er künftig nichts weiter war als ein Geheimdienstdummy, bestenfalls dazu geeignet, der Zweiten Hauptverwaltung vorzugaukeln, er sei der großartige Resident und Agentenführer aus Westdeutschland. Doch dann sagte er sich: Lass ihn machen, du erfährst etwas, und wenn der den Superspion raushängen lässt, na, dann soll er es eben tun. Bald bist du ihn los. Wenn es vorher unangenehm wird, sagst du ihm, wo der Hammer hängt.

»Die Lage ist beschissen, um es klar zu sagen. Wir haben Gesprächskontakte, aber keine Agenten. Ich bearbeite seit Jahr und Tag einen Wissenschaftler, der in der Luftfahrtindustrie arbeitet, die MiGs, sie wissen Bescheid, aber bisher ist nichts dabei herausgekommen. Dann prüfe ich hin und wieder Selbstanbieter. Zuletzt einen Major des KGB, Erste Hauptverwaltung. Der will erst Geld, dann rückt er was raus. Sagt er. Was auch immer. Oder nichts. Also, so ist es, um es klar zu sagen.«

Das schien seine Lieblingsfloskel zu sein: um es klar zu sagen.

»Das Beste ist, Sie machen hier erst einmal Bürodienst, reden mit der Journaille, sofern man die Genossen von Prawda und Iswestija so nennen kann, vergessen Sie die Westkorrespondenten nicht, gehen Sie mal in den Presseklub, lernen Sie die Kollegen aus anderen Botschaften kennen. Wir kommen hier ganz gut klar mit den Amis, den Engländern und den Franzosen, auch den Italienern, was nicht heißt, dass die uns mehr erzählen als wir ihnen. Um es klar zu sagen.«

Er schaute Henri scharf an aus seinen Knopfaugen, und Henri war wieder versucht, dem Mann zu stecken, dass er ihm nichts zu befehlen hatte. Aber warte ab, dachte er. Lass ihm seine Illusion, umso besser für deine Legende. Ich bin eben nur der zweite Stellvertreter des Presseattachés und er ist der erste, der Dienstältere. Und der Typ meint, in Sachen BND sei das genauso. Soll es doch so sein. Aber hat ihm niemand gesagt, dass er auf dem absteigenden Ast sitzt und Henri auf dem aufsteigenden?

»Gehen wir zurück. Ich zeige Ihnen Ihr Büro«, sagte Gebold und marschierte los wie beim Sturmangriff. An Henris Meinung war er nicht interessiert, und dass der neue Kollege vielleicht Fragen hatte, kratzte ihn genauso wenig.

Henri blieb stehen. »Sind wir die Einzigen vom Verein?«, fragte er. Natürlich kannte er die Antwort auf diese Frage, aber er liebte es manchmal, sich dumm zu stellen. Wer das tut, wird unterschätzt und erfährt mehr.

Gebold schaute ihn an, wiegte den Kopf, als müsste er überlegen, ob Henri würdig war, so etwas zu erfahren. »Nein, da gibt es noch jemanden.«

Seltsam, dass Gebold nicht zu wissen schien, dass Henri fragte, was er schon wusste. Oder er ließ es sich nicht anmerken, doch das traute Henri dem Mann nicht zu. Offenbar herrschte Chaos in Pullach, oder die wollten Gebold im Ungewissen lassen, weil sie wussten, dass er mit seiner Ablösung nicht würde umgehen können. Gebold würde ohne jeden Erfolg nach Hause reisen müssen, vermutlich machte ihn das fertig. Jedenfalls war es kein Anschub für eine Beförderung. Das wird es sein, dachte Henri. Die wollen, dass Gebold nicht so tut, als wäre er weiterhin der BND-Resident in Moskau, sondern dass er es wirklich glaubt. Aber warum hat Hamann mir das verschwiegen? Wollte er sehen, wie ich mit so einer Lage klarkam? Ach Quatsch, Spielkram im Feindesland, das gab es nicht. Henri überlegte, dann wurde ihm klar, dass Gebold wohl noch genau so lange den Residenten spielen durfte, bis Henri aus dem Visier des KGB verschwinden würde. Und dann würde Pullach oder Bonn einen Ersatz schicken für den stellvertretenden Pressechef Gebold, aber nicht für den Residenten. Nur, wenn ich das durchschaue, müssen das dann nicht auch die Genossen erkennen? Nicht unbedingt, beantwortete er sich die Frage, die haben nicht meine Informationen, sie können sich die Dinge nur zusammenreimen. Es sei denn, es sitzt ein Maulwurf in der Botschaft oder im Auswärtigen Amt. Blitzschnell hatte er sich diese Erklärungen zurechtgelegt. Ob sie stimmten, nun, das würde er sehen.

Gebold drehte sich weg und ging zur Tür. Henri folgte ihm und überlegte sich, ob er es dem Schnösel irgendwann heimzahlen sollte. Gut, Henri musste sich erst einarbeiten. Was er nicht wusste, konnte er nicht verraten. Und doch hätte Gebold wenigstens ankündigen können, er werde Henri später all das sagen, was er ihm sagen durfte. Wahrscheinlich wollte Gebold seine Macht oder die Einbildung davon nicht verlieren, die er in dem Maß einbüßen würde, wie er seine Geheimnisse preisgab. Henri befriedigte es, dass er wusste, wie wenig sie in Pullach von Gebold hielten. Oben, im Gang, in dem sein Büro lag, war er wieder guter Dinge. Den miesen Einstieg würde er überstehen und Gebold sowieso. Nur ein paar Monate, es gab Schlimmeres.

Seine Laune stieg schlagartig weiter, als Angela aus der Nebentür seines neuen Büros herausschaute, während er den Flur entlanglief. »Ah, mein neuer Nachbar, der große Analyst des Sowjetimperiums, der Experte für Politbüro und KGB, welch Ehre.«

»Ich hoffe, Sie hören keine laute Musik«, grinste Henri.

Und dachte, so falsch seien diese Titulierungen gar nicht. Er hatte sich gut präpariert für Moskau, und er kannte die Verästelungen des sowjetischen Herrschaftsapparats aus der Fachliteratur. Henri war gründlich, in allen Fragen des Lebens.

»Russische Kirchenmusik, um mich gegen die Versuchung des Marxismus-Leninismus zu wappnen. Je lauter, desto besser.«

»Na, wenn das die einzige Versuchung ist, schenk ich Ihnen Kopfhörer.«

Sie lachte. Sie hatte ein wunderbares Lachen, natürlich, überhaupt nicht affektiert.

Er winkte ihr mit einem Zeigefinger zu und folgte Gebold ins Nebenzimmer, Henris neues Büro. Furnierte Möbel: Schreibtisch, Ecktisch, Stehlampe mit einem braunen Schirm und kleinen Goldtroddeln am unteren Rand, ein Regal, dann ein Schreibtischstuhl, zwei Stühle mit Stahlrohrrahmen in der Ecke, auf dem Fensterbrett eine leere Vase und an der Wand gegenüber dem Schreibtisch ein rechteckiger Fleck in der Patina der Tapete, wo früher ein Bild gehangen haben musste. Schräg hinter dem Schreibtisch war der unvermeidliche Safe in die Wand eingelassen. Das Zimmer stank erbärmlich nach Rauch, den die Tapeten und der graue Teppich ausdünsteten.

Henri hielt sich die Nase zu. »Wer war denn hier drin?«

»Schmitt«, sagte Gebold. »Der hat gepafft wie ein Irrer. Wir haben es ausgehalten, bis er endlich in den Ruhestand ging.«

»Und ich hab den Salat«, sagte Henri. Er spürte innerlich, dass es wieder eine Kraftprobe war, eine alberne, aber es war eine. »Ich werde in dieses Zimmer nicht einziehen, bis es nicht renoviert ist. Das hätte man übrigens machen können, bevor ich kam.«

Gebold setzte sich auf einen Stahlrohrstuhl, hatte plötzlich wieder zwei Streichhölzer in der Hand und tat so, als ließe ihn alles kalt. »Wir müssen sparen«, sagte Gebold. »Anweisung von oben.«

»Nichts dagegen, dass Sie sparen«, sagte Henri scharf. Er musste dem Mann eine Grenze setzen, das war zu unverschämt. »Wer ist für die Renovierung zuständig? Oder muss ich da direkt mit dem Botschafter sprechen?« Nun sprach er scharf.

Gebold starrte Henri an und schluckte fast unmerklich. Die plötzliche Attacke auf dem Nebenkriegsschauplatz überraschte ihn. Gerade hatte er noch gedacht, dass er den Neuen schon im Griff habe. Eine leichte Übung. Und nun das! »Wenden Sie sich an Herrn Bader von der Verwaltung.« Er sagte es mit kühler Stimme, stand auf und ging zur Tür, wandte sich im Türrahmen aber noch einmal zu Henri: »Ach ja, heute Abend, sieben Uhr, gibt's einen Empfang für Krupp-Leute. Ich hole Sie in Ihrer Wohnung ab.«

Bevor Henri antworten konnte, war Gebold verschwunden. Und wo war diese verdammte Wohnung?

Henri setzte sich hinter den Schreibtisch, öffnete die Schubladen, fand aber nichts. Immerhin war der Schreibtisch gründlich ausgeräumt worden. Dann wanderten seine Augen über die Wände, als könnten sie verborgene Mikrofone entdecken. Er war versucht, die Schreibtischlampe und die Stehlampe zu untersuchen, aber das erschien ihm dann doch albern. Natürlich hatte das KGB die Botschaft längst wieder verwanzt, nachdem Experten aus Pullach den Herbstputz gemacht hatten. Die Frage war nur, welche Räume es abhörte. Und es gab sowjetisches Personal in der Botschaft, Reinemachefrauen vor allem, die wussten, was sie zu tun hatten. Niemals ein beschriftetes Blatt

Papier herumliegen lassen, nie etwas Verfängliches in den Papierkorb werfen, dessen Inhalt die fleißigen Wächterinnen der Sowjetmacht jedes Mal gründlich untersuchten, wenn sie kamen.

Er sah sich um. Wenn der Gestank heraus war, konnte das Büro ganz nett sein. Gestrichen oder frisch tapeziert, ein neuer Teppich, ein Bild an der Wand, vielleicht sogar Blumen, wenn er die irgendwo auftreiben konnte. Er stellte sich ans Fenster und schaute hinaus. Es war die Rückseite der Botschaft. Ein Schuppen, Garagen, ein Parkplatz mit Autos aus westlicher Produktion. Ein paar Fichten. Schnee, wo vielleicht im Sommer ein Rasen grünte.

An der Schuppentür kauerte eine grau getigerte Katze, fast so klein wie eine Ratte. Sie sah zerrupft aus und bewegte sich nicht.

Henri schaute eine Weile hinunter in die Kälte, dann ging er den Gang nach links, wo er bald die Küche fand. Er öffnete den Kühlschrank, nahm eine Milchflasche heraus und suchte einen Behälter. Er entdeckte einen Topf, schüttete Milch hinein, stellte den Topf auf eine Herdplatte, schaltete sie ein und prüfte hin und wieder mit dem Finger, ob die Milch die richtige Temperatur hatte. Als er zufrieden war, nahm er mangels eines geeigneten Gefäßes eine Tasse, goss die Milch hinein, stellte den Topf in die Spüle und fuhr im Aufzug ins Erdgeschoss.

Die Frau hinterm Tresen schaute ihn neugierig an.

Draußen traf ihn die Kälte brutal, sie biss ihm in die Augen, die sofort zu tränen begannen. Er fluchte, dass er sich wieder den Mantel nicht angezogen hatte. Die Katze saß immer noch da. Sie streckte sich, als sie ihn sah, dann wich sie langsam zurück, behielt ihn aber im Auge. Er näherte sich in vorsichtigen Schritten, sagte: »Ist ja gut, Towaritsch. Ich bin ein guter Deutscher. Nix Faschist.« Doch die Katze traute ihm nicht, behielt den Sicherheitsabstand bei. Er stellte die Tasse dorthin, wo die Katze gesessen hatte, und ging behutsam zurück zum Botschaftsgebäude. Als er die Fassade hochschaute, sah er Angela, sie beobachtete die Szenerie und grinste. Er blieb an der Hintertür stehen und verfolgte, wie die Katze sich an die Tasse heranschlich, schnupperte und gierig zu schlecken begann.

Er ging zurück in sein Büro, dann verließ er es wieder und klopfte an die Nachbartür.

»Herein«, rief sie.

Er öffnete und steckte seinen Kopf in die Tür. »Haben Sie eine Ahnung, wo ich hier wohne?«

Sie öffnete eine Schublade, holte einen Schlüssel heraus und klimperte mit ihm. »Ich bring Sie nachher zu Ihrem Luxusappartement. Ich wohne im selben Haus, wie die meisten hier. Ist ein kurzer Spaziergang. Sagen wir, gegen sechs?«

Er nickte. »Prima.«

»Und nicht dass Sie dieses verlauste Viech hier einschmuggeln. Das kommt direkt vom KGB und ist vollgestopft mit Mikrofonen und Kameras. Man nennt das auch die Katzenfalle. Dann gibt es noch die Hundefalle und die Frauenfalle, auch Honigfalle genannt. Mit der Katze fängt es immer an.«

»Schön, wenn man eine Steigerung erwarten darf.«

»Und wie haben Sie Ihren neuen Freund getauft?«

»Towaritsch«, sagte Henri.

»Genosse, das passt. Welcher Dienstgrad?«

»Leutnant, er hat seine Karriere noch vor sich.«

Major Kasimir Jewgonowitsch Eblow schüttelte den Kopf. Er hatte diesen Mann im Hof der westdeutschen Botschaft beobachtet, wie er der Katze eine Tasse Milch vorsetzte. Der Typ war ohne Mantel ins Freie gegangen. Wie beim ersten Mal, als der andere Beobachtungsposten ihn entdeckt hatte zusammen mit diesem schwachköpfigen BND-Residenten, als Eblow gerade seine Inspektion dort machte. Manche Leute sind einfach zu sentimental, zu weich für diese Welt. Er überlegte, wie man Überwachungstechnik in ein Katzenmodell einbauen könnte, und musste kurz grinsen. So abwegig war es auch wieder nicht. Ihr Kampf lebte von der Fantasie, den immer neuen Formen der Täuschung und der Entlarvung.

Er schaute wieder durch das starke Fernglas auf dem Stativ, das ihnen half, die Rückseite der Botschaft zu beobachten. Tag und Nacht saßen Genossen in dieser Wohnung in dem großen Plattenbau, von wo sich ihnen die BRD-Botschaft wie auf einem Präsentierteller darbot. Im eigentlichen Wohnzimmer des konspirativnaya kvartira standen nur ein Tisch und zwei Stühle und natürlich auf Stativen das Fernglas und die Kamera aus Japan mit dem starken Teleobjektiv. Auf dem Tisch ein Aschenbecher und ein paar Flaschen mit irgendeinem Saft, der so eklig schmeckte, wie solche Säfte immer schmecken.

»Was hat er gemacht?«, fragte Leutnant Dabrowski, ein schmächtiger Kerl in einem viel zu großen grauen Anzug und mit flinken Augen.

»Er hat eine Katze gefüttert«, sagte der Major und ging zur Tür.

Der Leutnant schaute ihn erstaunt an.

»Schauen Sie selbst. Die Tasse steht noch da.« Eblow deutete auf das Fernglas.

Der Leutnant schaute und begann zu lachen. »Was ist denn das für einer, Genosse Major?«

Auf der Fahrt im Dienst-Lada dachte Eblow über diese Frage nach. Ein Zugang, das wusste er. Der war akkreditiert worden, die Genossen bei Aeroflot hatten seinen Namen auf der Passagierliste gefunden, und am Flughafen war seine Ankunft bestätigt worden. Alles normal. Der Botschaftsfahrer hatte den Mann vom Flughafen direkt zur Botschaft gebracht. Den stellvertretenden Presseattaché Henri Martenthaler. Seltsamer Name. Eblow hatte ihn nicht in den einschlägigen Karteien gefunden. Sie hatten nirgendwo etwas über ihn. Entweder war Martenthaler sauber, oder er war ein Neuer im Revier. Was hatte er mit Gebold zu besprechen gehabt? Offenbar etwas, das geheim bleiben sollte, sonst wären die beiden nicht hinausgegangen bei dieser elenden Kälte. Aber Gebold hatte vielleicht nur rauchen wollen. Sie würden ihn genau beobachten müssen. Die Feinde dachten sich immer neue Schweinereien aus. Aber Eblow wusste, das KGB würde sich nicht hereinlegen lassen. Von niemandem. Und schon gar nicht von diesem Gebold, dessen Spionageübungen Eblow immer wieder zum Grinsen gebracht hatten. Man hätte ihm stecken können, der Generalsekretär der Partei wolle zum Feind überlaufen, und Gebold hätte es geglaubt. Merkwürdig, dass die Westdeutschen manchmal so dilettantisch waren. Dabei zeigten sie sich auf anderen Gebieten als Meister. Der Genosse Breschnew etwa hatte deutsche Autos geliebt, Mercedes-Benz. Die westdeutschen Maschinen, welche die Sowjetwirtschaft für wertvolle Devisen oder bei Tauschgeschäften gegen Erdöl kaufte, waren Weltspitze. Im Fußball, den Eblow so liebte, war es nicht anders. Die Bundeswehr war nicht zu verachten, sagten vor allem die Genossen der GRU. Aber der BND schickte so einen wie Gebold nach Moskau. Wenn er es nicht besser wüsste, müsste Eblow dahinter einen besonders fiesen Trick vermuten. Vielleicht war es ja so, dass Gebold den Idioten gab, damit andere ungestört arbeiten konnten?

Er fuhr rechts ran und zündete sich eine Zigarette an. Dass er nicht schon längst auf diesen Gedanken gekommen war. Sträflich! Gut, dass die Chefs das nicht als Erste aufgebracht hatten, er hätte als Dummkopf dagestanden. Er sog den Rauch tief ein. Aber beweisen konnte er das nicht. Sie hatten Gebold verschiedentlich geprüft, ihm Provokateure zugeführt, und jedes Mal war er darauf hereingefallen. Bis Pullach offenbar merkte, dass diese neuen Superagenten, die angeblich Geheimnisse aus den Rüstungslabors oder dem Führungszirkel der Partei verrieten, nur Pappkameraden waren. Spielmaterial, nichts Hochwertiges, das lohnte sich in diesem Fall nun wirklich nicht. Eblow hatte überlegt, ob man Gebold mit besserem Material füttern sollte, um den BND zu desinformieren. Aber dann hatte die Leitung der Zweiten Hauptverwaltung beschlossen, sich das dazu geeignete Material für die Amerikaner aufzuheben. Für den BND waren die Genossen in der DDR zuständig, und die machten ihre Sache gut.

Eblow legte den ersten Gang ein und ließ die Kupplung kommen. Vorsichtig, wie es seine Art war, fädelte er sich in den Verkehr ein, der heute eher spärlich floss. Dabei dachte er unentwegt nach über die neue Lage. Dieser Martenthaler, wer war das? Vielleicht hatte Gebold ihn nur in die Kälte gezerrt, um die Genossen zu täuschen. Vielleicht war er auch so dumm, uns den neuen BND-Residenten gleich nach dessen Ankunft vorzustellen. So nach dem Motto: Schaut her, Genossen, fotografiert ihn, legt einen neuen Datensatz an. Eblow konnte sich nicht vorstellen, dass Gebold nicht wusste, wie umfassend das KGB die westdeutsche Botschaft rund um die Uhr überwachte. Den Wagen, der tagaus, tagein schräg gegenüber der Botschaftseinfahrt stand, musste Gebold doch auch längst bemerkt haben. Sie betrieben diese Verfolgung bei Autofahrten von Botschaftsangehörigen, vor allem von Gebold, doch so offensichtlich, damit die verdeckte Überwachung weniger auffiel. Bestimmt triumphierte Gebold, wenn er den Verfolgungs-Lada ausgemacht hatte. Eblow grinste. Schade, dass die Amerikaner nicht genauso dumm waren. Allerdings, dann wäre seine Aufgabe auch weniger reizvoll. Und Dummköpfe verachtete Eblow genauso abgrundtief, wie er grusinischen Weinbrand liebte.

Eblow bedachte, was er nun befehlen musste. Den Neuen überwachen, auf die Probe stellen, Köder auslegen, vielleicht einschüchtern, eines nach dem anderen. Mal sehen, in welcher Reihenfolge. Bin gespannt, wie der darauf reagiert, dieser Henri, wirklich ein seltsamer Name für einen Deutschen, so amerikanisch.

Und natürlich mussten sie prüfen, inwieweit diese vielleicht nur scheinbar unwichtige Änderung in der BRD-Botschaft mit dem zusammenhing, was die politische Führung und die Leitung des KGB raketno yadernoye napadenie nannten, Raketenangriff, kurz RYAN. So hieß die gigantische Operation, die Suche nach Anzeichen dafür, dass der Feind den Enthauptungsschlag vorbereitete. RYAN war in diesen Monaten das Überlebensprogramm der Sowjetmacht, überall auf der Welt spähten und lauschten die Kundschafter des KGB und seine Agenten auch nach geringsten Indizien für einen bevorstehenden Angriff, um die Führung in Moskau rechtzeitig warnen zu können. Denn der Feind würde irgendwann nicht mehr nur provozieren. Das war gewiss. Und es stand kurz bevor.

Brannten mehr Lichter in wichtigen Ministerien in Washington, London, Paris, Bonn? Gab es Nahrungsmittellieferungen zu Regierungsbunkern? Herrschte auf Militärflugplätzen mehr Betrieb? Fanden Militärübungen statt, vor allem in Westdeutschland? Wie verhielten sich die BRD-Zollbeamten an der DDR-Grenze? Gab es mehr Autoverkehr zwischen den westlichen Botschaften? Reisten wichtige westliche Diplomaten aus Hauptstädten des sozialistischen Lagers ab? Zeigte sich das NATO-Hauptquartier in Brüssel besonders geschäftig? Oder erwies es sich als auffällig schlecht besetzt, um uns zu täuschen? Wo waren und was taten wichtige Atomphysiker in den USA? Wo hielten sich die Mitglieder des Sicherheitsrats des amerikanischen Präsidenten auf? Was wollten die westlichen Geheimdienste jetzt gerade wissen, worauf setzten sie ihre Mitarbeiter und Spione an? Gab es mehr westliche Spionageaktivität im Warschauer Pakt oder zogen sie ihre Leute schon ab? Sicher schien eines: Der Feind stellte neue Raketen auf, die die Sowjetunion enthaupten, wehrlos machen sollten, er bereitete seine Völker darauf vor, die westlichen Sicherheitsexperten träumten schon öffentlich vom Sieg im Atomkrieg. Der US-Präsident machte sogar Witze darüber. Was sie als Nachrüstung gegen Sowjetraketen verkauften, das war in Wahrheit die Rüstung zum letzten Gefecht. Ihr Ziel war es, die Sowjetmacht ein für alle Mal vom Erdball zu tilgen, den historischen Fehler von 1917 wettzumachen. Und jetzt endlich, so glaubten sie, hatten sie die Mittel dazu. Doch das KGB und die Rote Armee würden ihnen wieder einen Strich durch die Rechnung machen, wie nach der Oktoberrevolution, wie im Zweiten Weltkrieg, wie in Korea und in Vietnam.

Eblow war ganz in Gedanken versunken, als er auf dem Dserschinskiplatz eintraf. Er lächelte dann doch. Eigentlich war es ein schöner, verantwortungsvoller Beruf, dem er nachging. Und aufregend war er auch. Rätsel, immer neue Rätsel. Eblow liebte es, Rätsel zu lösen. Er zwirbelte den Schnauzer. Gleich, wenn er in der Lubjanka an seinem Schreibtisch saß, würde er die ersten Züge einleiten im neuen Spiel. Als er vor dem Tor der Lubjanka auf Einlass wartete, war das Lächeln aus seinem Gesicht verschwunden. Schließlich war der Genosse Breschnew gestorben.

Auf der nächtlichen Rückfahrt ging Theo im Kopf noch einmal durch, was sie besprochen hatten. Aber wie er es drehte und wendete, er kam nicht weiter. Der Vater hatte sich bedeckt gegeben, wollte aber offenkundig nicht, dass Theo es merkte. Ein bisschen lächerlich. Da war irgendwas, das er dem Sohn nicht erzählen wollte. Es konnte wichtig sein oder unwichtig. Aber es war immer so gewesen mit dem Vater, oft musste man ihm die Wörter einzeln aus dem Mund ziehen. Daher konnte Theo nicht abschätzen, was hinter dem Schattenspiel des Vaters steckte. Womöglich gar nichts.

Als Sohn hatte er darunter gelitten, dass der Vater meist schwieg. Vielleicht hatte sich ihm deshalb manches von dem wenigen so nachhaltig eingeprägt. Da war diese Szene im Wohnzimmer, die Eltern hatten sich mal wieder gestritten, was bedeutete, dass die Mutter sich aufregte, und wie sie sich aufregte, und dass Henri gar nichts sagte. Er war dann wie versteinert. Die Mutter redete auf ihn ein in diesem hohen, fast quengelnden Tonfall, bis sie endlich aufgab, weil sie auch mit der Wand hätte reden können, schluchzend ins Schlafzimmer stürzte und die Tür zuknallte. Und dann hörten sie draußen noch, wie sich der Schlüssel im Schloss drehte. Manchmal fing Henri dann an zu reden.

Nun kamen die Erinnerungen doch wieder, und sie waren schmerzhaft wie immer. Wie wäre sein Leben verlaufen, hätten die Eltern sich nicht getrennt? Hätte ihn die Mutter genauso verwöhnt? Gewiss nicht, es war ihre

Art, den Konkurrenzkampf mit Henri auszutragen, den Kampf um ihn. Solange die Eltern zusammen gewesen waren, war auch die Mutter eher streng gewesen. Er hatte darunter gelitten, vor allem weil sie immer verhinderte, dass er Schulkameraden mit nach Hause bringen durfte. Das machte ihn zum Einzelgänger, dem nicht viel anderes übrig blieb, als daraus eine Lebenshaltung zu machen, die er so verinnerlichte, dass er, als die Mutter es dann widerstrebend zugelassen hätte, niemanden mehr zu sich einlud. Er galt früh als unnahbar, arrogant. Aber das machte ihn wiederum interessant. Er war anders als die anderen.

Die Autobahn war fast leer, die Sicht klar. Er fuhr nicht schneller als hundertdreißig. Er erinnerte sich wieder, wie sich die Eltern getrennt hatten und der Vater erst einmal verschwunden war. Eigentlich wusste er damals nichts über den Vater, außer dass der beim BND war. Und mehr als Klein ihm erzählt hatte, wusste er auch später nicht über Henris Arbeit, bis auf diese komische Fluchtgeschichte, aber vielleicht war das nur eine Heldensage. Wenn er an ihn dachte, was selten geschah, nannte er ihn meistens Henri. Hier und da zogen ältere Kollegen die Augenbrauen hoch, wenn Theo sich vorstellte. Manchmal sagte einer so etwas wie: Ach ja, Ihr Vater, der war ja auch bei uns. Und vielleicht noch: Ein guter Kollege, wirklich. Aber in den Blicken lagen Fragen. Warum war der Vater so früh in den Ruhestand gegangen? Warum hatte er keinen Kontakt mehr zum Dienst? Eine neue war hinzugekommen: Warum musste Klein den Sohn zum Vater schicken, statt den Vater nach Pullach einzuladen oder selbst nach Staufen zu fahren?

Gut, das mit dem frühen Ruhestand mochte nichts bedeuten. Es war beim BND nicht unüblich, gerade bei solchen nervenaufreibenden und gefährlichen Jobs, wie

Henri sie wohl hatte erledigen müssen. Jedenfalls las Theo das in den spärlichen Andeutungen.

Theo hatte auf der Fahrt nach Staufen solche Fragen nicht an sich herangelassen. Da war er angespannt gewesen, hatte seinen Magen gespürt und die Schmerzen gefürchtet, die vielleicht noch kommen würden, ihn dann aber glücklicherweise verschonten. Niemals würde er anderen gegenüber eingestehen, dass er diese Schwäche hatte. Mehr als unter den gelegentlichen Schmerzen litt er unter der Einsicht, dass sie eine Schwäche waren. Doch jetzt, nach der Enttäuschung, überfielen ihn die Fragen umso mehr.

Er hätte jetzt gerne etwas getrunken.

Ein Sportwagen überholte mit röhrendem Auspuff. Schneeflocken zerplatzten an der Windschutzscheibe.

Er schaltete das Radio ein und hörte gerade noch, dass 1860 München ein Zweiligaspiel gegen Fürth verloren hatte. Er fluchte, auch Zettel-Ede würde den Aufstieg nicht schaffen, der mit großem Tamtam eingestellte neue Trainer, der während der Spiele pausenlos Notizen schrieb. Er erinnerte sich gut, er war zu besseren 60er Zeiten zwei, drei Mal mit dem Vater im Stadion an der Grünwalder Straße gewesen und verfolgte seitdem das Auf und Ab des Vereins mit der ruhmreichen Vergangenheit, meistens ging es abwärts. Er hatte keine Lust auf weitere Katastrophenmeldungen und schaltete das Radio wieder aus.

Warum hatte der Dienst Scheffer wieder nach Moskau gehen lassen? Das hatte der Vater gefragt. Immerhin, diese Frage war vielleicht wichtig. Es hatte, Theo erinnerte sich, oder begann er schon, sich etwas einzureden, doch, es hatte ein wenig verzweifelt geklungen. So, wie das bei Henri eben klang. Was steckte dahinter? Dass Scheffer zu alt war? Wann war ein Spion zu alt? Sie mussten ja keine

Akrobatenkunststücke aufführen wie James Bond, Spionage ist eine Kopfsache. Und Scheffer war offenbar fit im Hirn gewesen und auch noch gut zu Fuß. Henri konnte gar nicht wissen, ob Scheffer noch in Form gewesen war. Und gefragt hatte er auch nicht danach.

Was konnte vor fast dreißig Jahren geschehen sein, dass heute einer sterben musste? Unvorstellbar. Das KGB gab es nicht mehr, die Sowjetunion auch nicht, den mächtigen Warschauer Pakt hatten die meisten längst vergessen. Was, verflucht, war passiert? Was konnte Scheffer angestellt haben, das noch nach so langer Zeit seinen Tod bedeutete? Vielleicht war das eine brauchbare Arbeitshypothese. Er würde nachsehen, was Scheffer in München hinterlassen hatte, und dann nach Moskau reisen, um dort nach den Spuren des alten Manns zu suchen. Da konnte er gleich prüfen, ob der Grund nicht bei Scheffers zweitem Aufenthalt entstanden war. Er beschloss, nicht weiter zu grübeln, sondern erst einmal die Unterlagen des Toten anzuschauen. Womöglich war alles ganz einfach.

Aber, verdammt, warum hatte Klein ihn zu Henri geschickt? Was wusste Klein, und wenn er etwas wusste, warum rückte er nicht heraus damit? Wollte er sich alle Möglichkeiten offenhalten? Blöde Frage, welche Möglichkeiten? Jetzt grübelst du doch wieder. Die Erklärung war bestimmt ganz einfach: Klein konnte nicht ausschließen, dass Scheffers Tod etwas mit dessen Moskau-Aufenthalt in den Achtzigern zu tun hatte. Und wer war in dieser Zeit auch in Moskau? Henri.

Er hielt an einem Rasthaus, um einen Kaffee zu trinken. Am Eingang war ein Parkplatz frei. Er stieg aus und fröstelte gleich. Es war mehr die Müdigkeit als die Kälte. Drinnen saßen kaum Leute, in der Raucherecke las ein Mann Zeitung, Qualm stieg auf. Nachdem Theo einen

Automaten überredet hatte, ihm Kaffee in einen Becher zu schütten, bezahlte er bei einer mürrischen Rasthausbediensteten und setzte sich an einen Nichtrauchertisch ans Fenster. Draußen rasten Lichtkegel vorbei.

Dann kroch ihn eine Erinnerung an, sie stieg tief aus dem Untergrund seines Bewusstseins. Henri hatte ihm etwas erzählt, eine Art Abenteuergeschichte, vielleicht weil ihm nichts anderes einfiel. Was war das noch mal? Ja, Henri habe in Moskau fliehen müssen. Stimmte das, oder hatte der Vater es erfunden? Es klang irgendwie echt, und im Geschichtenerfinden war Henri kein Meister. Wie alt war ich damals? Theo grübelte, aber er konnte es nicht genau bestimmen. Auf jeden Fall nachdem die Eltern sich getrennt hatten. Egal, was war das für eine Geschichte gewesen? Henri auf der Flucht im fernen Moskau, das böse KGB an den Hacken. Sie wollten Henri kriegen, um ihn in einem finsteren Keller einzusperren. Weil Henri der Gute war und ein Geheimnis nicht preisgeben wollte. Ein Agent verrät kein Geheimnis. Und Henri rannte um sein Leben. Theo überlegte, ob Henri gesagt hatte, dass sie ihn in dem Verlies umbringen wollten, denn wie kann man um sein Leben rennen, wenn das gar nicht gefährdet ist. Nein, Henri sagte, Theo hatte es jetzt im Ohr: »Ich rannte um mein Leben.« Seltsam, dachte Theo, dass mir das jetzt einfällt. »Ich rannte um mein Leben.«

»Und wie hast du es geschafft?«, hatte der Junge aufgeregt gefragt.

»Ich habe mir gesagt, geh dahin, wo die meisten Menschen sind. Tauch unter, wo am meisten los ist. In U-Bahn-Stationen zum Beispiel, aber da haben sie immer kontrolliert, vor allem die Zugänge, das war gefährlich. Also bin ich in das große Kaufhaus gegangen, da waren immer viele Leute. Und dann habe ich mir einen russischen Mantel gekauft und eine russische Mütze, um nicht auszusehen wie ein Westler. Die fielen in Russland sofort auf. Und in dem großen Kaufhaus, dem GUM, habe ich mich erst mal eine Weile versteckt.«

»Und dann?« Eine atemlose Frage.

Aber Henri antwortete nicht.

3

Man hätte ihn für einen dieser Geschäftsmänner halten können, so um die vierzig. Er zeigte seine Bordkarte und ging dann zielstrebig in den Rüssel hinein, der das Gate mit der Boeing 707 verband, die ihn vom John-F.-Kennedy-Flughafen in New York nach Frankfurt am Main bringen würde. Der Mann wusste, was er wollte, man konnte es ihm ansehen. Von Frankfurt würde er mit Aeroflot nach Moskau weiterfliegen, ins Herz des Sowjetimperiums. So stand es auf seinem PanAm-Ticket.

Craig Mavick trug einen grauen Anzug, als Handgepäck genügte ihm eine elegante Aktentasche, in deren dunkelbraunem Leder Striemen und Flecken bezeugten, dass sie schon oft auf Reisen gewesen war. Mavick hatte fast militärisch kurz geschnittene dunkelblonde Haare, war glatt rasiert, und die Stewardessen würden bald bemerken, dass er ein dezentes, teures Rasierwasser benutzte. Sein beiger Kamelhaarmantel war von erlesener Qualität, und als er ihn in der Kabine auszog, um ihn lässig ins Gepäckfach zu stopfen, wurde ein hellgrauer Anzug sichtbar, der offenbar nach Maß aus englischem Tuch gefertigt war. Er verbarg geschickt die Ansätze eines Bauches, die Craig Mavick als einen Menschen charakterisierten, der gern und gut aß und trank.

Mavick setzte sich auf den Fensterplatz, stopfte die Aktentasche unter den Sitz, schnallte sich an, schnaufte einmal wie zum Zeichen, dass er endlich im Flugzeug saß und bereit war für die lange Reise. Wenn alles gut ging, würde er zwei oder drei Jahre dort bleiben, um dann abgelöst zu werden. Er hatte eine brüchige Beziehung hinterlassen, die zu zerstören nun die Zeit übernehmen würde. Eine gute Lösung.

Er griff nach der New York Times. Auf dem Titelbild ein Bild von Breschnew. »Tschernenko oder Andropow?«, fragte die Zeitung. »Parteiapparat oder KGB?«

Auf den Platz am Gang setzte sich eine junge Frau mit einer Frisur, der man nicht ansah, ob ein Friseur zwei Stunden in sie investiert oder die Frau sich am Morgen nicht gekämmt hatte. Mavick grinste vor sich hin, sah im Augenwinkel, wie erschöpft sie war, wie nervös sie sich durch die blonden Haare fuhr, und tippte auf Letzteres. Sie hatte wohl verschlafen und war zum Flugzeug gehetzt. Meistens hatte er recht mit solchen Einschätzungen. Er hielt sich einiges zugute auf seine Menschenkenntnis.

Er vertiefte sich wieder in die Zeitung, las im Sportteil über das Debakel der Yankees, ohne aber mit der Analyse des Redakteurs zufrieden zu sein. Das war ihm alles zu einfach. Baseball war ein komplexes Spiel und hing nicht ab von der Tagesform eines Pitchers, der vor dem Spiel vielleicht vor Aufregung zu wenig geschlafen oder die Nacht durchgemacht hatte.

Als die 707 auf der Startbahn beschleunigte und ihn in den Sitz presste, legte er die Zeitung auf den frei gebliebenen Mittelplatz und schloss die Augen. Er genoss diese Demonstration der Physik, die rohe Kraft, welche die tonnenschwere Passagiermaschine in den Himmel trieb.

Als die Maschine ihre Flughöhe erreicht hatte, öffnete er die Augen und sah, dass die Frau auf dem Gangplatz sich verkrampfte. Schweißperlen standen auf ihrer Stirn. Ihre Hand lag auf der Lehne und zitterte. Er überlegte, ob er Hilfe anbieten solle, nahm aber davon Abstand, weil ihm nichts einfallen würde, um ihre Flugangst zu dämpfen.

Er zündete sich eine Zigarette an und nahm sich wieder die Zeitung vor. Im Börsenteil fand er die Bestätigung, dass er sein Vermögen gut angelegt hatte. Die Aktienkurse stiegen, die Staatsanleihen bewegten sich nicht, der Goldpreis hatte leicht angezogen. Immer wieder genoss er das Gefühl, von niemandem abhängig zu sein. Inzwischen dachte er kaum noch an seine Eltern, die mit ihrer Jacht vor Miami abgesoffen waren, ohne dass man ihre Leichen je gefunden hatte.

Er war nun ein reicher Mann, der beschlossen hatte, eine Karriere bei der CIA zu machen. Und die CIA dankte ihm seinen Einsatz, seinen Mut und seine Umsicht, indem sie ihn nach Moskau schickte, um dem dortigen Stationschef zu helfen. Sie wussten zum Glück nicht, dass er nicht immer dieser eiskalte Typ war, den er mit einer Beherrschung darbot, die der Selbstverleugnung gleichkam. Sie wussten nicht, dass er manche Nacht aufwachte, weil er glaubte, in seinem Zorn jemanden erstochen zu haben. Und dass er es genossen hatte, wie das Blut pulsierend aus einem zuckenden Körper floss und sich die dunkelrote Lache auf dem Boden weitete. Das wusste nur er, und er würde es niemandem verraten.

»Craig, dort erhalten Sie Ihren Feinschliff«, hatte Ruthcomb gesagt, der Abteilungsleiter für Osteuropa und die Sowjetunion. Wenn Sie in Moskau was reißen, sind Sie der Crack hier. Wer dort Erfolg hat, der kann überall Erfolg haben. Ich weiß, dass Sie mich nicht enttäuschen werden.« Schrecklich klischeehaft, aber doch ernst gemeint. So war Ruthcomb.

Mavick dachte mit Hochachtung an den kleinen dicken Mann, der immer nervös an seiner Zigarettenspitze herumkaute. Ruthcomb war in den Siebzigerjahren in Moskau gewesen, bis das KGB ihm den Arsch aufgerissen hatte, wie er zu sagen pflegte. Sie hatten ihm die Arme gebrochen und den Hoden geprellt, bis ihnen zu ihrem allergrößten Bedauern aufging, dass sie es mit einem

Mitarbeiter der US-Botschaft zu tun hatten, der diplomatische Immunität genoss. Selbstverständlich hatte das sowjetische Außenministerium den Vorfall bedauert, aber doch auch elegant darauf hingewiesen, dass Spionage eigentlich nicht zu den üblichen Aufgaben von Diplomaten gehöre.

Mavick zog seine Aktentasche unter dem Sitz hervor und entnahm ihr das Buch, das er gerade las, The Quiet American von Graham Greene. Er schlug es auf, und ein Zettel fiel ihm auf den Schoß. Er nahm ihn und las: Ich liebe Dich. C. Er verharrte einen Augenblick mit dem Zettel in der Hand, dann faltete er ihn zwei Mal und steckte ihn in die Brusttasche seines Hemds. Er hätte nicht gedacht, dass es ihn noch berühren würde. Mavick erinnerte sich an die letzten Tage, an ihre Verzweiflung, weil er tatsächlich wahr machte, was er entschieden hatte, ohne vorher ein Wort darüber zu verlieren. Nach Moskau zu gehen. Ohne sie. Es waren hässliche Szenen gewesen. Aber sie wäre von Anfang an gegen Moskau gewesen, wenn er sie gefragt hätte. Nur die Quälereien hätten früher begonnen und mehr Zeit gehabt, sich zu steigern. Und er wäre vielleicht über die Grenze seiner Selbstbeherrschung getrieben worden, und davor hatte er Angst. Wie er sich in einer einzigen Sekunde sein Leben verderben könnte. Dass seine Eigenmächtigkeit den Streit nur verschärft hatte, wollte er nicht einsehen, obwohl sie ihm das wieder und wieder an den Kopf geworfen hatte. In der letzten Nacht hatte sie nicht mehr bei ihm geschlafen. Sie hatte sich auch nicht verabschiedet. Nun hatte sie es doch getan, dachte er. Er holte den Zettel aus der Brusttasche und sah ihn noch einmal an. Wehmut ergriff ihn. Aber dann immer mehr der Zorn, weil er in diesem Augenblick wehrlos war.

Zurück in seinem Büro, warf Theo einen flüchtigen Blick auf die Post, schob die paar Briefe und Aktennotizen dann aber zur Seite. Er rief über das Haustelefon den Verwaltungschef an, erkundigte sich, wo er Scheffers Hinterlassenschaft auftreiben konnte, wurde ans Archiv verwiesen, und während er darauf wartete, dass dort jemand abnahm, staunte er, wie schnell die Hinterlassenschaften von toten Mitarbeitern weggeräumt wurden. Kaum gestorben, schon war das Zeug im Keller. Als er endlich eine Archivmitarbeiterin in der Leitung hatte, forderte er fast im Befehlston Scheffers Unterlagen an. Sie sagte schnippisch »Jawohl!« und legte auf. Und Theo bereute, dass er seine Missstimmung an der Falschen ausgelassen hatte.

Als er zufällig auf seine rechte Hand schaute, sah er, dass sie kaum sichtbar zitterte. Er hätte jetzt gerne getrunken, Whisky oder Wodka. Einen Schluck nur. Er starrte auf die Hand und versuchte, den Wunsch zu unterdrücken. Du schaffst es, sagte er sich. Dann laut: »Du schaffst es!« Es kam immer wieder. Theo bildete sich ein, dass die Zeiträume zwischen den Anfällen länger wurden. Bisher hatte er die Sucht immer besiegt, seit er sich gegen sie entschieden hatte. Noch hatte es im Dienst keiner gemerkt, außer Bananen-Meier, aber der hielt bisher dicht. Eigentlich hatte er es selbst nicht bemerkt, dass er zum Trinker geworden war. Dass er am Abend, wenn er aus dem Büro in seine Einzimmerwohnung kam und allein herumhockte, zu trinken begann, trotz der Magenkrämpfe, die ihn zuweilen und dann umso mehr packten. Dann hatte er eine Flasche in die Schreibtischschublade gelegt und schon mittags einen Schluck genommen oder auch zwei. Anschließend zerkaute er Pfefferminzbonbons, obwohl er die nicht mochte. Dann kaufte er einen Flachmann aus Edelstahl, umhüllt von dunkelblauem Leder, um sicherzugehen, dass er immer etwas zu trinken dabeihatte, wenn er es brauchte. Als er in seinem Büro den Flachmann an einem frühen Nachmittag angesetzt und die Bonbons schon bereitgelegt hatte, stürmte Bananen-Meier in sein Zimmer mit irgendeinem Papierzeug in der Hand, ohne vorher anzuklopfen. Meier glotzte ihn an, dann schüttelte er den Kopf, ganz leicht nur, und sagte: »Lass dich bloß nicht erwischen!« Und noch einmal, leise, aber eindringlich: »Lass dich nicht erwischen!«

Da wusste Theo, dass er die Wahl hatte, weiter zu trinken und irgendwann unterzugehen oder aufzuhören. Er hörte mit einem Schlag auf, das fand er weniger aufreibend. Obwohl es schon eine Weile her war, fand der Drang zu trinken immer wieder eine Windung in seinem Hirn, wo er sich dann festsetzte und versuchte alle anderen Gedanken zu ersticken. Theo hatte viele Kämpfe gegen die Sucht geführt und bisher alle gewonnen. Aber er fürchtete den einen Augenblick der Schwäche, nachdem er begriffen hatte, dass er zeitweilig versuchte, sich in Krisensituationen zu bringen oder wenigstens hineinzudenken, um endlich Grund zum Saufen zu haben. Warum war er zum Trinker geworden? Aus Langeweile, sagte er sich. In Moskau hatte er richtig mit der Trinkerei angefangen und sich rasend schnell daran gewöhnt. Obwohl, das stimmte nicht. Er hatte schon vorher jeden Abend Hochprozentiges getrunken, aber in Russland war es viel mehr geworden, auch weil fast alle dort selbstverständlich schon mittags tranken, und er hatte sich gern anstecken lassen. Ein Wodka vor dem Mittagessen, vielleicht auch zwei, und einen danach. Das versetzte einen in einen geistigen Zustand, der die Ödnis dieser Arbeit besser ertragen ließ. Scheffer hatte auch ganz schön gesoffen. Mein lieber Schwan, hatte der gebechert. Aber er konnte auch eine Menge vertragen. Und er hatte keine Magenschmerzen. Bei Scheffer hatte es dazugehört, und niemand wäre auf die Idee gekommen, es ihm vorzuwerfen. Die Leitung des Dienstes hatte es offenbar übersehen wollen. Doch bei Theo würde sie es nicht übersehen, die Zeiten hatten sich geändert, der Geheimdienstkrieg, in dem man sich Mut antrank, war geschlagen. In Moskau bin ich erst richtig zum Trinker geworden, dachte Theo. Erst dort. Wann genau die Sucht ihn gepackt hatte, wusste er nicht, er hatte keinen Übergang verspürt.

Er dachte wieder an Scheffer, erinnerte sich an Szenen, unterwegs in Moskaus Straßen, in Kneipen, in einem dieser aufgemotzten Cafés im GUM, wo Scheffer den Wodka geradezu in sich hineingeschüttet hatte. Vielleicht war das der Preis, den er für seinen vermeintlichen Fehler damals bezahlen musste. Ob er betrunken war, als er starb? Vielleicht hatte er es nicht mehr unter Kontrolle gehabt. Dann würde auch so einer wie Georg mal einen Fehler machen.

Theo legte die Hände hinter den Kopf und streckte sich. Er musste nach Moskau, so schnell es ging. Vielleicht hatten die Gerichtsmediziner ordentlich gearbeitet und konnten diese Frage beantworten. Aber würden sie die Wahrheit sagen?

Er erinnerte sich gern an die Monate, in denen er mit Scheffer zusammengearbeitet hatte. Scheffer, der schon fast ein Russe geworden war. Gemeinsam ließen sie den damaligen BND-Residenten hochgehen. Der hatte großmäulige Berichte nach Pullach geschickt und Erfolge angekündigt, aber nie Ergebnisse geliefert. Die Agenten, die er angeblich geworben hatte, hatte es zum Großteil nur in seiner Fantasie gegeben. Und die Honorare, die dieser Typ behauptete, an die Spione bezahlt zu haben, hatte er in die eigene Tasche gesteckt, auch wenn man es nicht hieb- und stichfest beweisen konnte.

Scheffer aber war wirklich erfolgreich gewesen. Er hatte die Depressionen, in die ihn die Kornilow-Niederlage geschickt hatte, einigermaßen überwunden, arbeitete noch vorsichtiger, ging im Interesse seiner Agenten nur das allergeringste Risiko ein, aber jetzt hatte er offenbar sein Leben aufs Spiel gesetzt und verloren. Doch das war nur denkbar, wenn die anderen mit gezinkten Karten gespielt hatten. Hätte er doch nur gewusst, dass er Scheffer nie wiedersehen würde, als er Moskau verlassen musste, weil Klein ihn in die Zentrale holte und dann nach Rom schickte. Was hättest du getan, wenn du es gewusst hättest? Blöde Frage.

Es klopfte.

»Herein!«

Eine kleinwüchsige Frau, breite Hüften und eine rotbraune Kurzhaarfrisur, mit einem Schweißband um die Stirn, schob einen Aktenwagen herein. Darauf ein Umzugskarton. Sie stellte den Wagen vor den Schreibtisch, drehte sich um und verließ den Raum, ohne ein Wort zu sagen.

Er erhob sich und öffnete die Kiste. Akten, Papiere, Mappen lagen ungeordnet herum, als würde schon der Aktenvernichter auf sie warten. Theo nahm zwei Schnellhefter heraus, der eine mit einem braunen, der andere mit einem grünen Deckel. Sie waren nicht beschriftet.

Im grünen Ordner fand er handschriftliche Notizen, kaum entzifferbar. Er blätterte in der Hoffnung, etwas Lesbares zu finden, doch bis zur letzten Seite nur Scheffers Hieroglyphen. Also zurück zur ersten Seite, um zu schauen, ob er wenigstens etwas entziffern konnte. Mein Gott, dachte er, der Mann brauchte keine Geheimschrift. Daran wären alle Kryptografen des KGB gescheitert. Hoffentlich hatte wenigstens Scheffer die eigene Sauklaue entziffern können.

Das Gekritzel auf dem ersten Blatt ergab keinen Sinn. Auf der zweiten Seite konnte Theo immerhin zwei Wörter entziffern: Andropow? Tschernenko? Dann sogar noch ein drittes: Gorbatschow!

Toll, Scheffer hatte sich die Namen der drei letzten Generalsekretäre der sowjetischen Kommunisten notiert. Hatte er die nicht im Kopf behalten können? Lächerlich! Was für einen Grund konnte es haben? Warum Fragezeichen hinter Andropow und Tschernenko, warum ein Ausrufezeichen hinter Gorbatschow?

Er mühte sich, weitere Wörter zu lesen, fand aber nur ein Datum, dahinter einen Doppelpunkt und kryptisches Geschreibsel. Das Datum lautete 10. 3. 85.

Er hätte so gern etwas getrunken. Nur einen Schluck. Aber er hatte nichts im Büro und hätte die Dienststelle verlassen müssen. Reiß dich zusammen. Weiter.

Verdammt, was bedeutete das Datum? Er gab es in Google ein und erhielt mehr als fünfzehntausend Fundstellen. Es war unter anderem Tschernenkos Todestag. Und was sollte er jetzt damit anfangen? Es war sinnlos, was er tat.

Wodka oder Whisky?

Er hatte also drei Generalsekretäre und den Todestag des mittleren in der Reihe. Toll, ärgerte er sich. Er blätterte weiter. Auf den folgenden Seiten stieß er noch mehrmals auf die Generalsekretäre. Dazu ein T. Wer oder was war T?

Und noch ein S. Dann Café 51. Das kannte Theo, wenn es das war. Ein Café im GUM, ganz ordentlich. Ein idealer Treffpunkt. Es lag auf einer Balustrade, von der aus man gut beobachten konnte, ob einem einer folgte. Viele Menschen, unauffällig. Er könnte sich ein Foto von Scheffer besorgen und dort herumfragen. Vielleicht kam er so auf eine Spur. Nur, wohin sollte die führen?

Es war doch alles Quatsch. Wie sollte er in Moskau in einem Todesfall ermitteln ohne die Instrumente der Polizei? Und warum er, der noch nie eine Ermittlung geführt hatte? Warum schickte Klein ihn und nicht einen Kollegen, der diese Schnüffelei schon gemacht hatte? Warum keinen vom BKA? Weil Theo mit Scheffer vor Kurzem in Moskau zusammengearbeitet hatte?

Im braunen Ordner hatte Scheffer Artikel aus deutschen, amerikanischen und russischen Zeitungen der Achtzigerjahre abgeheftet. Die Namen einiger Autoren waren unterstrichen. Wollath hieß einer, Fath ein anderer, und ein Schmidt war auch dabei. Hier und da hatte er auch im Text etwas unterstrichen, an einigen Stellen etwas an den Rand gekritzelt, unleserlich. Theo blätterte im Schnelldurchgang. In einigen Artikeln ging es um die drei Generalsekretäre, die binnen drei Jahren gestorben waren, als wollten sie die Agonie der Sowjetunion mit ihren persönlichen Schicksalen dokumentieren. Ein Staat, der todgeweihte Greise zu Führern macht, ist selbst dem Tod geweiht. Die alten Herren im Politbüro hatten eben alte Herren zu Generalsekretären ernannt. Und als ihnen nichts mehr übrig blieb und sie sich auf keinen weiteren alten Herrn mehr einigen konnten, haben sie einen jungen aus der Wundertüte gezogen, den Genossen Gorbatschow. Vielleicht hatten ja manche geglaubt, der Jungspund aus dem fernen Stawropol, der stets folgsam, geradezu unterwürfig gewesen war, den sie bei ihren Kaukasusurlauben als freundlichen und hilfsbereiten Genossen erlebt hatten und der die großen Führer aus Moskau vergötterte, dieser Nachwuchskader würde genauso auf die Stabilität achten wie die Vorgänger. Aber dann hat der Jungspund die Stabilität als Stagnation verurteilt und den Laden zusammenkrachen lassen. Theo versuchte sich vorzustellen, wie diese Mumien des Spätkommunismus gedacht haben mochten. Vor allem, was hatte Scheffer damit am Hut? Warum sammelte er Artikel über Gestalten, die jeder halbwegs gebildete Mensch ausreichend kannte und die längst in ihren Grabstätten hinter dem Leninmausoleum vermodert waren, nicht nur ihre Körper? Wann hatte Scheffer die Artikel gesammelt? Warum hatte er sie aufgehoben? Weil er nichts wegwarf? Aber dann hätte seine Hinterlassenschaft doch umfangreicher sein müssen? Oder nicht?

In einem Leitartikel aus der Frankfurter Allgemeinen, erschienen am 12. November 1982, mühte sich einer der Kremlastrologen, die künftige Entwicklung der Sowjetunion zu erraten. Auch darin hatte Scheffer die Namen von Tschernenko und Andropow unterstrichen.

Theo blätterte, las und blätterte vor und zurück, nahm weitere Ordner und Papierstapel aus der Kiste, aber er wurde nicht schlau. Neben Aufzeichnungen über Schachspiele, ein paar Privatbriefen von einer Schwester – immerhin hatte er also eine Schwester gehabt, jedenfalls hatte sie als deine Schwester unterschrieben – hatte Scheffer vor allem Material über die Sowjetunion in den Achtzigerjahren aufgehoben. In einem DIN-A 5-Schulheft mit Karos fand er in Großbuchstaben das Wort KRIEGSGEFAHR! Was sollte das heißen? Theo wusste, dass es im Kalten Krieg hoch hergegangen war. Aber Krieg wäre Selbstvernichtung gewesen. Wer kann so bescheuert sein, als Zweiter sterben zu wollen?

Theo fühlte sich mies. Bestimmt würde ein Wodka helfen. Oder Trautmann? Trautmann! Theo griff nach dem Hörer und wählte Trautmanns Hausnummer.

»Ja?« Eine heisere Stimme.

»Martenthaler. Ich brauche einen Kalten Krieger für ein paar Auskünfte.«

»Es ist immer gut, wenn die Jugend die Alten um Rat fragt.« Als würde er jedes Wort herauspressen müssen. Es war schon anstrengend, dem Mann zuzuhören. Wie anstrengend musste es für ihn sein, zu sprechen, wenn seine Kehle jedes einzelne Wort erarbeiten musste?

»Kann ich gleich mal kommen?«

»Dann unterbrichst du zwar meine Vorbereitungen für den letzten Kreuzzug gegen die Ungläubigen, aber bitte …«

Theo fuhr im Aufzug in den vierten Stock, klopfte und trat ein. Das Erste, was er merkte, war der Gestank einer Zigarette. Offenbar hatte Trautmann am Fenster geraucht. Jetzt saß er hinter seinem Schreibtisch, der völlig übersät war mit Papier- und Aktenstapeln. Das Jackett hing über der Stuhllehne, der Knoten des verkleckerten Schlipses war gelockert, die Ärmel aufgekrempelt, am Arm eine runde Stahluhr mit Lederarmband. Im Gesicht eine Kartoffelnase, die bleichblonden Haare schlecht oder gar nicht frisiert und ausgedünnt. Theo vermutete, dass Trautmann nicht nur keinen besonderen Wert auf Ordnung legte, sondern auch seinen Besuchern, vor allem wenn sie im Dienstgrad über ihm standen, gern die Illusion fleißiger Arbeit verschaffte. Dabei wusste er, dass niemand ihn mehr in einen Einsatz schicken würde. Trautmann war längst verbrannt. Er saß die letzten paar Jahre bis zur Pension ab und erzählte gerne Geschichten aus der Zeit, als Geheimdienstarbeit eine glasklare Sache gewesen war, bei der man sich zwar gegenseitig in die Eier trat, aber doch den Respekt vor dem Feind nicht verlor.

»Setz dich, Kollege!« Seine Hand wies auf den Stuhl vor dem Schreibtisch.

Der Typ duzte so ziemlich jeden außer dem Präsidenten. Theo zögerte, dann nahm er den Papierstapel vom

Stuhl, fand auf dem Schreibtisch keinen Platz dafür und legte ihn schließlich auf den Boden. Er setzte sich und fragte: »Wenn einer Zeitungsartikel und Papiere aufhebt, in denen überall die letzten drei Generalsekretäre der KPdSU aufgeführt sind, dann tut er es gewiss nicht, um sich deren Namen einzuprägen.«

Trautmann blinzelte, dann presste er seine Gegenfrage heraus: »Von wann ist das Zeug?«

»Anfang, Mitte der Achtzigerjahre. Vermutlich.«

»Geht's um Scheffer?«

Natürlich, der rätselhafte Tod eines Mitarbeiters sprach sich herum, da half keine Geheimhaltung. Theo nickte.

»Scheiß Geschichte«, sagte Trautmann. »Und was hast du damit zu tun? Ach, ich vergaß. Selbstverständlich habe ich die Frage nicht gestellt.« Er fuhr mit der Hand über einen Papierstapel, als wollte er die Frage wegwischen. Staub stieg auf.

Theo überlegte, was er fragen sollte. Irgendwie verwirrte ihn dieses Relikt aus der Steinzeit. Warum, verdammt, hast du dir nicht Fragen überlegt? Warum immer so eilig? Scheffer wird nicht wieder lebendig. »Wie war das damals in der Sowjetunion?« Schon während er die Frage stellte, fand er sie strohdumm.

Trautmann grinste. »Eine große Zeit!«

»Fand Scheffer das auch?«

»Das fanden alle.«

»Waren wir denn erfolgreich?«

Trautmann wiegte seinen Kopf. »Mal mehr, mal weniger.«

»Und das KGB war ein harter Gegner.«

»Der härteste, den man sich vorstellen kann. Die Russkis waren echte Ferkel.« Er lachte.

»Waren Sie mit Scheffer in Moskau?«

»Mit ist zu viel gesagt, unsere Einsatzzeiten haben sich überschnitten, aber wir hatten nicht viel miteinander zu tun. Der hat da sein eigenes Süppchen gekocht. Man hat sich hier und da mal gesehen, aber das war es dann auch.«

»Wie war die … das Klima in Moskau?«

»Beschissen. Nachrüstungsbeschluss, Hysterie, Eiszeit. Das ist die Kurzfassung.«

»Und was ist die Langfassung?«

»Beschissen. Dieser bescheuerte Raketenwettlauf hatte alles vergiftet. Das KGB hat verrückt gespielt und überall Spione gesucht, die Ziele für den NATO-Erstschlag ausguckten. Und gleichzeitig haben sie aufgerüstet wie die Blöden. Man hat ja gesehen, was dabei herausgekommen ist. Haben sich ein bisschen übernommen, die Genossen. Wir aber auch. Irgendwie war das so wie im Sommer 1914.«

Theo schüttelte leicht den Kopf.

»Wie vor dem Ersten Weltkrieg.« Trautmann presste die Wörter noch quälender heraus, vielleicht weil er am Unverstand seines Gegenübers verzweifelte. »Vorkriegsstimmung.«

Deshalb hatte Theo nicht den Kopf geschüttelt. Er fand den Vergleich etwas schief. Aber ganz falsch war er vielleicht doch nicht. »Hat Scheffer das genauso gesehen?«

»Weiß nicht.« Trautmann kratzte sich am Ohr. »Wahrscheinlich. Man musste schon taub und blind sein, um es nicht mitzukriegen. Jedenfalls wenn man in Moskau war. Es war eine Scheißlage. Die Typen, die dafür verantwortlich sind, der Schmidt und so weiter, die ergehen sich heute darin, ihre strategische Überlegenheit und Großartigkeit vorzuführen. Eitle Säcke. In Wahrheit haben sie die Welt ins Scheißhaus geführt und auf die Brille des großen Klos gestellt. In schönster Zusammenarbeit mit den Russen, bis Gorbi uns alle aus dem Scheißhaus herausgeholt hat. Allein hätten diese Superstrategen und Weltpolitiker da nämlich nicht mehr herausgefunden.«

»Und Scheffer?«

»Was heißt und Scheffer?«

»Hat er mal was gesagt über die Lage, bevor er nach Moskau ging oder danach?«

Trautmann überlegte. Auch darüber, was für einen Sinn eine solche Frage haben könnte. Wahrscheinlich keinen. Der Kerl stocherte im Nebel herum. Aber das tat er doch recht überzeugend. Er grinste. »Nein, Scheffer war nicht der Typ, der politische Kommentare absonderte. Von den Schwätzern gab es hier genug. Bis heute.« Er kratzte sich am Kopf. »Scheffer hat sich nicht viel um Politik geschert. Er war vielleicht der beste Mann, den wir je hatten seit den Tagen des seligen Gehlen. Er konnte sich hier einiges rausnehmen und Extrawürste braten, weil er restlos loyal war. Er war in einem ganz altmodischen Sinn treu. Wenn der Dienst ihm einen Auftrag gab, führte er ihn aus. Was er darüber dachte, behielt er für sich. Verrat war für ihn das Schlimmste. Vielleicht war diese Treue sein Überlebensrezept, denn so einer wie er hätte eigentlich verzweifeln müssen in diesem Saustall.«

Theo erinnerte sich, dass Scheffer nie über die Leitung des Dienstes geschimpft hatte, als sie gemeinsam in Moskau gewesen waren. Dabei gehörte das zu den Lieblingsbeschäftigungen der BND-Mitarbeiter.

»Dein Vater, übrigens, auch der war nun wirklich kein Schwätzer, dein Vater hat irgendwann mal gesagt, dass diese Typen uns alle noch umbringen werden. In der Kantine, da hatte er mal so einen ... Ausbruch. Da hatte er wohl was in der Zeitung gelesen oder im Radio gehört ...«

»Wann?«

Trautmann kratzte sich wieder. »Ich glaube, nachdem er aus Moskau zurückgekommen war. So genau weiß ich das nicht mehr.«

»Und wen meinte er?«

»Na, die Leute vom Scheißhaus. Er war da nicht der Einzige, dem es reichte.«

Theo überlegte, was er Trautmann verraten durfte über Scheffers Tod. Klein hatte nichts darüber gesagt. »Was war Ihre erste Reaktion, als Sie von Scheffers Tod erfuhren?«

Trautmann erhob sich, holte aus der Schreibtischschublade eine Schachtel Zigaretten, ging zum Fenster, öffnete es und steckte sich eine an. »Mord, was sonst? Was glaubst du denn?«

»Die Russen sagen, es war ein Unfall.«

Trautmann lachte keuchend, aber nicht bitter, fast fröhlich, soweit ihm das möglich war. »Es hat sich nicht so viel geändert, jedenfalls in der Hinsicht. Die haben schon immer gelogen, wie es ihnen passte. Und du sollst herausfinden, was dem armen Kollegen passiert ist? Auch in Moskau?«

Theo zögerte, dann nickte er.

»Du armes Schwein. Wer ist denn auf diese Schwachsinnsidee gekommen?«

Er zog den Rauch seiner Zigarette tief ein.

»Ich hab heute Abend noch eine Verabredung«, sagte Henri, der sich an den Rahmen der offenen Tür lehnte. »Jetzt ist es fast sechs, so langsam müsste ich in meine Wohnung.«

»Ein Rendezvous! Geht das bei Ihnen immer so schnell?« Angela lachte ihn offen an.

»Klar, und morgen ist die Heirat.«

Sie grinste. »Kein Wunder, dass die Scheidungsrate

steigt.« Sie schaute auf ihren Schreibtisch, dann stand sie auf, nahm aus dem Schrank Mantel und Schal, während er in seinem Zimmer verschwand, um seine Kleidung zu holen.

Draußen klirrte die Kälte. »Vorhin herrschte der Matsch und jetzt schon Väterchen Frost. Der kommt manchmal ganz schnell. Und es wird noch übler«, sagte Angela. »Ich hoffe, Sie haben was Warmes zum Anziehen mitgebracht.«

»Klar.« Aber es war in seinem Koffer.

Er fror schon nach ein paar Minuten. Sie begegneten nur wenigen Fußgängern, und die waren vermummt bis zur Unkenntlichkeit. Straßenlaternen spendeten schummriges Licht. Die meisten Fenster der Mietshäuser an der Straße waren erleuchtet, hier und da spiegelte sich das Flimmern der Fernsehgeräte in den Scheiben. Henri sah, dass Angela Stiefel mit einer kräftigen Gummisohle angezogen hatte.

Bald standen sie vor einem unverputzten fünfstöckigen Betonbau, der sich zwischen zwei alten Mietshäusern duckte. Sie öffnete die Haustür und ging voraus. Gleich hinter der Tür war eine Art Schalter, darin eine Frau, um die fünfzig, in Uniform. Angela schob ihr ihren Diplomatenausweis zu, Henri tat es ihr nach. »Sie kennt mich ganz genau, und trotzdem komme ich hier ohne dieses Ding nicht hinein. Vergessen Sie den nie, sonst lässt die Sie vor der Haustür erfrieren.« Es war ihr egal, ob die Wächterin sie verstand oder nicht. Im Augenwinkel sah Henri, dass die Frau nicht die geringste Regung zeigte. Natürlich hatte sie einen Zweitauftrag vom KGB.

Angela und Henri gingen zum Aufzug. Sie standen dicht an dicht im engen Fahrstuhl, schauten aneinander vorbei und schwiegen. Henri fand es fast beklemmend, fühlte sich, als wäre er aufdringlich. Sie roch gut. Im dritten Stock hielt der Aufzug, und die Türen schoben sich zur Seite. Angela ging nach rechts in den Gang, dann nach links. Er folgte. An der zweiten Tür nach der letzten Ecke hielt sie und zog einen Schlüssel aus der Tasche. Sie steckte ihn ins Schloss und öffnete. Sie drückte die Tür auf und ging hinein. »Kommen Sie!«

Er trat in einen kleinen Vorraum, von dem drei Türen abzweigten. Sie öffnete die mittlere und ging hinein. Es war das Wohnzimmer, auf dem Boden stand sein Gepäck. Es war warm, offenbar hatte jemand die Heizung rechtzeitig angestellt. Das Fenster ging zur Straßenseite, an der Wand ein braunes Sofa, davor ein Glastisch, dann ein Sessel, der zum Sofa passte. In einer Ecke ein Fernsehgerät, ein Radio auf einer Kommode. In der anderen Ecke ein kleiner Schreibtisch mit einem Stuhl. Alles aus Buchenfurnier. Ein roter Teppich und beige Vorhänge. Ein bisschen wie ein Hotelzimmer in einem Durchschnittshotel. Es passt zu dir, dachte Henri. Ein Durchschnittszimmer für einen Durchschnittsmann. Er hatte sich nie als jemand Besonderen gesehen. Das war gut bei der Arbeit, so fiel er nicht auf. Gern verbarg er seinen scharfen Verstand, und wenn es ernst wurde, redete er wenig, weil andere dann umso mehr redeten.

»Sehen alle gleich aus«, sagte sie. »Ich verlasse Sie jetzt. Wenn Sie Fragen haben, klingeln Sie schräg gegenüber, da wohnt eine gewisse Frau Morgenstern. Wirklich ein seltsamer Name.« Sie kicherte wie ein Mädchen und ging.

Henri sah auf die Uhr. Er hatte noch eine knappe halbe Stunde. Er schaute sich die anderen Räume an, Bad mit WC, Schlafzimmer mit Schrank und schmalem Bett, Küche mit einer Ober- und einer Unterzeile. Ein kleiner Tisch mit Stuhl. Mehr als ein Bewohner passte hier nicht hinein.

Henri trug sein Gepäck in das Schlafzimmer und begann seine Kleidung einzuräumen. Sorgfältig legte er Hemden, Pullover, Unterwäsche, Socken und so weiter in Fächer. Er war nicht erst seit dem Militärdienst so akkurat, das war das Erbe seines Vaters, wie er sich eingestand. Roswitha hatte ihn einen Zwangsneurotiker genannt. Dem Ordnungsfanatismus entsprach ein Reinigungsbedürfnis, das an Wahn grenzte. Es hatte ihn lange beherrscht und ihm das Leben schwer gemacht. Aber er hatte es nach der Trennung begriffen und begonnen, dagegen anzukämpfen. Manchmal gelang es ihm, ein Hemd zwei Mal anzuziehen oder die Schuhe nicht zu putzen, bevor er das Haus verließ. Er arbeitete daran, weil er wusste, wie lächerlich es war. Und so kämpfte er täglich gegen den Vater. Zwar würde er diesen Krieg nie gewinnen, weil der Vater tot war und nicht mehr kapitulieren konnte, aber einige Schlachten entschied Henri für sich. Immer mehr in letzter Zeit.

Und das Buch über die Schlacht, die ihn noch mehr faszinierte, legte er auf den Nachttisch neben das Bett, Karl Mays Roman Der Weg nach Waterloo.

Er schaute wieder auf die Uhr. In zehn Minuten musste er vor der Tür stehen. Henri war immer pünktlich. Schnell präparierte er das Zimmer. Er knickte die Ecke eines gefalteten Unterhemds, legte Aktenordner auf den Tisch im Wohnzimmer und merkte sich genau, wie die Ordner lagen. Er ließ eine Kommodenschublade einen winzigen Spalt offen stehen und lehnte auch eine Schranktür nur an, ohne den Schlüssel umzudrehen. Wenn jemand seine Wohnung durchsuchte, dann würde er nun eine Spur hinterlassen, ohne aber zu merken, dass die Fallen von einem Profi gestellt worden waren. Henri war ein Profi.

Er vergewisserte sich, dass er seinen Diplomatenpass bei sich hatte, zog die Winterstiefel an, den gefütterten dunkelblauen Mantel, die Lederhandschuhe, schaute noch einmal im Bad in den Spiegel, fand nichts zu korrigieren und ging hinunter. Die Aufpasserin hinter dem Schalter würdigte ihn nur eines flüchtigen Blicks, dann vertiefte sie sich wieder in ein Buch. Bestimmt eine Biografie Feliks Dserschinskis, dachte Henri, wahrscheinlich garniert mit dessen Motto: »Kühler Kopf, heißes Herz, saubere Hände.« Sah man mal ab vom Blut, das daran klebte.

Als er aus der Haustür kam, wartete schon ein schwarzer Mercedes-Benz. Gebold stand davor und stieg kommentarlos ein, als er bemerkte, dass Henri ihn gesehen hatte.

»Guten Abend«, sagte Henri, als er auf dem Beifahrersitz saß.

»'n Abend«, brachte Gebold über die Lippen.

Vielleicht hatte er über seine Rolle nachgedacht, überlegte Henri. Und es war ihm aufgegangen, dass Pullach ihn nur noch als Agentenschauspieler betrachtete.

»Wen treffen wir jetzt?«

»Unseren wichtigsten Mann in Moskau. Arbeitet in der Handelsmission und führt unseren ergiebigsten Agenten. Um es klar zu sagen.«

Henri wusste, dass er über diese Quelle nichts erfahren würde. Er fand es schon erstaunlich, dass Gebold dessen Existenz eingestanden hatte.

»Wo?«

»Im Restaurant im Gewerkschaftshaus. Da gibt es einen kleinen Empfang für Krupp-Manager. Wir sind von der Botschaft abgesandt und werden zufällig mit unserem Mann ein bisschen reden.«

Warum so umständlich?, war Henri versucht zu fragen. Aber er sagte nichts. Vielleicht war es ja auch gut so. Die Zweite Hauptverwaltung des KGB, die Spionageabwehr, konnte so kaum Verdacht schöpfen gegen ihn, jedenfalls nicht mehr als vorher. Und es ermöglichte ihm, schon jetzt den wichtigsten BND-Mann in Moskau kennenzulernen, ohne seine Tarnung zu riskieren. Nein, entschied Henri, das war gar nicht dumm. »Gute Tarnung«, sagte er. »Und eine glückliche Fügung, dass dieser Empfang jetzt ist.«

»Das ist keine glückliche Fügung. Das haben wir so organisiert.«

Henri verzichtete darauf nachzufragen, was organisiert in diesem Fall heiße. Mein Gott, hoffentlich bin ich diesen Idioten bald los.

»Ab morgen sind Sie nur noch Pressefritze, und das für die nächsten Monate.« Es klang wie ein Befehl.

Henri überlegte, ob dieses Treffen am Abend nicht gegen seine Weisung verstieß, am Anfang nichts für den Dienst zu tun. Aber was sollte dabei sein, dass er an einem Empfang der Handelsmission für Manager teilnahm? Das war ein Job für einen Pressefritzen. Dort würden ja auch Journalisten sein, denen er die Bonner Außenwirtschaftspolitik erklären konnte. Zumindest so tun, als ob, was sich in der Praxis aber nicht groß unterscheiden würde von einer tatsächlichen Pressearbeit.

Draußen fiel Schnee.

Ein großer Nebenraum des Restaurants im Gewerkschaftshaus war reserviert für den Empfang. Überall Männer in grauen oder dunkelblauen Flanellanzügen. Henri kam es so vor, als sähen sie alle gleich aus. Ihn eingeschlossen, was aber nur ein Vorteil war.

Es gab ein Büfett mit Fisch und Fleisch, Kaviar, Borschtsch und Soljanka, Wein und Wodka, was westdeutsche Geschäftsleute eben erwarteten, wenn sie nach Moskau reisten. Angesichts der horrenden Summen, die bei ihren Geschäften flossen, waren die Kosten eines solchen Empfangs lächerlich.

Henri orientierte sich an Gebold, der hier und da jemanden grüßte, auch wenn er nicht viele Leute zu kennen schien, zu wenig jedenfalls für ein paar Jahre Moskau. Was hatte der Mann in dieser Zeit gemacht? Gebold war das Gegenteil von kontaktfreudig, in seiner schroffen Art mochte er mit russischen Kellnern wetteifern, aber Freunde fand er so nicht. Geheimdienstarbeit heißt zuerst, Kontakte zu knüpfen. Auch Henri fiel es schwer, auf Menschen zuzugehen, aber er nahm es sich immer wieder vor und tat es dann auch. Er überwand sich sogar zum Small Talk, eigentlich ein Verschleiß von Stimmbändern und Zeit, wie er fand. Doch Henri wusste, dass es ohne dieses Gerede nicht ging und dass er einsam in einer Ecke stehen und sich an seinem Glas festhalten würde, wenn er sich nicht darauf einließ. Beachte die Spielregeln, sonst fällst du auf.

Gebold hatte ihm den Rücken zugekehrt, um mit einem kleinen, fetten Mann mit glänzendem Vollmondgesicht zu reden, als sich vor Henri ein Riese aufbaute, in jeder Hand ein Champagnerglas, eingehüllt in einen maßgeschneiderten dunkelgrauen Dreiteiler mit gemaserten Knöpfen, wie Henri seltsamerweise gleich auffiel. Er hatte einen schmalen Schnauzer, schwarze Haare mit grauen Strähnen und ein kantiges Gesicht, aus dem Henri stahlblaue Augen ansahen, als wollten sie ihn als Beute fixieren.

»Ich bin Viktor Grujewitsch, Leiter des Pressehauses in Moskau. Also der Mann, an den Sie sich wenden sollten, wenn Sie etwas wünschen.« Eine tiefe, fast gewaltige Stimme. Er lächelte, indem er die Mundwinkel ein wenig nach außen zog, und reichte Henri ein Glas.

»Auf gute Zusammenarbeit«, sagte Henri und hob das Glas. Nun habe ich meinen ersten KGB-Kontakt, dachte er. Und dieser Grujewitsch hatte ihm gezeigt, dass er unter Beobachtung stand. Er hatte Henri begrüßt, ohne ihm vorgestellt worden zu sein. Kein Versteckspiel, wahrlich nicht. Ein Test, was sonst?

Nachdem sie getrunken hatten, Grujewitsch nur einen kleinen Schluck, sagte der Russe: »Wenn Sie Hilfe brauchen, egal was, wenden Sie sich an mich.« Er reichte ihm wie nebenbei eine Visitenkarte, die Henri unbesehen in die Tuchtasche seines Jacketts steckte. »Wir haben doch ein gemeinsames Interesse. Vielleicht können wir dafür etwas tun?«

Henri zögerte mit der Antwort und überlegte, was der Mann gemeint haben konnte. Ein gemeinsames Interesse?

»Wollen Sie keinen Frieden?« Grujewitsch lächelte, um der Frage die Schärfe zu nehmen.

»Ich kenne keinen geistig gesunden Menschen, der für Krieg wäre«, sagte Henri.

Grujewitsch musterte ihn und setzte wieder sein Lächeln auf. »Dann scheinen Menschen mit … sagen wir … Defiziten, geistigen Defiziten im Westen gute, wie sagt man, Karrierechancen zu haben.« Wieder das Lächeln.

Henri lächelte zurück. »Ist mir nicht bekannt. Aber in Ländern, in denen die Politiker gewählt werden, gibt es manchmal Überraschungen. Doch sie dürfen die Rhetorik nicht mit den wahren Absichten verwechseln.«

»Gewiss«, sagte Grujewitsch. »Aber man sollte das Kriegsgerede auch nicht überhören. Unsere Regierung macht sich Sorgen.«

»Sie könnte ihren Beitrag leisten. Finden Sie nicht auch, dass Ihr Land beim Raketenrüsten überzieht? Wie viele SS-20 haben Sie schon aufgestellt?«

Grujewitsch lächelte. »Jede Atomrakete ist eine zu viel. Oder sehen Sie das anders?« Er sprach dieses perfekte Deutsch, das Russen sprechen, die intensiv und hart gelernt hatten, und das doch immer den Russen verrät. Henri fragte sich, welchen Dienstgrad Grujewitsch hatte. Mindestens Oberstleutnant, eher höher. Kurz streifte ihn der Gedanke, Grujewitsch danach zu fragen.

»Seit wann sind Sie in Moskau?«

Fast hätte Henri geantwortet, dass er das doch wisse. »Seit heute.«

»Und dann gleich zu einem Empfang. Sie sind ein pflichtbewusster Mann.«

»Meine Kollegen haben gesagt, hier könnte ich interessante Leute kennenlernen. Das ist für einen Pressereferenten wie mich also ein Pflichttermin.«

Grujewitsch Augen wanderten durch den Raum, dann hob er die Hand und winkte. Als Henri schaute, wohin der andere gewinkt hatte, erkannte er eine junge Frau, lange blonde Haare, schlank und doch mit sehr weiblicher Figur, die Andeutung eines Dekolletés in einem dunkelroten Kleid, eine dünne, kaum sichtbare Silberkette mit einem dunkelblauen Stein um den Hals, sonst ohne jeden Schmuck, abgesehen von einer schlichten Armbanduhr. Dann stand sie vor ihm. Aus einem schönen Gesicht blickten ihn große blaue Augen an, erst fragend, dann lächelnd.

»Darf ich Ihnen meine Mitarbeitern Irina Burschkaja vorstellen? Sie hilft mir im Haus der Presse. Wenn Sie Fragen haben oder einen Wunsch, gleich welcher Art, dann können Sie sich auch an sie wenden.«

Irina gab Henri die Hand und schien sie nicht gleich wegziehen zu wollen.

»Gern«, sagte Henri. »Auf dieses freundliche Angebot werde ich bestimmt zurückkommen. Aber erst muss ich mich eingewöhnen.«

»Natürlich«, sagte Grujewitsch. »Wenn wir Ihnen dabei behilflich sein können …«

Henri nickte.

»Eine bessere Stadtführerin als Irina finden Sie in Moskau nicht«, sagte Grujewitsch.

Irina lächelte ihn einladend an.

»Davon bin ich überzeugt. Und sie verfügt gewiss auch noch über weitere erstaunliche Fähigkeiten«, sagte Henri. Fähigkeiten, die sie wertvoll machten für das KGB. Ihn erstaunte, wie offen er herausgefordert wurde. Grujewitsch und seine schöne Begleiterin hätten sich das KGB-Emblem um den Hals hängen können, es wäre kaum deutlicher gewesen. Die klassische Honigfalle.

»Sprechen Sie auch so gut Deutsch wie Herr Grujewitsch?«, fragte Henri.

»Nein, ich fürchte, mein Deutsch ist … fehlerhaft«, sagte sie. Sie war aufdringlich und unaufdringlich zugleich. Ein kurzes Lächeln nur, kaum mehr als eine Andeutung, konnte Henri nur als Aufforderung zu mehr verstehen oder wenigstens als Kokettieren damit. Und er sollte es natürlich. Aber ihre Augen betrachteten ihn kühl wie eine Biologin das Insekt, das sie gern aufspießen würde, um es ihrer Sammlung hinzuzufügen.

Der Raum hatte sich gefüllt. Wolken von Zigarettenrauch zogen über den Köpfen. Irgendwo schien ein Gast einen über den Durst getrunken zu haben, laute Stimmen, dröhnendes Lachen. Henris Augen suchten Gebold, aber den hatte die Menge verschluckt.

»Kommen Sie, wir gehen Ihren Kollegen suchen«, sagte Irina, als wüsste sie immer ganz genau, was er wollte, und hakte sich ein. Grujewitsch lächelte freundlich. »Wie gesagt, wenn Sie Hilfe brauchen …« Er nickte Henri freundlich zu und drehte ab.

Irina schwebte wie eine Tänzerin an seinem Arm. Sie trug ein Westparfum, eindeutig. Er überlegte, wie er sie loswerden konnte. Das wäre das Erste, was ein Agent tun würde. Also würde er sie eine Weile aushalten, was ihm nicht besonders schwergefallen wäre, wenn sie nicht gewesen wäre, was sie war. Und doch fand er es angenehm, sie zu spüren und sie zu riechen. Wahrscheinlich war sie ein armes Schwein, ein lebender Köder, der sich mit Männern einlassen musste, mit denen er sich freiwillig nie eingelassen hätte. Einen erbärmlicheren Job gab es nicht beim Geheimdienst. Fast tat sie ihm leid.

»Sie haben Germanistik studiert?«, fragte er, während seine Augen Gebold suchten.

»Ja, in Leningrad. Ich war auch ein Jahr in Berlin.« Sie sprach fast so gut wie Grujewitsch.

»Und was machen Sie im Haus der Presse?«, fragte er. Es war ein Spiel, ganz harmlos. Es fing an, Henri Spaß zu machen. Die Ost-West-Version von Versteckspielen für Erwachsene.

»Reiseführerin, für … besondere Gäste. Also Besucher aus dem westlichen Ausland.«

»Dann sprechen Sie gewiss auch Englisch und Französisch.«

»Mais oui!«, sagte sie. Sie lachte zum ersten Mal. Sie hatte ein schönes Lachen, keineswegs affektiert, wie Henri es erwartet hatte. Sie gefiel ihm wirklich. Ich komme nach Moskau und lerne am ersten Tag zwei schöne Frauen kennen. Besser geht's nicht.

Und wahrscheinlich hat sie noch einen Stapel von akademischen Titeln, dachte Henri.

Sie zog ihn nicht, aber sie führte ihn doch in eine Ecke fernab vom Büfett, wo weniger Gedränge herrschte. Sie schaute ihm in die Augen, dann wandte sie ihren Kopf zur Wand, sodass niemand ihre Lippen sehen konnte. »Helfen Sie mir«, flüsterte sie. »Sie müssen mir helfen. Bitte!«

4

Es wäre auch zu schön gewesen, hätte Scheffer etwas hinterlassen, das Theo weitergeholfen hätte. Aber ein Spion hinterlässt keine Spuren, es sei denn falsche. Und Scheffer war ein guter Spion gewesen, einer der besten, so schrullig andere ihn gefunden haben mochten. Theo schaute hinunter auf die eintönige Landschaft, die sich schon eine Weile unter ihnen entlangzog. Er versuchte sich vorzustellen, wie die Menschen dort lebten, in kleinen Dörfern, in den Überbleibseln der Kolchosen und Sowchosen, fast abgeschnitten von der Welt.

Schwere blaugraue Wolken trugen Schnee übers Land. Das Flugzeug rüttelte durch Luftlöcher, bald würden sie in Moskau sein. Er trank seinen Kaffee aus, schielte kurz zu dem Mann, der auf dem Gangplatz seiner Reihe saß und vor sich einen Whisky stehen hatte. Theo zwang sich wegzuschauen.

Er dachte an Radenković und Olga, seine Fische, für die nun der streng riechende alte Mann im Erdgeschoss sorgen musste, der sich ein paar Euro als Hausmeister zur Rente verdiente und bisher zuverlässig gewesen war. Natürlich hatte sich Theo anständig verabschiedet von den beiden und bildete sich ein, dass sie ein wenig für ihn im Wasser getanzt hatten trotz ihres respektablen Alters von über neun Jahren.

»Wenn Sie jemand fragt, was Sie in der deutschen Botschaft so treiben, dann sind Sie eine Art Ermittler. Sie schauen im Auftrag des Bundeskanzleramts, ob im Fall Scheffer noch etwas zu tun ist, und klären das mit den russischen Behörden. Wir haben das auch mit dem AA abgesprochen. Sagen Sie ruhig, dass Sie Zweifeln an der offiziellen Version nachgehen. Alles andere würde uns sowieso keiner glauben. Sie haben das Glück, dass Ihre Legende fast die Wahrheit ist. Werden Sie trotzdem nicht leichtsinnig.« Klein hatte sein Gesicht verzogen, um ein Lächeln vorzutäuschen.

»Sie sind unser Mann, weil es darauf ankommt.« Klein tippte sich an die Stirn. »Ich weiß, Sie fragen sich, warum wir ausgerechnet Sie schicken. Ganz einfach: weil Sie clever sind. Darauf kommt es an. Nur darauf.«

Theo lehnte sich zurück und schloss die Augen. Die Maschine beruhigte sich etwas, das Rumpeln nahm ab. Er versuchte zu dösen, aber wie so oft hatten Erinnerungen darauf gelauert, sich in seine Gedanken zu drängen. Der Besuch bei seinem Vater fiel ihm ein, diese Kälte, die der Mann verströmt hatte. Schon immer verströmt hatte. Theo erinnerte sich, wie der Vater sich früher gemüht hatte, den Sohn auch einmal in die Arme zu nehmen, und wie der schon früh bemerkt hatte, dass es ein Krampf war für beide. Theo wusste inzwischen, woran es lag, dass Henri gefühllos erschien. Wenn man aus so einer Familie kam, wenn man so einen Vater wie Henri gehabt hatte, dann wurde man so, wie Henri geworden war. Man funktionierte, man hielt Gefühle für Schwäche, und Schwäche war verachtenswert.

Als Theo in die Schule ging, in München, da galt auch er als unnahbar, arrogant, ein Schnösel, weil er es nicht verstanden hatte, sich auch nur einen Millimeter zu öffnen. Bloß keine Schwäche zeigen, immer stark sein. Am Ende schien er so stark, dass er allein blieb. Wenn man sich nicht mit anderen einließ, dann geriet man nicht in Gefahr, schwach zu wirken.

Warum kamen ihm gerade jetzt diese Gedanken? Warum konnte es nicht aufhören, ihn zu quälen? Jetzt fiel ihm sogar ein, wie sehr ihn die Hochwasserhosenbeine gequält hatten, der Spott der Klassenkameraden, das Grinsen der Mädchen. Weil die Eltern darauf bestanden, dass er diese elenden Hosen auftrug, grau, an den Knien verbeult. Sogar wenn sie Stopfflicken hatten, was nicht einmal die trugen, die aus Obergiesing kamen. Und dann die Lehrer, die mitkriegten, wie sie über ihn lachten und grinsten, und die dachten, es liege an seiner anerzogenen Kühle, seiner Überheblichkeit, die doch nichts anderes war als eine fatale Mischung aus seiner Kränkung und der väterlichen Doktrin, der sich die Mutter nie widersetzt hatte.

Er hätte die Landung fast verschlafen. Der Mann auf dem Gangplatz lehnte den Kopf zurück in die Lehne und schloss die Augen, als das Flugzeug sank. Der Tisch vor ihm war hochgeklappt, der Whisky verschwunden. Natürlich.

Nachdem der Flieger gelandet war, fand Theo den Diplomateneingang, legte seinen Diplomatenpass vor, wurde zügig abgefertigt, ohne dass die Kontrolleure ein einziges Wort verloren, und verließ das Flughafengebäude. Auf dem Scheremetjewo-Vorplatz und der Zufahrtsstraße waren Teer und Beton teilweise aufgesprungen. Überall Pfützen des Schmelzwassers, das sich bald in Eis verwandeln und seine Zerstörungsarbeit fortsetzen würde. Er stieg in ein Taxi. Auf der Fahrt in die Stadt begann es erneut zu schneien, Matsch segelte flockenweise vom Himmel herab. Das Wetter konnte sich nicht entscheiden zwischen Schnee und Regen.

Der Taxifahrer war ein mürrischer Bursche mit einer von Pickeln übersäten breiten Nase, einer speckigen Lederkappe auf dem Kopf und einer graublauen Strickjacke. Er kaute auf irgendetwas herum und hüstelte hin und wieder vor sich hin, wie um kundzutun, dass er am liebsten rauchen würde.

Das Botschaftsgebäude in der Uliza Mosfilmowskaja 56 lag hinter einer Backsteinmauer und einem schwarz gestrichenen Stahlgittertor. Theo drückte dem Fahrer ein paar Rubelscheine in die Hand, winkte knapp, um anzuzeigen, dass er auf Wechselgeld verzichtete, und klingelte an der Pforte neben dem gelben Staatswappen mit dem schwarzen Adler.

»Guten Tag, Herr Martenthaler«, sagte der Pförtner. »Schön, dass Sie wieder an Bord sind.« Ein alter, grauhaariger Mann war aus der Pforte in die Kälte hinausgekommen und schüttelte Theo die Hand. »Ich glaube, der Herr Botschafter erwartet Sie schon. Ist ja eine schlimme Sache mit diesem Scheffer.«

»Danke«, sagte Theo und fluchte innerlich, weil er den Namen des Pförtners vergessen hatte. Erst als er im Vorzimmer des Botschafters saß, fiel er ihm wieder ein. Peters, so hieß der Mann. Bei nächster Gelegenheit würde er ihn so nennen. Theo wusste, dass er manchen immer noch als arrogant galt, aber er kämpfte dagegen an. Alles Mögliche, nur nicht arrogant sein. Und keine zu kurzen Hosenbeine tragen. Er schaute hinunter auf seine Schuhe, natürlich waren seine Hosen ein wenig zu lang.

Er musste nicht lange warten, bis die knöcherne Chefsekretärin des Botschafters ihn ins Allerheiligste bat. »Kommen Sie herein«, dröhnte die Stimme, die erstaunlicherweise einem vergleichsweise kleinwüchsigen, untersetzten Mann gehörte, der ihm mit ausgestrecktem Arm entgegeneilte. Der Botschafter Doktor Peter Kaben, er legte Wert auf seinen akademischen Grad, drückte Theo kräftig die Hand, zog ihn zur obligatorischen Sitzecke am Fenster, bestellte bei der Sekretärin Tee – »Sie trinken doch Tee mit mir?« – und ließ sich dann fast in den Sessel fallen. Kaben gehörte zu den kleinen schnellen Männern, die sich auch durch ihre gedeihende Wampe nicht bremsen ließen. Theo kannte ihn mehr vom Sehen.

Sein Gesicht schaltete auf sorgenvoll um. »Eine schreckliche Sache, das mit diesem Scheffer. Ich habe ihn ja nie richtig kennengelernt. Eigentlich komisch. Hat irgendwelche Geschäfte gemacht, wird behauptet. Oder war der bei Ihrem Laden?«

Theo zuckte mit den Achseln. Was für eine blöde Frage! Der Botschafter wusste doch, dass Theo sich dazu nicht äußern würde.

»Und was glauben Sie, das dahintersteckt?«

Theo schüttelte bedächtig den Kopf. »Ich weiß es nicht. Es gibt Zweifel an der Unfallversion.«

»Und Sie meinen, wenn es kein Unfall war, kriegen Sie das heraus?« Kaben griente fast, aber natürlich zeigte er es nicht richtig. Theo verstand: Vergiss es, nimm die Leiche mit nach Haus oder überlass es uns, sie zu überführen, und schmeiß dem Kerl ein paar Blumen ins Grab. Aber so etwas würde Kaben nicht sagen. Diplomaten tun das nicht.

»Wenn Sie irgendwelche Hilfe brauchen, sagen Sie Bescheid. Anruf genügt.« Ein Lächeln zog über Kabens Gesicht, das nun ganz Hilfsbereitschaft zeigte. Jetzt erkannte Theo, dass der Botschafter Kontaktlinsen trug.

»Ja, ich brauche einen Termin beim zuständigen Staatsanwalt«, sagte Theo.

»Kein Problem, wird gemacht.« Er war geradezu eilfertig. Offenbar glaubt er, es sei wichtig, was du zu Hause berichtest, wenn der Fall abgeschlossen ist. Nur, welche Karriereaussichten hat der Mann noch? Was gibt es nach der Moskauer Botschaft? Washington? Peking? Wären die ein Aufstieg? Oder ist der Mann immer so? Egal.

Die Sekretärin trug ein Tablett herein. Sie stellte schweigend die Kanne, Tassen, Milchkännchen und die Zuckerdose auf den Tisch. Dann goss sie ein.

Als sie gegangen war und die Tür geschlossen hatte, sagte der Botschafter: »Aber seien Sie vorsichtig mit Ihren … Ermittlungen. Man zertritt schneller Porzellan, als man glaubt. Russland ist noch keine gefestigte Macht. Der Untergang der Sowjetunion hat das Selbstwertgefühl vieler Menschen beschädigt. Man gerät schneller in schwierige Situationen, als man denkt. Ich habe eine gute Beziehung zu den russischen Behörden. Wir brauchen sie ja immer wieder. Sie können sich gar nicht vorstellen, wie dusselig manche Touristen sich aufführen. Aber das wissen Sie ja alles. Also, allerhöchste Vorsicht! Fingerspitzengefühl!« Er betonte fast jeden einzelnen Buchstaben.

Theo nickte. »Gewiss.«

»Das sagen Sie so. Glauben Sie mir, die Russen sind derzeit überempfindlich und neigen zu heftigen Reaktionen. Denken Sie nur an diese Erdgasstreitereien oder den Georgien-Schlamassel. Wenn Sie so wollen, immer sitzt die Sowjetunion mit am Tisch, und zwar Breschnews Sowjetunion. Also, wie gesagt, Fingerspitzengefühl. Immerhin könnte es doch sein, dass die russischen Behörden glauben, Sie würden deren Ermittlungsergebnisse bestreiten. Das darf auf keinen Fall passieren. Sie laufen auf Ledersohlen über einen zugefrorenen See. Ein bisschen Zweifel ist in Ordnung. Aber übertreiben Sie es nicht.«

Allmählich ging der Angsthase Theo auf die Nerven. Fast hätte er gesagt, er werde nur im Ausnahmefall in Moskaus Straßen herumballern. »Selbstverständlich, meine Vorgesetzten haben mich bereits dahingehend instruiert«, sagte er ganz formell. Kein Wort hatte Klein über diesen Quatsch verloren.

»Gut«, sagte Theo. »Ich sehe mal zu, dass ich eine Unterkunft finde.«

»Ist bereits angewiesen. Den Hausmeister kennen Sie ja noch. Ich glaube, es ist sogar Ihr altes Zimmer im Compound. Wenn Sie etwas brauchen, wie gesagt.« Er legte den Finger an den Mund, seine Stirn zuckte nervös. »Aber keine Andeutungen. Es gibt seit Ihrem letzten Aufenthalt Gerüchte.«

»Gibt es die nicht immer?«, fragte Theo. Aber es stimmte, beim letzten Mal war er auffällig untätig gewesen in der Passabteilung. Und davon abgesehen, hatte er die große Flaute erwischt. Nichts, wirklich nichts war herausgekommen außer dem Geschwätz mit den lieben Kollegen aus den USA und England.

Der Staatsanwalt war ein Wicht. Klein, schmal, dürr. Schütteres dünnes graues Haar mit mehr als deutlichen Zeichen der Glatzenbildung und eine überdimensionierte Hornbrille, deren wuchtiger Rahmen womöglich noch aus der Sowjetzeit stammte, jedenfalls drohte sie die Nase des Zwergs zu zerquetschen. Durch dicke, fast milchige Brillengläser schauten Theo wache schwarze Augen an. Wladimir Wladimirowitsch Salachin war zweifellos ein fähiger Mann, sonst hätte das russische Justizministerium ihn nicht mit dieser heiklen Angelegenheit betraut. Theo zweifelte keine Sekunde daran, dass Salachin ihn nach Strich und Faden belügen würde, sollte es bei Scheffers Tod andere Hintergründe geben als die behaupteten.

Der Zwerg saß hinter einem Riesenschreibtisch aus dunkel gebeizter Buche, links und rechts der Tischfläche stapelten sich die Akten. An der Rückwand Regale mit dicken Büchern und Aktenordnern. Die Wände holzgetäfelt, dunkel, das ganze Zimmer so finster und muffig, als könnten nicht einmal Tausend-Watt-Halogenleuchten es erhellen.

Das ist alles Absicht, dachte Theo.

»Danke, dass Sie mir gleich einen Termin gegeben haben«, sagte er, nachdem der Staatsanwalt ihn mit verrauchter Stimme begrüßt hatte. Nikotinflecken an den Fingern, bräunlich verfärbte Zähne.

»Nun, wenn Ihr Herr Botschafter so darauf drängt, ist es uns natürlich ein Bedürfnis, Ihnen zur Verfügung zu stehen.« Der Zwerg raspelte in perfektem Deutsch. Gewiss war er auch deswegen als Ansprechpartner ausgesucht worden. »Wenn wir Ihnen also helfen können, diesen tragischen Unglücksfall abzuwickeln, so tun wir, was in unseren Kräften steht.«

»Danke«, sagte Theo. »Es ist ein Routinevorgang, wenn auch ein trauriger. Herr Scheffer war eine wichtige Persönlichkeit bei der Delegation der deutschen Wirtschaft in Russland. Da gibt es natürlich Fragen, wie es in solchen Fällen eben immer Fragen gibt. Meine Vorgesetzten in Berlin … Sie wissen, wie das ist.«

Salachin lächelte. »Gewiss, wir werden alle Fragen zu Ihrer und Ihrer Vorgesetzten Zufriedenheit beantworten.«

»Da bin ich mir gewiss«, sagte Theo. Ob die Diplomaten wirklich so redeten? »Wenn es Ihnen nicht allzu viele Umstände bereitet, würde ich gern mit den zuständigen Beamten der Miliz und der Rechtsmedizin sprechen. Ich glaube, mehr wird nicht nötig sein.«

Ein Lächeln blitzte über das Gesicht des Staatsanwalts. »Selbstverständlich, Herr Martenthaler. Wenn es Ihnen nichts ausmacht, vereinbare ich entsprechende Termine für Sie. Ich erreiche Sie in Ihrer Botschaft, ja?«

Er verabschiedete sich, staunte wieder über die kleinen Hände des Staatsanwalts und nahm ein Taxi zurück zur Botschaft. Mit seinem ersten Anlauf war er zufrieden. Es kommt sowieso nichts dabei heraus. Aber wenn er gründlich alle Möglichkeiten abarbeitete, dann konnte ihm niemand einen Vorwurf machen.

In der Botschaft ging er gleich zu Großmann. Dessen Gesicht erinnerte ihn an John Travolta in seinen schlechten Phasen und der Körper an einen dieser TV-Fettsäcke, die sich gern so supersensibel gaben, dass ihre Stimmen nur einen kurzen Weg zum Weinkrampf hatten. Aber Großmann, das hörte Theo gleich, zerfloss nicht vor Betroffenheit, sondern gab sich forsch.

»Na, Herr Kollege, da wollen wir mal schauen, wen die Großkopferten mir geschickt haben. Setzen Sie sich.« Er kratzte sich am Kopf. »Oder wollen wir gleich zu Alois? Der hat ein grandioses Wiener Schnitzel, hängt an allen Seiten über den Tellerrand. An allen Seiten.«

»Schnitzel ist gut«, sagte Theo.

Im Botschaftsrestaurant setzten sie sich in eine Ecke, wo sie ungestört waren. Es war ohnehin wenig los. Sie bestellten beide Schnitzel mit Beilagen und zwei Bier. Großmann schaute auf die Uhr, lachte und verkündete: »Nach sechs, da darf ich schon.«

Theo fragte: »Wie lang sind Sie schon hier?«

Großmann verzog sein schlechtphasiges Travolta-Gesicht, griff an seinen rot gepunkteten schwarzen Schlips, fuhr sich durch die Haare. »Zu lang, Herr Kollege, ein halbes Jahr schon.« Sein Lachen donnerte durch die Kantine.

»Aber Sie sind ja ein alter Moskauhase«, sagte Theo trocken.

»Das ist gewiss, Herr Kollege. Ich war nämlich früher schon mal hier. Nur sind Sie mir noch gar nicht über den Weg gelaufen. Ich dachte, ich kenne jeden von den Jägern und Fallenstellern in Pullach und in der großen weiten Welt.« Travolta grinste.

»Wenn Sie sich hier so gut auskennen, dann können Sie mir bestimmt so tatkräftig helfen, wie mein Pullacher Hexenmeister gesagt hat.«

Großmann ließ Bedauern aufscheinen. »Herr Kollege, das ist ein ganz tragischer Fall. Wirklich tragisch.« Er kratzte sich an der Backe, nestelte an seinem Schlips herum, fuhr sich mit der Hand durch die Haare. »Wenn ich nur wüsste, was dahintersteckt.«

»Wer ist Gold?«

Die Fetthände hoben sich und senkten sich gleich wieder auf die Tischplatte.

»Hat Scheffer Ihnen nichts gesagt? Keine Andeutung?«

»Er war verschlossen wie ein Schweizer Banktresor, Herr Kollege. Wie ein Banktresor.«

»Vielleicht ein Provokateur?«

»Vielleicht. Aber Scheffer war eine alte Pistensau, der fiel nicht so schnell auf einen herein. Bevor der sich auf den Weg machte, um einen neuen toten Briefkasten zu leeren, checkte der alles. Eine echte Pistensau. Der perfekte Außendienstler. Von uns Alten gibt es nicht mehr viele.« Großmann guckte rührselig.

»Ich habe Scheffers Unterlagen in Pullach durchgesehen. Nichts Verwertbares. Gibt es hier irgendwo so was wie eine Hinterlassenschaft?«

»Herr Kollege …«

Der Kellner brachte die Schnitzel und das Bier.

Als der Mann abgezogen war, sagte Großmann: »Herr Kollege, Sie glauben doch selbst nicht, dass so einer wie Scheffer irgendetwas hinterlässt, das uns irgendetwas verrät. Nein, der nicht. Ganz bestimmt nicht. Und ich sag Ihnen gleich: In der Hinterlassenschaft, die die Miliz Ihnen gibt, finden Sie auch nichts. Selbst wenn da ursprünglich was gewesen sein sollte. Sie verstehen, Herr Kollege?«

Theo nahm sich vor, dem Kerl beim nächsten »Herr Kollege« den pappigen Kartoffelsalat an den Kopf zu klatschen. Er nickte. »Das heißt, Gold ist jetzt abgehängt.«

Großmann stierte ihn kurz an, säbelte dann ein großes Stück von dem tatsächlich gigantischen Schnitzel und sagte: »Shit happens. Vielleicht meldet er sich ja wieder. Vielleicht.«

»Bei wem?«

»Wenn er was mit dem FSB zu tun hat, dann womöglich bei mir. Die wissen doch längst, wer ich bin. Wenn er nicht im Dienst ist, na dann ...« Seine Gabel machte einen Rundflug über dem Tisch.

»Na gut, das soll nicht meine Sorge sein«, sagte Theo. »Ich nehme an, morgen habe ich die Treffen mit der Kripo und dem Leichendoktor.«

»Morgen schon?«

»Bestimmt, die wollen mich doch bald loswerden. Egal, wie es war.«

»Da hamse recht, Herr Kollege. So wird es sein. Wenn ich was helfen kann, sagen Sie Bescheid. Jederzeit, so unter Kollegen, jederzeit.« Er schmatzte.

Und Theo stellte sich vor, wie es wäre, dem Kerl eine runterzuhauen.

Zurück in seinem Zimmer, fand er ein Kuvert vor, darin die Nachricht, Staatsanwalt Salachin bitte ihn, sich gleich am Vormittag, so gegen elf Uhr, im Milizpräsidium bei einem Oberst Mostewoj zu melden. Der Oberst werde ihm alle Fragen beantworten und ihn auch zur Rechtsmedizin begleiten.

Am Morgen saß er wieder »Bei Alois«, diesmal, um zu frühstücken. Er hoffte, dass Großmann nicht auftauchte. Wenn er heute alles schaffte, wenn keine Fragen offenblieben und er Scheffers Hinterlassenschaft erhielt, dann würde er nach Hause fliegen können. Kurz und schmerzlos. Immerhin mit Außendienstzulage.

Bevor er die Botschaft verließ, prüfte er in seinem Zimmer im Spiegel, ob er ordentlich gekleidet war. Besonders kritisch prüfte er die Länge der Hosenbeine. Aber wie immer hatte er nichts auszusetzen.

Schon vor dem Frühstück war es ihm gelungen, einen Botschaftswagen mit Fahrer zu ergattern. Das hätte ich schon gestern machen sollen. Jetzt kam er sich fast vor wie ein offizieller Vertreter des Bundeskanzleramts, der er in Wahrheit irgendwie auch war. Nur dass da noch eine Behörde zwischengeschaltet war.

Es war richtig kalt geworden über Nacht. Theo saß auf der Rückbank, und das erste Fahrzeug, das er sah, streute Sand oder Salz oder beides auf die Straße. Schon in der Nacht hatten Streufahrzeuge verhindert, dass der Moskauer Verkehr zusammenbrach. Das Schneewasser zischte unter den Reifen des schwarzen E-Klasse-Mercedes. Eine strahlende Sonne an einem blassblauen Himmel beschien die klirrende Kälte. An den Bäumen, Mauervorsprüngen und Dachrinnen hingen Eiszapfen, die irgendwann abbrechen und sich mit der Spitze zuerst nach unten stürzen würden. Der Fahrer, im dunkelgrauen Anzug, schwieg, während er sich durch den dichter werdenden Verkehr wühlte. Pseudogeländewagen der protzsüchtigen Neureichen mischten sich mit wenigen alten Kisten aus der Sowjetproduktion, vor allem Ladas, sowie japanischen und koreanischen Blechkisten, die noch die Spuren des inzwischen zu Eis erstarrten Matsches trugen.

Das Milizpräsidium lag in einem Stalinbau im Zentrum, nicht weit vom Roten Platz. Der Wagen hielt vor dem schwer gesicherten Eingang. Die Tschetschenenhysterie wirkte nach wie vor. Theo hatte bei seinem letzten

Aufenthalt erlebt, wie Polizisten in den Straßen systematisch Menschen kontrollierten, die so aussahen, wie sich Moskauer Polizisten Tschetschenen vorstellten, die natürlich samt und sonders verdächtig waren, Wohnblocks oder öffentliche Gebäude in die Luft zu sprengen, wenn sie nicht gerade Schulkinder entführten. Am Eingangsschalter musste Theo ein paar Sekunden warten, weil ein angetrunkener Mann mit Pelzmütze sich nicht mit dem Pförtner einigen konnte. Nachdem er brummend in Richtung Ausgang abgezogen war, legte Theo seinen Diplomatenpass auf den Tisch und sagte: »Oberst Mostewoj.«

Der Pförtner nickte fast unmerklich, als wollte er verhindern, dass ihm die Schirmmütze, die aber auf dem Schaltertisch lag, vom Kopf rutschte. Er griff zum Telefonhörer, wählte kurz, sagte etwas Unverständliches und legte wieder auf. Hinter Theo hatte sich eine Babuschka aufgebaut und war ihm so nahe gerückt, dass er sie roch. Jetzt, wo sie im Warmen stand, begann sie aus allen Nähten zu dünsten. Der Pförtner zeigte auf die Aufzüge an der gegenüberliegenden Wand und ließ dann seine flache Hand nach unten abknicken. Dort warten, hieß das wohl. Theo stellte sich neben den Aufzug, während die Babuschka lautstark auf den Pförtner einredete.

Theo betrachtete das hektische Treiben in der Eingangshalle. Über den Fußboden aus großen schwarzen Steinplatten schlurften, hetzten, schritten Junge und Alte, Frauen, manche mit Kindern an den Händen, und Männer kamen durch die Drehtüren herein, sahen sich um, lasen an den Wandtafeln, wo sich die oder die Abteilung befand, stellten sich beim Pförtner an, waren ungeduldig, vielleicht auch ängstlich.

»Sie sind Herr Martenthaler?«, fragte eine Stimme von der Seite.

Fast wäre Theo erschrocken. »Ja.« Eine Frau mittleren Alters und mit unscheinbarem Aussehen, ein wenig wie die Karikatur eines Hausmütterchens, musterte ihn streng, dann sagte sie, ohne sich vorzustellen oder Theo auch nur die Hand zu reichen, in einem Deutsch mit starkem russischem Akzent: »Bitte folgen Sie mir.«

Theo war versucht zu salutieren, ersparte sich den Scherz dann aber doch. Diplomaten machen keine Scherze, Ermittler auch nicht, jedenfalls nicht, wenn sie in heikler Mission unterwegs sind.

Sie fuhren schweigend in den dritten Stock. Theo folgte der Frau bis zum Ende eines holzgetäfelten Gangs, wo sie an eine Tür klopfte und gleich die Klinke drückte. Es war ein erstaunlich kleines Büro mit einem Schreibtisch und einem Besucherstuhl. Überall, selbst auf dem Boden, lagen Akten. Hinter dem Schreibtisch erhob sich ein stämmiger Mann mit einem hervorquellenden Bauch und traurigen Augen. Er trug keine Uniform, wie Theo es erwartet hatte, sondern einen dunkelbraunen Anzug, der schon bessere Tage gesehen hatte.

»Guten Tag, Herr Martenthaler«, sagte der Oberst auf Englisch. »Nehmen Sie Platz. Wer ich bin, wissen Sie ja. Sprechen Sie Russisch?«

Theo setzte sich auf den Stuhl vor dem Schreibtisch. »Nicht gut genug.«

»Sie kommen von der deutschen Botschaft und wollen von mir wissen, was Herrn Scheffer geschehen ist.« Das war keine Frage. »Die Sache ist ganz einfach«, fuhr er fort. »Herr Scheffer wurde das bedauerliche Opfer eines Autounfalls mit Fahrerflucht. Es gibt Hinweise darauf, dass der Fahrer betrunken war, jedenfalls wollen Zeugen das an seinem Fahrstil erkannt haben.« Er schnaufte einmal unter seinem schwarzgrauen Schnauzer, setzte seine Stahlrahmenbrille ab und begann sie mit einem Taschentuch zu putzen. Er sah aus wie ein Mann, der mit sich im Reinen war. Oder den Eindruck erwecken wollte.

»Haben Sie die Ermittlungen geleitet?«

»Ich habe daran teilgenommen.«

Theo hätte jetzt gewettet, dass das gelogen war. Ein Oberst leitet Ermittlungen, oder er hat mit ihnen nichts zu tun. Da hatten sie ihm einen vorgesetzt, der kein Deutsch konnte und besonders raffiniert war. So musste es sein.

»Besteht die Möglichkeit, dass ich mit den Zeugen spreche?«

Mostewoj hob seine Augenbrauen und faltete seine erstaunlich glatte Stirn. »Wir sind ein zivilisiertes Land, und Ermittlungen obliegen den dafür zuständigen staatlichen Behörden.« Er schniefte, zog das Taschentuch aus der Hosentasche und schnäuzte sich. Theo erkannte einen schmalen roten Kratzer am Kinn.

Mit dem Ton des Bedauerns fügte der Oberst hinzu: »Ich muss« – ein Blick nach oben – »Sie darauf hinweisen, dass Sie in Russland keine Ermittlungen führen dürfen. Aber das wissen Sie ja.«

»Gibt es denn eine Möglichkeit, dass ich mit Zeugen des Unfalls spreche? Wissen Sie, meine Vorgesetzten« – Mostewoj lächelte verständnisvoll – »wollen sichergehen in diesem Fall.«

»Was unterscheidet diesen Fall von anderen? Jedes Jahr kommen ausländische Touristen in Russland zu Schaden. Gewiss weniger als in vielen anderen Ländern, in die es die Menschen zieht, aber wo viele Leute sind, gibt es Krankheiten, Verletzungen, Unfälle und, leider, leider, auch tragische Vorfälle wie diesen.«

»Herr Scheffer war ein, wie soll ich sagen, wichtiges Mitglied unserer Wirtschaftsdelegation …«

»Also, wir haben bei unseren Außenwirtschaftsfachleuten natürlich Erkundigungen eingeholt, wenn Ausländer in … Vorfälle bei uns verwickelt sind, dann arbeiten wir noch gründlicher als sonst … also, den Herrn Scheffer kannte kaum einer von denen.«

»Das verwundert mich nicht. Er hat im Hintergrund gewirkt. Er war so etwas wie der Stratege. Früher standen solche Leute auf dem Feldherrnhügel wie Kutusow« – Mostewoj lächelte wissend – »und kämpften nicht aktiv mit, sondern leiteten die Schlacht.« Während er es sagte, verspürte Theo ein wenig Stolz. Aus dem Stegreif, nicht schlecht. Und doch hätte er sich besser vorbereiten müssen. Oder besser darauf geeicht werden müssen, was ihn erwartete. Der Stolz wich einer Beklemmung angesichts der Aussicht, dass ihn dieser Oberst Mostewoj aufs Glatteis führen könnte. Er hätte sich richtig einarbeiten sollen in diesen Schlamassel. Konzentrier dich, der Typ ist hellwach. Und wenn der Polizist ist, bin ich Hollywoodschauspieler. Der Mann ist vom FSB, keine Frage. Inlandsgeheimdienst.

»Ein Stratege also«, sagte der Oberst und zog die Augenbrauen hoch, als würde ihn die Antwort beeindrucken. »Ein Stratege.« Er beugte sich nach vorn, nur ein wenig, wie um das zu unterstreichen, was er nun sagen würde. »Wir haben uns natürlich auch hier und da ein wenig umgesehen und festgestellt, dass dieser Herr Scheffer ein besonderer … Stratege war.« Er wiegte seinen Kopf mit halb geschlossenen Augen. »Ein Stratege also.« Das sagte er mehr zu sich selbst. Er schniefte und schaute besonders traurig, dann stöhnte er leise, als wollte er seinen Gesprächspartner auf die Last hinweisen, die ihm jemand auf die Schultern gelegt hatte. »Unserer Regierung ist natürlich daran gelegen, dass die hervorragenden Beziehungen zwischen unseren beiden Ländern nicht … beeinträchtigt werden.« Er schaute Theo in die Augen. »Wenn irgendwelche … Kleinigkeiten, unwichtige Dinge stören könnten, so übersehen wir die ganz gern. Wir Russen haben ein weites Herz.« Er lächelte freundlich, viel zu freundlich.

Wenn irgendjemand ein weites Herz hatte, dann zählte Mostewoj gewiss nicht dazu, trotz seiner traurigen Augen. Theo erkannte den Profi in seinem Gegenüber, der ihm mit gesetzten Worten mitgeteilt hatte, er könne die Leiche von diesem verdammten Spion mitnehmen, und wenn der BND die Sache auf sich beruhen ließ, dann würden auch die Russen die Klappe halten. Aber was konnten sie verraten? Dass Scheffer ein Spion war? Na und.

»Ich bin ein großer Freund Ihres Landes«, sagte Theo. Er kam sich albern vor, aber manchmal ist die Wahrheit eben albern. »Ich habe keine Zweifel, dass alles so geschehen ist, wie Ihre Behörden es erklären.«

Über Mostewojs Gesicht huschte ein Lächeln. Er war voller Verständnis, gerade jetzt. »Ich kann Ihnen versichern, dass unsere Regierung diesen Unfall sehr bedauert. Wir setzen alles daran, den Schuldigen zu finden und hart zu bestrafen.«

»Schließlich haben Sie Zeugen«, sagte Theo.

Mostewoj begriff sofort. »Keiner hat sich das Kennzeichen gemerkt. Das ist ärgerlich, aber auch verständlich. Wenn man sieht, wie ein Mensch umgefahren wird, dann ist man … geschockt.«

Theo nickte.

Mostewoj, tief betrübt: »Es wird also schwer, was uns nicht daran hindert, es zu versuchen.«

Und ihr werdet bedauerlicherweise niemanden finden, ergänzte Theo im Kopf. »Meine Regierung hat keinerlei Zweifel, dass Sie alles tun, was möglich ist. Ich bin beauftragt, mich mit eigenen Augen von dieser unzweifelhaften

Tatsache zu überzeugen. Führende Leute aus der Wirtschaft haben Gerüchte aufgenommen oder verbreitet, die natürlich nur das Ergebnis einer unbegründeten Angst sind. Sie wollen in Russland investieren, fürchten aber um ihre persönliche Sicherheit. Man hört ...«

»... in Ihrem Land viel« – ein trauriger Blick – »Falsches über Russland«, unterbrach Mostewoj. »Nennen Sie mir einen deutschen Wirtschaftsführer, der in unserem Land bedroht worden ist.« Er hatte seine Stimme ein wenig angehoben.

Theo winkte ab. »Sie haben völlig recht, Herr Oberst. Ich habe nicht den geringsten Zweifel, dass alle derartigen Befürchtungen übertrieben sind. Ich fühle mich in Ihrem Land so sicher wie in meinem. Nur, Sie wissen, wie das ist. Wenn so eine Stimmung einmal aufkommt, haben Tatsachen es schwer.«

Mostewoj nickte, dachte nach und lächelte. »Ja, das gibt es nicht nur in Deutschland. Gerüchte, Stimmungen, die ... Atmosphäre, das zählt mehr als offenkundige Tatsachen. Gut, ich will Ihnen gerne helfen.«

»Vielleicht könnte ich mit Zeugen sprechen? Vor allem damit ich zu Hause sagen kann, ich hätte es getan.«

Mostewoj wiegte seinen Kopf. »Das müsste die Staatsanwaltschaft entscheiden. Ich bin mir nicht sicher, wie sie das entscheidet. Nachher finden wir den Fahrer, und vor Gericht sagt dann der Verteidiger, ein Herr aus Deutschland habe die Zeugen beeinflusst.«

Blödsinn, dachte Theo. Seit wann werden Zeugen versteckt? Und seit wann stören russische Gerichte sich an solchen Kleinigkeiten?

»Wissen Sie, einen Rechtsstaat gibt es bei uns erst seit kurzer Zeit. Da nehmen wir es natürlich ganz genau.« Er ließ Theo sein Bedauern in den Augen ablesen.

»Ich wäre Ihnen sehr verbunden, Sie könnten meine Bitte bei der Staatsanwaltschaft vortragen. Selbstverständlich würde ich mit den Zeugen nur in Anwesenheit russischer Vertreter sprechen. Ich wäre Ihnen auch dankbar, Sie könnten einen Dolmetscher stellen.«

»Gut, Herr Martenthaler, ich werde es weitergeben.«

Theo nickte.

»Wenn Sie keine weiteren Fragen haben, dann könnten wir zu unserer Gerichtsmedizin fahren.« Er erhob sich, bevor er den Satz beendet hatte.

Auch Theo stand auf. »Gerne«, sagte er. Aber er spürte eine leichte Übelkeit. Er hatte noch nie eine Leiche gesehen.

Warum, verdammt, schickt Klein gerade mich? Theo verharrte einen Augenblick im Stehen.

Mostewoj betrachtete ihn interessiert. Dann griff er zum Telefonhörer, wählte eine kurze Nummer und blaffte zwei Worte hinein. Er legte auf und öffnete freundlich lächelnd die Tür. »Ich darf vorausgehen«, sagte er. Eine kleine Machtdemonstration. Wir können auch anders.

»Der Leiter der Gerichtsmedizin, Professor Protossow, kann leider kein Deutsch. Aber eine Ärztin dort hat in Berlin studiert, und sie kann übersetzen. Sie haben Verständnis, wenn ich Sie hinbringe, dort vorstelle und Sie dann den Medizinern überlasse?« Er lachte. Aber die Augen des Obersts lachten nicht.

»Wenn ich dort wieder herauskomme, natürlich.« Theo fiel ins Gelächter ein. Und seines war so falsch wie das des anderen.

Vor dem Haupteingang wartete schon ein Audi mit Fahrer und laufendem Motor. Auf der Fahrt schwiegen sie. Theo achtete nicht darauf, welche Wege sie fuhren, auch nicht auf den chaotischen Verkehr der Innenstadt. In seinem Hirn nagte der Zweifel. Sie wollen mich alle verarschen. Die Russen ganz bestimmt, aber auch die eigenen Leute. Und wenn es so ist, was steckt dahinter?

Das Zentrum für Gerichtsmedizin belegte ein großes Gebäude aus viel Beton und wenig Glas. Neben dem Eingang links und rechts zwei mächtige Säulen. Der Oberst ging wieder voraus, zeigte an der Pforte einen Ausweis, wartete die Reaktion des Pförtners nicht ab und zwang Theo, im Eilmarsch zu einer großen Tür am anderen Ende der Eingangshalle zu gehen, in deren Flügeln Milchglasscheiben eingesetzt waren. An der Seitenwand das Wappen der Sowjetunion, gegenüber ein Relief, das Werktätige der sozialistischen Arbeit zeigte, in den Steinfußboden waren Sterne eingearbeitet.

Mostewoj hielt Theo die Tür auf und ging dann weiter voraus, eine breite Treppe mit einem Eisengeländer, darin Sterne und stilisierte Hämmer und Sicheln. Die schwarzen Steinstufen waren abgetreten, die Wände weiß gekachelt.

An die hätten auch noch Helden der sozialistischen Arbeit gepasst.

Jetzt roch es streng nach Desinfektionsmitteln. Sie eilten über Linoleum durch einen Gang mit Neonröhren an der Decke, die Wände ölig beige gestrichen. Eine Röhre flimmerte. Mostewoj stoppte abrupt an einer Tür, klopfte und ging hinein. Theo folgte ihm und sah, wie sich eine junge Frau erhob, halblange schwarze Haare, schlank, feines, blasses Gesicht, gekleidet in einen weißen Kittel. Sie ging auf den Oberst zu und redete fast aufgeregt auf ihn ein. Der Oberst stellte barsch zwei Fragen, dann überlegte er und wandte sich schließlich an Theo, der kaum verstanden hatte, was gesprochen worden war. »Professor Protossow ist leider plötzlich krank geworden. Die Ärzte befürchten einen Herzinfarkt. Aber Frau Dr. Kustowa, die dolmetschen sollte und mit dem Fall bestens vertraut ist, kann Ihnen alle Auskünfte geben, die der Professor Ihnen hätte geben sollen. Ich hoffe, Sie entschuldigen diese Umstände.«

Theo gab Frau Kustowa die Hand.

Mostewoj schaute auf die Uhr, überlegte noch einmal, schien zerrissen zwischen zwei dringenden Aufgaben – seinen Termin wahrnehmen oder hierbleiben – und entschloss sich zu gehen. In diesem Augenblick glaubte Theo, dass der Oberst süffisant gegrinst hatte, nur den Bruchteil einer Sekunde, als er bedauerte, dass er Theo mit der Ärztin allein lassen müsse. Er hat eine Geliebte, dachte Theo. Und trotzdem, seltsam, dass er sich traut, einfach zu gehen. Vielleicht ein Zeichen dafür, dass es wirklich ein Unfall war.

Mostewoj verabschiedete sich per Handschlag von Theo, Frau Kustowa winkte er knapp zu und verließ eilig den Raum.

Theo glaubte, ein leises Pfeifen gehört zu haben, so, als würde Frau Kustowa Luft ablassen. Vor Erleichterung oder aus Angst.

Nun wandte sie sich ihm zu. »Es tut mir leid, dass Professor …«

Theo winkte ab. »Mir tut es nur leid, dass er erkrankt ist. Ich bin sicher, Sie können mir genauso helfen wie der Herr Professor.«

Eine schwarze Wolke zog über ihr Gesicht. Sie hatte kluge Augen.

»Wenn Sie so freundlich wären, mir erst einmal die Leiche von Herrn Scheffer zu zeigen.«

Eine weitere schwarze Wolke. Sie zeigte auf ein Stahlregal an der Wand. Darin stand eine Urne.

Die schöne Irina, die sich ihm so selbstverständlich angeschlossen hatte, um ihn dann plötzlich um Hilfe zu bitten, sie sah ihn mit glänzenden Augen an. Henri fürchtete, sie würde gleich anfangen zu weinen. Plötzlich stupste ihn jemand an der Schulter. Gebold stand dicht neben Henri, der roch dessen Schweiß. »Ich muss Sie jemandem vorstellen«, sagte Gebold. Er würdigte Irina keines Blicks.

Henri schaute Irina an, hob kurz die Achseln, erntete einen enttäuschten Blick, sagte »Bis später!« und ließ sich von Gebold durchs dichter gewordene Menschengedränge zum anderen Ende des Raums führen. Bei einem kleinen untersetzten Mann mit fast vollendeter Glatze und rotem rundem Gesicht blieb er stehen. Der unterhielt sich gerade mit einem riesenhaften Russen, der auf den anderen hinabschauen musste, was dieser durch heftiges Fuchteln mit erstaunlich langen Armen gewissermaßen ausglich. Ein seltsames Paar, das sich da gefunden hatte, aber offenbar gut miteinander klarkam, was Henri aus dem Lachen folgerte, welches das auf Russisch geführte Gespräch immer wieder unterbrach.

Gebold tippte dem kleinen Mann mit den langen Armen von der Seite an die Schulter, woraufhin der einen erst ärgerlichen, dann neugierigen Blick auf Henri warf. Er sagte kurz etwas zu seinem Gesprächspartner, dann wandte er sich von diesem ab, warf ihm über die Schulter noch einen Satzfetzen zu, um Henri endlich streng zu mustern.

»Das ist ein wichtiger Mitarbeiter unserer Handelsmission, Herr Georg Scheffer, der dafür sorgen soll, dass der Rubel in Richtung Westen rollt.«

Henri versuchte sich vorzustellen, wie goldglänzende Rubelmünzen mit dem sowjetischen Staatswappen auf der Rückseite durch Polen und die DDR nach Westdeutschland rollten. Er reichte Scheffer die Hand, der seinen festen Händedruck erwiderte. Sie gaben mit keinem Blick zu erkennen, dass sie schon lange vertraut waren miteinander. »Ich versuche, dem Kollegen Gebold ein bisschen zu helfen. Pressearbeit, Sie kennen das gewiss.«

»Ein neues Gesicht, wie interessant. Ich hoffe, Sie kommen gut zurecht in Moskau. Eine faszinierende Stadt, ein faszinierendes Land, groß, einzigartig, modern und rettungslos zurückgeblieben, großzügig und kleinlich bis zum Exzess. Und wenn Sie erst versuchen wollen, die Politik zu verstehen, zu begreifen, was in diesem Geheimzirkel namens Politbüro wirklich gedacht und gesprochen wird, dann stehen Sie meistens auf dem Schlauch.«

Im Augenwinkel erkannte Henri, dass Irina näher gekommen war. Sie schaute fast demonstrativ in eine andere Richtung. Ihr Profil war perfekt, ein wenig orientalisch. Was wollte sie von ihm? Dann gab er sich zu, wie schlau Gebold – oder hatte Scheffer es so veranlasst? – dieses Treffen eingefädelt hatte. In aller Öffentlichkeit und doch ganz unauffällig.

»Vielleicht sollten wir uns mal bei einer ruhigeren Gelegenheit treffen, damit Sie mich in die Geheimnisse dieses Landes einführen können?«, fragte Henri mit recht lauter Stimme.

»Gerne«, sagte Scheffer geradezu fröhlich. »Ich werde dann auch Sie mit meiner Begeisterung nerven. Ich bin schon so viele Jahre hier und habe mir längst den Ruf eingehandelt, in Wahrheit ein verkappter Möchtegern-Sowjetbürger zu sein.« Auch er sprach lauter als am Anfang. »Oder ein Sowjetmissionar.« Er hatte eine leicht kehlige Stimme, die kaum hörbar rieb, als bereitete ihm das Sprechen ein klein wenig Mühe.

»Sie kennen bestimmt ein Lokal, in dem Sie mich in diese Geheimnisse einführen könnten.«

»Na, ein Geheimnis haben Sie schon fast enthüllt.« Er grinste und warf einen kurzen Blick auf Irina, die sich langsam wie zufällig weiter näherte. Scheffer schüttelte fast unmerklich den Kopf, Henri verstand es als Warnung vor Irina. Warum hatte Gebold nichts gesagt? Wollte er Henri ins Messer laufen lassen?

Sie verabredeten, dass Scheffer sich demnächst bei Henri in der Botschaft meldete. Während sie nun gezielt über Belangloses sprachen, beäugte Henri den alten Freund. Der würde sein Partner sein, sobald Gebold abgezogen und Henri für seine eigentliche Aufgabe bereit war. Er spürte die Ungeduld in ihm wachsen. Der kannte sich offenbar wirklich gut aus hier. Er sprach perfekt Russisch, und Henri beschloss, sein Russisch in den kommenden Wochen aufzubessern. »Kennen Sie hier einen guten Russischlehrer?«

Scheffer nickte. »Ich weiß schon, wen ich Ihnen empfehlen werde. Es ist ein Professor für Russische Literatur, der sich sein Gehalt ein wenig aufbessert, indem er Ausländern auf die Sprünge hilft. Ich rufe Sie morgen an und gebe Ihnen seine Adresse. Vorher frage ich ihn, ob er Zeit für einen neuen Schüler hat.« Er senkte die Stimme etwas. »Zahlen Sie die Stunden in D-Mark.«

Irina stand nun neben ihnen. »Wir haben unser Gespräch leider nicht beenden können«, sagte sie, als er sie anschaute. »Kann ich irgendwo auf Sie warten?«

»Gut«, unterbrach Scheffer. »Ich rufe Sie an.« Er lächelte, dann wandelte sich das Lächeln in ein Grinsen, das Henri sagte: Viel Vergnügen mit der Dame, nur glauben Sie ihr kein Wort, und lassen Sie sich bloß nicht mit ihr ein. Er winkte lässig und ging, um sich gleich ins nächste Gespräch zu verwickeln.

»Ich sollte Ihnen helfen«, sagte Henri. »Gerne. Was kann ich tun?«

»Das kann ich Ihnen« – sie schaute sich um – »hier schlecht sagen. Haben Sie denn nachher noch ein wenig Zeit? Oder … haben Sie jetzt noch Verpflichtungen?«

Gebold, der sich davongestohlen hatte, als Henri und Scheffer miteinander sprachen, warf Henri einen strengen Blick zu. Gebold stand am Büfett, hatte einen übervollen Teller in der Hand, mit Sicherheit nicht den ersten, und ein Champagnerglas in der anderen.

Irina hakte sich bei Henri ein, als wäre es selbstverständlich.

»Heute Abend bin ich leider schon sehr müde. Ich bin ja gerade erst aus Deutschland gekommen.«

»Das ist schade«, sagte sie. »Dann wollen Sie mir also nicht helfen?«

»Vielleicht finden wir hier einen stillen Platz, wo Sie mir kurz erklären können, um was es geht?«

Ärger huschte über ihr Gesicht und verflog so schnell, wie er gekommen war. Sie war kaum geschminkt, wie Henri erst jetzt feststellte, und hatte eine sanfte, regelmäßige Gesichtshaut, um die sie viele Filmschauspielerinnen beneidet hätten. Sie war die Versuchung pur.

Sie zog ihn am Ellbogen nach draußen auf die Straße. Die Kälte traf ihn brutal, und er fragte sich, wie sie es in ihrem dünnen Kleid aushielt. Aber sie ließ sich nichts anmerken. Ihre Brustwarzen zeichneten sich ab.

Auf der Straße, neben dem Eingang, sagte sie leise und schnell: »Mein Bruder sitzt in Kolyma. Wissen Sie, was das ist?«

»Ein Fluss, ein Strafarbeitslager.«

»Dort wird Gold … ausgegraben … geschürft. Die Menschen krepieren in der Kälte.« Ihre Hand zitterte.

»Warum ist Ihr Bruder dort?«

»Er hat etwas gestohlen, sagte das Gericht. Aber das

stimmt nicht. Irgendwer hat es ihm untergeschoben. Er soll zu einer … Bande gehören. Schmuggel, Einbrüche …«

»Aber wie kann ich ihm helfen?«

Ihre Hand war eiskalt, als sie seine berührte. Sie nahm seine Hand zwischen ihre Hände. Sie zitterte. »Ich habe solche Angst, dass er umkommt. Fünfzehn Jahre, das hält er nicht durch.«

Henri fror erbärmlich. »Was kann ich tun?«, wiederholte er ungeduldig.

»Gehen Sie mit mir aus. Bitte!«

Henri starrte sie an. In ihren Augen standen Tränen. Sie war jetzt nicht mehr die schöne Frau, sondern ein Mädchen voller Furcht, das sich ganz Henris Mitleid überließ.

»Können wir nicht woanders hingehen?«

»Ja, zu mir«, sagte sie.

»Nein, das geht nicht.«

»Warum geht es nicht? Da ist es warm.«

»Es geht nicht«, sagte Henri. Sein Blick fand den Mercedes, mit dem er mit Gebold gekommen war. Aber der hatte den Wagenschlüssel.

»Es muss doch hier im Gewerkschaftshaus einen Raum geben, wo man sich unterhalten kann?«

»Ja, komm! Sie werden uns schon nicht erwischen. Und wenn, dann …«

Sie zog ihn um das riesige Gebäude herum, das Pflaster war glatt, fast wären sie gestürzt. Sie ging zu einem von einem blattlosen Busch verdeckten Nebeneingang, zog die Tür auf – »Welch Glück, dass die offen ist!« – und führte ihn hinein. Sie betraten einen schmalen Gang, in dem es nach Zigarettenqualm stank, aber es war viel wärmer als draußen. Doch steckte die Kälte Henri schon in den Knochen. »Komm!«, sagte sie. Am Ende des Gangs war eine braune Tür, auch sie war geöffnet. Sie führte in eine Art Büro.

Woher kennt sie sich so gut aus?

»Ich habe hier mal gearbeitet, als Sekretärin bei einem Gewerkschaftsfunktionär.« Als hätte sie seine Frage gehört.

Sie schloss die Tür und blieb dicht vor ihm stehen. Er wusste, dass er sie jetzt einfach nehmen könnte, nie hatte er mit einer schöneren Frau geschlafen. Sie war wirklich eine Versuchung. Er schaute sich um, ob er die Kameras entdecken könnte, aber natürlich sah er keine.

Sie drängte sich an ihn, umfasste ihn mit ihren Armen. Er schob sie ein Stück von sich weg und setzte sich auf die Kante der Schreibtischplatte. »Was ist mit deinem Bruder?«

»Ich kann ihn freibekommen.«

»Und wie? Und was kann ich tun?«

»Sie haben gesagt, wenn du dich auf mich einlässt, wenn ich das schaffe, dann …«

»Und ich soll dir möglichst auch noch ein paar Geheimnisse verraten. Aber wenn ich keine kenne? Ich bin nur ein kleiner Pressefritze … deine Leute haben sich geirrt.«

»Was ist … Pressefritze?« Das Schluss-E klang wie ein Ä.

»Ich muss die Kontakte zur hiesigen Presse pflegen, Zeitungen, Radio, Fernsehen, und westdeutschen Journalisten helfen, wenn sie in Moskau Kontakte zu Regierungsstellen und so weiter brauchen. In dieser Funktion erfährt man keine Geheimnisse. Ganz bestimmt nicht. Sie, das ist der Geheimdienst, das KGB, oder?«

Sie zögerte, dann nickte sie.

»Also, wenn du mich bespitzelst, kommt dein Bruder frei?«

Sie nickte wieder.

»Aber was ist, wenn ich mich nach den Gesetzen meines Landes strafbar mache?«

»Ist eine … Beziehung mit einer Russin verboten?«

»Nein, nur eine Beziehung mit einer sowjetischen Spionin. Ich darf und möchte nichts mit Spionage zu tun haben. Weder mit dem KGB noch mit unseren Geheimdiensten.« Er stand auf. »Ich hoffe, es ist dir nicht zu kalt gewesen. Du hast wirklich alles versucht, aber ich bin der Falsche. Such dir einen, der Geheimnisse kennt.«

Eine Träne rann ihr aus dem Auge. »Wie heißt du?«

»Henri.« Fast hätte er hinzugefügt: Aber das weißt du doch. Sie spielte ihre Rolle perfekt. »Ich muss jetzt zurück zum Empfang.« Er verließ eiligen Schritts den Raum. Sie starrte ihm nach und setzte sich dann hinter den Schreibtisch.

»Wo waren Sie denn?« Gebold drängte sich durch die Flanellanzugträger in Richtung Eingang, wo er Henri entdeckt hatte. »Ich muss Sie noch jemandem vorstellen«, sagte er. Er hatte schwarze Flecken unter den Ärmeln. »Kommen Sie!« Er ging voraus, und Henri mühte sich, ihm zu folgen. Gebold blieb bei einer Gesprächsgruppe stehen, drei Männer, offenbar Russen. Gebold wartete ungeduldig, bis endlich einer der drei, ein schlanker, gut aussehender Mittvierziger mit sorgfältig gegelten schwarzen Haaren und ausgeprägten Augenbrauen, ihm zulächelte.

Gebold wandte sich an Henri. »Darf ich Ihnen Herrn Rachmanow vorstellen, den stellvertretenden Vorsitzenden des Rundfunkkomitees? Das ist Herr Martenthaler, gerade aus der Bundesrepublik angereist, wie ich Ihnen ja schon gesagt habe.«

Henri reichte Rachmanow die Hand. »Ich freue mich, Sie kennenzulernen. Wir werden bestimmt einiges miteinander zu tun haben.« Sein Russisch war doch nicht so schlecht. Ein bisschen holprig, und auswendig gelernte Floskeln machten es Henri leichter.

Rachmanow lächelte ihn an. »Da bin ich mir ganz sicher, dass wir viel miteinander zu tun haben werden. Auf gute Zusammenarbeit. Wenn Sie Lust haben, besuchen Sie mich doch einmal.« Das sagte er auf Deutsch. Aber es war ja auch ein Empfang für Industriemanager aus der Bundesrepublik.

»Gerne«, sagte Henri. Der Mann gefiel ihm, er war offen, schien Ausländern nicht zu misstrauen wie so viele Sowjetbürger, die überall den Feind witterten. Sie unterhielten sich über die Bundesrepublik, in der Rachmanow gewesen war. Er schätze vor allem das Rheinland, Bonn und Köln, auch Koblenz. Er hatte eine Schiffstour auf dem Strom gemacht, kannte die Lorelei und wusste in farbiger Sprache von seinen Aufenthalten zu berichten. Plötzlich verfinsterte sich sein Gesicht. »Wie schade, dass unsere beiden Länder fast wieder … verfeindet sind … so sagt man doch?«

»Ja, aber finden Sie das nicht übertrieben? Wir sind keine Feinde.«

»Sie müssen das verstehen. Meine Regierung und unser Volk haben wirklich Angst, dass die Amerikaner einen Krieg anfangen. Das ist keine Propaganda. Wir sind sehr nervös. Wir verstehen nicht, warum der Westen so aggressiv ist …«

»Entschuldigen Sie, Herr Rachmanow …«

»Ist Ihnen das Thema zu ernst, Herr Martenthaler?« Er schaute ihn freundlich an, aber in seinen Augen lag Entschlossenheit.

»Das meine ich nicht«, sagte Henri, den dieser Ausbruch überraschte. »Ich meine, Ihr Land hat doch die letzte Runde begonnen. Unser Kanzler ist kein Kriegshetzer.«

»Natürlich nicht«, sagte Rachmanow.

Gebold hüstelte. Er ließ sein blasiertes Gesicht von einem zum anderen wandern und zeigte deutlich, was er von dieser Diskussion hielt. Er verschwand in Richtung Büfett.

»Wissen Sie, Herr Martenthaler, Ihr Kanzler, ich meine natürlich Bundeskanzler Schmidt, der leider gerade gestürzt wurde, ist weniger besorgt wegen sowjetischer Raketen. Natürlich ist die Vorstellung nicht angenehm, dass Atomraketen auf das eigene Land gerichtet sind. Niemand mag das. Wir auch nicht. Aber unsere Atomraketen, diese modernisierten Waffen, die bedrohen die Amerikaner nicht. Für die ändert sich nichts. Sie behalten ihren Vorsprung, vor allem – meine Regierung dürfte es ungern hören, wenn ich es eingestehe – den Vorsprung bei mikroelektronischen Steuergeräten. Ihr ehemaliger Kanzler, den ich für einen sehr klugen Mann halte, der fürchtet, im Kriegsfall könnten die USA die Westdeutschen im Stich lassen. Und deswegen will er amerikanische Atomraketen in Europa, damit der große Verbündete von Anfang an in einen Krieg verwickelt wird. Herr Schmidt glaubt, das erhöhe die Abschreckung. Es erhöht aber nur« – er blickte sich um – »unsere … Verzweiflung. Entschuldigung, ich habe zu lange gesprochen.«

Henri winkte ab. Was der Mann sagte, klang ehrlich. Er konnte ihm nicht übel nehmen, dass er die Dinge aus Moskauer Sicht bewertete. »Dann rüsten Sie diese SS-20 ab, und niemand muss Angst haben.«

Rachmanow schaute sich wieder um. »Sie kennen die Kubakrise. Da haben wir, das war kein Geniestreich, ich gebe es zu, Atomraketen auf Kuba aufgestellt. Und Washington konnte es nicht dulden, dass diese Raketen binnen weniger Minuten in den USA einschlagen konnten …

so sagt man doch, oder? Ich finde, die Amerikaner hatten damals recht.« Er sagte es leise, aber eindringlich. Fürchtete er, dass seine Argumente abgehört wurden, oder war das seine Art, ihre Wichtigkeit zu betonen? Leise sprechen, um den anderen zu zwingen zuzuhören?

»Wenn Sie den Amerikanern entgegenkämen …«

»Wissen Sie, Herr Martenthaler, unser Generalsekretär ist gestorben. Er war ein Mann des Friedens. Er hat der Sowjetunion Stabilität gebracht, das war nach den Chruschtschow-Jahren wichtig. Vielleicht« – er senkte die Stimme – »hat er ein bisschen zu viel Stabilität gebracht. Wer jetzt kommt, ich weiß es nicht. Vielleicht Andropow. Das ist ein außerordentlich kluger Mann. Wie Sie wissen, hat er bis vor Kurzem das KGB geleitet. Vielleicht gelingt ihm ein Schachzug, der die Fronten aufbricht. Aber ich fürchte, wir können da versuchen, was wir wollen. Die Amerikaner wollen Krieg.«

»Das glauben Sie doch selbst nicht.«

Rachmanow trat einen Schritt auf ihn zu, lachte demonstrativ, hielt seinen Mund nahe an Henris Ohr und flüsterte: »Wenn man ein Land in der Krise in die Enge treibt, dann provoziert man damit womöglich Reaktionen, die man nicht gewollt hat. Vor allem wenn dieses Krisenland Atomraketen besitzt und glaubt, losschlagen zu müssen, um nicht als einziges vernichtet zu werden. Man sollte Verzweifelte nicht noch verzweifelter machen, solange die sich wehren können, und sei es um den Preis des eigenen Untergangs. Uns steht das Wasser bis zum Hals. Und wahrscheinlich noch ein bisschen höher.« Er lachte wieder laut, während er allmählich ein Stück zurücktrat. »Das war doch ein guter Witz, oder?«

Henri fühlte sich durch einen inneren Zwang veranlasst zu lachen. Er hatte begriffen, dass dieser Rachmanow ein gefährliches Spiel spielte. Oder ein Provokateur war. Aber warum hat er sich mich ausgesucht? Er kennt mich doch gar nicht. Macht er das mit jedem Westler? Oder soll er mich testen?

Gebold tauchte kauend auf. »Was halten Sie davon, wenn wir die Zelte abbrechen? Sie müssen todmüde sein.«

Henri nickte. Er hatte Rachmanows Satz noch im Ohr. Uns steht das Wasser bis zum Hals.

Er verabschiedete sich von Rachmanow, der sich bald in der Botschaft melden wollte. »Mit Ihrem Kollegen Gebold klappt die Zusammenarbeit sehr gut. Wir beide werden das auch hinkriegen.«

»Bestimmt.«

Sie gingen zum Wagen und stiegen ein. Im Auto war es warm, die Standheizung war rechtzeitig angesprungen. Gebold streckte sich hinter dem Lenkrad. Henri fragte sich, ob der Mann nicht zu viel getrunken hatte im Vertrauen darauf, dass das CD-Schild am Heck ihn vor Milizkontrollen bewahrte. Gebold startete den Wagen nicht, sondern lehnte sich zu Henri hinüber. Die Alkoholfahne füllte den Wagen.

»Hat er das mit dem unter Wasser auch bei Ihnen versucht?« Gebold grinste.

»Natürlich«, sagte Henri. Und dachte: So unrecht hat Rachmanow doch nicht. Die Zweifel beschäftigten Henri schon eine Weile. Mit dem neuen US-Präsidenten drohten die Dinge aus dem Ruder zu laufen. Totrüsten. Atomkriege führbar machen, wie es Berater im Weißen Haus einflüsterten. Die irrwitzige Aufrüstung. Gerüchte über eine Raketenabwehr im Weltraum, die den Zweitschlag abfangen sollte. Das musste schiefgehen. Es sei denn, es kam einer, der den gordischen Knoten durchschlug und das Wahnsinnssystem zerstörte.

Aber wie sollte das gehen?

»Das Mädel war gar nicht schlecht, oder?« Gebold lächelte genießerisch. »Die geben sich wirklich alle Mühe. Sie waren mit ihr verschwunden, machen Sie mir nichts vor.«

Henri winkte ab. Ihn widerte dieser Typ an.

»Die Julia-Masche, die Honigfalle«, sagte Gebold und schnalzte mit der Zunge. »Bei der hätte ich schwach werden können. Wo waren Sie denn mit der Genossin?«

»Nirgendwo«, sagte Henri.

»Sie missverstehen mich«, sagte Gebold. »Ich möchte es wissen. Das ist dienstlich.«

Draußen fielen schwere Schneeflocken.

Henri wandte sich ihm zu: »Ich habe mich nicht auf sie eingelassen. Was glauben Sie eigentlich, was wir im Vorbereitungslehrgang behandelt haben. Halten Sie mich nicht für blöd. Und um das Dienstliche abzuschließen: Mir ist nicht bekannt, dass Sie mein Vorgesetzter sind. Und wenn Sie es wären, dann könnten Sie mir … im Mondschein begegnen. Von Besoffenen nehme ich keine Anweisungen entgegen, selbst wenn es der Präsident höchstpersönlich wäre. Ich hoffe, Sie haben mich verstanden. Oder soll ich noch deutlicher werden?« Den letzten Satz bereute Henri sofort.

Aber er wirkte. »Ist ja gut«, sagte Gebold. Die Flasche kapitulierte schon beim Warnschuss.

»Gar nichts ist gut«, sagte Henri. »Ihr Job ist es, mich hier einzuführen. Sie sollen mich unterstützen, bevor Sie den Abgang machen und in Pullach den Sesselfurzer geben. Zu Hause können Sie dann mit Ihren Triumphen in Moskau prahlen.«

Gebold schnaufte einmal durch, sagte aber kein Wort und startete den Wagen. Er schwieg während der gesamten Fahrt. Er setzte Henri vor seiner Wohnung ab, hob kurz die Hand und fuhr weiter.

In der Wohnung hängte Henri seinen Mantel an einen Garderobenhaken. Als er sein Jackett auszog, hörte er ein Knistern. Er griff in die Taschen und fand schließlich einen Umschlag aus billigem grauem Papier. Er riss den Umschlag auf, darin war ein Blatt. Er zog es vorsichtig heraus und sah etwas in Blockbuchstaben Geschriebenes:

GEBEN SIE DIESE NACHRICHT DER ZUSTÄNDIGEN PERSON. ICH HABE WICHTIGE INFORMATIONEN FÜR IHNEN. SIE SIND SEHR WERTVOLL: ICH ARBEITEN IN EINER GEHEIMEN REGIERUNGSEINRICHTUNG UND WILL DIE UDSSR VERLASSEN. WENN SIE MICH HELFEN, KANN ICH IHNEN WERTVOLL DINGE BERICHTEN. WENN SIE INTERESSIERT SIND, WARTEN SIE AM EINGANG DER GUM, DAS DEM LENIN-MAUSOLEUM AM NÄCHSTEN LIEGT. MORGEN 15 UHR.

Henri schmunzelte kurz, dann überlegte er fieberhaft, wer ihm diese holprige Botschaft zugesteckt haben mochte und was er damit tun sollte. Nach den Erfahrungen dieses Abends spielte er mit dem Gedanken, den Brief im Klo hinunterzuspülen. Doch dann las er ihn noch einmal und überlegte, ob nicht vielleicht doch etwas dahintersteckte.

War es Irina? War es Rachmanow? Beide hätten ihm die Botschaft leicht zustecken können. Oder war es jemand anderes im Gedränge gewesen?

Was sollte er tun?

5

Craig Mavick genoss den Abend. Er hatte seine kleine Wohnung auf dem Gelände der US-Botschaft in der Uliza Tschaikowskowo bezogen. Hier würde er es so lange aushalten, bis er versetzt wurde. Er hatte auch schon seine Kollegen kennengelernt und den Eindruck gewonnen, dass Langley nicht die Schlechtesten nach Moskau schickte, was Mavick schmeichelte. Es war eine Art Anerkennung und Zutrauen in seine Fähigkeiten, mit Lob und Auszeichnungen hatte man es derzeit nicht so bei der CIA.

Was er den Kollegen im schallsicheren Raum nicht gesagt hatte, war, dass er den Auftrag hatte, nach dem Maulwurf zu suchen, der in der Botschaft sitzen musste und dessen Wirken die Agency eine Niederlagenserie verdankte, wie es sie nie zuvor gegeben hatte. Mavick wusste, dass seine Laufbahn davon abhing, ob er das Schwein stellen konnte oder nicht. Er war nicht angewiesen auf das Gehalt aus Langley und hätte sich jederzeit in die Langeweile des reichen Erben, in die mondänsten Badeorte der Welt zurückziehen können. Aber die Tatsache, dass er die Arbeit nicht nötig hatte, schien seinen beruflichen Ehrgeiz nur zu steigern. Er würde den Verräter kriegen. Ganz bestimmt. Dann kam ihm der Gedanke, wie es wäre, das Schwein einfach abzustechen. In Notwehr. Die Vorstellung gefiel ihm.

Er trank einen großen Schluck Whisky.

Die Urne im Regal der Moskauer Gerichtsmedizin sah aus wie eine überdimensionierte Teedose. Theo schaute Frau Kustowa an, dann die Urne mit Scheffers Asche, wieder Frau Kustowa, wieder die Urne. Die Ärztin war blass, ihre

Augen wanderten von der Urne zum Fußboden vor Theos Füßen und zurück.

»Können Sie mir verraten, wie ich die Leiche identifizieren soll? Deswegen bin ich hier.«

Sie sah so aus, als wollte sie am liebsten aus ihrer Haut flüchten. Frau Kustowa schaute ihn nur kurz an aus ihren dunklen Augen durch die Stahlrandbrille, die ihr Gesicht beherrschte.

Was steckt dahinter? Sie haben die Leiche verbrannt, um alle Spuren zu zerstören. Was sonst? Theos Hirn raste. Was sollte er tun? Er durfte jetzt keinen Fehler machen.

»Wer hat die Verbrennung angeordnet?«, fragte Theo.

»Die Staatsanwaltschaft. Sie hat die Leiche freigegeben und erklärt, Sie ... also ... die zuständigen deutschen Behörden hätten es gewünscht. Aus Transportgründen ...«

»Sie haben den Leichnam gesehen?«

Sie nickte fast ängstlich. »Ja.«

Warum setzten Mostewoj und der Professor diese junge Frau dieser Lage aus? Theo zweifelte nicht, dass der Oberst genau wusste, was geschehen war.

»Darf ich die Anordnung sehen?«

Sie zögerte. »Welche Anordnung?« Hätte sie nicht ein nur leicht verhärtetes R gesprochen, er hätte sie für eine Deutsche halten können.

»Die für die Verbrennung.«

Sie schüttelte langsam den Kopf, überlegte und flüsterte fast: »Die habe ich nicht.«

»Haben Sie sie gesehen?«

Sie schüttelte wieder den Kopf, diesmal entschlossener.

»Haben Sie die Leiche obduziert?«

Sie nickte. »Ich habe dem Professor assistiert.«

»Gibt es einen Befund?«

Sie nickte wieder. »Natürlich.« Fast erleichtert, dass er

eine Frage gestellt hatte, die sie wahrheitsgemäß beantworten konnte.

»Darf ich den sehen?«

»Natürlich. Ich habe hier« – sie zeigte auf den Schreibtisch – »eine Kopie für Sie. Ich bin gerne bereit, Ihnen den Obduktionsbericht zu erläutern.« Sie schaute ihm in die Augen und schlug dann ihre nieder. Fast kam es ihm vor, als würde sie sich winden. Die Sache stank zum Himmel.

Sie ging zum Schreibtisch, nahm eine blaugraue Mappe von einem Stapel mit anderen Ordnern, schlug die Mappe auf und stellte sich neben ihn. Sie ging ihm bis zum Kinn.

Der Text war auf Russisch.

»Mein Russisch ist leider zu schlecht, um das wirklich zu verstehen.«

»Kein Problem. Wenn ich zusammenfassen darf. Uns wurde ein männlicher Leichnam angeliefert, der laut den beigefügten Personalunterlagen der deutsche Staatsbürger Georg Scheffer ist … die Angaben zu Wohnung, Beruf und Aufenthaltsstatus lasse ich weg, wenn Sie einverstanden sind …«

»Eine kurze Zusammenfassung würde genügen.« Die Experten in der Botschaft und beim BKA würden sich sowieso intensiv mit dem Bericht beschäftigen.

»Also gut, ganz kurz: Herr Scheffer wurde von einem Auto überfahren. Er hatte gebrochene Oberschenkel und Rippen, sein Tod aber wurde durch Genickbruch verursacht. Er hat von dem Unfall nicht viel mitbekommen, der Schock dürfte ihn gelähmt haben, und bevor der Schmerz kam, war er tot. Es war eine Sache von Sekunden.«

»Passen die Verletzungen zu dem Unfall, für den es ja Zeugen geben soll?«

»Ich kenne die Ermittlungsakten nicht. Wir sind die Gerichtsmedizin, nicht die Miliz.«

Unter dem Papier in der Akte erkannte Theo Ränder von Fotos. »Darf ich die Fotografien sehen?«

»Natürlich, die werden wir Ihnen überlassen.« Sie reichte ihm vier Bilder.

Sie zeigten einen alten kleinen wabbligen Mann mit viel zu langen Armen auf einem stählernen Obduktionstisch, die Haut zu weiß – oder lag es am Blitzlicht? –, mit verzerrtem rundem Gesicht, übersät mit blauen und dunkelroten Flecken, der Brustkorb unterlegt mit einem einzigen großen rot-blau-schwarzen Bluterguss. Dann erkannte Theo, dass die Beine unterhalb der Oberschenkel leicht nach außen abgespreizt waren. Theo versuchte zu verhindern, dass er würgte. Sie zeigte ihm diese Bilder vielleicht, um ihn zu schocken, denn einer, der geschockt ist, fragt vielleicht nicht weiter.

Frau Kustowa schaute ihn aus den Augenwinkeln an, und er glaubte, Mitleid erkennen zu können.

»Schreckliche Fotos«, sagte sie leise. Dann ein langer Blick in seine Augen. »Es tut mir sehr leid.« Sie hat mir gesagt, fiel ihm auf.

Da passte etwas nicht zusammen. Sie schien ehrlich zu sein oder sich zumindest darum zu bemühen. Aber sie zeigte ihm diese Bilder und den Bericht gewiss nicht ohne Genehmigung oder Weisung ihrer Vorgesetzten. Die aber ließen diese junge Frau im Regen stehen. Und sie hatten veranlasst, dass die Leiche verbrannt wurde. Theo zweifelte nicht, dass sich die Behauptung, da habe es einen Wunsch deutscher Behörden gegeben, als Lüge herausstellen würde. Oder als Irrtum? Nein, in diesen Dingen gab es keine Irrtümer, da wurde auf allen Seiten mit Netz gearbeitet.

»Sie sind sicher, dass diese Bilder die Leiche so zeigen, wie Sie sie gesehen haben?«

»Natürlich.« Sie schaute ihn ein wenig länger an. Aber dann schaute sie weg und schwieg. Und sie war gar nicht empört angesichts der Unterstellung.

Er betrachtete sie. Wenn man den weißen Kittel und die Brille wegdachte, war sie hübsch, ein bisschen streng vielleicht. Ihr Gesicht war etwas gerötet, das hatte sie nicht im Griff. Aber sonst war sie die Selbstbeherrschung in Person. Theo ahnte, dass sie Schwierigkeiten bekommen würde, wenn dieses Gespräch schiefginge. Diese Schweine hatten diese Frau in eine Scheißlage gebracht. Und sie hatten es getan, um ihr den Schwarzen Peter zuzuschieben, wenn die Sache in die Hose ging.

Bedauerlicherweise waren der Herr Professor krank und der Herr Oberst verhindert. Wir hatten geglaubt, dass Frau Dr. Kustowa dieser Aufgabe gewachsen sei, und sie eingehend instruiert, Ihnen die Wahrheit zu sagen. Wir wissen leider nicht, was in Frau Kustowa gefahren ist, dass sie Ihnen solche Märchen aufgetischt hat. So oder so ähnlich würden sie reden. Es klang nach Sowjetzeit. Das ganze Verwirrspiel um Scheffers Tod roch nach Sowjetunion.

Sein Hirn arbeitete schnell, wie immer, wenn es eng wurde. In Stresssituationen bleibt er ruhig, das hatte in seiner letzten Beurteilung gestanden. Aber das war eine Beurteilung, und dies war die Moskauer Gerichtsmedizin mit einer Ärztin, die ihn aufs Glatteis führen sollte.

Er holte seinen Notizblick aus der Jackettinnentasche. Können wir irgendwo ungestört sprechen?, schrieb er und sagte gleichzeitig: »Sie wissen so gut wie ich, dass man Fotos manipulieren kann«, dann hielt er ihr den Zettel hin.

Sie las, schaute ihn an, las noch einmal, zögerte, dann nahm sie ihm den Block aus der Hand, griff nach einem Kuli auf dem Schreibtisch und schrieb: Streng vertraulich? Kann ich mich auf Sie verlassen?

»Wie kommen Sie auf die Idee, wir könnten Fotos fälschen. Wir sind nicht mehr in der Sowjetunion. Russland ist ein Rechtsstaat.«

Währenddessen schrieb er eilig: Zweimal ja. Gespräch ohne Zeugen. Ich behalte es für mich.

Er hielt es ihr hin, sie nahm den Block, las, nickte und schrieb.

»Nein, nein, ich wollte Ihnen nichts unterstellen. Nur kriminaltechnisch muss das abgeklärt werden, das ist Vorschrift bei uns.« Mein Gott, was rede ich für einen Quatsch. Das glaubt doch niemand.

Frau Kustowa reichte ihm den Block, darauf stand: 20 Uhr, Bei Kolja, Neopalimovsky pereulok. Sie lächelte sogar. Dann, streng: »Sie gestatten mir die Bemerkung, dass in Ihrem Land offenbar ... besondere Vorschriften herrschen. Ich bedaure, dass wir uns nicht danach richten können. Ich hoffe, ich habe alle Fragen beantwortet. Wenn Sie nun so freundlich wären, die Urne zu übernehmen?«

»Wie Sie meinen«, maulte er und steckte den Block ein. Er lächelte sie an, sie erwiderte es, und er fügte unwirsch hinzu: »Dann bitte ich um die Übernahmeformulare.«

»Bitte nehmen Sie Platz.« Sie zeigte auf den Besucherstuhl, setzte sich hinter den Schreibtisch und schob ihm einen flachen Papierstapel zu.

Er betrachtete die erste Seite. Sie war natürlich auf Russisch wie auch die folgenden Seiten. Manches verstand Theo, manches nicht.

Sie stand plötzlich neben seinem Stuhl, deutete auf die erste Seite und sagte: »Die persönlichen Angaben haben wir aus dem Pass von Herrn Scheffer übernommen. Sie müssten eigentlich nur noch hier unterzeichnen.« Sie zeigte auf ein Feld am rechten unteren Rand des Papiers.

Er unterschrieb und hoffte, es war keine Falle. Sie hatte gar nicht gezögert. Aber er hatte das Gefühl, dass er mit viel Glück und ein wenig Geschick eine kleine Tür aufgestoßen hatte. Vielleicht konnte Frau Kustowa helfen, den Fall aufzuklären. Oder war die geheime Verabredung auch nur ein Trick?

In diesem Augenblick verstand er, was erfahrene Kollegen meinten, wenn sie über Intuition sprachen, also über das, was man nicht lernen kann, was einem Intelligenz und Fleiß niemals einbrachten. Aber Erfahrung. Man spürt verdeckte Bedrohungen besser, wenn man schon bedroht worden war und die Vorzeichen erkannte. Man bemerkte Fallen, wenn man schon einmal hereingelegt worden war und jene Kleinigkeiten wiedererkannte, die typisch waren für Fallen. Scheffer war so einer gewesen, der hatte das Gespür, allerdings hatte er nicht darüber geredet. Er war intelligent, irrwitzig schnell im Hirn, fleißig und erfahren. Und tot.

Er unterzeichnete auch die anderen Papiere. Es war fahrlässig, er würde zum Gespött des Dienstes, wenn sie ihn auf diese billige Weise vorführte und es herauskäme. Und es käme heraus. Aber sie würde ihn nicht vorführen. Was immer Frau Kustowa dazu brachte, mit ihm eine kleine Verschwörung zu inszenieren, ihre roten Wangen zeigten ihre Scham über das üble Spiel ihrer Vorgesetzten. Was sonst? Ihre Aufregung, eine wichtige Rolle bei einer FSB-Operation zu spielen? Theos Verstand erhob Einspruch gegen Theos Plan. Der Verstand sagte: Du bist verrückt. Lass dich auf gar nichts ein, fädele nichts ein, unterschreibe nichts, protestiere gegen die Leichenverbrennung, hinterlasse einige Unfreundlichkeiten, drohe diplomatische Verwicklungen an oder gleich den Protest des Außenministers. Aber spiele doch nicht den Schnüffler in einem Terrain, das anderen Hunden gehört, Hunden, die groß und bissig waren wie Riesenrottweiler und von denen unendlich viele herumstreunten, wogegen du allein bist. Theo gegen Russland. Lächerlich.

Doch er unterschrieb alles und verabschiedete sich von Frau Dr. Kustowa. Als er auf der Straße stand, schüttelte er den Kopf über sich selbst.

Wenn Mostewoj zu seiner heimlichen Geliebten gefahren wäre, hieße die Eblow und bekleidete den Rang eines Generalleutnants des FSB. Da aber die beiden FSB-Offiziere keine gleichgeschlechtlichen Ambitionen hatten, hatte Theo falsch geraten. Mostewoj und Eblow rauchten Cohibas Línea Maduro 5, die der General aus Kuba mitgebracht hatte, als er im vergangenen Winter dort auf inoffiziellem Besuch gewesen war, um Erfahrungen auszutauschen über Fragen der inneren Sicherheit. Sie genossen die Zigarren und schwiegen schon eine Weile. Im Raum zogen die Schwaden umher, ihr Geruch vermischte sich mit dem des kalten Rauchs, der seit Jahren in alle Ritzen des Raums, in den Teppich, die Bücher, die Akten einzog und dem Büro einen eigenen Duft gab, auch wenn manche genussabstinenten Klugscheißer von Gestank faselten, allerdings nur hinter dem breiten Rücken des Generals, obwohl sie keine Angst vor ihm haben mussten, denn er war ein guter Chef, der Kritik, auch leichten Spott, vertrug, wenn er von Leuten kam, die er respektierte. Also von Leuten, die etwas leisteten, die nicht auf die Uhr schauten und die – das war das Wichtigste – gute Ideen hatten. Nichts schätzte Eblow mehr als gute Ideen.

Mostewoj war ein Mann mit besonders guten Ideen, die er vor allem dann vorbrachte, wenn die Lage mal wieder richtig beschissen war. In den inneren Kämpfen im KGB, als die Sowjetunion zusammenbrach, da gehörte Mostewoj zu jenen, die den Kopf oben behielten und gar nicht daran dachten, aus den Feinden von damals die Freunde von heute zu machen. Der Westen war der Feind für die russischen Geheimdienste, welchen Namen auch immer sie trugen. Eblow hatte nie daran gezweifelt wie diese eingebildeten Reformer, die nach dem Untergang so taten, als hätten sie ihn immer herbeiführen wollen. Die von einer neuen Entspannung faselten, von der Zugehörigkeit Russlands zur Gemeinschaft der demokratischen Staaten. Die Jelzin-Zeit war ein Desaster gewesen. Der Abschaum schwemmte nach oben, was gut war, wurde zerstört. Bis endlich der Mann Präsident wurde, der aus ihrem Stall kam. Der nie vergessen würde, wem er seinen Aufstieg verdankte, dem persönlichen Ehrgeiz und dem Dienst. Und auch wenn die Verfassung verfügt hatte, dass dieser Mann nur noch Ministerpräsident sein durfte und ein anderer Präsident werden musste, der Dienst wusste, wem er Gefolgschaft schuldete. In dieser Hinsicht waren die Dinge wieder so klar wie früher.

Mostewoj hatte sich den Plan ausgedacht, wie sie diesen lästigen Schnüffler aus Deutschland entnerven könnten. Und nun saßen beide da und warteten auf den Bericht der Ärztin, die ihre Bewährungschance erhielt. Als was?, fragte sich Eblow. Als Spielball, um sich die Frage gleich selbst zu beantworten. Er war gespannt, wie sie ihre Rolle gespielt hatte.

Mostewoj ließ seine traurigen Augen über die Wände schweifen. Er seufzte einmal fast unmerklich, was vielleicht eine Folge der Last war, die er sich aufgeladen hatte.

»Warum schicken sie einen Anfänger?«, fragte Mostewoj und zog genüsslich an seiner Zigarre, behielt den

Rauch einige Sekunden im Mund und ließ ihn langsam ausströmen.

»Vielleicht ist der BND nun ganz auf den Hund gekommen«, sagte Eblow. »Sie haben ja in letzter Zeit nichts mehr hingekriegt. Denen fehlt die DDR.«

Mostewoj nickte bedächtig. Er sah nun besonders traurig aus. »Oder sie nehmen die Sache nicht so ernst. Untersuchung pro forma, damit sie sagen können, sie hätten getan, was sie hätten tun müssen. Das Bundeskanzleramt macht Druck, und dann schicken sie eben einen Ermittler. Aus irgendwelchen Gründen scheint sich der BND gar nicht zu interessieren für die Hintergründe.«

Eblow brummte leise vor sich hin. Vielleicht sind sie auch nicht auf den Hund gekommen, dachte er. Vielleicht steckt irgendeine Schweinerei dahinter. Warum haben sie gerade den geschickt? Eblow kannte den Namen. Und allein dieser Umstand machte ihn misstrauisch. Er durchschaute es noch nicht. Aber was er fürchtete, war, dass nicht der Zufall Martenthaler junior geschickt hatte, sondern einer, der sich irgendetwas davon versprach. Martenthaler senior war aus dem Geschäft. Oder war er wieder drin? Er schniefte, nahm dann doch ein Taschentuch, um sich kräftig zu schnäuzen. Die Sache stank. Die Frage war nur, wo die Scheiße lag, die den Gestank verbreitete.

Der Brief beunruhigte Henri. Er nahm ihn in die Hand, vorsichtig, als wäre er heiß:

ICH HABE WICHTIGE INFORMATIONEN FÜR IHNEN.

Es war eine Falle, ganz bestimmt. Schon am ersten Abend waren sie Henri auf die Pelle gerückt. Die Julia-Masche, alt, aber oft wirkungsvoll, dann Rachmanow mit seinem Versuch, eine politische Brücke zu bauen. Wir sind doch alle für den Frieden …

Obwohl Henri anerkannte, dass es mit dem Frieden nicht gut stand. Tausende von Atomraketen mit Zehntausenden von Sprengköpfen warteten in ihren Silos darauf, aufzusteigen und die Welt in eine Wüste zu verwandeln. Wenn man länger darüber nachdachte, konnte man Angst bekommen. Gerade wenn man diese Sprüche aus dem Umfeld der neuen amerikanischen Regierung hörte. Den Atomkrieg gewinnen! Da hatte der superschlaue Kanzler Schmidt sich selbst in Teufels Küche befördert, was er natürlich nie zugeben würde. So einer machte keinen Fehler. Der hatte seine NATO-Freunde dazu gedrängt, diese Raketen aufzustellen. Und bald würden sie es tun, wenn nicht noch ein Wunder geschah. Jetzt rieben sich die Amis die Hände. Vielen Dank, Herr Schmidt, Sie haben es doch so gewollt. Ja, Sie haben vorhersehen können, dass Washington seine Strategie ändert, dass die Amis die Russen fertigmachen wollen. Totrüsten. Mindestens.

Ein alter Mann, unheilbar krebskrank, hat vielleicht noch ein paar Monate, ist aber voll behängt mit Handgranaten und hat ein Sturmgewehr, und dem rückt man zu nah. Den piesackt man, den provoziert man, den drängt man in die Ecke. Dem sagt man, dass man ihn fertigmachen wird, so oder so. Was tut der Mann? Er wird sich doch sagen: Bitte, ihr habt es so gewollt. Und dann wird er umnieten, wer ihm vor die Flinte kommt. Die Sowjetunion war so ein alter Mann, unheilbar krank an sich selbst. Und gefährlich.

Rachmanow mochte ein Kreml-Propagandist sein oder ein Abgesandter aus Jasenowo, wo die Auslandsaufklärung des KGB saß, oder von der Lubjanka, wo die Spionageabwehr untergebracht war, doch Henri war das egal. Seine

Dienststelle galt manchen ebenfalls als anrüchig. Auch wenn die Attacke auf ihn offenkundig war – Versuchung und Ideologie, und das am selben Abend –, würde Henri sich dadurch nicht daran hindern lassen nachzudenken. Denen geht der Arsch auf Grundeis, und wenn ich in deren Lage wäre, ginge meiner auch auf Grundeis. Das war nicht mehr der ganz gewöhnliche Kalte Krieg, jetzt wurde es richtig gefährlich. Jetzt ging es erst richtig los.

Henri lag im Dunkeln auf dem Bett. Er konnte nicht schlafen, wie oft nach Reisen. Aber diesmal lag es nicht am Reisen, sondern an dem Brief. Zu neunundneunzigkommaneunundneunzig Prozent war das eine Provokation. Sie wollten ihm mitteilen, dass sie wissen, was er in Wirklichkeit war. Oder sie wollten ihn gleich auf frischer Tat ertappen und nach Hause schicken, nachdem sie ihm zuvor die Arme ausgekugelt oder ihn verprügelt hatten. Versehentlich natürlich. Wir haben nicht gewusst, dass Sie ein westdeutscher Diplomat sind. Es tut uns sehr leid. Wir entschuldigen uns. Aber Sie tragen einen Teil der Verantwortung, Spionage ist in der Sowjetunion verboten. Da gibt es einschlägige Paragrafen in unserem Strafgesetzbuch. Bei Ihnen zu Hause ist das doch auch so. Oder irren wir uns da? Also Schwamm drüber, kommen Sie gut heim. Henri konnte sich die Szene gut vorstellen. Er wälzte sich im Bett, ihm wurde übel. Er fingerte nach dem Schalter der Nachttischlampe, fluchte und fand ihn endlich. Dann stand er auf und begann hin- und herzulaufen, wie er es tat, wenn ihn etwas beunruhigte. Er hatte ein blödes Gefühl.

Er nahm den Zettel vom Tisch und starrte ihn an, als könnte er so herausfinden, ob es eine Falle war. Henri sollte sich eingewöhnen und von Gebold den Laden übernehmen und erst nach dessen Abgang mit der Arbeit anfangen. Den Pressefritzen spielen, Kontakte knüpfen. Wenn er zum Treffen im GUM ging, dann konnte er sich selbst auffliegen lassen. Kaum ein Tag in Moskau, schon nach Hause geschickt. Peinlich.

Er nahm seinen Marsch wieder auf. Wenn er aber eine Chance verpasste, wenn ihm die Gelegenheit geboten würde, eine Operation einzuleiten? Das würde in seiner Personalakte nicht übel aussehen. Durfte er bürokratisch stur sein, den Vorschriften folgen, auch wenn sie einen Coup verhinderten?

ICH ARBEITE IN EINER GEHEIMEN REGIERUNGSEINRICHTUNG UND WILL DIE UDSSR VERLASSEN.

Wenn der Absender es ernst meinte, dann wollte er ein sorgenfreies Leben im goldenen Westen gegen Informationen eintauschen, von denen er glaubte, sie seien wertvoll. Solche Selbstanbieter gab es immer wieder, weshalb das KGB auch selbst welche schickte, um die feindlichen Dienste irrezuführen. Waren die Informationen richtig, war der Selbstanbieter ehrlich, oder sollte er dem Feind Material zuspielen, um ihn aufs Glatteis zu locken? Oft war das Spielmaterial echt, sodass man auf dem Schlauch stand und nur abwarten konnte, was noch inszeniert wurde. So versuchten die Freunde in der Lubjanka der Konkurrenz das Selbstanbietergeschäft zu vermiesen. Jeder Selbstanbieter konnte ein Provokateur sein. Und die manchmal riesigen Mengen angeblicher Geheiminformationen dienten allein der Überfütterung des Gegners.

Henri wusste das alles. Und doch war die Versuchung enorm, sie wurde stärker, je länger er darüber nachdachte. Er las noch einmal, Wort für Wort.

GEBEN SIE DIESE NACHRICHT DER ZUSTÄNDIGEN PERSON.

Das sollte heißen, dass der Absender Henri ausgesucht hatte, weil er wusste, dass der in der bundesdeutschen Botschaft arbeitete. Woher konnte er das wissen? Henri war doch gerade erst gelandet. Möglich, dass der Betreffende am Abend erst erfahren hatte, wer Henri war oder sein sollte, und dass er den Brief dabeihatte, um die erstbeste Gelegenheit zu nutzen. Wenn stimmte, was in dem Brief stand, dann kannte der Absender Henris wirkliche Aufgabe nicht. Und eigentlich war Henri noch nicht zuständig, sondern Gebold. Ihm müsste er den Brief geben. Und Gebold würde den Brief in den Papierkorb werfen. Ein Provokateur, was sonst? Die Masche versuchen die Idioten immer wieder. Nicht mit mir. Schon gar nicht auf den letzten Drücker. Ich bin schon so gut wie im Urlaub. So ähnlich würde dieser Dummkopf reagieren. Er würde es vermasseln. Ein paar Stunden hatten genügt, um zu begreifen, dass Gebold ein Versager war. Er würde es Pullach melden müssen. Versager waren lebensgefährlich, vor allem im Außendienst.

Er war stehen geblieben, während er den Brief wieder las, als könnte er darin eine Aussage entdecken, die ihm Gewissheit versprach. Er hatte das Gefühl, dass sich eine Chance eröffnete, die es ihm ersparen würde, nur in Moskau herumzulungern, wie Gebold es offenbar schätzte. Bloß nichts unternehmen, es könnte schiefgehen.

Er legte den Brief auf den Tisch und stellte sich ans Fenster. Fahles Licht aus einer Wohnung des Nachbarhauses auf den gefrorenen Schneematsch. Drei Autos, mit Planen bedeckt. Eine elektrische Leitung spannte von dem Haus hinüber zu dem, in dem seine Wohnung lag. Das Kabel war von Eis umhüllt, am tiefsten Punkt ragten kleine Eiszapfen in die Tiefe. Erstaunlicherweise war es nicht gerissen. Irgendwo in dem Block gegenüber war wahrscheinlich eine Lauschstation des KGB untergebracht. Die hatten bestimmt eine Wohnung belegt, wo sie mit Kameras und vielleicht sogar Richtmikrofonen beobachteten und mithörten. Neben der Botschaft gab es so eine Station mit Sicherheit. Vermutlich waren die Wände der Wohnungen verwanzt.

Es musste einen Grund haben, dass der Dienst seit Jahren nichts mehr auf die Beine gestellt hatte in Moskau. Und der Grund hieß Gebold. Oder er war ein Grund von mehreren. Gebold war feige, das war klar. Henri redete sich immer weiter ein, dass er die Sache mit dem anonymen Brief selbst in die Hand nehmen müsse.

Und die Attacken an diesem Abend? Irina, die schöne Irina, deren Bruder im Straflager verrottete. Vielleicht war es so. Vielleicht aber war es ein Märchen. Henri wollte, dass es ein Märchen war. Henri hatte ihr aufmerksam zugehört, er war ein guter Zuhörer, und nicht versucht, Eigenes hineinzumengen, gleich zu interpretieren. An der Geschichte selbst schien nichts krumm zu sein. Es passte alles, fast schon zu gut. Er konnte kein einziges Detail dieser Geschichte überprüfen. Aber es stand fest, dass sich in Moskau keine Frau derart heftig an ihn heranmachen würde, ohne geschickt worden zu sein. Vielleicht hatte sie gar keinen Bruder, sondern wurde in Devisen bezahlt, damit sie in den Läden für Ausländer einkaufen konnte. Eine Nutte, deren Zuhälter KGB hieß.

Rachmanow. Der musste keiner von der Firma sein. Ein überzeugter Kommunist redete so. Davon abgesehen, redete er nicht nur Unsinn. Henri wusste, ihn würde dieser Mann noch beschäftigen. Irgendwie war er überzeugend, obwohl er ein System vertrat, in dem es Arbeitslager gab. Oder fiel er nur auf einen geschickten Propagandisten herein? Nicht auszuschließen. Aber Henri war ein Mann, der erst nachdachte und dann entschied. Der sich mühte, die Dinge von allen Seiten zu betrachten. Der sich dazu die Zeit ließ und versuchte, seine Vorurteile zu erkennen und zu ignorieren. Vielen galt Henri als kühl, manchen gar als eiskalt. Aber Henri war nicht kalt, er hielt Selbstbeherrschung für seine beste Eigenschaft. In ihm kämpfte die Selbstbeherrschung stets mit dem Selbstzweifel. Ob es richtig war, was er tat. Ob dieser verdammte Brief nur eine Falle war, dazu gedacht, ihn lächerlich zu machen oder dem Dienst einen Maulwurf unterzuschieben. Henri nahm sich Zeit, aber irgendwann entschied er, und dann zog er die Sache durch. Er war inzwischen reif genug, um anzuerkennen, dass er diese Art, an die Dinge heranzugehen, von seinem Vater geerbt hatte, und dass er dieses Erbe nicht mehr ausschlagen konnte, selbst wenn er es gewollt hätte. Doch in seinem Inneren war er nicht ruhig, schon gar nicht kalt.

Dieser verdammte Brief, was sollte er mit ihm machen? Morgen schon – er schaute auf die Uhr –, nein, heute Nachmittag sollte er den Unbekannten treffen. Er stellte sich vor, wie er am großen Kaufhaus wartete mit Blick aufs Mausoleum und wie er plötzlich umringt wurde von einer Horde von Typen, die ihn in einen Lieferwagen verschleppten und dann verprügelten oder sonst was mit ihm anstellten.

Es war zum Kotzen.

Aber eine innere Stimme sagte Henri, als er wieder zum Fenster hinausschaute, dass da draußen irgendwo die große Chance seines Agentenlebens wartete.

Bei Kolja war eine Mischung aus einem Restaurant und einem Teehaus, oder wie immer man ein Lokal nennen wollte, das nicht nur Soljanka, Pelmeni oder Borschtsch anbot, sondern auch süßes Gebäck, Tee aus dem Samowar, Schokoladen und Speiseeis. Tische und Stühle waren rustikal, die Vorhänge vollgesogen mit Rauch, deren Schwaden die Gäste in einen milden Nebel tauchten. Das Licht schummerte gelbrot, der Wirt trug einen speckigen Lederschurz und hatte ein Schweinchengesicht unter einer Halbglatze. Er stand hinter dem Tresen, im Rücken Flaschen über Flaschen, und starrte Theo an, als der die Tür geschlossen hatte und blinzelte, um sich an die Sichtverhältnisse zu gewöhnen.

Er hatte den späten Nachmittag damit verbracht, mögliche Verfolger abzuschütteln, nachdem er zuvor in der Botschaft dafür gesorgt hatte, dass die Urne schnellstmöglich nach Deutschland geschafft würde, um sie dort untersuchen zu lassen. Allerdings machte er sich keine Hoffnung, dass diese Untersuchung irgendetwas Aufschlussreiches ergeben könnte. Danach hatte er sich früh auf den Weg gemacht. Er hatte die Straßenseiten gewechselt, war in Metrostationen in letzter Sekunde aus dem Wagen gesprungen oder in einen eingestiegen, um dann so zu tun, als hätte er sich in der U-Bahn geirrt, hektischer Blick auf die Uhr, den Stadtplan immer in der Hand. Dann war er durch die Innenstadt gestreift, hatte sogar ein Taxi bekommen, von dem er sich durch die Gegend kutschieren ließ wie ein Tourist, der nicht wusste, was er wollte, immer wieder den Blick unauffällig nach hinten gewandt.

Eine Zeit lang war Theo sicher gewesen, dass er einen Beschatter entdeckt hatte. Ein kleiner Kerl mit einer Pelzmütze auf dem Kopf, die Prawda in der Hand, dann wieder nicht, einmal hatte er den Mantel an, dann trug er ihn trotz der Kälte über dem Arm, um sein Äußeres zu verändern. Er hätte die Pelzmütze ebenfalls absetzen sollen. Beruhigend, dass auch bei der Konkurrenz Deppen arbeiteten. Das war wahrscheinlich der Aufpasser vom Dienst, und vielleicht war er der Einzige, der sich um Theo kümmerte. Der wollte ja nicht ewig bleiben, nur eine Urne in Empfang nehmen und ein paar lästige Fragen stellen, vor denen aber niemand zitterte bei den russischen Sicherheitsbehörden. Theo war für die ein kleiner Fisch, und für einen kleinen Fisch brauchte man keine Flotte. Da reichte ein Depp.

Doch Theo schloss nicht aus, dass der Pelzmützendepp ihn nur ablenken sollte. Er zog also sein Schüttelprogramm durch, bis er sicher war, dass ihm niemand mehr folgte, der Depp schon gar nicht. Den hatte er gleich abgehängt. Als der Abstand zu ihm groß genug war, sprang Theo in den letzten Wagen der Elektrischen, die gerade vorbeifuhr, und konnte im Augenwinkel noch das dumme Gesicht bewundern, das sein geheimer Freund aufgesetzt hatte. Zwei Stationen weiter stieg er aus dem Wagen, ging in ein Schmuckgeschäft, erwehrte sich eines aufdringlichen Verkäufers, bis er den Deppen durchs Schaufenster vorbeieilen sah. Dann wieder eine Runde mit der Metro. Da fiel es nicht auf, wenn ein Ausländer auf den Bahnhöfen umherstarrte. Auf diese Bahnhöfe, jeder ein pathetisches Kunstwerk für sich, waren die Moskauer stolz.

Die Metro, die tief unter der Erde über ihr weites Netz raste, presste ihre Fahrgäste nach vorne beim Bremsen und nach hinten beim Beschleunigen wie ein Sportwagen. Am Kiewer Bahnhof stieg er aus und drehte sich im Gedränge auf der langen Rolltreppe demonstrativ um, auch wenn ihn der Blick in die wachsende Tiefe fast schwindlig machte. Zwei Frauen polierten mit Tüchern gemächlich, aber gründlich den Mittelteil mit den Prachtlampen zwischen den beiden Treppenlaufbändern. Oben angekommen, blieb Theo neben der Rolltreppe stehen, wartete, bis der Menschenstrom versiegte, beobachtete, ob sich in der Umgebung jemand herumdrückte, überlegte, ob er wieder hinuntergehen sollte, fand es dann aber übertrieben. Er schlenderte aus dem Bahnhof, lief nicht direkt in die Richtung seines Ziels, hielt immer wieder an, um angeblich im Stadtplan nachzuschauen, überquerte auf einer breiten Brücke die Moskwa, entdeckte immer noch niemanden, der ihm folgte, und stand endlich vor dem Eingang des Restaurants, über dessen Tür ein braun angelaufenes Holzschild behauptete, dass Kolja hier der Chef war.

Aber er ging nicht hinein, sondern lief daran vorbei. Er hatte noch eine Viertelstunde Zeit. Seine Augen suchten nach einem Versteck. Es war eine schmale Straße mit Kopfsteinpflaster, am Straßenrand parkten Autos. Die Bäume waren kahl und sahen traurig aus. Aus welcher Richtung würde sie kommen? Er wusste es nicht. Wo konnte er ungesehen beobachten, ob sie jemanden im Schlepptau hatte? Er fand einen Hauseingang, der von der anderen Straßenseite durch einen Baum abgeschirmt war. Wenn sie auf seinem Bürgersteig käme, dann hatte er halt Pech.

Er begann zu frieren, während er wartete. Zwei Autos fuhren langsam vorbei, verschwanden aber wieder. Ein Pärchen stritt sich lautstark, beide betrunken. Im Haus, in dessen Eingang er wartete, öffnete sich ein Fenster, jemand brüllte etwas, offenbar zu dem Pärchen, das sich aber fröhlich weiterstritt, auch als von oben eine Blechdose geworfen wurde, die das Kopfsteinpflaster entlangschepperte. Mit einem Fluch und einem Knall schloss sich das Fenster.

Sie kam auf seiner Straßenseite, war aber in sich versunken. Eine zierliche Figur, eher klein, gar nicht mehr so beeindruckend ohne die Ärztetracht. Ein schlichter Mantel mit Kunstpelzbesatz am Kragen, unten ragten Jeans heraus über Halbstiefeln. Kurz bevor sie am Hauseingang vorbeikam, querte sie die Straße und steuerte diagonal die Kneipe an. Theo schaute sich nach allen Seiten um. Dann lief er umher, scheinbar ohne Ziel, um sicherzugehen, dass er nicht mit Begleitpersonal rechnen musste. Jedenfalls nicht mit welchem, das ihr direkt folgte. Vielleicht saß der Pelzmützendepp ja schon bei Kolja, während Theo draußen fror. Um sich nachher keinen Vorwurf zu machen, schaute er noch eine Weile in alle Richtungen, sah nur einen alten Mann, der aber am Lokal vorbeischlurfte und offenbar einiges getankt hatte. Der Mann beachtete ihn nicht und verschwand schließlich an der Straßenkreuzung, wo er nach links wankte. Theo eilte zur Kreuzung und sah, dass der Mann unbeirrt seinen Weg zog. Wahrscheinlich haute er sich allabendlich an einem der zahlreichen Kiosks mit Einmachgläsern, Gemüse, Saft und Wodka die Birne voll und schlurfte dann nach Hause. Was mochte der Alte erlebt haben in den vergangenen fünfzig oder sechzig Jahren? Endlich entschloss sich Theo, die Gaststätte zu betreten.

Er entdeckte sie in einer Ecke, während er noch gegen die Rauchschwaden anblinzelte. Sie hatte den Mantel über die Stuhllehne gehängt und schaute in die Speisekarte. Sie trug einen eng anliegenden dunkelblauen Pulli. Jetzt erst sah Theo, dass sie ihre Brille nicht aufgesetzt hatte.

»Tut mir leid, ich bin ein bisschen spät.«

Sie löste ihren Blick von der Speisekarte, schaute ihn erst fast ein wenig streng, dann aber freundlich an. »Sie kennen sich nicht so gut aus.« Ihre Augen wanderten zu dem Stuhl ihr gegenüber. Am Tresen stand ein Mann und grölte, leise, aber bedrohlich.

Sie achtete nicht darauf. »Haben Sie schon gegessen?«,

fragte sie, als er sich gesetzt hatte. Er hatte von seinem Platz die Tür im Blick. Das beruhigte ihn etwas, auch wenn er wusste, dass es im Ernstfall nicht helfen würde. Er schaute sich um, fand nur eine Tür in der Rückwand, die zu den Toiletten führte. Eigentlich hätte er jetzt vortäuschen müssen, dass er aufs Klo wollte, um zu prüfen, ob sich da ein Fluchtweg ergab. Aber er blieb. Ein schwerer professioneller Fehler.

»Nein.«

»Ich empfehle die Pelmeni. Die Soljanka ist auch gut, meistens jedenfalls. Alles andere ist Rattenfraß. Aber sagen Sie das nicht Wladimir.« Ihre Augen zeigten zum Tresen.

»Wladimir?«

»Kolja gab's vielleicht einmal. Wenn, dann hat er sich wahrscheinlich das Hirn weggetrunken. Der Chef heißt Wladimir. Er ist ganz verträglich, wenn man ihn nicht reizt.«

»Beruhigend. Dann habe ich ja eine Chance, diesen Abend zu überleben.«

»Vielleicht.« Sie lachte. Ohne Brille und Arztkittel sah sie wirklich gut aus, irgendwie wie eine sportliche Studentin, obwohl sie über dieses Alter hinaus war. Er überlegte, welches Risiko sie einging. Und warum sie es tat.

»Wo haben Sie studiert?«, fragte er.

»An der Lomonossow-Universität.«

Theo hatte den Zuckerbäckerbau gleich vor Augen. Der riesige Turm, mehr als zweihundert Meter hoch, der auf den Sperlingsbergen über Moskau ragte. »Dann sind Sie eine waschechte Moskauerin?«

»Waschecht? Was heißt das? Also, wir Russen kennen schon Badewannen und Duschen.«

Ihr Haar glänzte, das fiel ihm jetzt auf.

Er lachte. »Ach, wirklich, ich dachte …« Sie grinste.

»Übersetzen Sie es mit ›echt‹ oder ›pur‹. Das sagt man im Deutschen so.«

»Waschecht«, wiederholte sie, »komisches Wort. Muss ich mir merken.«

Dann stand der Mann mit der Lederschürze am Tisch, Theo hatte ihn nicht kommen gesehen.

»Hallo, Sonja«, sagte er mit einer erstaunlich klaren Stimme, als würde er weder rauchen noch trinken. Dann fixierte er Theo.

»Tag, Wlad, das ist ein … Bekannter. Heißt Theo, kommt aus Deutschland.«

Wladimir nickte gnädig.

»Wir nehmen beide Pelmeni, sto gramm Wodka und Wasser.« Sie wandte sich an Theo: »Ja?«

Er schürzte die Lippen, schluckte seinen Widerstand hinunter und nickte. Dann packte ihn die Angst vor dem Alkohol. Konnte er es sich leisten zu trinken? Konnte er es sich leisten, nicht zu trinken?

»Eigentlich trinke ich keinen Alkohol«, sagte er bemüht ruhig.

»Und dann kommen Sie nach Russland? Glauben Sie, wir haben den alkoholfreien Wodka erfunden?« Sie lachte, und er wusste, er würde sein Glas leeren müssen bis zur Neige. Das machte ihm weniger Angst als die Vorstellung, was danach kommen würde. Die lange verdrängten Bilder standen ihm plötzlich vor Augen. Wie er sich in seiner Einzimmerwohnung mit Whisky betrank, bis er kotzen musste. Wie er sich schwor, nie wieder zu trinken, und am Abend darauf gleich weitermachte. Weil er nicht wissen wollte, wer er war, obwohl er das ganz genau wusste. Ein Versager mit einer Mutter, die ihr schlechtes Gewissen durch übertriebene Fürsorglichkeit bekämpfte, die ihm die Luft zum Atmen nahm und sich wunderte, dass er vor dem Erstickungstod floh in das Labyrinth einer Behörde, der schon der Vater gedient hatte. Der Vater, über den im Dienst Unverständliches, Undeutliches gemunkelt wurde, Widersprüchliches, sodass man nichts glauben konnte, außer dass der Vater irgendetwas Besonderes getan hatte. Im Guten oder im Schlechten oder irgendwie dazwischen.

Sie schaute ihm zu beim Nachdenken, dann sagte sie: »Wenn wir lange überlegt hätten, statt gleich zu bestellen, hätte er angefangen zu fragen. Er ist offenbar in Schwatzlaune. Dann hört er nicht mehr auf. Manchmal setzt er sich an den Tisch. Und wenn er betrunken ist, singt er. Nicht mal schlecht. Soldatenlieder, am liebsten Flieger. Roter Propeller, wenn Ihnen das was sagt.« Er schüttelte den Kopf. »Aber dann kann man sich nicht mehr unterhalten.«

Sie war jetzt nicht mehr die Ärztin, sondern eine gut gelaunte Frau, die gern mit ihm sprach. Oder so tat. Nichts an ihr deutete darauf hin, dass sie ihre Vorgesetzten überging, dass schon dieses Treffen mit ihm ihr einen Haufen Ärger einbringen würde, wenn es herauskäme.

»Frau Kustowa, die Sache mit der Urne ...«

»Das ist doch klar«, sagte sie. »Die Weisung kam von ganz oben. Ich habe protestiert, sehr laut und sehr deutlich. Das ist kein Unfallopfer, habe ich gesagt, sondern eine Leiche, die aussehen soll wie eines. Das habe ich schon bei der Obduktion entdeckt.«

»Die haben Sie täuschen wollen? Wer immer die sind.«

»Natürlich. Sie haben versucht, mich, wie sagt man, ... zu verarschen. Das sagt man doch, oder?«

Theo nickte. »Gilt aber nicht als ganz fein.«

»Es ist auch nicht fein, was die getrieben haben. Sie haben eine Leiche so präpariert, dass die Gerichtsmedizin glauben sollte, der Mann sei überfahren worden. Sie haben es aber schlecht gemacht. Es gab Würgemale am Hals, die kriegen Sie nicht bei einem Unfall. Und an den Oberarmen sind Striemen, so sagt man doch, oder?«

Er nickte.

»Der wurde an den Oberarmen festgehalten oder mit Riemen gebunden, ein Seil oder eine Kette war es nicht. Das war eindeutig Mord.«

»Die haben den Mann überfahren, nachdem er tot war.«

»Ja.«

»Dieses Obduktionsergebnis ist eindeutig?«

»Absolut.«

Wladimir tauchte aus den Nebelschwaden auf und stellte Gläser auf den Tisch, Wodka und Wasser, dann zog er brummend ab.

»Er ist eifersüchtig«, sagte Theo.

»Auf jeden«, sagte sie.

»Warum erzählen Sie mir das alles?«

»Weil es meine Pflicht ist.«

»Haben Sie keine Angst?«

»Selten. Sie werden mich nicht verraten. Und wenn doch, dann streite ich alles ab. Wlad hat Sie nie gesehen. Der hat in der Sowjetzeit gesessen, asoziales Element, er hasst alle Behörden und belügt sie aus Prinzip. Und wenn ich ihn noch darum bitte …«

»Nicht nötig«, sagte er. »Er wurde also ermordet. An den Oberarmen … fixiert und dann erdrosselt.«

»Sie sollten Gerichtsmediziner werden.«

»Gewiss, aber nicht in Russland.«

»Glauben Sie mir, wir haben viel Spaß.«

Theo überlegte sich, was es bedeuten konnte, in der Gerichtsmedizin viel Spaß zu haben.

»Und der Professor?«

»Der ist eigentlich in Ordnung. Wenn man davon absieht, dass er ein Feigling ist. Hat sich plötzlich krankgemeldet. Sieht ihm ähnlich.«

»Wie finde ich Belege, ohne Sie zu belasten?«

»Ganz einfach. Wenn Sie Experten haben, die Fotofälschungen entlarven können, sollten die das hinkriegen. Die Würgemale und Oberarmstriemen wurden retuschiert. Ich habe irgendwo gelesen, dass man Bildfälschungen beweisen kann, sogar auf Digitalfotos.«

»Sie sind ja richtig auf dem Laufenden!«

»War diese Bemerkung nun frauenfeindlich oder russenfeindlich oder beides?«

»Wahrscheinlich beides.«

Sie lachten.

Man trifft selten einen Menschen, mit dem man sich gleich versteht. Das gilt vor allem für jemanden, der bei Frauen schüchtern wird. Er staunte, dass es zwischen ihnen keine Barriere gab, die abzutragen wäre.

Der Mann am Tresen grölte nicht mehr, er lehnte an der Wand und schien langsam zusammenzusacken. Niemand beachtete ihn. Fünf von gut zehn Tischen waren besetzt, ein Pärchen, sie fast zwergenhaft, er wenig größer, aber fast so breit wie lang, zwei Männer, der eine mit einem Rasputinbart, der andere mit Glatze, ein Kranz von drei alten Frauen, jede ein Bierglas vor sich, und zwei einsame Trinker mit je hundert Gramm Wodka, die aber nicht die erste Fuhre gewesen waren.

»Nastrowje!«, sagte sie und hob ihr Glas.

Sie stießen miteinander an. Theo war so ungestüm, dass er ein paar Tropfen auf dem Tisch verkleckerte. Er hatte Angst vor dem Alkohol und sehnte sich gleichzeitig danach. Der Wodka brannte in der Kehle, aber sonst bewirkte er nichts. Erst einmal. Eilig trank Theo einen großen Schluck Wasser.

Wladimir stellte die Pelmeni auf den Tisch, dazu eine Schale mit Sauerrahm, darauf Blattpetersilie. Er sah Theo feindselig an und zog ab.

»Sie sollten ihm nachher nicht in einer einsamen Gasse begegnen.« Sie lachte wieder, das schien sie gern zu tun.

Theo ließ seine Hände zittern.

»Na, ich werde Wlad sagen, dass eine Leiche aus Deutschland pro Woche reicht. Das wird ihn überzeugen.« Sie zuckte, dann sagte sie: »Entschuldigung, ich bin … taktlos. Kannten Sie ihn?«

Theo schüttelte den Kopf. »Kaum.« Er zögerte. »Und wer ist der Mörder, genauer gesagt, wer sind die Mörder? Es waren ja mindestens zwei. Einer, der ihn festhielt, ein anderer, der ihn erwürgte.«

»Nicht unbedingt. Wenn ihn einer fesselte und dann erwürgte … Aber wahrscheinlich haben Sie recht. Wer es war, keine Ahnung. Die Leiche wurde angeliefert, und als sie feststellten, dass sich der Mord schwer vertuschen ließ, haben sie einen Trupp Miliz geschickt mit einem Zettel, der sie autorisierte, die Leiche mitzunehmen. Einen Tag später kam ein Polizist und brachte die Urne. Offen gesagt, ich wäre mir nicht sicher, ob das wirklich seine Asche ist.«

»Also stecken Behörden dahinter.«

»Sie sind ja richtig schlau!«, sagte sie und riss die Augen auf, als würde sie ihn bewundern. »Es ist in Russland meist nicht die Frage, ob es die Behörden waren, sondern welche. Natürlich wollen wir uns dem Ausland gegenüber keine Blöße geben, und deshalb stehen wir dann wie ein Mann zusammen, wenn solche Leute wie Sie anrücken. Sonst aber kratzen wir uns gegenseitig die Augen aus. Die Polizisten, die den Leichnam abgeholt haben, damit er verbrannt wurde, haben das auf Befehl von oben gemacht.

Derjenige, der das befohlen hat, hat es wiederum auf Befehl von weiter oben gemacht, und derjenige …«

»Ist gut«, sagte er. »Und irgendwo ganz oben sitzt einer, der weiß, warum Scheffer umgebracht und dieses Täuschungsmanöver veranstaltet wurde.«

Sie runzelte erst die Stirn, dann glättete sie sich.

»Und wie kriege ich heraus, wer es angezettelt hat? Und wie weise ich es ihm nach?«

»Das Erste ist unmöglich, das Zweite ist noch unmöglicher. Selbst wenn es Ihnen gelingen sollte, die unteren Chargen zu befragen, die werden einen Teufel tun, Ihnen etwas Aufschlussreiches oder vielleicht überhaupt etwas zu sagen. Die werden nicht mehr sagen, als dass es ein Unfall war. Sie brauchen gar nicht erst anzufangen, die Sache zu untersuchen.«

»Ich muss aber. Und bei Ihnen hat es doch geklappt. Es gibt eine ehrliche Ärztin, warum soll es nicht einen ehrlichen Polizisten geben?«

»Es gibt eine verrückte Ärztin, aber keine verrückten Polizisten, ganz bestimmt nicht. Sie sind verlogen, gewalttätig, korrupt, vielleicht sogar mutig, aber ehrlich sind sie spätestens dann nicht, wenn so ein Vogel aus dem Westen angeflattert kommt und mit jeder Frage verrät, dass er den großartigen Behörden der großartigen Russischen Föderation nicht glaubt. Wären Sie Russe, dann säßen Sie nach ein paar Fragen im Knast. Die würden Ihnen irgendwas anhängen und Sie erst mal verschwinden lassen. Da hat sich nicht viel geändert gegenüber der Sowjetzeit. Heutzutage sind sie eher noch willkürlicher, früher haben sie sich bemüht, sich an die eigenen Gesetze zu halten, auch wenn die schlimm genug waren. Inzwischen sind die Gesetze besser, aber die Justiz macht, was sie soll, egal ob das im Gesetz steht oder nicht.«

Sie hatten währenddessen die Pelmeni aufgegessen, die Theo außerordentlich gut schmeckten. Dann tranken sie den Wodka aus, woraufhin Wladimir wie aus dem Nichts am Tisch auftauchte und einfach nachschenkte, was sie genauso selbstverständlich hinnahm. Sie ist oft hier, dachte Theo. Die Angst vor dem Alkohol war mit dem Trinken verflogen. Auf den ersten Blick passt sie hier nicht hinein, zu rau die Kneipe, zu zart die Frau. Doch war sie innerlich aus ganz anderem Holz geschnitzt, als ihr Äußeres verriet. Sie war zäh, standhaft, unbeugsam und mutig genug, sich in Teufels Küche zu bringen, also dorthin, wo sie gerade saßen. Wlads Kneipe war des Teufels Küche, solange sie dort das nachsowjetische Reich mit seinem brutalen Machtanspruch nach innen und nach außen sezierte, als wäre es eine angeschwemmte Kanalleiche auf dem Obduktionstisch. Wenn an der falschen Stelle herauskam, was sie tat, war sie fällig. Knast, vielleicht der Tod, der mit einer provozierenden Regelmäßigkeit Russen, vor allem Journalisten, ereilte, welche die Machtverhältnisse in Russland durchleuchteten und das Lügengespinst, das über ihnen ausgebreitet wurde. Theo gestand sich ein, dass er die Frau bewunderte. Sie war mutig und machte sich nichts daraus. Theo bewunderte Menschen sonst nicht. Er kannte Menschen, die von anderen bestaunt wurden wie Außerirdische, die sich in Wahrheit aber als Würmer entlarvten. Der Großvater zum Beispiel, dem viele das soldatische Heldendasein abgekauft hatten, der sich dann aber in den Tod gejammert hatte, was jedes Menschen Recht war, ausgenommen selbst ernannte Helden. Auch der Vater hatte zwar nicht den Helden markiert, doch hatte er sich verhalten wie einer, der besonders wichtig genommen werden wollte. Theo fiel erst jetzt auf, dass Henri diese Attitüde beim letzten Treffen nicht mehr gezeigt hatte. Er war verändert, geradezu zurückhaltend, nicht mehr der ewige Sieger in allen Disziplinen, der den Großvater zackig kopierte, ohne selbst auch nur zu spüren, dass er dieses Gehabe abgeschaut hatte.

»Und was sind Sie für einer? Polizist?« Die Frage klang so, dass sie diese Antwort eigentlich ausschloss. Ein Polizist verhielt sich nicht so. Allerdings, deutsche Polizisten mochten da anders ticken, das wusste sie nicht.

»So was Ähnliches, ich ermittle im Auftrag unseres Bundeskanzleramts ...«

»Wichtig! Wichtig!«, lachte sie.

»Ach, überhaupt nicht. Ich bin ein kleiner Ermittler für ... man nennt das Sonderaufgaben. Also wenn es irgendwo etwas gibt, das die Polizei nicht ermitteln kann, werde ich losgeschickt. Vor allem im Ausland.« Du bist ein Angeber.

»Wo waren Sie da schon? ... Ach, ich will Sie nicht ausfragen.«

»Kein Problem. Zuletzt in Rom.« Warum hast du nicht Paris gesagt? Würde sie genauso beeindrucken, aber nichts verraten.

Ihre Augen wurden schwärmerisch. »Nach Rom würde ich auch gerne mal reisen.«

Theo versuchte sich vorzustellen, wie es wäre, wenn sie gemeinsam dort hinführen. Er spürte, wie der Wodka ihn aufmunterte, mutiger machte. Es war doch nicht schlecht, zu trinken. Jedenfalls, wenn man es nicht täglich tat und nicht schon am Morgen. Dann zwang er sich, wieder seinem Auftrag zu folgen. Er musste sie an diesem Abend alles fragen, weil er nicht wusste, ob er sie wiedersehen würde. Hoffentlich vergesse ich nichts. Hoffentlich sehe ich sie wieder. Unbedingt. Sie erschien ihm jetzt traumhaft schön. Dass er das nicht sofort bemerkt hatte, dass er sich hatte ablenken lassen von einem Kittel und einer hässlichen Brille!

»Wer könnte mir weiterhelfen? Der Professor?«

»Wenn der Sie sieht, dann nimmt er Reißaus. Reine Zeitverschwendung.«

»Wie heißt er eigentlich?«

Eine dunkle Wolke zog über ihr Gesicht. Sie hatte doch gesagt, dass der Professor eine Flasche war. Theo tat es gleich leid. Er wollte sie nicht verärgern, ganz bestimmt nicht.

»Nehmen Sie das Foto und erklären Sie, es sei gefälscht. Behaupten Sie es einfach, schon bevor Ihre Experten es entlarven. Setzen Sie die Moskauer Staatsanwaltschaft damit unter Druck. Etwas in dieser Richtung. Ich bin keine Spezialistin für die juristischen Dinge, und bei Polizeiermittlungen habe ich eine klar umgrenzte Aufgabe. Aber ich glaube, wenn Sie mit dem Foto weitermachen, dann muss der Staatsanwalt herunter von seinem Sockel. Ich bin gespannt, was ihm dazu einfällt.«

Theo nickte. Sie hatte natürlich recht. Mit dem Foto hatten sie einen Fehler gemacht, und er würde sie auflaufen lassen. Nicht schlecht für einen, den manche für einen unreifen Streber hielten, viel zu unreif jedenfalls, um in Moskau wichtige Ermittlungen zu führen. Theo dachte an Scheffer, das arme Schwein, das es doch noch erwischt hatte, obwohl man glauben mochte, diese Zeiten seien vorüber.

Er nippte an seinem Wodka.

»Was überlegen Sie, wenn ich fragen darf?«

»Wie ich es machen soll mit dem Foto.«

»Da wird Ihnen gewiss etwas einfallen. Mysteriöser Mord in Moskau, gute Schlagzeile, oder?« Sie lachte wieder.

Theo linste zur Uhr, es war spät geworden, und fragte: »Ich darf Sie einladen?«

»Sie dürfen.« Wieder dieses Lächeln, das seine Knie

weich werden ließ. Er fühlte sich ein bisschen schummerig und staunte, wie viel er vertrug. Trinken war wirklich nicht schlecht.

Er wollte sie nicht gehen lassen. Auf keinen Fall.

Major Eblow schaute hinaus und wunderte sich. Im Hof der BRD-Botschaft stand wieder dieser Typ, der gerade erst eingereist war, und fütterte die Katze. Diesmal hatte er zwei Tassen in der Hand. Sie schicken wirklich seltsame Leute zu uns.

Der Leutnant stand neben dem Major und schüttelte den Kopf. Vielleicht überlegte er, ob dieses Theater vor ihren Kameras ein besonders raffiniertes Ablenkungsmanöver war, dem Klassenfeind musste man alles zutrauen. Aber dann setzte er sich wieder auf seinen Stuhl und rauchte seine Zigarette fertig, während der Major nicht genug kriegen konnte vom Anblick dieses Verrückten.

Dieser Martenthaler war mit größter Wahrscheinlichkeit der neue Resident. Vielleicht sollte er Gebold ablösen, was Eblow bedauern würde. Jeder andere würde mehr Arbeit und Ärger bereiten. Gebold war die Idealbesetzung. Gebe der Himmel, oder wer immer dafür zuständig war, ihm noch viele Jahre an diesem Ort! Da konnte selbst ein hartgesottener KGB-Offizier alles und jeden anrufen, um Gehör zu finden. Mehr als schiefgehen konnte es ja nicht.

Er blickte auf den Leutnant, der sich gerade eingehend mit seiner Zigarette beschäftigte. Auf dem Tisch stand ein halb voller Becher Tee, an der Wand lag der zweite Überwacher auf einer nackten Matratze und schnarchte vor sich hin, wobei er es verstand, abrupte Pausen zwischen den Röchlern einzulegen.

Zusammen mit der Wohnung auf der Vorderseite der

Botschaft und den Genossen in Autos und weiteren konspirativen Wohnungen an der Straße überwachten meist mehr als dreißig Mitarbeiter die Botschaft. Da die Leute in den Botschaften es wussten oder wenigstens davon ausgingen, dass ihnen auf Schritt und Tritt jemand folgte, dass sie abgehört und heimlich gefilmt wurden, dass in den Wänden vieler Botschaftsräume Wanzen angebracht waren, brachte der Aufwand nicht die Ergebnisse, die fünf Mann erzielen konnten, wenn ihre Tätigkeit verborgen blieb.

Sie hatten Henri Martenthaler getestet. Irina hatte ihre Sache gut gemacht, sie war ihn aggressiv angegangen. Aber es hatte nicht geklappt. Daraus wollte Eblow erst einmal nichts ableiten, denn eine solche Verweigerung konnte Gründe haben, die nichts mit der Frage zu tun hatten, ob Martenthaler Agent war oder nicht. Ein Agent hätte Irina auch abgewiesen oder eben nicht. Wenn nicht, mochte dies der Irreführung dienen oder Blauäugigkeit beweisen. Was für einer dieser Katzenfütterer war, das mussten sie noch herausbekommen. Es war nur eine Frage der Zeit, meistens jedenfalls. Wenn Martenthaler Agent war, würde irgendwann das Katz-und-Maus-Spiel beginnen. Martenthaler unterwegs, und sie immer hinterher in der Hoffnung, dass der Typ sie nicht abschüttelte, obwohl sie ein Dutzend Mann zu Fuß und mehrere Fahrzeuge bei solchen Überwachungen einsetzten.

Eblow war innerlich ganz ruhig. Wir kriegen dich, Henri, dachte er. In diesem Augenblick zweifelte er nicht, dass Martenthaler von der Konkurrenzfirma war und darauf wartete, endlich aktiv werden zu können. Aber so, wie Eblow die Lage sah, würde der gute Mann noch ein bisschen warten, sich akklimatisieren, nicht gleich auf sich aufmerksam machen, die Bewacher einlullen. Mal sehen, mein Freund. Wir haben bisher die meisten gekriegt, dich kriegen wir auch. Dann kribbelte es doch im Bauch des Majors. Irgendwie wanderte die Unruhe vom Bauch ins Hirn, wo sie die Möglichkeit entrollte, dass Henri Martenthaler vielleicht ein ganz Ausgebuffter war, der der Sowjetunion schaden würde. Woher dieses Gefühl kam, das wusste Eblow nicht, aber er wusste, dass er sich auf seine Intuition verlassen konnte. Er verließ den Beobachtungsposten grußlos und schlecht gelaunt. Es würde etwas Übles geschehen, das spürte er. Und bei ihm waren Spüren und Wissen eins.

WENN SIE INTERESSIERT SIND, WARTEN SIE AM EINGANG DER GUM, DAS DEM LENINMAUSOLEUM AM NÄCHSTEN LIEGT. MORGEN 15 UHR.

Henri konnte den Zettel schon auswendig. Er fluchte. Vom Himmel Sturzfluten. Über Nacht war der Frost verschwunden, und statt seiner herrschten nun Wasser und Matsch. Die Moskauer zogen ihre Gummistiefel an, die für sie so überlebensnotwendig waren wie warme Unterwäsche. Der Himmel war schwarz und grau gefleckt und lastete auf der Stadt wie die Androhung der Sintflut. So ungefähr würde es beim Weltuntergang aussehen, dachte Henri. Er hatte hohe Lederstiefel angezogen, die Hosenbeine aber nicht hineingesteckt, und so waren sie schon nass, bevor er im Auto saß. Er blickte auf die Uhr, es war kurz vor zwölf. Er fuhr los, schaute in den Rückspiegel und sah gleich, dass ihm ein weißer Lada folgte. Drinnen saßen zwei Männer. Den Wagen hatte er schon bemerkt, als er am Morgen zur Botschaft gekommen war. Sie hatten auf der anderen Straßenseite gewartet, schräg gegenüber dem Eingang zum Botschaftsgebäude. Da sie sich so auffällig benahmen, wusste Henri, dass sie von der eigentlichen Verfolgung nur ablenken sollten. Immer wieder blickte er in den Rückspiegel des Mercedes, immer wieder hatte er andere Autos im Verdacht, ihm zu folgen, doch sie bogen ab oder hielten an, andere fuhren an ihrer Stelle, und Henri konnte nicht erkennen, welcher Wagen für die Konkurrenzfirma fuhr und welcher nicht. Der weiße Lada aber blieb stur hinter ihm, ließ kaum mal einen Wagen dazwischen, und, so glaubte Henri, an diesen Lada hängten sich immer wieder andere, um den Botschaftswagen nicht zu verlieren. Henri war aber sicher, dass der Lada irgendwann verschwinden würde, um ihm vorzutäuschen, er würde nicht mehr beschattet.

Er hatte von vornherein gewusst, dass sie ihm auf den Zahn fühlen würden. Und doch beunruhigte es ihn. Immerhin, fiel ihm ein, lenkte es ein wenig ab von seiner Furcht, Auto zu fahren, die ihn jederzeit anzufallen drohte. Die nächste Panikattacke kam bestimmt, in der er sich den übelsten Unfall farbig ausmalte.

Aber dafür hatte er jetzt einfach keine Zeit. Das KGB war die beste Therapie. Sein Hirn arbeitete schnell. Wenn er jetzt auf die klassische Schüttelstrecke ging, dann ahnten die Herren in den Ladas und Wolgas, dass er vom Fach war. Wie hält man sich Verfolger vom Leib, ohne zu verraten, dass man es gelernt hatte? Wie verschwand man in einer Stadt, die man nicht kannte? In der Nacht hatten ihm diese Gedanken schon zugesetzt. Aber jetzt wurde er richtig nervös. Einfach an einer roten Ampel wegstieben? Ein Versuch wäre es wert, wenn er nicht sicher wäre, dass sie ihn auch von vorn verfolgten. Dass vor ihm mindestens ein Auto fuhr, dessen Besatzung per Funk unterrichtet wurde, welche Richtung er nahm. Henri hatte schon mehrfach gehört von dieser Methode, und im Vorbereitungslehrgang hatten die Dozenten sie eingehend erörtert.

Aber sie hatten ihm nicht verraten, wie er jetzt davonkommen könnte, ohne es aussehen zu lassen wie eine Flucht. Er schaute auf die Uhr. Noch zweidreiviertel Stunden, und der Tank war voll. Aus Moskau kam er nicht hinaus, die Ausfallstraßen wurden kontrolliert.

Er musste improvisieren. Du bist verrückt, schalt er sich. Neu in Moskau und schon auf Achse. Im Auto in einem Straßenlabyrinth, an der Leine des KGB. Das hast du gut gemacht, Henri. Er schniefte, einmal lang, einmal kurz. Ich könnte so Morsezeichen versenden. Irgendwo tief in ihm wühlte es, er wusste, es war die Panikattacke, die sich vorbereitete. Dräng sie weg, solange es geht. Ein Spion, der vorm Autofahren Schiss hat, ein Held auf Moskaus Straßen. Großartig.

Der Regen war ein paar Minuten schwächer geworden, dann wurde er wieder zum Sturzbach, die Scheibenwischer konnten die Flut nicht mehr bewältigen. Immer nur kurz sah Henri Ausschnitte der Fahrbahn. Im Rückspiegel erkannte er Schemen, es schimmerte weiß, das war wohl der Lada, der ihm unbeirrt folgte wie eine mobile Erinnerung daran, dass er im fremden Revier wilderte. Wie wurde er sie los? Normalerweise würde er mindestens zwei Stunden durch die Gegend fahren, mal hier aussteigen, mal dort. Aber das ging jetzt nicht. Er musste sich der Lage anpassen. Indem er tat, was einer bei einem solchem Wetter tun konnte. Er hatte keinen Plan, aber eine Idee. Immerhin. Er schaute auf den Stadtplan, aber es nutzte nichts, da er nicht wusste, wo er war. Er linste durch die hektisch wedelnden Scheibenwischer, sah, dass an der Straßenseite Parkplätze waren, und fuhr vorsichtig an den Rand. Er blieb lange sitzen, beobachtete die Umgebung, ohne wirklich etwas zu erkennen. Bisher verhielt er sich wie ein Autofahrer in einer fremden Stadt, der abwarten wollte, bis der Regen nachließ. Er kurbelte die beschlagene Seitenscheibe hinunter und starrte durch das Wasser wie durch eine Milchglasscheibe. Es regnete ins Auto, er wurde nass, aber er hatte etwas gesehen, das er versuchen konnte. Wenn es schiefging, dann hatte er immerhin noch einen Versuch. Er schaute auf die Armbanduhr. Er würde kein Risiko eingehen und seinen Kontakt, wenn es denn einer war, nicht in Gefahr bringen. Aber wann konnte er sicher sein, dass er sie abgeschüttelt hatte? Er steckte den Stadtplan in die Innentasche.

Er atmete tief durch, sammelte alle Kraft, dann stieß er die Tür auf und rannte durch ein anschwellendes Hupkonzert über die Straße, hinein in eine Gasse, er hatte schon befürchtet, sie wäre eine Einfahrt in einen geschlossenen Hof, sah eine Gaststätte, riss die Tür auf, erkannte, dass es einen hinteren Ausgang gab, schoss zur Tür, sprang hinaus und rannte eine Seitenstraße hinunter, bog ab, entdeckte eine offene Garageneinfahrt, die ins Untergeschoss führte, und lief hinein. Er stellte sich mit dem Rücken an der Wand innen neben den Eingang und linste hinaus. Er wartete und schaute immer wieder auf die Uhr. In solchen Situation kann man sich nicht auf sein Zeitgefühl verlassen, da kommen einem die Sekunden vor wie Minuten. Er musste warten, um sicherzugehen, dass er sie abgehängt hatte. Alles in ihm drängte weiterzulaufen, aber was für einen Sinn sollte es haben, wie ein Blinder durch die Gegend zu hasten?

Eine Frau in einem Plastikumhang schleppte eine schwer beladene Einkaufstasche vorbei und verschwand im Regen. Ein gebückter kleiner Mann, eingemummt, schlich humpelnd vorbei, er starrte nur nach vorn durch dicke Brillengläser.

Binnen weniger Sekunden wurde aus der Sturzflut vom

Himmel ein Rinnsal. Hinter grauen Wolken sah Henri ein Leuchten. Die Sonne, tatsächlich, es gab sie noch. Henri fühlte die Nässe im Rücken, das Wasser war am Kragen eingedrungen, aber sonst hatte ihn der Mantel weitgehend trocken gehalten. Er fror. Wie um die Nachwirkung des Regens zu verstärken, begann nun ein eiskalter Wind zu pfeifen. Er riss die schwarzgrauen Wolken auf und trieb die Fetzen weg von Moskaus Himmel, der sich bläute und die Sonne auf die Stadt scheinen ließ, als wäre es nie anders gewesen. Die Straße dampfte. Aber fernab am Horizont ballte sich schon die nächste Sintflut. Sie wartete, dass der Wind sie über Moskau schob.

Henri sah wieder auf die Uhr, gerade fünf Minuten waren vergangen. Er schaute hinaus, verließ die Einfahrt und ging zügig los, ungefähr parallel zu der Straße, auf der er mit dem Auto gekommen war. Diese musste hinter den Häuserblocks mit dem rotbraunen Putz verlaufen, war aber aus der gekrümmten Nebenstraße nicht einsehbar. Henri marschierte, so schnell er konnte, aber er rannte nicht. Wenn er eine kleinere Nebenstraße entdeckte, nahm er die. An der Sonne orientierte er sich so weit, dass er nicht im Kreis lief. Er stieß auf einen Friedhof und betrat ihn. Schwere Tropfen an Kiefern, Grabsteine mit den Abbildungen der Verstorbenen, bald erreichte er eine weiße Marmorwand, glänzend von der Nässe, übersät mit Bildern und Schrifttafeln. Immer weiter, immer weiter. Er schnaufte, wischte sich das Wasser-Schweiß-Gemisch von der Stirn und blieb abrupt stehen, als er am rückwärtigen Ausgang des Friedhofs ein Straßenschild entdeckte. Skotoprogonnaja ul. stand darauf. Er öffnete den Mantel, merkte jetzt, dass er am ganzen Körper schwitzte, zog den Stadtplan aus der Innentasche und begann zu suchen. Bald hatte er den Friedhof und die Straße entdeckt und fand auch gleich die nächstgelegene Metrostation Proletarskaja. Ein Blick nach oben zeigte ihm, dass die Wolkenwand sich über Moskau zu türmen begann, um ihre Last über der Stadt niedergehen zu lassen. Ich habe mir die richtige Jahreszeit ausgesucht zum Spionieren. Henri musste grinsen. Er studierte den Weg, den er gehen wollte, genau, steckte den Plan wieder in die Tasche und lief los. Er steuerte die Metrostation nicht direkt an, sondern schlug Haken wie ein Hase. Manchmal blieb er stehen, schaute sich um, nahm immer wieder den Stadtplan, vergewisserte sich an Straßenschildern, wo er war, und tat doch alles nur, um auszuschließen, dass sie ihn gefunden hatten. Aber es war nichts Verdächtiges zu sehen. Nur wenige Leute auf den Straßen, der nächste Guss würde folgen, die Moskauer kannten sich da aus.

Henri fühlte sich leichter, als er begriff, dass es menschenunmöglich gewesen wäre, ihm auf der Spur zu bleiben. Ja, sogar KGB-unmöglich, weil das Wetter mitgespielt hatte. Das Wetter als Hauptverbündeter des Imperialismus. Henri lachte leise vor sich hin. Er hatte sie überrascht, als er aus dem Auto gestiegen und in die Sturzflut gehetzt war, ohne den Wagen abzuschließen. Dann war er unsichtbar geworden für sie. Niemand würde ihm anlasten können, gerannt zu sein bei diesem Wetter. Sie hatten es bestimmt zu spät begriffen, und er hatte sie schon vor der Gaststätte abgehängt gehabt, die er durch den Hintereingang verließ.

In einer Seitenstraße, als ihn niemand beobachtete, drehte er den Mantel um und trug die nasse Seite innen. Eklig, kalt, aber nun trug er einen schwarzen Mantel. Henri näherte sich der Metrostation. Er strich sich die nassen Haare glatt – beim nächsten Mal würde er einen Kamm einstecken – und passte sich dem Eilschritt der Moskauer an, die die Schwingtüren zur U-Bahn aufstießen und nicht warteten, wann der nächste Passant kam. Henri fuhr die Rolltreppe hinunter in eine Halle mit weiß gekachelten Wänden, der Name der Station mit gelben Kacheln hinterlegt, kantige Marmorsäulen, der Charme der anbrechenden Sechzigerjahre, Sachlichkeit anstelle von Stalins Kitsch. Er schaute sich um, wie es ein Tourist tat, betrachtete die Lampen zwischen den beiden Rolltreppen, schaute einer hübschen Frau nach, deren brünettes Haar unter einer Strickmütze hervorquoll, beobachtete die Wärterin mit dem Uniformschiffchen in ihrem verglasten Wärterhäuschen mit dem Telefon am Fuß der Rolltreppe.

Er fuhr kreuz und quer mit der Metro, tat so, als würde er aussteigen, blieb aber drin, stieg dann doch aus, und tat so, als würde er es sich in letzter Sekunde anders überlegt haben. Er fuhr zur Metrostation Revolutionsplatz, lief die Nikolskaja bis zum Roten Platz, drehte dann aber ab, spielte wieder den verwirrten Touristen, starrte ab und zu auf seinen Stadtplan und stieg nach einigen Minuten in die Tiefen der Ochotny Rjad hinab, um auf Schachbrettmarmor unter prächtigen Leuchtern auf den Zug zu warten, der ihn auf eine weitere Odyssee durch Moskaus Untergrund mitnahm, diesmal auf der legendären Roten Linie, erbaut in den Jahren des Terrors.

Erst als er restlos überzeugt war, dass niemand ihm hatte folgen können, kehrte er zurück zum Roten Platz. Als Erstes erwischte ihn eine eiskalte Bö, welche die Wärme der überheizten Metro, die ihm noch am Körper haftete, in einem Nu wegblies. Dann kamen Graupel, die der Wind fast waagerecht über den Platz peitschte. Henri rannte fast zum GUM. Er betrat es durch den Eingang, der dem Lenin-Mausoleum am nächsten lag.

Die übliche endlose Schlange davor hatte der Regensturm zerfetzt, und man konnte den Genossen Lenin zwar fragen, was er von der Zimperlichkeit der heutigen Moskauer hielt, aber man durfte sich seine Antwort bestenfalls einreden. Er lag schweigend im Grab und leuchtete vor sich hin, was einen böswilligen Botschaftsmitarbeiter zu der Einsicht bewegt haben soll, dass die Mausoleumsverwalter dem Staatsgründer eine Leuchtstoffröhre in die hintere Körperöffnung geschoben hätten. Wehe, wenn die Leuchtstoffröhre mitten im Massenandrang zu flackern anfange.

Henri grinste, als ihm dieser blöde Spruch einfiel. Besser als Schiss haben vor dem KGB, der ihn womöglich gleich auf frischer Tat ertappte. Fast wäre er gleich wieder gegangen. Doch er zwang sich, die Sache durchzustehen. Er schaute auf die Uhr, er war zwanzig Minuten zu früh. Da wollte er sich noch nicht an die Tür stellen.

Er drängte sich durch die Menschenmenge, die in den Einzelläden des GUM einkaufen oder sich nur vor dem Regen schützen oder beides tun wollte. Wo Gemüse verkauft wurde, standen vor allem Gurkengläser in den Regalen. Das Schuhangebot wartete auf die Glücklichen, denen die wenigen Stiefel oder Sandalen passten, und die Frauenkleidung gleich neben einem Laden, in dem Wein und Spirituosen angeboten wurden, auf Kundinnen, denen es ziemlich egal schien, wie sie herumliefen.

Noch zehn Minuten. Henri kam an einem Café vorbei, in dem auch Süßigkeiten und Zigaretten angeboten wurden. Ein großer fetter Mann stritt sich an der Kuchentheke mit einer fast gleich großen und gleich dicken Frau mit Kopftuch und von unbestimmbarem Alter. Sie hatte ein Tortenstück auf der Kelle, dem infolge des von beiden Seiten erbittert geführten Wortgefechts das Schicksal vorbestimmt schien, zum Opfer eines Putzlappens auf dem Fußboden zu werden. Aber es fiel nicht. Und plötzlich lachte die Frau und lachte der Mann, sie schütteten sich aus vor Lachen, sie hielt sich die freie Hand vor den Bauch, dann klatschte sie das Tortenstück auf einen Teller, und ihm machte es nichts aus, dass er das Gewünschte brockenweise in die Hand gedrückt bekam. Abgelenkt von dem Spektakel, hätte Henri fast übersehen, dass zu Füßen des Streithammels ein Mann lag, den der Vollrausch davor bewahrt hatte, von dem jetzt beendeten Streit gestört zu werden.

Noch fünf Minuten. Henri drängte sich langsam in Richtung Tür. Er versuchte, sich nicht auszumalen, was gleich geschehen würde. Und doch packte die Angst nach ihm. Er vergewisserte sich mit der Hand auf dem Mantel in Innentaschenhöhe, dass er seinen Diplomatenpass tatsächlich eingesteckt hatte. Es beruhigte ihn. Durch die Menschenmenge erkannte er die Tür. Wo sollte er sich dort hinstellen, ohne aufzufallen, ohne im Gedränge weggeschoben zu werden und ohne Duschbad im Regenwasser.

Ich hätte mich nicht darauf einlassen sollen. Stattdessen im warmen Büro – verflucht, ist das kalt – mit Angela Morgenstern ein Schwätzchen halten. Heute hatte sie eine eng anliegende dunkelblaue Bluse an, sie war verführerisch gewesen.

Noch drei Minuten. Direkt neben der Tür, an der Wand, schien es etwas ruhiger zuzugehen, aber nass wurde man da auch. Wahrscheinlich hatte das KGB dieses Wetter bestellt und auch noch das Gerücht ausgegeben, heute gebe es Bananen im GUM.

Auf dem Brief hatte nichts gestanden von einem Erkennungszeichen. Warum, verdammt, ist ihm das erst jetzt eingefallen? Du bist ein Amateur. Wie soll der Typ dich erkennen? Es sei denn, er kennt dich schon. Stimmt, er hat dich auf dem Empfang gesehen, mit Irina im Schlepptau.

Oder war es doch Irina, die ihn hierher gelockt hatte? Es war eine Falle, oder? Es konnte nur eine Falle sein. Außerdem sollte ich den Brief doch angeblich der zuständigen Person geben. Er war ja nicht an mich gerichtet, sondern an diese zuständige Person vom BND. Verdammter Mist, auf was habe ich mich eingelassen? Ich bin wahnsinnig. Es ist so kalt, verdammt.

Noch eine Minute. Er fröstelte, aber es war eher die Anspannung als die Kälte, die stoßweise ins GUM eindrang mit den Menschen, die hinein- und hinausströmten. Die Frischluft verwirbelte die Gerüche, die die Menschen und die Waren des Kaufhauses absonderten. Henri blickte nach oben, ins Dach mit den Stahlverstrebungen, wo der Dampf hinzog.

Ein Stoß mit dem Ellbogen. Henri fuhr herum und sah über einen klein gewachsenen Mann hinweg, den er erst gar nicht bemerkt hatte. Als er seinen Blick senkte, traf er auf ein faltiges Gesicht mit einem mächtigen weißen Schnurrbart. Die dunkelblauen Augen des Mannes waren voller Angst. Er trug einen braunen Mantel mit Kunstpelzkragen und eine Russenmütze.

»Sie sind der Empfänger meines Briefs?«

»Ja.«

»Kommen Sie!«, sagte der Mann ungeduldig mit einer quengligen Stimme. »Sie kennen mich nicht. Tun Sie so, als hätten Sie nichts mit mir zu tun.« Er sprach Englisch, gebrochen, aber verständlich. Es dauerte keine zehn Sekunden. Der Mann ging tiefer ins Kaufhaus hinein. Henri zwang sich, sich nicht nach Verfolgern umzuschauen, und folgte. Es war schwer, den Mann nicht zu verlieren im Gedränge. Wenn der kleine Mann es gewollt hätte, er hätte binnen Sekunden untertauchen können. Wie ein Fisch im Schwarm. Henri begann sich zu schelten. Du Idiot rennst herum wie ein wandelnder Leuchtturm. Hier fiel seine Kleidung sofort auf. So einen Mantel, so anschmiegsam, so hochwertig verarbeitet, mit Nähten, die nicht reißen konnten, aus einem Stoff, den man im besten Kaufhaus der Sowjetunion, diesem GUM, für kein Geld der Welt kaufen konnte. Die teuren Lederstiefel, die unten aus den modischen Karottenhosenbeinen herausragten, sogar die Frisur machte Henri zum Objekt des Staunens und des Verdachts. Er fühlte, wie ihm der Schweiß auf die Stirn trat, und wusste, es lag nicht nur am Dampfbad in der Menschenmenge, durch die er sich im Schlepptau des kleinen Manns drängte, sondern an seiner Angst, die sich in dem Maß steigerte, wie er die Fehler bedachte, die er beging und noch begehen würde. Er schniefte, einmal, dann noch mal, wie er es immer tat, wenn der Druck wuchs. Und dann kreischten in seinem Kopf bremsende Räder, und er wusste, der Aufschlag, dumpf und hart, würde kommen, Blech auf Blech, klirrende Scheiben, und dann wäre alles schwarz. Er blieb schnaufend stehen, musste stehen bleiben, sah in Trance, wie der kleine Mann in der Menge mit wegströmte. Hinterher, befahl er sich. Hinterher! Er setzte seine bleischweren Beine in Gang, tatsächlich, es ging. Offenbar hatte der Mann sein Tempo verlangsamt, obwohl er sich nicht umschaute nach Henri, schien er ihn doch im Blick zu haben. Doch einer von der anderen Firma? Wo lernt man es sonst? Beim BND eben nicht, sonst hätte ich nicht den Fatzke gemacht im GUM. Das weiß man doch, dass man als Westler sofort auffällt.

Der kleine Mann war weg. Henri blieb stehen, spürte den Schweiß auf der Haut. Ein Offizier bewahrt immer einen kühlen Kopf. Das hatte der Vater gesagt, der Vater, der bei der kleinsten Kleinigkeit gestraft hatte. Das war doch auch nur ein Ausrasten, gezügelt durch Drill.

Warum denke ich gerade jetzt an so einen Scheiß? Seine Augen suchten den Mann, sahen aber nur Köpfe, Hüte, Gesichter, Mützen.

»Money change?«, sprach ihn ein junger Mann an, vielleicht einer aus Armenien oder Georgien. »Money change?«, wiederholte er. Er drängte sich an Henri, der schob ihn weg. »Money change?«, wiederholte der Mann wie ein Automat, aber schon mit Enttäuschung im Ton.

Wo war der kleine Mann?

Bleib ruhig. Seine Augen suchten systematisch, zentimeterweise von links nach rechts. Dann sah er ihn. Der Mann lehnte wie unbeteiligt an einer Säule und aß etwas. Als sich ihre Blicke wenige Sekunden kreuzten, zeigten die Augen des Manns nach links. Henri erkannte ein Lokal. Er drängte sich hin. Ein dunkel gebeizter Tresen, dahinter eine alte Frau. Auf dem Steinfußboden standen ein paar Tische und Stühle, auf denen schon Stalin gesessen haben musste. Erstaunlicherweise wackelte der Stuhl nicht, als Henri sich setzte. Er winkte zum Tresen und sagte nur: »Wodka!«

Die Frau mit geblümter Schürze und Dauerwelle schaute kurz, nickte nicht einmal und erschien mit einem Tablett in der Hand und hundert Gramm. Sie pflanzte das Glas kräftig, aber ohne zu kleckern, auf den Tisch und verschwand kommentarlos hinter dem Tresen.

Im Augenwinkel sah Henri, wie der Mann heranschlenderte. Er setzte sich mit dem Rücken zu Henri an den Nebentisch und rief etwas zur Frau, die gerade klirrend Flaschen ins Wandregal einräumte. Die Stimme des kleinen Manns quengelte im Befehlston. Die Frau grunzte etwas, dann stellte sie drei Flaschen ins Regal, schnaubte empört und verschwand hinter einer Tür neben dem Wandregal.

»Wir müssen uns beeilen«, zischte der Mann. Er schob Henri ein Papierkonvolut zu, und Henri ließ es in seiner

Manteltasche verschwinden. Dann erhob sich der Mann und verschwand eiligen Schritts. Die Menge schluckte ihn, als hätte es ihn nicht gegeben.

Henri nippte an seinem Wodka. Nicht ungeduldig werden. Bleib sitzen. Du verschnaufst bei einem Kaufhausbesuch. Nichts ist normaler. Das Gedränge strengt an. Bleib sitzen. Am liebsten wäre er aufgesprungen, in sein Büro gefahren und hätte geschaut, was der Mann ihm gegeben hatte. Bleib sitzen. Nicht auffallen, jedenfalls nicht stärker, als du Idiot es ohnehin schon tust. Tarnung, hatte der Vater gesagt, Tarnung ist die halbe Miete.

6

Theo hatte nie wirklich Glück gehabt bei den Frauen. Für ihn waren sie unbekannte Wesen geblieben, fast bedrohlich, sie zogen ihn an und machten ihm doch Angst. Sie rochen gefährlich, und er wusste nie, was sie wirklich von ihm wollten. Er hatte erst im Studium eine Freundin gehabt, aber geliebt hatte er sie nicht, genauso wenig, wie er Schmerz verspürt hatte, als sie ihn verließ. Immerhin hatte sie ihn in die körperliche Liebe eingeführt, doch er ahnte, dass er für sie nicht gerade die Erfüllung gewesen war. Manchmal, wenn er mies drauf war, dachte er, sie sei aus Mitleid mit ihm zusammen. Er erinnerte sich, sie hatte krauses Haar, war eher klein und fast dürr.

»Woran denken Sie?«, fragte sie. Ihre Hand schob das Wasserglas hin und her, Zentimeter um Zentimeter, als wäre sie in etwas versunken.

»Darf ich Sie Sonja nennen?« Theo erschrak über sich selbst. Eilig trank er einen Schluck.

Sie lächelte, schaute ihm in die Augen und sagte: »Sie sind das Trinken nicht gewöhnt.«

Woran merkte sie es? Hatte sie erkannt, wie sehr der Alkohol ihn bannte?

»Ich habe mal getrunken, dann aber nicht mehr.« Es klang verdruckst. Sie schüchterte ihn ein, der Wodka raubte ihm die Konzentration. Je länger der Abend, desto schöner war Sonja.

»Nennen Sie mich Sonja. Sie heißen Theo, oder?«

Warum verwirrte ihn diese Frage?

Er nickte. Seine Hand wanderte vorsichtig über den Tisch zu ihrer. Er streichelte ihre Fingerspitzen, griff dann vorsichtig nach der ganzen Hand.

Sie zog ihre Hand zurück, langsam, aber bestimmt.

Währenddessen schaute sie fast demonstrativ an ihm vorbei.

Wladimir erschien mit der Flasche, aber sie winkte ab. Sie sagte etwas.

»Ich habe uns Kaffee bestellt. Der schmeckt zwar furchtbar hier, aber er hilft.«

Er verstand, was sie meinte. Er hätte gerne weitergetrunken. Immer weiter, bis er sich verloren hätte. Und sie hätte ihn mit zu sich nach Hause genommen. Er träumte schon fast. Du bist ein toller Ermittler. Das dachte er, dann überfiel ihn die Müdigkeit. Er zwang sich, wach zu bleiben. Was man erreichen will, das erreicht man auch. Man muss es nur wollen. Wer hatte es gesagt? Der Vater, der Großvater?

Wladimir erschien mit zwei Tassen Kaffee und einer Dose Kondensmilch.

»Ich möchte einen Espresso«, sagte Theo. Er versuchte, nicht zu stammeln. Du Idiot, betrinkst dich, wo du doch weißt, dass du es nicht verträgst. Du betrinkst dich vor einer schönen Frau, die du begehrst. Das wird nichts mehr, Dummkopf. Nie mehr trinken. Immerhin hatte er sich noch nicht ganz zugeschüttet.

»Trinken Sie, Theo.«

Theo nahm die Tasse und trank. Er verbrannte sich die Lippen. Das Zeug war heiß und schmeckte wie verbrannt. Er erinnerte sich, früher hatte Kaffee so geschmeckt, der zu lange auf der Warmhalteplatte der Kaffeemaschine gestanden hatte. Widerlich. Er musste würgen. Sonja nahm die Kondensmilch und füllte seine Tasse damit fast bis zum Rand auf. »Damit geht es.«

Er trank erst einen Schluck Wasser, dann nahm er die Tasse. Diesmal schmeckte das Gebräu süßlich, klebrig.

»Ich hätte nicht so viel Wodka bestellen sollen.«

»Sie konnten ja nicht wissen, dass ich nichts mehr vertrage.« Er fuhr sich mit der Hand durch die Haare, kratzte sich am Ohr und sagte: »Die schicken einen her, der nichts verträgt.«

Sie lächelte, wurde aber gleich wieder ernst. »Ich bestelle Ihnen ein Taxi zur Botschaft.«

Sie stand auf und wollte zum Tresen. Aber als sie an ihm vorbeiging, hielt er sie am Arm. »Ich möchte zu dir.«

Sie legte seine Hand auf den Tisch, drückte sie ein paar Sekunden, lächelte ihn an und ging weiter.

Wladimir hatte ein Taxi gerufen. Als der Fahrer hereinkam, winkte Wlad Sonja zu und zeigte auf den Mann, einen Riesen mit einer roten Lockenmähne und bleichem Gesicht. Sonja nahm Theo am Arm, zog ihn hoch, ließ ihn sich bei ihr einhaken und führte ihn hinaus. Theo war gerade in einem seltsamen Zustand gespannter Seligkeit. Er wollte unbedingt zu ihr. In diesem Augenblick war sie die begehrenswerteste Frau der Welt. Allein die Berührung ihres Arms erregte ihn, und als sie nebeneinander auf der Rückbank saßen, wanderte seine Hand zu ihrem Oberschenkel und streichelte ihn. Sie ließ es zu. Hin und wieder sprach sie mit dem Fahrer, aber Theo mühte sich nicht, es zu verstehen. Er verfolgte auch nicht den Weg, den sie fuhren. Am liebsten hätte er seinen Kopf auf ihren Schoß gelegt, aber so betrunken war er nicht, dass er jede Beherrschung verloren hätte. Der Kaffee rumorte in seinem Magen, wo er im Zusammenwirken mit dem Wodka Übelkeit erzeugte, aber im Kopf schuf er eine gewisse Restklarheit, die ihn vor dem Delirium bewahrte.

Sonja saß fast steif auf ihrem Sitz, wehrte seine Berührung nicht ab, tat aber ihrerseits nichts, ihm näherzukommen.

Dann hielt der Wagen abrupt an. Theo wurde nach vorne gedrückt und hätte sich fast übergeben.

»Wir sind da«, sagte Sonja. »Ich helfe dir, warte.«

Theo blieb sitzen, bis Sonja bezahlt hatte, um den Wagen herumgegangen war und die Tür auf seiner Seite geöffnet hatte. Sie zog ihn mehr heraus, als er aus eigener Kraft ausstieg. Eingehakt führte sie ihn zur Haustür eines Mietblocks, der fahl von einer Straßenlaterne beschienen wurde. Theo hatte keine Ahnung, wo er war. Er schaute nach oben, der schwarze Himmel war übersät mit Sternen. Die Kälte tat ihm gut. Er blieb stehen und starrte weiter hinauf. Sie zog erst sanft, verharrte dann aber auch, wobei sie nicht in den Himmel schaute, sondern Theo anblickte. In ihren Augen lag eine große Traurigkeit.

»Mit diesem Foto kriegt dein feiger Chef richtig Schwulitäten.«

»Schwulitäten?«

»Stress.«

»Ja«, sagte sie kurz und leise und ließ ihr Bedauern mitschwingen, dass sie diesen unvermeidlichen Winkelzug ermöglichte. »Komm, es ist kalt.«

Theo fror nicht, folgte ihr aber. Er hatte solche Lust auf sie. Sie schloss die Haustür auf und schaltete mit einem hallenden Klacken das Treppenlicht ein, das aber mehr schimmerte als schien. Dann stiegen sie die abgetretene Steintreppe hinauf, an den Wänden derbe Graffiti, der Lauf des Stahlgeländers wie abgewetzt und, wie er gleich spürte, klebrig. Im dritten Stock schloss sie die Wohnungstür auf. Es waren drei moderne Schlösser, und als sie im Flur standen, erkannte er auf der Rückseite der schweren Tür einen mächtigen Riegelmechanismus. Sie zogen ihre Mäntel aus, und dann staunte er. Eine Art Bauhaus im postsowjetischen Mietblock. Doch das Wohnzimmer wurde beherrscht von einem Bilddruck in einem ganz eigenen Rot, ein Bild, das Theo schon einmal gesehen hatte in einer Kunstausstellung in München. Es war, jetzt erinnerte er sich, das Rote Atelier von Matisse, das an der weißen Wand über der skandinavischen Stereoanlage hing, die auf einer so schlichten wie offensichtlich sündhaft teuren Kommode stand. Alles in diesem Raum war funktionell und dadurch, wie Theo eher diffus empfand, auch kühl. Es war zu perfekt. Und sie schien ihm auch perfekt.

Er nahm sie in den Arm. Sie ließ es geschehen wie etwas Unvermeidliches, von dem sie aber noch nicht wusste, ob es ihr gefallen würde. Er spürte ein schwaches Widerstreben. Wie um ihren Armen Halt zu geben, legte sie sie ihm locker um die Taille. Sie küssten sich vorsichtig. Theo spürte ihre Zurückhaltung, ihre Zweifel, ihre Verunsicherung.

»Soll ich gehen?«, fragte er.

Sie schaute ihn lange an und lächelte dann. »Nein.«

Sie küsste ihn fest, ihre Zungen berührten sich. Theo spürte seine Erregung wachsen. Die Übelkeit schwand, überhaupt schien der Alkoholnebel sich zu lichten. Er drehte sie um, umfasste von hinten ihre Brüste und ließ seine Hände unter ihre Bluse gleiten. Er knöpfte sie auf und spürte nun auch ihre Erregung. Sie atmete schneller, ihr Hals an seinen Lippen wurde warm. Als er ihre nackten Brüste in den Händen hatte, schnaufte sie einmal, dann legte sie ihren Kopf zurück als Aufforderung, genau so weiterzumachen. Während er ihre Brustwarzen massierte, wanderte ihre Hand zwischen seine Beine, dann zerrte sie an seinem Gürtel, ohne ihn aber lösen zu können. Er lachte.

Als Theo aufwachte, tastete er neben sich, aber ihr Platz war leer. Er streckte sich mit geschlossenen Augen und versuchte sich zu erinnern, wie es gewesen war mit ihr. Allein der Gedanke an ihren schlanken Körper mit den straffen Muskeln erregte ihn. Draußen klapperte etwas, dann öffnete sich die Tür, und sie erschien in einem dünnen Bademantel mit einem Tablett in der Hand. Als sie sich zu ihm beugte, um ihm einen Becher Tee zu reichen, öffnete sich ihr Bademantel oberhalb des Gürtels einen Spalt und gab den Blick auf eine Brust frei. Als er versuchte sie anzufassen, wich sie zurück und grinste. »Erst frühstücken, und dann muss ich zur Arbeit. Ich bin schon viel zu spät. Werde mir eine Entschuldigung ausdenken müssen.«

»Du bist in die Fänge des Imperialismus geraten und konntest dich mit letzter Not befreien.«

»Du bist nicht auf der Höhe der Zeit. Das hätte man mir vor meiner Geburt vielleicht geglaubt.« Sie lachte, und doch hörte er einen Ton heraus, den er kalt fand. Er richtete sich auf im Bett und nippte an seinem Tee. Sie hatte sich mit ihrem Becher auf die Bettkante gesetzt, als wollte sie ihm auch körperlich signalisieren, dass er gehen müsse.

Er dachte an das gefälschte Foto. Theo überlegte, welche Risiken auf ihn warteten, wenn er gleich in die Offensive gehen würde, wenn er ohne zu zögern klarstellte, dass die russischen Behörden ihn aufs Glatteis führen wollten und dass Scheffer keineswegs Opfer eines Unfalls geworden war, sondern eines Komplotts des FSB.

Sie lächelte ihm zu. Aber es war etwas in ihren Augen, das ihn störte. Als würde sie fremdeln, und das nach dieser Nacht. Sie war hemmungslos gewesen, als hätte sie Jahre warten müssen, wieder mit einem Mann zu schlafen. Und ihn hatte der Alkohol auch von seiner Zurückhaltung und Angst befreit. Doch jetzt war da binnen Minuten eine Distanz gewachsen. Hatte sie ein schlechtes Gewissen?

Er hätte sie gerne noch einmal angefasst, aber sie schien

unendlich weit weg. Sie wandte ihm eine Seite ihres Rückens zu, er sah ihr Profil von schräg hinten. Endlich stand er auf. Er beeilte sich im Bad, zog widerwillig die benutzte Kleidung noch einmal an, linste zu den Hosenbeinenden und bat sie, ein Taxi zu rufen. Unten links, an der ersten Kreuzung, da stünden immer Taxis, sagte sie. So gehe es am schnellsten. Und er verstand: So werde ich dich am schnellsten los.

»Sehen wir uns noch einmal wieder?«

»Bestimmt«, sagte sie lächelnd.

Als er ging, küsste er sie auf den Mund. Sie ließ es geschehen.

Im Taxi überlegte Theo, was Sonja hatte abkühlen lassen über Nacht. Der Sex konnte es nicht gewesen sein, wenn sie ihm nicht Theater vorgespielt hatte. Mag sein, dass sie es hatte, dachte er. Wenn ja, warum? Da Theo überzeugt war, Frauen nicht zu verstehen, und dann, wenn er glaubte, etwas begriffen zu haben, sofort eines Besseren belehrt wurde, sortierte er die Erlebnisse des letzten Tages unter jener Rätselhaftigkeit ab, die Frauen anlegten wie ein Kleid, sobald er mit ihnen zu tun bekam. Nun dachte er an das Foto, die Fälschung, die beweisen würde, dass die Russen versucht hatten ihn hereinzulegen und dass es ihnen nicht gelungen war. Gut gemacht, Theo.

Dem Taxi folgte ein dunkelblauer Honda Accord. Doch Theo drehte sich nicht um, und der Taxifahrer beachtete den Wagen nicht. Vor der Botschaft hielt das Taxi, während der Honda kaum hundert Meter dahinter am Straßenrand parkte.

Oberleutnant Wassili Sergejewitsch Schlumejew, bester Absolvent des Ausbildungsjahrgangs 1979, ein Meister der Beschattung, der Mann, der sich nicht abhängen ließ und auf dem Weg war, eine Legende des KGB zu werden, Schlumejew, der sich den Spitznamen »Klette« erarbeitet hatte in unzähligen Operationen gegen die westlichen Spione, dieser klein gewachsene Mann mit dem glatten aschblonden Haar, stand fast schlotternd im Dienstzimmer des Majors Eblow, der nichts mehr schätzte als gute Ideen. Der sich aber an diesem Abend mühen musste, ruhig zu bleiben, nachdem er Schlumejews Bericht gehört hatte. Schon nach dem ersten Satz hörte Eblow an der Stimme, leise, brüchig, dass Martenthaler ihnen entwischt war. Wegen des Regens, wie Schlumejew schüchtern anmerkte.

Da war es mit der Ruhe vorbei. Wegen des Regens! Das hätte der Oberleutnant nicht einmal denken dürfen.

»Sie sind also eine Schönwettereinheit. Das ganze KGB ist eine Schönwetterorganisation, die hofft, dass der Feind bei Regen mit dem Spionieren aufhört. Bemerkenswerte Theorie. Wird in die Geschichte unseres ruhmreichen Dienstes eingehen. Das Schlumejew'sche Theorem.« Über ein Theorem hatte Eblow gerade in der Prawda gelesen, und einen Augenblick besänftigte es ihn etwas, dass es ihm gelungen war, diesen interessanten Begriff zu verwenden. Aber dann brach die Urgewalt seines Zorns wieder durch. »Sie meinen, Sie hätten bei der Verfolgung nass werden können?«

Schlumejew war noch bleicher geworden, als er es ohnehin war. »Nein, Genosse Major.«

»Aha, und was soll der Regen angestellt haben, das Sie von einem wichtigen, ja entscheidenden Auftrag abgebracht hat?«

Schlumejew legte sich die Antwort erst zurecht. Er wollte die Genossen nicht in die Pfanne hauen, aber auch selbst heil aus der Sache herauskommen. »Wir haben nichts mehr gesehen, und dann war er plötzlich weg, wie im Wasser verschwunden. Wir haben überall gesucht. Er ist in eine Gaststätte hinein- und durch den Hinterausgang wieder hinausgerannt. Der Wirt hat es uns gesagt. Er konnte den Spion genau beschreiben. Damit hat er sich immerhin verraten.«

Eblow knurrte. Dass dieser Typ gleich loslegte, damit hatte Eblow nicht gerechnet, was er aber natürlich nie zugeben würde. Er hatte es doch gerochen, dass der Katzenfütterer ein Spion war. Wieder einer, einer von vielen. Und fast alle kriegten sie. Den auch. Schlumejew hatte recht, wer durch den Hinterausgang einer Gaststätte verschwand, der wusste, dass er überwacht wurde, und wollte sich dem entziehen, um etwas anzustellen. Ein Presseattaché spielt nicht den wilden Mann. Aber was tut er? Warum hat die heimliche Fahndung, in die auch die Miliz eingeschaltet worden war, nichts ergeben? Martenthaler war wie vom Erdboden verschluckt. Der war eine andere Preislage als diese Witzausgabe eines Spions namens Gebold.

Eblow schaute kurz auf Schlumejew, der immer noch stramm stand und kaum zu atmen wagte.

Warum wird der Katzenfütterer gleich aktiv? Hat er einen Agenten übernommen von einem anderen? Von Gebold? Eblow musste lächeln, was Schlumejew mit einem leisen Schnaufen quittierte. Gebold würde in seinem ganzen Leben keinen Agenten auftun. Was Martenthaler veranstaltete, hatte einen anderen Grund. Bisher hatten sie ihn rund um die Uhr überwacht. Er hatte Irina auflaufen lassen. Er hatte Rachmanow nicht abgewiesen, sich aber auf nichts eingelassen, jedenfalls nichts, das ihnen etwas gebracht hätte. Aber jetzt hatte er eine Hintertür benutzt. Das war ein Fehler. Es gab ihnen keine rechtliche

Handhabe gegen den Mann, aber eine Gewissheit. In ihrem Gewerbe war das ziemlich viel.

Schlumejew unterdrückte einen Husten, er keuchte gedämpft, als würde er gleich ersticken. Sein Gesicht lief nun rosa an, und auf der Stirn perlte Schweiß.

Eigentlich gar nicht schlecht, dachte Eblow. Immerhin wissen wir jetzt einiges. Wir haben es erstens mit einem Profi zu tun, jedenfalls war der Typ schlau genug, um in einer fremden Stadt unterzutauchen. Zweitens hat er es eilig. Drittens geht es um etwas Wichtiges, sonst hätte er nicht gleich losgelegt. Immerhin. Warum fiel ihm jetzt Ludmilla ein, die er vor dreieinhalb Monaten im Taganka-Theater kennengelernt hatte, wo der Zufall sie neben ihn setzte und sie sich in der Pause und nach dem letzten Vorhang über Puschkins Boris Godunow so lange stritten, bis sich Eblow traute, sie zu fragen, ob man den Streit bei einem Wodka in gemütlicherer Umgebung fortsetzen könne. Erstaunlicherweise hatte sie sofort zugestimmt. Eblow hielt sich für einen fähigen Offizier im Nachrichtendienst, aber nicht für einen Mann, dem die Frauen nachliefen. Ludmilla war nicht so schön wie Irina, aber sie zog ihn an mit ihren Fältchen an Augen- und Mundwinkeln, mit ihrer hohen Stirn, die sie krausen konnte wie keine andere, mit ihrer offenen Art, wie sie ihm die Meinung geigte, dass ihm Hören und Sehen vergingen, ohne dass jemals ein böses Gefühl entstand. Sie war einzigartig, und sie hatte Spaß am Sex. Ludmilla fiel ihm im Dienst ein, wenn die Anspannung wich, seit einiger Zeit war es so. Dann erinnerte er sich an eine Szene oder an etwas, das sie gesagt hatte. Heute kam ihm ihr Lachen in den Sinn, als sie ihn am Morgen nach einer Nacht ohne viel Schlaf verabschiedet hatte. Dieses Lachen war wie eine Liebeserklärung gewesen von Ludmilla, die gleich nach ihm die Wohnung verlassen musste, um zur Bibliothek der Lomonossow-Universität auf den Leninbergen zu fahren, wo sie die Abteilung für Wirtschaftsgeschichte des Kapitalismus leitete.

»Sie wissen, dass die Partei höchste Aufmerksamkeit von uns fordert. Und Sie wissen, dass der Feind nur auf den Augenblick wartet, uns zu vernichten. Gerade in dieser Zeit setzt er darauf, uns mit einem Erstschlag zu enthaupten. Und seine Spione suchen immer neue Ziele für ihre Raketen. Das darf Ihnen nicht noch einmal passieren, verstanden?«

Schlumejew nickte. »Ja, Genosse Major.«

»Sie können gehen.« Dann sagte Eblow doch noch: »Sieht man einmal von dieser Sache ab, haben Sie Ihre Arbeit bisher gut gemacht. Ich werde auf einen Eintrag in Ihrer Personalakte verzichten. Aber Sie müssen künftig besser aufpassen. Wir alle müssen künftig besser aufpassen. Dazu brauchen wir solche Genossen wie Sie, aber nur, wenn Sie nicht nachlassen.« Eblow schaute dem Mann streng in die Augen. Dann winkte er ihn hinaus.

»Ich diene der Sowjetunion.« Schlumejew grüßte militärisch, drehte sich um und marschierte fast demonstrativ korrekt hinaus.

Als er draußen war, musste Eblow lachen. Natürlich, er konnte es sich vorstellen, dass einem ein ausgebuffter Agent mitten im Wolkenbruch davonlief. Aber er durfte es Schlumejew nicht durchgehen lassen. Eblow liebte gute Ideen und hasste Nachlässigkeit. Die Sowjetmacht hatte sie mit ihrem Vertrauen geehrt, und dieses Vertrauen mussten sie tagtäglich zurückgeben.

Doch Eblow erkannte auch, dass viel schieflief in der Sowjetunion. Er hatte die Breschnew-Zeit als Niedergang erlebt, und die Berichte der Genossen aus den Betrieben und Verwaltungen verhießen nichts Gutes. Das hatte ihm ein Oberst aus der Zweiten Hauptverwaltung gesteckt, als sie sich einmal gemeinsam betrunken hatten. »Ich sag dir was, Kasimir Jewgonowitsch, das Einzige, was noch funktioniert in diesem Staat, sind die Rüstungsindustrie, die Raketenstreitkräfte und wir«, hatte er gesagt. Oberst Pjotr Malewitsch, ein Bär von einem Mann, den Eblow bei einem Ausbildungslehrgang kennengelernt hatte. »Die haben alles ruiniert.« Und sein Finger zeigte in die Richtung, in der er den Kreml vermutete. Aber Eblow hätte es auch ohne Zeigefinger verstanden. Ja, sie hatten nicht einmal genug zu essen, mussten Getreide beim Klassenfeind kaufen. Jedes Jahr diese Erniedrigung. Aber jetzt wuchs die Hoffnung, jetzt würde ein neuer Parteichef durchgreifen, den Schlendrian besiegen, die Verzagten aufrichten und die Nörgler zum Teufel jagen. Aber nur, wenn er Andropow hieße, ihr einstiger Chef, der Mann, der alles genau nahm, aber die Meinungen anderer achtete, dessen Verstand scharf war wie ein Messer, der das Gerede der Ideologen schwer ertrug. Aber wenn es Tschernenko würde, Breschnews Adlatus, der Mann ohne Ideen, um von guten nicht zu reden? Der Mann, der den greisen Breschnew gestützt hatte, nicht den jungen, den hatte Eblow geschätzt, weil er das Chaos der Chruschtschow-Jahre beendet hatte, nein, Tschernenko war der Mann, der so weitermachen würde, als wäre Breschnew nie gestorben. Tschernenko war geistig schon als Greis geboren worden, davon war Eblow überzeugt. Es würde gut gehen. Sie würden Andropow wählen. Alles andere wäre verrückt.

Eblow ging ein paar Runden um seinen Schreibtisch herum, dann stellte er sich ans Fenster und schaute hinaus. Es regnete nicht mehr. Am Himmel kündigte sich neuer Niederschlag an, aber der würde als Schnee kommen. Eblow setzte sich und nahm vom Stapel an der Seite eine neue Akte, schlug sie auf und gähnte. Obenauf lag ein Foto dieses Kerls, den die Amerikaner nach Moskau geschickt hatten. Er war teuer gekleidet, perfekt frisiert, sein Gesichtsausdruck signalisierte Selbstsicherheit, ja Arroganz. Wahrscheinlich hielt sich dieser Craig Mavick für ein Ass. »Wir werden es sehen«, murmelte Eblow. »Bald schon.«

Mavick war früh aufgestanden, war auf dem Botschaftsgelände dick eingemummt ein bisschen gelaufen, hatte geduscht, sich dann in der Kantine ein Müsli zubereitet und war in bester Stimmung, als er sich hinter seinen Schreibtisch setzte. Er hatte diesmal einen Maßanzug an, Kaschmir, dunkelgrau, dezent, handgefertigte schwarze Schuhe, eine dunkelblaue Seidenkrawatte über einem zart hellblauen Hemd, das ihm eine Versandfirma nach seinen Maßen geschneidert hatte. Craig Mavick beachtete den flachen Aktenstapel im Posteingangskorb im Regal nicht, das waren Formulare, die Neuankömmlinge ausfüllen mussten, eine dieser bürokratischen Prozeduren, die Mavick hasste und die seiner Meinung nach nur dazu dienten, Menschen Arbeit zu verschaffen, die sonst gerechterweise keine hätten. Bürokratien waren Arbeitsbeschaffungsmaßnahmen zulasten des Steuerzahlers. Geldverschwendung hielt Mavick für die achte Todsünde, die große Bremse, die am Ende das gesamte System zum Stillstand bringen würde, um es schließlich mangels Dynamik implosionsartig in sich selbst zusammenbrechen zu lassen. Mavick stellte sich vor, wie das aussehen könnte, und musste sogar lächeln. Eigentlich war es nicht zum Lachen, sondern zum Heulen.

Aber sonst gab es keinen Grund zum Heulen. Und vielleicht würde es dem neuen Präsidenten sogar gelingen, der Krake ein paar Arme abzuschlagen. Jedenfalls hatte er ihnen wieder Mut gegeben, sie befreit aus der Zeit, als ihre ganze Sorge darauf zielte, den Feind zu beruhigen, ihn von ihrer Friedenssucht zu überzeugen und sich geistig selbst zu entwaffnen. Nun müsste jedem Idioten doch klar geworden sein, dass es endlich wieder darum ging, den Feind zu besiegen. Und sie in der Agency waren der Stoßtrupp, der die Schwächen des alten Drachen ausforschte, den es zu erlegen galt. Ein schönes Bild, fand Mavick.

Er würde als Erstes Kontakte pflegen zu den Kollegen der verbündeten Firmen, den Briten, Franzosen, Westdeutschen. Vielleicht sollte er mit Letzteren beginnen. Deren gerade abservierter Kanzler, komischer Name für einen Regierungschef, hatte die neue Runde ja eröffnet, wenn er auch andere Absichten gehabt haben soll, als er vorschlug, amerikanische Mittelstreckenraketen in Westeuropa aufzustellen. Jetzt musste er gute Miene zum neuen Spiel machen und so tun, als wäre alles so, wie er es sich gedacht hatte. Die Abschreckung glaubhafter machen. Die Amerikaner nicht von Westeuropa abkoppeln lassen. Mavick grinste. Vielleicht konnten die Deutschen bald bei einem Krieg mitspielen und sogar mal als Sieger dastehen. Er lachte, kurz und trocken. Mavick kannte sich aus in der Geschichte und liebte ihre Ironien. Er hielt sich für einen dieser modernen Intellektuellen, die alles dachten, die keine Verbote kannten, die sich nicht auf die intellektuelle Selbstverkrüppelung liberaler Spinner einließen. Wenn man den Feind dauerhaft schwächen, womöglich sogar ausschalten kann bei überschaubaren eigenen Verlusten, dann war der Nutzen höher als der Schaden. So einfach war die Rechnung, sofern man sein Hirn einmal befreite vom Ballast einer überholten Moral. Frieden als Selbstzweck bedeutete, in ewiger Gefahr zu leben. Warum die

Bedrohung nicht ein für alle Mal beseitigen, wenn man es konnte? Ja, er würde mit den Westdeutschen anfangen, seine Chefs hatten in Pullach schon Klartext gesprochen.

Es klopfte, die Tür öffnete sich. Eine unscheinbare Frau in undefinierbarem Alter, mit einem Gesicht, das er schon vergessen würde, bevor sie verschwunden war. »Der Herr Botschafter wünscht Sie zu sehen. Wenn es Ihnen recht ist.«

Nun hatte er lange genug gewartet in dieser Schmuddelkneipe im GUM, nachdem der Zwerg verschwunden war. Henri ging aufs verdreckte Klo, überwand halbwegs den Ekel und zog die Papiere hervor. Es waren fünf Blätter, eng beschriftet in Russisch, auf dem ersten Blatt stand als Überschrift Projekt R-33. Das letzte Blatt endete unvermittelt, es gab also eine Fortsetzung. An den Kanten zeigten schwarze Balken, dass die Seiten kopiert worden waren. Henri hatte das Gefühl, dass er wichtige Informationen in den Händen hielt, seine Aufregung wuchs. Er faltete die Blätter schnell zusammen und steckte sie nach kurzem Überlegen in seine Unterhose. Dann kehrte er in den Gastraum zurück, trank aus, zahlte bei der mürrischen Frau hinterm Tresen und ging. Draußen glänzte das Lenin-Mausoleum, der Regen hatte die Luft gewaschen, die Mauern und die Türme des Kreml sahen aus wie geputzt. Auf dem Boden des Roten Platzes dampften Schwaden. Henri überlegte, wie er am schnellsten zu seinem Wagen kommen könnte, entschied sich dann aber anders. Dort würden sie auf ihn warten, wo sonst? Er beschloss, mit der Metro zur Botschaft zu fahren. Er nahm die Linie 2 an der Station Majakowskaja und fuhr eine Station zur Belorusskaja. Er war froh, als er sich aus dem Waggon gequetscht hatte, die Luft war unerträglich, das Gedränge nervig. Er mühte sich, mit dem Menschenstrom zum Ausgang zu hasten. Als er die Station verlassen hatte, atmete er auf. Schnee fiel und verwandelte sich in Matsch. Henri ging um Pfützen herum, Tümpel auf dem Gehweg, und als er endlich die Botschaft erreicht hatte, überfiel ihn die Müdigkeit, welche die ganze Zeit von der Anspannung verdrängt worden war.

»Wie sehen Sie denn aus?«, fragte Angela Morgenstern, als sie ihm im Flur entgegenkam.

»Wie einer, der aus dem Regen kommt.« Und er dachte: Der Spion, der aus dem Regen kommt.

»Sie machen Sachen … trinken Sie einen Kaffee mit mir?«

Henri zögerte, aber dann willigte er ein. Ein Kaffee, ja, das wäre gut für ihn. Ihn fröstelte. Das Papier in der Unterhose kratzte. »Ich komme gleich, muss gerade den Mantel ausziehen.« Er schmiss den Mantel über den Besucherstuhl seines Büros, ging aufs Klo und steckte die Blätter hastig in die Jackettinnentasche. Er ermahnte sich, ruhig zu bleiben, doch quälte ihn die Frage, was das Projekt R-33 sein könnte. Er musste auch wissen, ob der kleine Mann ihm einen weiteren Treff vorschlug. Vielleicht stand auf der Rückseite eines Blatts noch etwas. Warum hatte er nicht nachgeschaut? Er spürte jetzt die Erschöpfung umso mehr, der Flug steckte ihm noch in den Knochen, die Angst auch und die Ungewissheit, ob er gleich am Anfang in eine Falle tappte, überehrgeizig, großkotzig, als wäre er James Bond. Projekt R-33, das klang wie etwas Geheimes. Oder wie ein Bluff, wie Spielmaterial, um den BND irrezuführen. Vielleicht wollten sie Henri testen, und Henri hatte schon verloren, bevor er auch nur ahnte, um was es ging. Er kämpfte mit einem Gegner, der fast unbegrenzte Möglichkeiten und Mittel hatte, und für Henri war es zudem ein Auswärtsspiel. Solche Spiele kann man nicht gewinnen, zumal wenn der Schiedsrichter bestochen ist.

Sie hatte sich in die Sitzecke gesetzt, ihm blieb der zweite Sessel. Auf dem Tisch eine Thermoskanne, dazu Tassen, Zuckerdose, Milchkännchen.

»Haben Sie Ihren Genossen heute schon gefüttert?«

Er lachte. »Nein, das muss ich noch tun. Bestimmt wartet er schon. Das arme Viech, bei dem Wetter!«

»Russische Katzen …«

»Pardon, sowjetische.«

»Gut, gut, ich merke, Sie sind superkorrekt.« Sie grinste fast ein wenig dreckig, das gefiel ihm, er mochte freche Frauen, da war er anders als der Vater. »Aber ob es dazu passt, dass der arme Kollege Gebold hier herumgehechtet ist, mehrfach Ihr Zimmer inspiziert hat, aber abstreitet, Sie jemals gesucht zu haben?«

Henri fluchte innerlich. Er beschloss, Pullach zu drängen, den Mann so bald wie möglich abzuberufen. »Pressefritzen müssen flitzen. Überall sein und nirgendwo. Mich drängt es, alles kennenzulernen, ich möchte herausfinden, wie die Leute hier leben. Wie soll man in meinem Job arbeiten, ohne zu wissen, mit wem man es zu tun hat?« Schlagfertigkeit war eigentlich keine von Henris Stärken, aber die Kurve, so fand er, die hatte er elegant genommen.

»Interessante Theorie! In diesem Gebäude kennt die aber keiner.«

»Sie auch nicht?«

»Ich beginne mich gerade damit zu befassen. Ich gestehe, ich kenne Sehenswürdigkeiten, ein paar Kirchen, um vom Kreml und so weiter nicht zu sprechen. Den Arbat natürlich. Aber ich finde den russischen … Entschuldigung! … sowjetischen Alltag nicht so aufregend, um es ganz vorsichtig zu sagen. Grau in grau, ärmlich. Und die Leute sind so unfreundlich, wenn sie nicht gerade auf Devisen scharf sind. Vielleicht nehmen Sie mich mal mit auf eine Ihrer Forschungsreisen und öffnen mir die Augen.« Eine Stimme voller Ironie. »Was halten Sie davon?« Sehr offensiv.

Sie drehte ihren Kopf leicht, sodass er sie fast im Halbprofil sah. Wahrscheinlich wusste sie, dass sie so noch hübscher war, ihre Ohrringe, kurze silberne Kettchen mit je einer roten Perle daran, schwangen gegen ihre Kopfbewegung. Jetzt entdeckte er ihre langen Wimpern. Er begriff, dass sie sich langweilte, dass sie noch niemanden gefunden hatte, mit dem sie etwas unternehmen konnte. Es war eine Verlockung, aber eine gefährliche, denn Henri spürte, er würde viel zu tun bekommen, und irgendwann würden seine Lügen auffliegen, wenn er sich mit jemandem einließe. Dann würden die Fragen kommen: Wie war dein Tag? Wo hast du denn gesteckt? Und warum klappt es heute Abend nicht? Wer bist du? Doch zweifelte er, dass er ihr widerstehen könnte, wenn sie es darauf anlegte. Er war auch allein, und er brauchte jemanden, das gab er sich zu.

Er schwieg eine Weile, wie er es immer tat, wenn er in einem Dilemma steckte. Henri redete ohnehin wenig, er hasste Schwätzer, und wenn er sich an seine Kindheit erinnerte, hörte er die Stimme des Vaters. Nur der soll sprechen, der etwas zu sagen hat.

»Gerne. Wir machen mal eine Tour. Aber ich fürchte, Sie müssen die Führung übernehmen. Ich bin ja gerade erst angekommen.«

»Schön«, sagte sie. »Ich übernehme immer gern die Führung.« Sie lachte hell. Sie war wirklich reizend im ursprünglichen Sinn des Worts. »Am Wochenende, was meinen Sie?«

»Sehr gern«, sagte er und schaute ihr ein wenig zu lang in die Augen. Ihre strahlten.

Im Büro legte er die Blätter des Spions in eine Aktenmappe, die konnte er schnell zuklappen, wenn jemand eintrat. Das musste er auch gleich, denn Gebold stürmte herein, warf die Tür zu und setzte sich unaufgefordert auf den Besucherstuhl. Er schnaubte.

Henri lächelte überfreundlich und deutete mit dem Finger erst auf die Wand, dann aufs Ohr.

»Wo waren Sie denn? Wir hatten eine Abteilungskonferenz.«

Henri wiederholte die Zeichen. Gebold war einfach zu blöd für diesen Job. »Sie haben mich doch selbst in die Stadt geschickt«, sagte er für die Lauscher. »Haben Sie das schon vergessen?« Wieder zeigte er auf die Wand und aufs Ohr. Er kreuzte die Handgelenke und sagte: »Wollen wir nicht zu Alois gehen? Ich habe Hunger.« Er schaute zum Fenster hinaus, allein um Gebolds Gesicht nicht zu sehen, dessen Mimik und Farbe zwischen den Ausdrücken von Begriffsstutzigkeit und Wut wechselten.

Draußen herrschte längst die Finsternis, die sich auch durch spärliche Neonlaternen nicht weiter stören ließ. Immerhin ließ das Licht ein paar schwere Schneeflocken glitzern. Alles, was am Tag herabgeregnet war, würde in der Nacht frieren und Moskau mit einer Eisschicht bedecken.

Gebold schnaubte noch einmal, um seinen Unwillen zu unterstreichen, dann erhob er sich und sagte: »Gehen wir zu Alois.«

»Mit einem kleinen Umweg«, sagte Henri. »Jedenfalls für mich, ich komme dann nach.«

Das steigerte Gebolds Empörung fast gefährlich. Er schnaubte ein drittes Mal, diesmal wie ein Elefant, der ein

Löwenrudel vertreibt, und Henri überlegte, wie die Lauscher das interpretierten.

Als Gebold abgezogen war, fast trampelnd als Zeichen seines Protests, dankte Henri im Stillen dem KGB für die vermuteten Wanzen, die ihn vor einem so dummen wie wütenden Auftritt bewahrt hatten. Mit nichts konnte man den Vater mehr ärgern als mit dem Satz: Die meisten Dinge haben zwei Seiten. Aber dieses Ding hatte zwei Seiten. Danke, Genossen. Henri zog sich seinen Mantel an, der noch feucht war, präparierte in der Küche das Nachtmahl für Towaritsch, ließ sich Zeit beim Wärmen der Milch, schließlich wurde es wieder bitterkalt, und Gebold hatte die Gelegenheit, sich abzuregen oder noch mehr Wut anzustauen.

Aber Towaritsch wartete nicht. Henri hoffte, die Katze habe sich ins Warme verzogen oder woanders etwas zu fressen aufgetrieben. Er stellte die Tasse ab und ging zu Alois. Gebold saß in der Ecke und hatte es schon geschafft, ein Bier zu bestellen. Als sich der Kantinenmitarbeiter näherte, winkte Henri ab. Er hatte keine Lust, mit Gebold etwas zu essen. Ob er Angela fragen sollte? Eine gute Idee, hoffentlich war sie nachher noch im Büro.

»Sie können nicht einfach verschwinden«, sagte Gebold.

»Doch«, erwiderte Henri gelassen. »Ich kann es, das haben Sie doch gesehen.«

Gebold blies die Backen auf und ließ die Luft zischend austreten. »Ich habe eine Nachricht aus Pullach. Wir sollen mit den Amis zusammenarbeiten. Weisung von ganz oben. Genaueres später.«

»Aha«, sagte Henri. »Das entspricht nicht ganz den Gepflogenheiten.«

»Amtshilfe«, sagte Gebold. Es war ihm egal, und er zeigte es. Ein Grund mehr für Henri, seinen Ärger zu bremsen. »Die hatten wohl eine Serie von Pleiten, seitdem suchen sie den Kontakt. Morgen müssen wir hin.«

»Wohin?«

»Zur Botschaft der Hortensie.«

»Zu den Amis? Das wird ja eine Freude.«

Der Botschafter musste unbedingt abgelöst werden. Während Mavick in seinem Büro auf die Gäste wartete, formulierte er im Kopf eine Notiz an Weatherstone in Langley, der seine Drähte glühen lassen musste, um den Schwätzer aus Moskau fortzujagen. Neue Zeiten brauchten neue Männer.

»Die Lage ist äußerst kritisch, gerade jetzt, wo ein neuer Generalsekretär inthronisiert werden soll. Seien Sie zurückhaltend, unternehmen Sie am besten nichts, was die Gegenseite auch nur im Entferntesten reizen könnte. Die sind ohnehin nahe am Gipfel der Paranoia.« So hatte der Botschafter geschwätzt, als gälte das Eiapopeia der Entspannungspolitik noch, diese Zeit der Feigheit und Selbstentmannung, in der man den Feind stark gemacht hatte und sich selbst schwach, vor allem weil man es zugelassen oder sogar gefördert hatte, dass die Welt unbedingt den Frieden um fast jeden Preis als höchstes Gut feierte und den Krieg ächtete, obwohl der doch der Menschheit mehr Fortschritte beschert hatte als alles pazifistische Gesülze. Hätte es den amerikanischen Bürgerkrieg nicht gegeben, wären die Schwarzen immer noch Sklaven, hätte man den Ersten Weltkrieg nicht ausgefochten, hätten die Deutschen Europa beherrscht und die Demokratie vernichtet, hätte man Hitler in Ruhe machen lassen, dann gäbe es sein Schlachthaus heute noch. Wenn man die Ziele eines Kriegs genau umriss, wenn man erkannte, dass seine Vorteile überwogen, wenn man die eigenen Verluste begrenzen und die des Feindes ins Unerträgliche steigern konnte, dann wäre man verrückt, den Krieg nicht zu führen. Welch Fortschritt für die Menschheit, welch überwältigender Grund für das Risiko sogar beträchtlicher eigener Verluste, wenn es gelänge, das Sowjetimperium ein für alle Mal auszulöschen. Der letzte große Krieg der Weltgeschichte, der Anbruch des amerikanischen Zeitalters, Freiheit und Wohlstand für die Welt, das Ende der Diktaturen und Bürgerkriege, welch Chance für Afrika und Asien, die aus der Systemkonkurrenz erwachsenden Blutbäder zu beenden und sich ihrer eigentlichen Aufgabe in der neuen Weltwirtschaft zu widmen, nämlich die Industrienationen mit günstigen Rohstoffen zu versorgen, um die Mittel für die eigene Entwicklung zu Demokratie und Wohlstand zu erarbeiten.

Craig Mavick hatte ein klares Weltbild, und er verachtete jeden, der es nicht teilte. Es war für ihn ein unwiderlegbares System, das seine Konsequenzen aus sich heraus entwickelte, geradezu als Zwangsakt, unabweisbar, sofern man sich der Logik nicht widersetzte, was aber nur möglich war aufgrund von Feigheit, romantischer Sehnsucht nach einer Harmonie, die alles einlullte. Seine Sicht auf die Welt war nichts anderes als nackter Realismus, aus dem nun der kategorische Imperativ des letzten Kriegs erwuchs. Mavick kannte seinen Clausewitz und Kant, und er bewunderte deren rücksichtsloses Denken, die unerbittliche Logik, die manche Waschlappen mit dem abwegigen Argument entkräften wollten, diese Denker hätten den Atomkrieg nicht gekannt. Der Atomkrieg aber war für Mavick und für seine Geistesverwandten in den Washingtoner Braintrusts nichts als ein Krieg mit den Waffen der Moderne, den zu führen man eben genauso lernen musste wie den Einsatz der schweren Artillerie im Ersten Weltkrieg und das Zusammenwirken von Luftwaffe und Panzern im Zweiten. Der Atomkrieg war eine intellektuelle Herausforderung, wie Mavick sie liebte. Er hatte darauf verzichtet, dem Botschafter zu widersprechen, das hätte den auf die Idee bringen können, ihm das Leben schwer zu machen. Was die Agency in Moskau unternahm, ging diesen Geisteskrüppel nichts an, und so hatte Mavick den Sermon fast wortlos über sich ergehen lassen, während er sich insgeheim über die Schweinsäuglein des Botschafters lustig machte.

Es klopfte an der Tür. »Ihre Gäste warten«, sagte Nancy, seine Sekretärin, brünett, klein, pummelig, mit Piepsstimme. Mavick eilte nach unten, wo er im Empfangsraum die beiden Deutschen begrüßte. Diesen Gebold, den Schwachkopf, und einen anderen Typen, den ihm Gebold als Henri – komischer Name für einen Deutschen – Martenthaler vorstellte, offenbar mal wieder einer, den der BND von den Soldaten geholt hatte, zumindest hatte er die Haltung, den Haarschnitt und dieses leicht ausgemergelte Gesicht mit den hervorstechenden Wangenknochen, das Härte und Entbehrung zeigte. Er führte sie in den abhörsicheren Raum, bot Kaffee und Wasser an und begann ohne Umschweife seinen Monolog.

Als er genug Gründe und des Drucks halber auch Dummy-Argumente vorgetragen hatte und mit sich zufrieden war wegen seiner wohlstrukturierten Rede, in der er auch geschickt, so meinte er, auf die Interessenlage seiner Besucher eingegangen war, schaute er zuerst Gebold an, dann Martenthaler und wartete auf die Antwort, während er die Milch in seinem Kaffee sorgfältig umrührte.

»Ja«, sagte Gebold in seinem hölzernen Englisch, »das

sind natürlich überzeugende Fakten, Mr. Mavick. Wir, also der BND und natürlich unsere Regierung, haben uns schon viele Gedanken gemacht … die Lage ist kompliziert …«

»Natürlich«, unterbrach Mavick, »sie ist sogar sehr kompliziert. Neue Verhältnisse sind immer kompliziert. Aber es ist unsere Aufgabe, sie zu durchschauen und die Möglichkeiten zu entdecken, die in ihnen stecken.«

Henri hatte seit der Begrüßung nichts gesagt und war Mavicks Ausführungen mit halb geschlossenen Augen gefolgt. Es ist der Ton der neuen Zeit, dachte er, während er jedes Wort des anderen genau bedachte. Er will uns hier plattwalzen mit einer Flut von Tatsachen, Behauptungen, Rabulistereien und Lügen, mit einem Appell an die Bündnistreue und an unsere Verpflichtung gegenüber der Schutzmacht, damit wir tun, was der Große Bruder will. Gebold hatte schon auf der Fahrt zur US-Botschaft von einer »Befehlsausgabe« gesprochen, die aber mit Pullach vereinbart worden sei, sodass ihnen nichts übrig bleibe, als nach der Pfeife der Amis zu tanzen.

Gebold war jetzt auch devot, als hinge sein Leben vom Urteil dieses Amerikaners ab, der den toughen Rechtsintellektuellen neuamerikanischer Prägung gab. Sein Gehabe signalisierte, dass nichts ihn erschüttern könne, dass alle Einwände an ihm abperlen würden wie an einer Teflonpfanne. Mavick verkündete nicht nur die absolute Wahrheit, er verkörperte sie geradezu. Jeder Blick, jedes milde Zucken seiner Mundwinkel, jedes Gekräusel seiner Stirn zeigte sein überlegenes Verständnis für alle Kreaturen, die noch an seiner Botschaft zweifelten, die noch nicht auf dem Stand der Dinge waren.

Doch Henri zweifelte nicht wie ein Gläubiger, der um seine Unvollkommenheit weiß und sie überwinden will, Henri begriff sofort, was die Forderungen aus Langley bedeuteten. Die CIA wollte die politischen, militärischen und wirtschaftlichen Strukturen der Sowjetunion millimetergenau durchleuchten. Sie wollte wissen, wie die Befehls- und Informationsstränge verliefen. Was geschah, wenn eine Institution aus dem Geflecht herausgebrochen würde. Ob und wie die Informationen liefen und ausgewertet würden, wenn der Apparat zu ihrer Beschaffung teilweise ausfiel. Er hatte klare Beispiele genannt: Was unternahm die Moskauer Führung, wenn die Frühwarnsysteme versagten? Was taten die Kommandanten der strategischen U-Boot-Flotte in den Weltmeeren, wenn sie von ihren Heimathäfen abgeschnitten waren? Was beschlossen die Befehlshaber der Interkontinentalraketenstützpunkte, wenn der Generalstab in Moskau schwieg? Natürlich wollten Geheimdienste immer alles wissen, aber die eindeutige Ausrichtung der Informationsbeschaffung, ihre Kurzfristigkeit, das Drängen, das Henri gespürt hatte, die Wichtigkeit, die dahintersteckte, die eher erstaunlichen Umstände, unter denen Mavick diese Dinge präsentierte, das alles ließ nur einen Schluss zu.

»Ich will's Ihnen offen sagen, Mr. Mavick.« Henri streckte sein Kreuz auf dem Stuhl. »Das alles will man nur wissen, wenn man die Chance eines Kriegs auslotet. Ich unterstelle Ihnen nicht, dass Sie oder Ihre Regierung demnächst einen Krieg führen wollen, aber Sie möchten doch schauen, ob es klappen könnte, nicht wahr? Haben Sie unserer Regierung auch die Gründe für dieses Unternehmen genannt? Wie heißt es überhaupt, Ihr Kind? Unternehmen Thunderclap?« Henri verzog keine Miene, Gebold starrte ihn von der Seite an mit Wut in den Augen.

Mavick schaute Henri eine Weile ins Gesicht, als fragte er sich, was das nun für einer sei. Ein Provokateur? Ein Dummkopf? Ein Witzbold? Mavick entschloss sich zu lächeln. Aber in seinem Innern kochte er. »Wir nennen es Unternehmen Sunshine.«

Was für ein alberner Name, dachte Henri. »Sie wollen die sowjetischen Informations- und Befehlsstrukturen so genau kennenlernen, damit Sie wissen, wie man sie am besten lahmlegen kann.«

»Wir wollen herausfinden, welche Maßnahme welche Bewegung in diesen Strukturen bewirkt. Weil wir so ablesen können, was die Genossen vorhaben. Wir leben in einer gefährlichen Zeit, da kann man gar nicht genug wissen.«

»Und es ist Ihnen so wichtig, dass Sie sogar die Amtshilfe der Verbündeten beanspruchen.«

Mavick schüttelte bedächtig den Kopf. »Meine Kollegen und Thorsten haben immer gut zusammengearbeitet. Nicht wahr, Thorsten?«

Gebold nickte ein wenig übereifrig.

Henri konnte sich ungefähr vorstellen, wie diese Zusammenarbeit ausgesehen haben mochte. Gebold als Laufbursche. Henri konnte sich auf diesen Versager nicht verlassen. Er musste Klein anzapfen, um herauszufinden, ob sie wirklich an die Amis verkauft worden waren.

Mavick hatte Henri schon eine Weile fixiert, dann sagte er: »Sie sind neu hier, ich bin es auch. Ich bin ein Freund des offenen Worts, ich gestehe, als Diplomat wäre ich die schlechteste Besetzung. Ich finde, der Start hat jetzt ein bisschen geholpert, aber wir werden bestimmt einen Weg finden, unsere Zusammenarbeit zu verbessern. Wir müssen es einfach.« Er klang so sanft wie ein Wolf, der Kreide gefressen hatte. Er wollte in Henri einen dummen Jungen sehen, der durch geduldiges Zureden auf den rechten Pfad geführt werden konnte.

Dieser hundserbärmliche Dreckskerl, dachte Henri. Und diese Bekloppten in Pullach, die mich zwingen wollen, diesem Kerl nicht gleich in die Eier zu treten, sondern den Dienstboten für ihn zu spielen.

»Unsere Regierungen wollen ihren Gegner ganz genau kennenlernen.« Er hatte geradezu eine sanfte Stimme, mit der er nun auf Henri einredete. »Nicht um Krieg zu führen, das liegt uns ferner als alles andere. Sondern um zu wissen, woran wir sind. Wir müssen unsere Bürger schützen, und wir haben es mit einem gefährlichen Gegner zu tun, dessen Gesellschaft und Wirtschaft völlig versumpft sind, ausgenommen das Militär.« Er schaute Henri eindringlich an, wie um zu prüfen, ob der es wirklich verstanden hatte.

Henri war wütend, aber er ließ es sich nicht anmerken.

»Wir würden uns freuen, wenn Sie uns alle Informationen mit irgendeinem Bezug zu den genannten Themen weiterreichen könnten.«

»Und ihr gebt uns gar nichts, wie gehabt«, dachte Henri.

Gebold nickte wieder eifrig.

»Ist ein bisschen eine Einbahnstraße«, sagte Henri dann doch.

»Keineswegs. Wir werten es aus, und Pullach erhält unsere Auswertungen.«

Aber keine Informationen, dachte Henri.

Auf der Rückfahrt zur Botschaft, während sich Gebold über Solidarität und Dankbarkeit ausließ, entschied sich Henri, den Amerikanern möglichst gar nichts zu liefern. Er würde zurückhalten, was immer er zurückhalten konnte, auch wenn Pullach ihm vorwerfen sollte, nichts zustande zu bringen. Doch ihn beschäftigte viel mehr, was die Amerikaner bewogen haben mochte, so aggressiv vorzugehen. Was, verdammt, haben sie im Sinn? Henri hatte die Diskussionen über die neue Strategie der USA genau verfolgt. Und er begriff, dass sich tatsächlich eine Wende anbahnte. Dass Washington den Stier bei den Hörnern nehmen wollte. Dass sie dort überlegten, wie sie die Sowjetunion besiegen könnten, politisch, wirtschaftlich und offenbar auch militärisch. Zu Tode rüsten, wehrlos machen, sie technologisch abhängen. Henri glaubte nicht, dass verrückte Generäle begierig nur darauf warteten, den roten Knopf zu drücken. Aber was würden sie tun, wenn sie überzeugt wären, es könnte funktionieren? Würden sie der Versuchung widerstehen können? Würden sie nicht fürchten, die große Chance käme vielleicht nie wieder und spätere Generationen würden sie als die Versager brandmarken, die eine einmalige historische Gelegenheit aus Feigheit und Dummheit nicht genutzt hatten? Henri konnte sich gut vorstellen, wie diese Leute dachten. Sie mussten die Möglichkeit, einen Atomkrieg zu führen, als die ultimative Befreiung von der aufgezwungenen Knebelung der vergangenen Jahrzehnte empfinden.

Als der Generalleutnant Eblow am Abend in seinem Büro den Bericht las, nickte er einige Male leicht, wie um zu bekräftigen, was er da erfuhr. Es lief alles nach Plan. Sie waren gerade dabei, eine gute Idee zu verwirklichen. Eblow kam sich vor wie einer dieser großartigen russischen Schachspieler, und Sonja, was war sie eigentlich, der Bauer, den er opferte, oder die Dame, die das Spiel entschied? Er freute sich schon auf das Spektakel. Er wäre als Profi zwar gerne ohne es ausgekommen, aber nun, da es sein musste, gewann er ihm durchaus etwas ab. Eine kleine Geschichte für das Lehrbuch der Spionage, das er leider nie schreiben würde und das, wenn doch, nie veröffentlicht werden würde. Eigentlich schade. Eblow zwirbelte seinen nicht mehr vorhandenen Schnurrbart, lächelte vor sich hin und stellte sich ans Fenster, wie so oft, wenn die Nacht hereinbrach.

»Sie sind mir noch eine Moskautour schuldig«, sagte Angela Morgenstern. »Sie sehen, ich vergesse nie etwas, und schon gar nicht, wenn jemand mir was schuldet.«

Henri hatte an diesem Morgen die meiste Zeit an die Wand gestarrt, dann hatte er Towaritsch gefüttert, der, als wollte er sich bedanken, tatsächlich aufgetaucht war und die tägliche Gabe schon hinnahm, als wäre sie sein selbstverständliches Recht. Doch streicheln ließ er sich nicht, er hielt immer einen Sicherheitsabstand ein, der ein klein wenig länger war als Henris Arm. Aber sogar im Hof war Henri geistig woanders, nämlich bei dem absurden Treffen in der US-Botschaft. Er hatte in der Nacht überlegt, ob er alles richtig verstanden hatte. Ihm war ärgerlicherweise klar geworden, dass Mavick intellektuell durchaus ein Schwergewicht war und dass das, was er so verhalten vorgetragen hatte, von einer bestechenden Logik war, wenn man die Grundprämissen einmal akzeptierte. Vor allem wenn man hinzudachte, was Mavick nicht gesagt hatte. Henri kam sich vor wie einer, dem man eine entsicherte Handgranate in die Faust gelegt hatte, die drei Sekunden, nachdem er sie geworfen hatte, explodieren würde, um ihre tödlichen Splitter nach allen Seiten zu verstreuen. Er konnte sie nicht ewig in der Hand behalten, aber auch nicht werfen. Was hatten die Pullacher sich da nur wieder einfallen lassen? Natürlich hatte er gleich nach dem Frühstück einen Brief an Klein geschrieben, sich aber entschlossen, ihn mit der Diplomatenpost zu schicken, auch wenn es länger dauerte. Sicher ist sicher.

Einen Augenblick hatte er die Möglichkeit erwogen, dass Mavick ein Doppelagent war, der versuchte die Verbündeten gegeneinander auszuspielen. Aber so dumm konnte keiner sein, es wäre bald aufgeflogen, und Mavick war definitiv kein Idiot. Er hasste die Gelassenheit, mit der dieser Lackaffe seine letzten Weisheiten verkündete. Er diskutierte nicht, er deklarierte im Bewusstsein, dass er sowieso recht hatte.

»Trinken Sie einen Kaffee mit mir«, sagte Henri. Und sie setzte sich in die Besucherecke. Heute war sie wieder besonders hübsch, hatte einen dunkelblauen Hosenanzug an, der ihre langen Beine betonte. So, wie sie sich bewegte, wusste sie, wie sie wirkte. Henri mochte dieses Spiel, auch wenn er sich oft zu steif vorkam, zu verklemmt, um sich ganz einzulassen auf die zwei- und doch eindeutigen Wortwechsel, auf das Lächeln im richtigen Moment, auf die Blickwechsel, die orientierungslos schienen, aber einem klaren Muster folgten. Sie goss sich einen Kaffee ein aus der Thermoskanne, die Henri in der Küche gefüllt hatte. Dann rührte sie Zucker in ihre Tasse und sagte eine Weile nichts mehr.

»Wir müssen diese Tour unbedingt machen. Wir zeigen uns gegenseitig, was wir noch nicht kennen. Da haben wir eine Menge zu tun, ist ja keine Kleinstadt.«

»Es gibt Schlimmeres«, sagte sie. »Sie sehen müde aus.«

Er nickte. »Neue Stadt, schlechter Schlaf. Ist eine Frage der Eingewöhnung.« Aber an Mavick oder seine Pläne würde er sich nie gewöhnen. Was sollte er tun, wenn Kleins Antwort ausfiel wie zu befürchten? Die neue Bonner Regierung wollte gewiss die Zweifel an der Bündnistreue der Westdeutschen ausräumen, die sich in der Selbstzerstörung der Vorgängerkoalition und den riesigen Friedensdemonstrationen gezeigt hatten, was Henri beides als Zeichen politischer Hilflosigkeit erschienen war.

»Sie sind ja wirklich ganz woanders, im Kopf, meine ich. Störe ich Sie?«

Henri schüttelte den Kopf. »Nein, ganz gewiss nicht.«

»Haben Sie denn schon Ihren Freund Towaritsch gefüttert?«

»Den besten Spion, den das KGB je hatte!« Henri lachte, als er sich vorstellte, wie finstere sowjetische Geheimpolizisten die Katze mit Minikameras und superempfindlichen Mikrofonen vollgestopft hatten. Eine Revolution der Implantationschirurgie, ein Zeichen der Überlegenheit sowjetischer Technologie. Er überlegte, wie die Prawda-Schlagzeile aussehen könnte.

Sie lachte mit. »Aber so einen Spion muss man doch mögen.«

Und Henri dachte: Eigentlich wissen wir nichts, das wir den Amerikanern weiterleiten könnten. Vielleicht hier und da etwas Halbseidenes aus Gesprächen. Aber wirkliche Fakten waren Fehlanzeige dank Gebold. Und vom Projekt R-33 würde Henri niemandem etwas berichten außer Klein in München.

Am späten Nachmittag nahm er zum zweiten Mal die Metro-Linie 7, stieg am Bahnhof Oktjabrskoje Pole aus und ging im dichten Schneetreiben zum »Generalsviertel«, wie er es nannte, weil dort viele Straßen nach Marschällen und Generalen der Sowjetunion benannt waren, sogar Tuchatschewskis Name war dort verewigt, eines der prominenten Opfer der Jeschowtschina. Die klassizistischen Fassaden mussten schon den Zaren gesehen haben. Sie waren schmutzig und da, wo der Schnee liegen blieb, weiß garniert. Henri hatte bei der ersten Fahrt hierhin überlegt, ob er sich diese Tour weiterhin zumuten sollte, aber nachdem er den Professor erlebt hatte, erübrigte sich jedes Zweifeln. Der Mann bewohnte ein Zimmer mit Kochplatte und Klo im Hinterhof eines mächtigen Gebäudekomplexes, in dem zur Straße hin eine Fahrschule, ein Buchantiquariat und ein Lebensmittelladen mit schmutzigem Schaufenster untergebracht waren. Ein großes Tor führte auf den Hof, und dann war alles nicht mehr klassizistisch, sondern Beton pur, eine an die Rückwand des Hofes angeklatschte Mietskaserne mit hellhörigen Wänden, kreischenden Kindern, dröhnenden Radios und beschlagenen Scheiben. Vor dem Eingang standen Kinderwagen, Fahrräder, Tretroller, eine verrottete Kommode und undefinierbarer Müll im Schnee.

Henri stieg die Treppe hoch, wich einer jungen Frau mit dunklen Augenringen aus, die ihn finster anstarrte, und erreichte endlich die dritte Etage, wo er an die Tür klopfte, auf der mit Bleistift Bernitschew geschrieben war. Die Tür öffnete sich, und er schaute hinab auf einen fast zwergenhaften Mann mit übergroßem Kopf, einer milchglasigen Brille auf der Nase und braun gefleckten Zähnen, im Mundwinkel eine kalte Pfeife.

»Sie sind pünktlich«, sagte er mit fast jungenhafter Stimme. Darüber hatte Henri beim ersten Treffen schon gestaunt, der Mann hätte bestimmt auch Sänger werden können. Aber er war Professor für russische Literatur, und von der deutschen schien er nicht weniger zu verstehen. Sein Deutsch war fehlerfrei und ohne russischen Akzent. Beim letzten Mal hatte Henri noch gestaunt, dass es sich eigentlich nicht um Unterricht handelte, sondern um eine Unterhaltung in beiden Sprachen, und erstaunlicherweise war Henri schon überzeugt, dass es so auch ging, wenn nicht besser. Georg war doch ein erstaunlicher Mann, wo hatte er nur diesen Professor aufgetrieben? Und würde der keine Schwierigkeiten bekommen in diesem misstrauischen Land, wenn er einen Diplomaten aus dem Westen unterrichtete? Oder war er ein Spitzel und die Wände gespickt mit Wanzen?

Der Professor führte Henri aus dem winzigen Flur über einen welligen Teppich, aus dem die Muster herausgetreten waren, in sein Zimmer. Es roch nach Tee, und der war, wie Henri erfahren hatte, stark und musste mit Milch und

Zucker getrunken werden. Ein Becher wartete schon auf dem alten runden Tisch mit den unzähligen Flecken, dazu eine graue Kanne mit braunschwarzem Ausguss, eine Zuckerdose und ein Milchkännchen. Bernitschew wies auf den einzigen Sessel, und Henri setzte sich. Der Professor zog seinen Stuhl von dem kleinen Schreibtisch weg und setzte sich Henri gegenüber. Er goss Henri ein. Sein Becher stand noch auf dem Schreibtisch. An den Wänden Bücherregale, doppelt belegt die meisten, ganz oben auch Stapel. Unter dem schlierigen Fenster, das in den Hof hinauszeigte, ragten Bücherstapel auf dem Holzfußboden. An der Decke baumelte eine nackte Glühbirne.

»Wir hatten über Tolstoi gesprochen«, sagte der Professor. »Krieg und Frieden.«

»Ja«, sagte Henri, es hatte ihn gleich für den Professor eingenommen. Er liebte dieses Buch.

»Und Sie hatten mir berichtet« – er sagte wirklich »berichtet« –, »dass Sie sich sehr für Waterloo interessieren. Das ist doch eine erstaunliche Übereinstimmung der Interessen. Finden Sie nicht auch?«

Henri war versucht zu sagen, dass Georg Scheffer wahrscheinlich auch das berücksichtigt hatte. »Ich finde es sehr erfreulich«, erwiderte Henri. Er nahm Zucker und Milch, rührte um und trank einen Schluck.

»Wenn man es genauer betrachtet«, sagte der Professor nun bemüht langsam und deutlich auf Russisch, »so kreuzen sich in Waterloo die Schicksale unserer Länder, auch wenn die Russen an dieser Schlacht nicht beteiligt waren.«

»Ja«, sagte Henri auf Russisch, »ohne Russen wäre es nie zu Waterloo gekommen.«

»Wobei man nicht weiß, ob das gut war«, lächelte der Professor. »Jedenfalls war das, was danach kam, schlecht.«

»Ja«, sagte Henri, »das weiß man nicht. Ich gestehe, ich

hatte immer eine Schwäche für Napoleon, er war viel … moderner als diese verbrauchten Könige und Kaiser.«

Bernitschew lehnte sich zurück und lächelte wieder. »Unser Zar wollte sein wie er, Napoleon war eigentlich sein großes Vorbild, sein Idol. Aber er war eben der Zar.« Nun begann er überaus höflich Henri zu korrigieren, ihn auf die unzähligen Fallstricke des Russischen hinzuweisen.

Mavick hatte schon während des Gesprächs begriffen, dass Henri eine andere Preislage war als Gebold. Der macht nicht mit, da war sich der Amerikaner sicher. Das ist einer von den unsicheren Kantonisten, folgt nicht der überwältigenden Logik der strategischen Argumente, sondern anderen Ideen. Welchen? Der ist nicht so ein harter Hund, wie er tut. Er macht auf Soldat, vielleicht war er nie einer, mag doch sein, dass er es deswegen umso mehr herauskehrt, weil das in Pullach gut ankommt. Da steckten den Pullachern noch die Gene der Organisation Gehlen in den Knochen, das Erbe des Nazigenerals, der die Sowjetunion für Hitler ausspioniert hatte und nach dem Krieg das Gleiche für die Amerikaner tat und dafür zum westdeutschen Geheimdienstchef geadelt wurde. Mavick waren diese alten Geschichten zuwider. Er war ein moderner Mensch, Nazis und diese stocksteifen Steinzeitgeneräle waren für ihn Fossilien der Geschichte. Interessant nur für Paläontologen. Dieser Henri würde nicht mitmachen, ihnen vielleicht sogar Knüppel zwischen die Beine werfen. Wahrscheinlich musste er den Kerl hart angehen. Mochte sein, dass es genügte, über die Verbindungslinien nach Pullach was zu stecken. Und wenn das nicht half, würde Mavick sich etwas einfallen lassen, das gewiss helfen würde. Dann sah er ein, dass er vermutlich ungeduldig war und schon wieder begann, mit seiner Selbstbeherrschung zu kämpfen. Er sollte diesem Henri noch eine Chance geben. Womöglich würde Pullach ihm den Kopf geraderücken, oder Martenthaler kam bald selbst darauf, was er nun zu tun hatte.

Theo saß am Schreibtisch in dem kleinen Büro, das ihm in der Botschaft überlassen worden war. Er war erschöpft von der Nacht mit Sonja, und er fragte sich, was diese Nacht bedeutete. Er fand keine Antwort. Dann zwang er sich, sich auf seinen Job zu konzentrieren. Er starrte das Bild an, das vor ihm lag. Es war offenbar geschickt gefälscht worden, jedenfalls sah es für ihn aus wie ein ganz normales Foto. Da lag Scheffer mit den nach außen abgeknickten Beinen, und jemand hatte ihn fotografiert. Und irgendjemand hatte das Foto verändert, was bei Digitalbildern ein Kinderspiel war. Und doch gab es Möglichkeiten, die Fälschung nachzuweisen, das besorgten Spezialisten mit speziellen Programmen. Keine Fälschung war so gut, dass man sie nicht aufdecken konnte. Hätte Sonja die Fälschung nicht verraten, dann hätte Theo eher darauf verzichtet, das Foto prüfen zu lassen. Es gab sonst keinen Hinweis darauf, ausgenommen die Unverschämtheit, dass sie Scheffer schnell eingeäschert hatten. Das war entweder eine bürokratische Idiotie oder ein plumper Täuschungsversuch. Aber sogar wenn die Fälschung nachgewiesen wurde, war das streng genommen noch kein Beweis dafür, dass Scheffer ermordet worden war. Um darüber etwas herauszufinden, müsste jemand mit den Zeugen sprechen. Doch das hatten die russischen Behörden untersagt. Ein weiteres Indiz, dass da etwas krummgelaufen war. Die Zeugen mussten etwas gesehen haben, das den Behörden nicht passte.

Er ließ sich alles noch einmal durch den Kopf gehen, dann entschied er sich für die offensive Variante. Theo fand die Nummer in seinem Palm und nahm den Telefonhörer ab. Er zögerte, betrachtete noch einmal intensiv das Bild, dann wählte er. Es dauerte eine Weile, bis es in Frankfurt am Main klingelte.

»Guten Morgen, ich schicke dir gleich eine Mail mit meinem PGP-Schlüssel. Mach was Gescheites daraus.«

Ein kurzes Schweigen auf der anderen Seite, dann: »Klar, danke. Ich revanchiere mich.«

Theo hatte den Journalisten bei einem Urlaub an der Nordsee kennengelernt. Wennemeier war mit seiner jungen Frau und ihrem kleinen Sohn dort gewesen. Beim Krabbenessen in Husum war man ins Gespräch gekommen und hatte festgestellt, dass ein BND-Mitarbeiter und ein Journalist einer angesehenen Frankfurter Tageszeitung sich viel zu erzählen hatten, zumal Wennemeier ein Faible hatte für Verschwörungen. Beim BND schätzte man es durchaus, wenn Mitarbeiter Journalisten als Kontaktpersonen akquirierten, weil sie über Informationen verfügten. Und im Gegenzug ließ man zielgerichtet etwas fallen, das nicht jeder wusste und dem Journalisten einen Schulterschlag einbrachte wegen der guten Recherche. Deshalb hatte Theo nach ein paar Tagen durchblicken lassen, dass sein wirklicher Arbeitgeber keineswegs das Münchener Liegenschaftsamt sei, ohne aber die wahre Bezeichnung seiner Behörde zu nennen. Das war auch nicht nötig, man verstand sich.

Allerdings wären die Pullacher in diesem Fall wenig begeistert von Theos Aktion gewesen, wenn sie davon gewusst hätten. Doch Theo wollte die Sache vorantreiben und sie nicht in den Mühlen der Münchener und Bonner Bürokraten zermahlen lassen. Er ahnte schon, wie die hohen Herren reagieren würden. Es sei ja nichts bewiesen, ja, das Auswärtige Amt würde nachfragen, aber es würde sich natürlich abspeisen lassen mit einer ausgetüftelten Erklärung der russischen Regierung. Nein, niemals würde die russische Justiz es zulassen, dass Behörden des Landes sich an Gästen aus dem Ausland vergingen. Niemals. Wenn es Mord gewesen sei, dann aus irgendeinem banalen Grund, Raub, Eifersucht, Alkohol, und natürlich hatten die deutschen Behörden Verständnis für den Versuch der Moskauer, diese unendlich peinliche Angelegenheit zu verschleiern. Das sei ja auch nicht weiter schlimm, der Mann sei tot und nichts könne ihn ins Leben zurückholen, nicht einmal die Wahrheit über die Umstände seines Todes. Und würden seine Anverwandten, sofern es solche gab, wirklich damit leben wollen, dass ihr geliebter Bruder, Vetter oder Onkel einem gemeinen Verbrechen zum Opfer gefallen sei, dessen Umstände nicht unbedingt das beste Licht auf den Verstorbenen warfen? Wer wisse denn, in welchen dubiosen Lokalitäten Moskaus, davon gebe es dort ja mehr als genug, Scheffer sich herumgetrieben habe? Und wenn die Moskauer Illustrierten plötzlich Fotos veröffentlichten, in denen Scheffer sagen wir mal mit leicht bekleideten Damen gezeigt würde? Also, warum einen Aufstand machen? Es würde demnächst die Gelegenheit reifen, bei der dann die Russen gute Miene zum bösen Spiel machen würden. Das habe in der Vergangenheit doch ganz gut geklappt. Und schließlich und endlich, das müsse man auch bedenken, obwohl man natürlich keine Zweifel an der Zuverlässigkeit Russlands als Geschäftspartner aufkommen lassen wolle, hänge Deutschland und mit ihm ganz Europa an den Pipelines, durch die Öl und Gas in den Westen strömten.

Theo tippte seine Mail mit Bedacht. Natürlich verschwieg er das meiste, aber immerhin erfuhr Wennemeier, dass ein deutscher Geschäftsmann in Moskau unter ungeklärten Umständen zu Tode gekommen und seine Leiche eilig verbrannt worden sei. Der Clou der Geschichte aber war das gefälschte Foto der Moskauer Rechtsmedizin, dessen eingescannte Kopie er anhängte. Ein Foto, dessen Echtheit Experten der deutschen Justiz ernsthaft bezweifelten, wie Theo formulierte. Er überlegte, ob er nicht zu forsch heranging an die Sache. Aber Sonja hatte es bestätigt, und ihre Darstellung schien ihm in jeder Hinsicht überzeugend. Da passte eines zum anderen. Und wenn diese Frankfurter Tageszeitung Verbindungen in den Moskauer Behördensumpf hatte, was, bitte schön, konnte Theo dafür?

Nachdem er noch einmal alles überlegt hatte, schickte er die Mail mit dem eingebetteten Foto los. Über sein anonymes Mailkonto bei GMX. Niemand würde sie lesen können, die 256-Bit-Verschlüsselung und die Signatur waren sicher, und kein geistig halbwegs Gesunder in Moskau würde auf die Idee kommen, Rechnerkapazitäten zu verschwenden, um den ohnehin sinnlosen Versuch zu unternehmen, eine von täglich Hunderttausenden von Mails dieses Internet-Anbieters zu entschlüsseln, deren Absender man ohnehin nicht herausfand, wenn diese das nicht wünschten.

Er fühlte sich gut, als er die Mail mit dem Foto versandt hatte. Das war ein Schritt, der verhindern würde, dass die Moskauer ihn auflaufen ließen. Und die Pullacher auch. Außerdem würden die deutschen Medien, sofern sie dazu in der Lage waren, eigene Recherchen anstellen und die russische Justiz reichlich nerven. Womöglich sah sich nun sogar das Auswärtige Amt genötigt, eine offizielle Anfrage zu stellen nach den Umständen von Scheffers Tod.

Er holte sich einen Kaffee aus der Küche und stellte sich mit der Tasse in der Hand ans Fenster seines Büros.

Unten, vor dem Schuppen, saß eine ausgemergelte Katze und schaute zu ihm hoch.

Schon am Morgen weckte ihn das Telefon in seinem Zimmer im Compound. Eine weibliche Stimme, die Sekretärin des Botschafters, wie er sich gleich erinnerte, auch weil er diesen Anruf erwartet hatte. »Bitte kommen Sie zu Doktor Kaben, es ist dringend.«

Der Botschafter hatte eine schlechte Kopie des Titelblatts der Frankfurter Zeitung vor sich liegen. War es Mord? Deutscher Wirtschaftsvertreter unter rätselhaften Umständen gestorben.

»Können Sie sich das erklären?« Misstrauen im Blick.

»Ich darf?« Theo nahm sich die Kopie. Es stand nicht viel darin. Der wichtigste Punkt war die Behauptung, die Moskauer Rechtsmedizin habe die Leiche ohne Rücksprache mit deutschen Stellen verbrannt und ein offenbar gefälschtes Obduktionsfoto übergeben. Und dann stand da noch, dass der mit den Nachforschungen beauftragte Ermittler aus Berlin zu einer Stellungnahme nicht bereit gewesen sei.

Theo schüttelte den Kopf, was Unverständnis oder Empörung ausdrücken mochte. »Ich habe keine Ahnung, wie die darauf kommen. Erstaunlich gut informiert. Haben wahrscheinlich jemanden in der Rechtsmedizin bestochen. Man könnte den hiesigen Korrespondenten fragen, aber wie ich das kenne, sagt der nichts. Quellenschutz.« Er legte die Kopie zurück auf den Tisch. Und ärgerte sich, dass Wennemeier ihn doch hineingezogen hatte. Aber da konnte sich Theo leicht herausreden.

Kaben versank fast in seinem überdimensionierten Bürosessel hinter dem riesigen Schreibtisch. Seine Wampe ragte Theo entgegen, die Stirn glänzte. Obwohl er Theo gegenübersaß, musterte er ihn wie von der Seite. »Und Ihnen ist nichts aufgefallen bei diesen Leuten in der Rechtsmedizin oder der Polizei?«

»Exzellenz!« Nun wurde Theo förmlich. »Wenn mir etwas aufgefallen wäre, hätte ich es gleich gesagt. Bis vorhin« – er deutete auf die Zeitungskopie –, »bis vorhin wäre ich nicht auf die Idee gekommen, dass irgendein Pressefuzzi auch nur irgendetwas gerochen hätte von der Sache. Offenbar gibt es mal wieder undichte Stellen, in der Botschaft« – Kaben ließ Ärger in seinem Gesicht aufscheinen –, »vielleicht bei uns oder im Innenministerium. Ich weiß ja selbst nicht, wer alles mit dieser Sache vertraut ist. Ich bin nur der Mann, der die Fragen stellt, die andere formulieren. Meine Berichte landen in Pullach und natürlich beim Kanzleramt und beim Außenministerium. Wahrscheinlich gehen Kopien ans Justizministerium, womöglich ist schon eine Staatsanwaltschaft mit der Sache befasst. Sie wissen doch, wie das ist. Ich habe meinen Bericht gestern Abend geschrieben und auch darum gebeten, dass man dieses Foto untersucht. Aber das geht mit dem Kurier, der erst morgen in Berlin ist. Bis das Untersuchungsergebnis des BKA vorliegt, wird's eine Weile dauern.« Er kratzte sich an der Schläfe. »Umso erstaunlicher, dass die« – ein Fingerzeig auf die Kopie – »jetzt schon von einer Fälschung ausgehen … Und gefragt hat mich übrigens keiner von der Presse, weshalb es eine Frechheit ist, mir eine solche Presseanfrage anzudichten.«

Ein langer Blick des Botschafters. »Und Sie halten das Foto für echt?«

Theo hob die Schultern und ließ sie wieder sinken. »Die Umstände machen es schwer, das zu glauben. Immerhin haben sie die Leiche schnurstracks verbrannt.«

Kaben nickte. »Allerdings, die machen hier manchmal unerklärliche Dinge. Da weiß die eine Hand nicht, was die andere tut. Früher herrschte die Sowjetschlamperei, heute die Putin-Hektik. Vielleicht ist das alles ein Missverständnis und Scheffer kam tatsächlich bei einem Unfall um.«

Theo zeigte Kaben kurz seine Handflächen. »Offen gesagt, ich wüsste nicht, wie ich mit meinen Möglichkeiten« – es klang so wie: mit meinen nicht vorhandenen Möglichkeiten – »etwas herausfinden könnte, das uns auch nur im Ansatz Aufschluss brächte. Vielleicht, so ärgerlich die Sache grundsätzlich ist, vielleicht hilft der Artikel. Er bringt, wie soll ich es sagen, ein wenig Schwung in die Sache. Wissen Sie was, ich werde mir eine Kopie machen, wenn Sie gestatten, und damit meine Moskauer Freunde ein bisschen ärgern.« Natürlich wusste Theo, dass er Unsinn redete. Niemand würde sich wegen eines Artikels in einer ausländischen Zeitung aufregen. Sie würden einfach abwinken. Man weiß doch, was die Zeitungen so zusammenschmieren. Und dass die Westmedien Russland verleumdeten, na, das war man gewohnt. Die fünf Intellektuellen, die in Russland deutsche Zeitungen lasen, waren sowieso schräge Vögel. Und ob die nun meckerten oder nicht, das kräuselte keine Welle auf der Moskwa.

Kaben schaute ihn neugierig an. »Mag sein. Wenn Sie mich fragen, ist es sowieso egal, was bei uns in der Zeitung steht. Das Einzige, was wir denen ankreiden können, ist die Tatsache, dass sie die Leiche verbrannt haben. Dafür werden sie einen Sündenbock finden, den sie hart bestrafen, und das war's dann.«

»Immerhin«, sagte Theo, »jetzt kann niemand mehr die Sache einfach so unter den Teppich kehren.«

»Gut, und was haben Sie jetzt vor?«

»Ich werde warten, was die Auswertung des Bildes ergibt. Und dann wird mir Berlin mitteilen, was ich zu tun habe.«

Es dauerte eine knappe Woche, bis Theo übermittelt wurde, was die Untersuchung des Fotos und der Urne ergeben hatte. In diesen Tagen des Wartens hatte er versucht, Sonja zu erreichen, aber die Rechtsmedizin speiste ihn ab mit der Auskunft, die Frau Doktor Kustowa habe aus dienstlichem Grund verreisen müssen und man wisse nicht, wann sie zurückkehre. Dann rief er Staatsanwalt Salachin an und teilte ihm mit, dass die Rechtsmedizin ihm ein gefälschtes Obduktionsfoto ausgehändigt habe, ganz offensichtlich in der Absicht, die wirkliche Ursache von Scheffers Tod zu vertuschen. Er sei empört und nicht bereit, das mit sich machen zu lassen. Seine Regierung werde geeignete Schritte veranlassen. Der Staatsanwalt war die Höflichkeit in Person und bat nur darum, ihm diese Einwände schriftlich zukommen zu lassen. »Sie wissen ja, wie das ist. Die Akten.« Theo verfasste eine Notiz, in der er erklärte, dass es schwerwiegende Indizien für eine Fälschung gebe, und verwies auf einen abschließenden Untersuchungsbericht aus Berlin. Seine Hoffnung, die Dinge so beschleunigen zu können, erfüllte sich jedoch nicht. Der Staatsanwalt erwiderte nichts, und es äußerte sich auch keine andere Behörde.

Er verbrachte die restliche Zeit als Tourist, weil ihm nichts einfiel, was er noch hätte tun können ohne den Nachweis, dass das Bild eine Fälschung sei. Nach einem verschlafenen Wochenende voller Sehnsucht nach Sonja, an dem er sich Szenen ihrer Nacht wieder und wieder ins Gedächtnis gerufen hatte, kam per Diplomatenpost ein kurzes Schreiben des BKA an die Pullacher Dienststelle, aus dem zweifelsfrei hervorging, dass es sich bei dem Foto keineswegs um eine Fälschung handle. Eine Stunde später schon erreichte ihn eine verschlüsselte Mail von Wennemeier, die aus eineinhalb Zeilen bestand:

Vielen Dank fürs Foto. Verarschen kann ich mich selbst. Bitte künftig von Zuwendungen absehen. W.

Wieder versuchte er Sonja zu erreichen, und als es ihm nicht gelang, begann er zu begreifen, dass er die Ermittlungen in den Sand gesetzt hatte. Er hatte sich bis auf die Knochen blamiert. Sie hatten ihn hereingelegt wie einen Anfänger. Und weil er vorgeprescht war wie ein Idiot, hatte er sich und die Ermittlungen unglaubwürdig gemacht. Mit Verweis auf die Untersuchung deutscher Behörden würde die Moskauer Staatsanwaltschaft alle Verleumdungen deutscher Ermittler zurückweisen und triumphierend verkünden, dass auch die Lügen der deutschen Presse restlos widerlegt worden waren. Sie hatten Theo am Nasenring durch Moskau geführt. Und er war in die älteste Falle der Welt getappt.

Er fuhr mit der Metro ein Stück in Richtung Innenstadt, stieg an irgendeinem Bahnhof aus, setzte sich in eine Kaschemme mit abgesessenen Stühlen und fleckigen Tischen, bestellte Wodka und fing an zu trinken. Dabei dachte er an Sonja, wie sie zusammengesessen hatten und wie schön sie gewesen war und wie sie ihn lächelnd verleitet hatte, dieses verfluchte Spiel mitzuspielen. Er schlug auf den Tisch, was aber nur die Wirtin zu einem kurzen Blick veranlasste. Dann brachte sie die ganze Flasche.

Tatsächlich machte Rachmanow sein Versprechen vom Industriellenempfang wahr und rief Henri an. Er würde ihn gern zu einem opulenten russischen Mahl einladen. Wann, könne Henri bestimmen, wo, wolle aber er festlegen, was nicht zum Schaden seines Gastes sei. Henri sah ihn fast lächeln am Telefon. Rachmanow war ein freundlicher Mann, das hatte Henri begriffen. Und natürlich arbeitete Rachmanow für das KGB, wenigstens nebenberuflich wie ein paar weitere Hunderttausend Sowjetbürger auch. Die Staatssicherheit gehörte eben zum Sowjetleben wie die Partei, die Gewerkschaft, die Spartakiade oder die Siegesparade am 9. Mai, und worin sollte der große Unterschied zwischen Partei und Geheimdienst bestehen? Henri beneidete das KGB manchmal ein wenig, denn die westdeutschen Geheimdienste wurden vor allem beargwöhnt. Geheimdienst ist Spitzelwesen. Aber so dachte in der Sowjetunion kaum jemand, gerade dort, wo am meisten gespitzelt wurde.

Sie verabredeten sich gleich am Abend, auch weil Henri neugierig war, was Rachmanow wollte, und weil dieser es offenbar eilig hatte, auch wenn ihm seine Höflichkeit verbot, Henri zu bedrängen. Aber da war etwas in der Stimme des Russen, das Henri auffiel und das er als Aufforderung verstand. Was wollte Rachmanow, der stellvertretende Vorsitzende des Rundfunkkomitees?

Er erfuhr es im Wolga, am Chimki-Staubecken gelegen, mit einem überwältigenden Büfett, einem nicht besonders großen Gastraum und einem kleinen Nebenzimmer, an dessen Wand Ikonennachbildungen das Selbstverständnis des Orts unterstrichen. Dunkel gebeizte schwere Stühle mit gedrechselten Stäben in der Rückenlehne, das Tischtuch aus dunkelblauem Leinen, darauf ein Kerzenständer, den man von Weitem auch als Statuette hätte sehen können. Rachmanow hatte einen Wagen mit Chauffeur zur Botschaft geschickt, und der kleine, schmale Mann fuhr Henri wortlos den langen Weg zum Restaurant, schaute sich nicht einmal um, als der ausstieg. Drinnen erwartete ihn Rachmanow, als hätte er hinter der Tür gelauert, gekleidet in einen modern geschnittenen anthrazitfarbenen Anzug, der offenkundig nicht aus sowjetischer Produktion stammte. Der Russe führte Henri gleich ins Nebenzimmer und schloss die Tür von innen. Instinktiv schaute Henri sich um, ließ seine Augen vor allem über die Wände streifen. Rachmanow lächelte und schüttelte den Kopf.

»Wir können nachher gern einen Spaziergang machen, den allerdings wegen der Verdauung«, sagte Rachmanow. Er zeigte auf einen Stuhl und setzte sich, wobei er darauf achtete, dass Henri als Erster Platz nahm. Er stützte sich auf die Ellbogen und beugte sich ein wenig nach vorn, eine schmale Strähne seines gegelten Haars fiel ihm auf die Stirn, was die Bewegung nur betonte. »Ich möchte ganz offen mit Ihnen reden. Ganz offen. Aber zuerst holen wir uns etwas zu essen.«

Nachdem sie sich am Büfett bedient hatten und während Henri überlegte, ob er schon einmal ein reicheres Angebot gesehen hatte, und sich wunderte, dass sie offenbar die einzigen Gäste waren, nahm Rachmanow ein paar Happen des eingelegten Herings und aß sie ziemlich lustlos. Er tupfte sich vornehm die Lippen ab, legte die Serviette nachdenklich beiseite und schaute endlich Henri an. Der kaute gerade ein Stück Wildbraten, zumindest vermutete er, dass es sich darum handelte.

»Es ist alles für uns reserviert«, sagte Rachmanow.

Vielleicht gibt es hier wirklich keine Mikrofone, dafür aber Gedankenlesegeräte, dachte Henri. Er lächelte, was Rachmanows Aufmerksamkeit noch erhöhte.

»Andropow ist krank, schwer krank«, sagte Rachmanow.

Henri nickte. Er hatte es gehört und gelesen. Es wurde ja genau beobachtet, wie oft sich der neue Generalsekretär öffentlich blicken ließ und wie krank oder gesund er aussah.

Rachmanow spießte ein Stück Räucherfisch vorsichtig

auf seine Gabel, betrachtete es und schob es bedächtig in den Mund.

Nachdem er geduldig gekaut hatte, tupfte er sich wieder die Lippen ab und murmelte: »Er wird bald sterben.«

»Ja? Und warum hat das ZK ihn dann gewählt? Einen Todgeweihten?«

»Das ZK weiß es nicht, von den Genossen im Politbüro auch nur wenige, Gromyko natürlich.« Er tupfte wieder, obwohl er nichts gegessen hatte.

Henri dachte: Sie haben eine Leiche gewählt, die noch ein bisschen zappelt. Warum machen die das?

Rachmanow schüttelte leicht seinen hageren Schädel, die Strähne klebte noch an der Stirn. »Es ist eine Katastrophe.«

Henri wartete, ob Rachmanow noch etwas hinzufügen wollte, dann erwiderte er: »Eine selbst verschuldete Katastrophe.«

Rachmanow nickte.

»Warum erzählen Sie mir das?«

»Warten Sie es ab«, sagte Rachmanow.

»Ist das so eine Nummer wie mit Irina, nur ohne Sex?« Henri fand gleich, dass er zu scharf gewesen sei. Aber er fürchtete, in eine Falle gelockt zu werden. Vielleicht köderte Rachmanow ihn. Vielleicht lieferte er Informationen, um später einmal Dankbarkeit einzufordern. Vielleicht war es nur eine raffinierte Methode, Henri in einen Schlamassel zu verstricken, aus dem er nur mithilfe seiner sowjetischen Freunde herauskommen könnte. Vielleicht aber war alles ganz anders.

Rachmanow lächelte, blieb jedoch ernst: »Das ist keine Nummer. Ich verstehe ja, dass Sie eine Falle fürchten. Wir haben uns ein bisschen plump angestellt ...«

»Sie sind also Offizier des KGB?« Auch wenn Henri

daran nicht zweifelte, wollte er sich diesen kleinen Sieg gönnen.

»Ich gehöre zu einer Gruppe von Mitgliedern der Kommunistischen Partei, die sich Sorgen machen.«

»Dazu haben Sie einigen Grund«, erwiderte Henri ruhig. »Die Lage ist beschissen, aber nicht nur in Ihrem Land.«

»Sie sollten mich ernst nehmen«, sagte Rachmanow.

Er schien ein wenig verärgert, und Henri nahm sich vor, sich seine Erleichterung über den Verlauf des Gesprächs nicht anmerken zu lassen.

»Ich nehme Sie ernst, natürlich. Aber ich frage mich, warum Sie mir das erzählen. Das tun Sie doch, weil Sie etwas von mir wollen. Oder hat es einen anderen Grund?«

Rachmanow schaute ihn fast verwirrt an. »Nein.«

Dann schwieg er und aß. Henri nippte an seinem Wasserglas, trank sehr unrussisch nur einen kleinen Schluck Wodka und linste immer wieder zu Rachmanow, der ganz in Gedanken versunken schien. Rachmanow tupfte mit seiner Serviette, dann setzte er an, um doch nur seine Finger zu spreizen, als hätte er einen Krampf. Er betrachtete seinen Zeigefinger, als sähe er ihn zum ersten Mal, drehte ihn unter seinen Augen, um dann die Hand auf den Tisch zu legen, erst gespreizt, bis die Finger sich schließlich zusammenschoben. Mit der flachen Hand schlug er sachte auf den Tisch, schnaufte, wohl wegen Henris Unverständnis, aber was konnte man von einem Westler schon verlangen?

Henri war versucht zu sagen, er warte immer noch, aber das wäre dieser seltsamen Stimmung nicht angemessen gewesen, die sich ausgebreitet hatte wie eine Staubwolke, die jemand vom Tisch hochgeblasen hatte. Rachmanow führte seinen Kampf mit sich selbst fort. Womöglich wunderte er sich, wie gelassen Henri die Information über Andropows Gesundheitszustand aufgenommen hatte. Er mochte sich sagen, dass es für den Westen mit der Sowjetunion ohnehin weitergehen würde wie gehabt. Breschnew, bei allem, was sie gegen ihn einwenden konnten, war doch verlässlich gewesen, jedenfalls nicht verrückt. Und warum sollte der Nachfolger nicht auch verlässlich sein, wo er doch von Breschnews Leuten inthronisiert worden war, und warum sollte der Nachfolger des Nachfolgers das Riesenreich nicht genauso sachlich steuern wie der Greis, der gerade erst abgetreten war? Vielleicht dachten sie wirklich so? Rachmanow war sich da aber nicht sicher. Er mühte sich, den Westen zu verstehen, aber bisher war es ihm nicht gelungen.

»Wir hatten gehofft, Andropow würde die Missstände beseitigen, oder wie heißt es: den Augiasstall ausmisten, den Schlendrian beseitigen, die Trinkerei, die Korruption« – bei diesem Wort schaute er Henri in die Augen, als müsste er feststellen, jawohl, es gibt Korruption, auch wenn die Vorstellung entsetzlich ist –, »die Bürokratie, die Zustände in der Produktion« – in dem Wort »Zustände« klang »unglaublich« mit –, »die Versorgungsmängel, nicht einmal genug Nahrungsmittel produzieren wir!« Es war ein Ausbruch, Verzweiflung.

»Aber im Rüsten sind Sie Weltklasse«, sagte Henri leise, als müsste er sich mühen, Rachmanow nicht zu beleidigen.

Der trank ein Hundert-Gramm-Glas leer, in einem Zug. Wieder tupfte er sich die Lippen trocken, dann sagte er: »Andropow lebt nicht mehr lange, dann kommt Tschernenko. Der hat es nicht verwunden, dass er nicht Breschnews Nachfolger wurde, und die alten Genossen werden ihm den Gefallen tun. Als Wiedergutmachung. Er hat es verdient. Er verspricht Stabilität. Es soll sich bloß nichts ändern.«

»Wenn er vielleicht ein bisschen abrüsten …«

Rachmanow warf Henri einen finsteren Blick zu. »Vielleicht war es falsch, Sie hierherzubitten. Dann tut es mir leid, und wir vergessen das Gespräch …«

»Entschuldigung«, sagte Henri, »aber Sie müssen zugeben, dass Sie meine Geduld ein wenig beanspruchen.«

»Ich werde noch ganz andere Dinge beanspruchen«, erwiderte Rachmanow, ohne zu zögern, als hätte er sich gerade durchgerungen. »Ich erzähle Ihnen jetzt eine kleine Geschichte. Hören Sie genau zu. Jedes Wort ist wichtig. Es geht um nicht weniger als um die Frage, ob wir nächstes Jahr noch leben oder nicht.«

7

Die Gewissheit von Juri Andropows Tod erhielt Henri, als er an einem Abend im Februar 1984 mit Angela Morgenstern durch Moskaus eiskalte Innenstadt bummelte. Die Flaggen hingen auf halbmast. Am Nachmittag schon hatten die Radiosender ihre Programme geändert und spielten getragene klassische Musik. In der Stadt rasten auffällig viele schwarze Limousinen auf der für offizielle Fahrzeuge reservierten Spur. Dafür gab es nur eine Erklärung, Henri und Angela begriffen es sofort. Als sie in einem Café langsam auftauten, schüttelte Henri den Kopf. »Wenn sie jetzt Tschernenko zum Chef machen, wird's eng.«

»Auch nicht enger als vorher«, sagte Angela. Sie hatte sich eine Zigarette angezündet.

»Da wäre ich mir nicht so sicher. Sie werden weitermachen, bis es kracht. Auf beiden Seiten. Und dieser Tattergreis hat nicht die Kraft, irgendetwas zu ändern.«

»Bis es kracht?«

»Darauf läuft es hinaus.«

Sie schaute ihn ungläubig an, dann zog sie an ihrer Zigarette und ging nicht weiter auf Henris Katastrophengerede ein. Das kannte sie schon. Sie hatten sich aneinander gewöhnt, nachdem sie eher zufällig im Bett gelandet waren nach einem Botschaftsempfang. So zufällig es geschehen war, so unvermeidlich erschien es beiden. Sie passten zueinander, jedenfalls besser als zu jedem anderen in der Botschaft und in deren Umfeld. Was Henri bald auch gefiel, neben dem entspannten Sex und ihrer Lässigkeit, war der so erstaunliche wie erfreuliche Umstand, dass sie nie wissen wollte, was er wirklich tat. Wenn der Zwerg ihm anzeigte – etwa durch einen verabredeten Kreidestrich an einem Telefonmast, einen Stein in einer bestimmten Ecke eines

Grabes, es wurde jedes Mal etwas anderes vereinbart –, dass er ihn treffen wollte, dann hatte Henri schon zweimal eine Verabredung mit Angela absagen müssen, was sie mit einem lächelnden »Schade« kommentierte und es darauf beruhen ließ. Es war für beide nicht die große Liebe, aber es war ein durch und durch vernünftiges Arrangement, das sie von Anfang an vom Berufsalltag trennten. In der Botschaft waren sie zwar zum Duzen übergegangen, doch verzichteten sie auf jede weitergehende Nähe.

Noch eine wichtige Neuerung hatte es gegeben: Gebold war abgezogen worden. Es erleichterte Henri, wenn der faule Fettsack in den letzten Monaten auch vollkommen resigniert und Henri in Ruhe gelassen hatte. Eines Tages teilte er Henri mit, dass die Zentrale ihn nach München gerufen habe, und eines anderen Tages war Gebold weg, ohne sich verabschiedet zu haben. Erst seitdem fühlte Henri sich frei und stürzte er sich voller Eifer auf seine Arbeit. Der Zwerg, der inzwischen verlangte, dass Henri ihn »Rasputin« nannte, hatte weiteres Material geliefert, und Pullach war begeistert, handelte es sich doch um die technischen Zeichnungen eines Jagdflugzeugs, das allen westlichen Typen wenigstens ebenbürtig war. Niemand hatte sich bei Henri beklagt, dass er früher aktiv geworden war und Gebold umgangen hatte. Mavicks blödsinnige Forderungen hatte Henri ignoriert, bisher ohne Folgen.

Am wichtigsten aber war ihm der Kontakt zu Scheffer. Der war zwei Mal aus Leningrad gekommen unter dem Vorwand, Wirtschaftskontakte zu pflegen, und sie hatten sich ausgetauscht über die Lage in der sowjetischen Führung. Scheffer, obwohl nicht in Moskau stationiert, war erstaunlich gut informiert. Er hatte offenbar eine erstklassige Quelle in der Leningrader Parteiführung. Er war für das

Leben in Russland wie geschaffen. Wie kein anderer begeisterte er sich für die russische Literatur, war ein Kenner der sowjetischen Geschichte in all ihren Verästelungen und zeitbedingten absoluten Wahrheiten. Ein lebhafter Mann, der ununterbrochen reden konnte, ohne seinen Gesprächspartner auch nur eine Sekunde zu langweilen. »Und wer sonst als Tschernenko? Der ist doch jetzt dran. Und außerdem macht der es nicht mehr lang«, sagte Angela.

»Diese Kerle sind zäher, als man glaubt. Denk an Breschnew, der ist doch noch als Leiche durch die Gegend gelaufen. Und Tschernenko ist Breschnews Wiedergänger. Wahrscheinlich halten sie ihn noch zehn Jahre am Leben. Oder bis zum großen Knall.«

»Damit hast du's in letzter Zeit aber so richtig, was?«

In der Tat, er hatte Angst und war sich sicher, dass dieses Beschwören und öffentliche Verdammen der großen Katastrophe diese nur ankündigte. Es war das Mantra dieser Jahre. Nie seit 1945 wurde so oft vom Krieg und Frieden gesprochen, und wenn oft vom Frieden gesprochen wird, ist der Krieg nicht mehr weit. Es gab nicht das geringste Zeichen für Hoffnung.

»Wenn Reagan draufgegangen wäre bei dem Attentat, wann war das noch mal? Im März einundachtzig, glaube ich« – sie nickte –, »dann …«

»… wäre ihm Bush gefolgt und hätte alles genauso gemacht. Die Amis sind derzeit auf dem Trip Raketen und Sternenkrieg, da hilft so ein Attentat gar nichts. Lege den einen Irren um, folgt ihm der andere Irre.«

Er schaute sich um, ob jemand mithörte, aber er sah niemanden. An der Wand dampfte ein Samowar. Durch beschlagene Fenster sah man draußen schemenhaft den Schnee fallen.

Er lächelte sie an. Sie war manchmal burschikos bis zur

Grobheit, und es gefiel ihm. »Aber hier ist das anders«, sagte er und schaute sich wieder um.

Sie warf ihm einen langen Blick zu, dann nickte sie. »Hier ist es anders«, wiederholte sie.

»Wenn man wüsste, was dann kommt …«

»Vielleicht kann man es erfahren?« Sie schaute ihm in die Augen und er las: Du bist der Spion. Aber wahrscheinlich hatte sie es nicht einmal gedacht.

Er hätte gern mit Scheffer gesprochen. Mochte sein, dass der wusste, was danach kam. Wenn es schlimmer wurde, was dann? Der Untergang. Sie würden nicht freiwillig kapitulieren. Sie hatten den blutigsten aller Kriege durchgestanden und keine Rücksicht auf die eigenen Opfer genommen. Welchen Grund gab es anzunehmen, dass sie nicht wieder alles in Kauf nehmen würden? Dass ihre Führung die eigene Vernichtung riskieren würde, nur um die geringste Chance zu nutzen, die sie sich einbildeten. Niemand geht freiwillig zur Schlachtbank, schon gar nicht in Moskau.

Major Eblow fuhr durch den Schnee und dachte nach. Wieder hingen die Flaggen auf halbmast, wieder würde das Politbüro einen neuen Generalsekretär vorschlagen, und wieder würde das Zentralkomitee ihn einstimmig wählen. So, wie es immer gewesen war in der Sowjetunion, wo man Meinungsverschiedenheiten nicht nach außen trug, sondern sie im Inneren klärte, um der Welt jederzeit die Geschlossenheit zu zeigen, die der führenden Macht des Weltsozialismus anstand, wenn sie den Imperialismus herausfordern wollte. Wir klären die Dinge eben unter uns.

Er hatte an einer Sitzung führender Genossen der Zweiten Hauptverwaltung in der Lubjanka teilgenommen, und seitdem drohte sein Darm zu rebellieren. Das hatte er das letzte Mal erlebt, als er vor unendlich langer Zeit die Abschlussprüfung seines Lehrgangs gemacht hatte. Reiß dich zusammen, schimpfte er laut. Er fluchte sämtliche russischen Flüche, die er kannte, einen nach dem anderen und einen lauter als den anderen. Er fluchte nicht wegen Andropows Tod, obwohl er diesen asketischen Mann mit seiner intellektuellen Brillanz geschätzt und gehofft hatte, dass gerade dieser die Dinge wieder ins Lot bringen würde. Alles, was Breschnew hatte schleifen lassen, was verkommen war und schon zum Himmel stank. Er hatte auf einen Kraftakt gehofft wie im Krieg, wo man die Zauderer und Meckerer zum Teufel gejagt hatte, damit die voranschreiten konnten, die es auch wollten. Dass Tschernenko nun doch Generalsekretär würde, das überraschte ihn nicht, aber es verbitterte ihn. Warum stand im Politbüro niemand auf und schlug mit der Faust auf den Tisch? Lenin hatte es getan, Stalin, ja, der große Mörder, der hatte es auch getan. Und Chruschtschow nicht weniger, auch wenn der einigen Unsinn angezettelt hatte. Aber wer schlug jetzt auf den Tisch?

Aber deswegen hätte Eblow nicht geflucht, jedenfalls nicht so derb und anhaltend. Er fluchte, weil er auf der Sitzung erfahren hatte von der Befehlsverweigerung des Oberstleutnants Stanislaw Petrow im Dezember vergangenen Jahres. Der Mann war aber nicht bestraft worden, und niemand hatte einen Grund dafür genannt. Petrow hatte als Kommandant eines Überwachungsbunkers südlich von Moskau die Führung nicht alarmiert, als sein Überwachungsmonitor ihm den Start amerikanischer Interkontinentalraketen zeigte. Er hatte das Schicksal der Sowjetunion in der Hand gehabt, und er hatte versagt. Das jedenfalls schienen die Chefs der Hauptverwaltung zu glauben, auch der Generalstab und sogar das Politbüro. Aber schon bevor die Sitzung beendet und man aus der stickigen Wärme des Konferenzsaals mit den Porträts von Dserschinski und Lenin an der Stirnwand in die eisige Kälte hinausgeströmt war, da hatte eine furchtbare Unruhe nach Eblow gegriffen. Es war nicht der Ärger über Petrows Befehlsverweigerung, natürlich war diese ein fast ungeheuerliches Verbrechen. Es war die Vorstellung, die von irgendwoher in sein Hirn einsickerte, dass dieser Petrow vielleicht das einzig Richtige getan hatte. Und dass die Führung, die sonst Genossen bei jeder Kleinigkeit abstrafte, auch aus diesem Grund so tat, als wäre nichts geschehen. Außerdem: Das sowjetische Frühwarnsystem arbeitete fehlerfrei, das war die Botschaft. Und deshalb konnte dieser Petrow nicht versagt haben.

Während er seinen Lada über glitschiges Kopfsteinpflaster steuerte, versuchte Eblow sich auszumalen, was geschehen wäre, wenn Petrow gemeldet hätte, was er hätte melden müssen. In der Nacht, bei wenigen Minuten Reaktionszeit, in der Gewissheit, dass schon die Detonation weniger Atomsprengköpfe über Moskau den gesamten Kommunikationsapparat der politischen und militärischen Führung lahmlegen könnte.

Er stand an einer Ampel und sah vermummte Fußgänger über die Straße eilen, unsicher auf den Füßen, jederzeit bereit, einen Sturz abzufangen.

Dieser Petrow hatte ihnen wahrscheinlich das Leben gerettet. Denn wenn er seine Warnung nach Moskau weitergegeben hätte, dann wären der Generalstab und das Politbüro womöglich zu der Überzeugung gelangt, es handele sich um den sicher erwarteten Enthauptungsschlag, eingeleitet durch einen EMP-Angriff auf Moskau, der zwangsläufig erwidert werden musste mit einem alles vernichtenden Gegenschlag, der die USA wiederum zwingen würde, ihre Raketen binnen Minuten zu starten, bevor sie zerstört würden. Es ähnelte dem Mobilisierungsautomatismus des Ersten Weltkriegs, aber im Vergleich dazu wäre 1914 der Aufbruch in eine fröhliche Jagdpartie.

Hinter ihm hupte es. Die Ampel war längst grün. Eblow gab Gas, fuhr ein Stück und blieb dann am Straßenrand stehen. Wenn Petrow sie alle gerettet hatte, wenn seine Befehlsverweigerung die Erde vor der Vernichtung bewahrt hatte, dann stimmte etwas nicht. Er zündete sich eine Zigarette an und öffnete das Fenster einen winzigen Spalt. Wenn eine Fehleinschätzung irgendeines Kommandanten irgendeines Überwachungszentrums irgendwo in der Sowjetunion genügte, die Welt an den Rand der Selbstzerstörung zu bringen, und wenn man davon ausgehen musste, dass es in den USA oder vielleicht auch in China nicht anders war, dass auch dort Offiziere auf Monitore starrten in der Erwartung, ohne jede Verzögerung grüne, gelbe oder wie auch immer gefärbte Punkte zu erkennen, dann war es doch nur eine Frage der Zeit, bis es schiefging. Nicht überall saß ein Petrow vor dem Schirm. Nicht überall war einer bereit, sich gegen Befehle zu stellen.

Wir sind also in einer Lage, in der es richtig sein kann, Befehle nicht auszuführen. In der man sogar Befehle nicht ausführen darf. In der man auf nichts anderes hören darf als auf sich selbst.

Theo saß in seiner Zweizimmerwohnung in München-Hadern und trank. Er hatte nie zu den Alkoholikern gehört, die sich die Seele aus dem Leib soffen. Er hatte sich nie schon am Morgen die Kante gegeben. Er hatte es immer geschafft, im Dienst so nüchtern zu bleiben, wie es nötig war.

Jetzt war es ihm egal.

Nach seiner Rückkehr aus Moskau hatte er sich erst einmal den erwarteten Rüffel abgeholt, der aber weniger deftig ausgefallen war, als er befürchtet hatte. Klein hatte sogar, soweit das in seinen Möglichkeiten lag, Verständnis angedeutet, etwas von mangelnder Erfahrung gesagt, die kein Lehrgang ersetzen könne. Allerdings die Sache mit der Zeitung, die Theo in einem Anflug der großen Selbstreinigung zugegeben hatte, die wollte Klein ganz schnell vergessen, bevor er wütend würde. »Nie wieder will ich so etwas erfahren. Und das heißt, dass Sie es nie mehr tun. Haben Sie mich verstanden?«

Theo hatte genickt, und er hatte allen Grund, demütig zu sein. Blöder kann man sich nicht anstellen.

»Jetzt machen Sie erst einmal Urlaub. Überstunden haben Sie bestimmt auch angehäuft. Ich will Sie jedenfalls in den nächsten paar Wochen hier nicht sehen. Und wenn Sie wiederkommen« – es klang wie: falls Sie wiederkommen –, »dann überlegen wir, wohin wir Sie stecken.«

Immerhin hatte Klein ihn nicht gefeuert.

Warum eigentlich nicht? Wegen alter Geschichten mit dem Vater? Aber wenn Klein und der Vater sich so spinnefeind waren, warum hatte Klein die Chance nicht genutzt, Henri noch einmal in den Arsch zu treten? Weil er wusste, dass Henri nichts anfangen konnte mit seinem Sohn?

Draußen war es längst dunkel geworden. Er hörte den eisigen Wind, der ums Haus pfiff, und dachte an Sonja, die ihn mit dem dümmsten Trick der Welt hereingelegt hatte. Aber immerhin, er lachte trocken, immerhin war es schön gewesen. Es erregte ihn schon, wenn er an sie dachte, ihren straffen Körper und ihre erstaunlichen Brüste, die sie so geschickt verborgen hatte unter dem Arztkittel. Warum hatte Sonja das gemacht? Warum hatte sie diese Schmierenkomödie mitgespielt, die zweifellos Oberst Mostewoj, wenn er denn so hieß, und dieser Staatsanwalt, wie hieß er noch, ja, Salachin, in höherem Auftrag eingefädelt hatten. Er stellte sich vor, wie die beiden in einer Kneipe saßen, sich zuprosteten und nicht mehr aufhören konnten zu lachen. Und Sonja saß auf dem Schoß von diesem Fettsack mit den traurigen Augen, der einen so anguckte, als wüsste er nicht, was eine Lüge ist. Er spürte Eifersucht, dann lachte er und trank das Glas Wodka aus. Vielleicht würde er nie mehr aufhören zu trinken. Er sah sich um in seiner erbärmlichen Wohnung. An der Wand ein großformatiges Foto, ein Luftbild vom Marienplatz. Warum hatte er es aufgehängt? Er stand auf, torkelte zur Wand, riss das Foto mitsamt dem Nagel herunter und warf es auf den Boden. Es klirrte. Er lief über knirschende Scherben und setzte sich wieder hin. Im Bücherregal standen ein paar Romane, darunter eine dieser dämlichen Goethe-Ausgaben, die ihm mal ein Onkel geschenkt hatte, weil ihm nichts Gescheites eingefallen war, und Goethe ist immer gut. Dann ein paar Spionageromane, die er aber eher widerwillig gelesen hatte, weil sie diesen blöden Job, den sie machten, als romantisches Abenteuer schilderten, wo doch das meiste Papierkram war. Formulare, Berichte, Reisekostenabrechnungen, Dienstreiseanträge, Hausmitteilungen. Was ist der Unterschied zwischen einem BND-Offizier und einem Finanzbeamten? Es gibt keinen. Jedenfalls zu neunzig Prozent. Oder mehr.

Im Bücherregal stand ein Becher, den hatten Kollegen ihm zum Geburtstag geschenkt. Wie originell! Er stand auf, das Knirschen unter seinen Füßen amüsierte ihn, er wankte zum Regal, zog den Goethe heraus, warf ihn auf den Boden, nahm den Becher und schleuderte ihn mit aller Gewalt gegen die Wand.

Er hatte die ganze letzte Woche gesoffen, aber heute Abend war er in Bestform. Es war alles richtig, was er tat. In seinem Kopf drehten sich die Gedanken und Bilder. Sonja, Klein, der Rote Platz, warum haben sie gerade mich geschickt, wer hat diese Sauerei ausgeheckt? Dann festigte sich ein Gedanke, der sich aus Fasern formte, die sich in seinem Hirn drehten. Immer im Kreis herum. Er versuchte den Gedanken zu fassen, das Karussell in seinem Kopf anzuhalten. Wo ist die Bremse? Er setzte sich wieder aufs Sofa, überall Flecken, er musste Wodka verschüttet haben oder was anderes. Egal, was war dieser Gedanke? Er wollte ihn packen, aber er glitschte weg wie ein Aal. Einmal hatte Henri ihn zum Angeln mitgenommen. Es gibt nichts Glitschigeres als einen Aal, zumal die Biester zittern und strampeln, sogar nachdem ihnen der Schädel eingeschlagen war. Gerade glaubte er, es verstanden zu haben, dann löste sich der Gedanke auf wie eine Nebelwolke im Regen.

Dann musste er kotzen. Er kniete vor dem Klo, und doch ging was vorbei. Egal. Zurück auf dem Sofa, legte er sich flach. Er wollte noch etwas trinken, aber er fand die Flasche nicht. Nein, er wollte nicht mehr trinken. Er würde alles auskotzen, Verschwendung.

Die Gesichter von Mostewoj und Salachin. Sonja, nackt. Wie sie ihn in den Mund nahm.

Ach, scheiß drauf.

Am nächsten Morgen fühlte er sich so elend wie am vorangegangenen. Er musste sich noch einmal übergeben, dann gelang es ihm, ein Stück trockenes Brot zu essen. Er schnitt sich den Fuß an einer Scherbe, fegte mit Schwindel im Kopf alles zusammen und beseitigte die Reste mit dem Staubsauger. Dann setzte er sich auf seinen kleinen Balkon und schaute hinunter auf die Straße. Er fror bald erbärmlich, hatte aber das Gefühl, dass die Kälte ihn schneller nüchtern werden ließ. Dann fiel ihm ein, dass es keinen Sinn hatte, nüchtern zu werden. Warum dafür frieren? Er schaute auf die Uhr und überlegte, wann er wieder trinken konnte, ohne sich übergeben zu müssen. Aber eigentlich wollte er nicht trinken. Du hast genug. Er hatte solche Phasen schon erlebt, schweres Trinken, dann plötzlich ging es ohne. Eine Weile. Das hatte diesmal mit dem Gedanken zu tun, der sich im Kopf gedreht hatte. Immerhin konnte er sich erinnern, dass er an etwas Bestimmtes gedacht hatte. Wenn er den Gedanken fassen könnte, dann wüsste er, was er tun musste.

»Und Sie wollen wirklich kein Geld?«

Rasputin schüttelte den Kopf. Ein Auge tränte leicht.

»Es wäre mir geradezu ein Vergnügen, Ihnen Geld zu geben«, flüsterte Henri und mühte sich, die Lippen nicht zu bewegen.

»Ich tue es für mein Vaterland«, zischte Rasputin. »Aber das können Sie wahrscheinlich nicht verstehen.«

»Sie geben uns … das für Ihr Vaterland?«

»Natürlich, doch nicht, weil Sie so ein netter Mensch sind.«

»Ich gestehe, ich verstehe es nicht.«

»Das müssen Sie auch nicht verstehen. Hauptsache, Sie nehmen das Material.«

»Gut«, sagte Henri.

Er hatte bis dahin kaum mit seinem Spion gesprochen. Der Mann hatte erstklassiges Material über Moskaus neues Jagdflugzeug geliefert und war immer gleich verschwunden. Zu mehr als zu »Schlechtes Wetter heute« – »Nun nehmen Sie es schon!« – »Ich muss jetzt gehen« hatte es nie gereicht.

»Wenn alle alles wissen, dann fühlt sich niemand benachteiligt. Ich weiß, die Genossen« – er betonte es mit Verachtung – »spionieren alles aus, was der Westen entwickelt. Also mache ich das auch. Damit jeder versteht, was die andere Seite treibt, und sich vorbereiten kann. Und wenn die Maßnahmen zur Vorbereitung auch ausspioniert werden, na, dann hat keiner einen Vorteil. Vielleicht begreifen die Leute am Ende, dass die Rüstung ihnen keinen Vorteil bringt und sie den anderen mit nichts überraschen können. Verstehen Sie, was ich meine?«

»Ja«, sagte Henri. Doch er verstand es nicht ganz. Ihm erschien es wirr.

Rasputin stand auf, hektisch wie immer, und ging. Am Anfang ihres Treffs hatte er Henri wieder einen Umschlag zugeschoben. Das war riskant, doch waren Henris Versuche gescheitert, den Mann an tote Briefkästen zu gewöhnen.

»Nein, ich muss sehen, wer meine Papiere nimmt.«

Als Henri das GUM verließ und gerade überlegte, dass es viel zu riskant war, stets denselben Treffpunkt zu nutzen, und sich fragte, warum Rasputin darauf bestand, erhielt er einen brutalen Schlag ins Kreuz, zwei Mann an seiner Seite zerrten seine Arme auf den Rücken, der Stahl der Handschellen war kalt, und sie wurden eng geschlossen. Vor ihm stand ein mittelgroßer Mann mit Pelzmütze, Kunstlederjacke und Schnürstiefeln mit starken dunklen Bartstoppeln, der ihm provozierend ins Gesicht lachte und dann zuschlug. Er traf Henri über dem Auge. Henri spürte mehr die Gewalt des Schlags als den Schmerz.

In dieser Nacht beschloss Theo, mit der Sauferei erst einmal aufzuhören. Es wäre ehrlicher, sich gleich umzubringen, als es scheibchenweise zu tun. Saufen ist feige. Theo wachte auf, bevor die Sonne dämmerte. Er stellte sich an die Balkontür und verfolgte den Sonnenaufgang. Durch die Nacht brachen Sonnenstrahlen, die sich im Dunst spiegelten wie Licht im Wasser. Das hatte er noch nie gesehen. Staunend erblickte er das gewaltige Ereignis eines Sonnenaufgangs über den Dächern der Stadt. Er hatte in der Nacht wenig geschlafen, sondern nach dem Gedanken gesucht, der ihm entglitten war. Und der ihm, vielleicht nur dadurch, immer wichtiger wurde.

Es hatte keinen Sinn zu verzweifeln. Lieber springen. Aber das wollte er nicht. Da war noch Leben in ihm, und er war zu jung, es wegen einer Niederlage wegzuwerfen. Niemand war von Sieg zu Sieg geeilt. Die größten Feldherrn waren durch Niederlagen gereift. Er rief sie sich ins Gedächtnis und begann zu lachen, weil man solche Gedankengebäude ja auch verstehen konnte als den Umschlag einer Depression in Größenwahn. Immerhin hatte er etwas zu lachen. Er beschloss, sich diese Niederlage genau anzuschauen. Sich an alles noch einmal zu erinnern, an jede Minute seiner Idiotentour. Und dann wollte er die richtigen Fragen stellen. Die Fragen, die er gleich hätte stellen müssen. Er begann mit dem Gespräch bei Klein, der ihn nach Moskau geschickt hatte. Je länger er versuchte, sich alles zurückzurufen, desto verrückter kam es ihm vor. Warum habe ich nicht dagegengehalten? Warum habe ich nicht gesagt: Da gibt es andere im Dienst, die haben mehr Erfahrung, die wissen viel besser, wie die in Moskau spielen? Die waren vielleicht sogar schon hereingelegt worden und hatten diese besondere Lektion gelernt. Aber er hatte es nicht gefragt. Er hatte sich blenden lassen von der Auszeichnung, als Ermittler des Kanzleramts nach Russland zu fliegen. Klein hatte mit seiner Eitelkeit gespielt. Und was hatte er über Scheffer erfahren, bevor er nach Moskau reiste? So gut wie nichts. Klein hatte ihn zum Vater geschickt, aber Henri hatte geschwiegen wie ein Grab, und Klein hatte es vorher gewusst. Wollte er so eine Verantwortung abschieben? Verantwortung für was? Henri kannte Scheffer, hatte aber nichts gesagt. Was verband Klein, Henri und Scheffer? Da war etwas, daran konnte es keinen Zweifel geben. Und noch wichtiger: Warum verschwieg Klein, was sie miteinander verband? Klein hatte ihn blind nach Moskau geschickt. Daraus konnte Theo nur schließen, dass Klein verhindern wollte, dass Theo etwas herausfand. Warum hatte Klein überhaupt jemanden geschickt? Die Urne – wo war die eigentlich geblieben, ach, egal –, die Urne hätte jeder Botschaftsdepp abholen können. Offenbar musste Klein gegenüber dem Kanzleramt zeigen, dass der Dienst sich bemüht hatte, Scheffers Tod aufzuklären. Die in Berlin hatten gewiss die Stirn gerunzelt. Damit können wir uns nicht abspeisen lassen. Wir können es nicht zulassen, dass ein deutscher Staatsbürger, zumal ein Mitarbeiter des BND, einfach umgelegt wird. Klären Sie das. Aber Klein hatte jemanden geschickt, der das nicht konnte. Weil Theo Informationen fehlten und weil er zu grün hinter den Ohren war. Ja, du bist zu grün hinter den Ohren. Aber jetzt hast du etwas gelernt: Traue niemandem. Bezweifle alle Erklärungen, die überzeugendsten zuerst.

Er mühte sich, ehrlich zu sich zu sein. Theo wusste, dass es ihm an Erfahrung mangelte. Er hielt sich für intelligent, seine Analysen waren bisher gelobt worden, seinen Vorschlägen waren die Vorgesetzten oft gefolgt. Aber er hatte kaum Erfahrung im Feldeinsatz. Das Herumlungern in westeuropäischen Metropolen hatte nichts zu tun mit der Arbeit in Moskau. Und die Zeit, die er zuvor dort verbracht hatte, war merkwürdig ereignislos gewesen.

Moskau war eine eigene Welt, sie war nach wie vor verschlossen, und auch wenn die Regierung sich demokratisch gab, ahnte man doch das modernisierte Machtgerüst des Sowjetsystems. Es gab keine Staatspartei mehr, kein ZK, kein Politbüro, und das KGB trug andere Namen. Aber die Justiz war mindestens so übel wie in Sowjetzeiten. Und Oppositionelle wurden immer noch eingesperrt oder sogar ermordet. Wer gegen das Putin-Regime war, lebte gefährlich.

Theo erinnerte sich an den Auftritt des Staatsanwalts Salachin und des angeblichen Kripobeamten Mostewoj. Sie hatten ihn als das behandelt, was er war. Ein grüner Junge. Ja, er war ein grüner Junge. Ich bin ein grüner Junge. Er wiederholte es noch ein paar Mal. Und Klein und Mostewoj und Salachin hatten es ausgenutzt. Sie hatten ihr Spiel mit ihm getrieben. Welches?

Theo spürte die Rachsucht in sich aufsteigen. Diese Schweine. Was konnte er tun, um es ihnen heimzuzahlen? Jetzt verstand er, dass Kleins Verständnis für ihn nur eine weitere Demütigung war. Es war seine Art, ihn auszulachen.

Und Mostewoj, dieser Scheißkerl, hatte ihn bei Sonja abgegeben. Das Theater mit dem angeblich kranken Institutsleiter war nur der erste Schritt in Sonjas Bett. Alles eine Inszenierung. Auch dass Mostewoj gleich wieder wegwollte aus der Rechtsmedizin. Und Theo hatte noch spekuliert, ob der ein Verhältnis hatte! Nein, er wollte ihn mit Sonja allein lassen. Wie konnte es ihr gelingen, ihn so restlos abzuzocken? Warum musste er Wodka saufen bei Wladimir, nachdem er so lange trocken gewesen war? Er kam sich vor wie der Tölpel, den andere auf die Reise schickten, um sich zu amüsieren. Und Henri, welches Spiel spielte Henri? Theo erinnerte sich an diesen seltsamen Empfang in Staufen. Nun gut, sie hatten kein Verhältnis zueinander, sie hatten nichts miteinander zu tun, und Theo bedauerte es inzwischen nicht mehr, keinen Vater gehabt zu haben. Oder doch? Hatte er auch mitgemacht beim Marionettentheater mit Theo als Puppe? Oder hatte Klein ihn zu Henri geschickt, damit niemand sagen konnte, Klein habe etwas verheimlicht, die Ermittlungen behindert? Wie würde Klein den Reinfall gegenüber dem Kanzleramt vertreten? Wie die Tatsache, dass er einen grünen Jungen nach Moskau geschickt hatte?

Ich hätte früher darüber nachdenken müssen. Wenige Bausteine des bösen Spiels zeichneten sich ab. Hatten die Moskauer mit den Pullachern zusammengespielt? War das eine große deutsch-russische Verschwörung? Und wenn ja, mit welchem Ziel?

Je länger er grübelte, desto mehr zerrannen ihm die Gewissheiten zwischen den Fingern. In dem Chaos der Fragen, Ideen und Spekulationen aber keimte und festigte sich allmählich ein Gedanke, den Theo erst ungläubig erkannte, um ihn dann zu drehen und zu wenden auf der Suche nach all seinen Absurditäten, bis er schließlich Besitz von ihm ergriff. Er wusste nun, was er zu tun hatte.

Ich fahre noch einmal hin, auf eigene Faust. Und wenn ich dabei draufgehe.

»Ich bin ein diplomatischer Vertreter der Bundesrepublik Deutschland«, stammelte Henri. »Ich genieße Immunität!« Sein Schädel dröhnte, als hätte ein Hammer ihn getroffen.

»Du bist ein verdammter Spion und genießt jetzt die Lubjanka«, sagte der Typ mit den Bartstoppeln in perfektem Deutsch. Dann schlug er Henri in den Magen, was den nach vorn zusammensacken ließ, während ihn die beiden Männer rechts und links zu einem graublauen Lieferwagen zerrten, die Tür zum Laderaum aufschoben und ihn hineinstießen. Der eine von den Kerlen roch stark nach einem billigen Rasierwasser. Komisch, dass es mir auffällt, dachte Henri. Die wenigen Meter, die sie ihn zum Wagen geführt hatten, hatte er genutzt, sich auf seine Lage einzustellen. Er kannte Erfahrungsberichte von Verhaftungen durch das KGB, und seine Bewacher hatten sich verhalten, wie er es immer erwartet hatte. Durch brutales Zuschlagen einen Schock auslösen, der einen wehrlos machen sollte, dann ab in die Lubjanka und sofort zum Verhör, um Zeit zu gewinnen, bevor die Botschaft ihn herauspaukte.

»Informieren Sie meine Botschaft«, sagte Henri mit betont kräftiger Stimme, nachdem sie ihn auf eine Bank gezerrt hatten, ein KGB-Mann auf jeder Seite. Der mit dem Rasierwasser saß rechts und grinste ihn an. Auf der Bank davor saß der Typ mit den Bartstoppeln und schien sich nicht für das zu interessieren, was hinter ihm vorging. Sie waren ein Greifertrupp und mussten ihn abliefern, dann hatten sie mit dem Spion nichts mehr zu tun.

Henri erhielt keine Antwort.

»Informieren Sie die Botschaft der Bundesrepublik Deutschland!«

Keine Antwort.

Er sah nicht, wohin sie fuhren, aber er wusste es. Er hatte sich dieses Szenario schon mehrfach ausgemalt. Henri hatte keine Angst, außer vor weiteren Misshandlungen. Der Wagen fuhr schnell, die Luft in dem nur durch eine Deckenleuchte erhellten und überhitzten Laderaum stank schon nach wenigen Minuten nach Schweiß, dem ekelhaften Rasierwasser, Öl und Benzin. Der Bauch schmerzte vom Schlag. Die Hände waren taub.

Der Wagen hielt, in der Fahrerkabine sagte jemand etwas, dann fuhr er weiter. Kurze Zeit später bremste der Fahrer, stieß zurück, wieder nach vorne, hielt an und stellte den Motor ab. Die Seitentür wurde aufgeschoben. Draußen zwei Uniformierte. Der mit dem Rasierwasser stieg aus und zog Henri an der Schulter aus dem Wagen. Der erwartete weitere Schläge und straffte die Bauchmuskulatur, aber sie begnügten sich damit, ihn den Uniformierten zu übergeben. Er sah sich um, es war der Hof der Lubjanka. Aus einer Tür, die Henri nicht wahrgenommen hatte, trat ein weiterer Uniformierter mit den Dienstgradabzeichen eines Oberleutnants. »Kommen Sie«, sagte er und ging voraus. Die beiden KGB-Milizionäre begleiteten ihn links und rechts. Sie betraten das Gebäude, dann marschierten sie nach links, dann nach rechts, dann einen langen Gang entlang, eine Treppe hinunter, bis sie vor einer von vielen Türen in einem Kellergang hielten. Der Oberleutnant klopfte und öffnete die Tür. Dann winkte er Henri hinein.

Es war ein Verhörraum, kahl bis auf einen Schreibtisch, einen Stuhl davor, einen in der Ecke neben der Tür. Hinter dem Schreibtisch saß ein kräftiger Mann. Seine Epauletten wiesen ihn als Major aus, seine Dienstmütze lag auf dem Schreibtisch neben einem großen schwarzen Telefon mit Wählscheibe und verschiedenfarbigen Knöpfen. Der Major sah eher gemütlich aus, schaute ihn fast freundlich an, dann sagte er: »Ausziehen!«

»Ich protestiere! Ich genieße Immunität!«

»Sie genießen die Gastfreundschaft des Komitees für Staatssicherheit«, sagte der Major freundlich. »Und jetzt ziehen Sie sich aus. Oder sollen wir Ihnen helfen?« Sein Blick wanderte zu den beiden Milizionären.

Henri zog erst seinen Mantel aus, dann sein Jackett, und legte sie auf ein Handzeichen des Majors auf den Schreibtisch. Der Oberleutnant begann die Kleidung zu durchsuchen, während Henri auch die Schuhe und dann die Hose auszog. Mit einem Nicken forderte der Major Henri auf, sich auch des Hemds zu entledigen. Als er das Hemd auf den Schreibtisch gelegt hatte, nickte der Major zufrieden. »Das genügt.«

Henri fühlte sich elend, während der Oberleutnant fast betont langsam und gründlich die Taschen auf dem Schreibtisch entleerte, den Stoff und vor allem die Säume abtastete, die Schuhe einer genauen Prüfung unterzog und sich zuletzt nicht weniger gründlich mit dem Gürtel beschäftigte.

»Bitte ziehen Sie sich wieder an«, sagte der Major. Dann setzte er sich auf seinen Stuhl und zog vor sich, was Henri in seinen Taschen gehabt hatte. Unter dem Portemonnaie lag der geknickte Umschlag des Spions mit neuen Zeichnungen und Daten des Projekts R-33. Wie um die Sichtung als Drama zu gestalten, betrachtete der Major erst das Portemonnaie, zog die Papiere aus den Fächern, zählte das Geld, steckte alles wieder hinein und schob es Henri über den Tisch zu. Henri nahm das Portemonnaie und steckte es ein. Der Major beschaute den Schlüsselbund, dann ein paar Zettel mit Notizen, die in Henris Taschen gesteckt hatten, und reichte alles seelenruhig zurück. Henri überlegte, ob er erneut protestieren sollte, aber er unterließ es, weil es sinnlos war. Und insgeheim fand er das Vorgehen des Majors nicht unberechtigt. Er war ein Agentenführer, wenn auch unter diplomatischer Tarnung. Er missbrauchte diese Tarnung, wie es fast alle taten, vor allem die Sowjets, deren Botschaften in aller Welt auch Stützpunkte des KGB waren.

Der Major schniefte, schaute Henri an, dann nahm er endlich den Umschlag.

»Haben Sie meine Botschaft unterrichtet?«, fragte Henri, als könnte er so das Unvermeidliche aufhalten.

Der Major schniefte noch einmal, dann lächelte er. »Alles zu seiner Zeit.«

»Ich genieße diplomatische Immunität. Die Verhaftung ist rechtswidrig. Nennen Sie mir Ihren Namen.« Es war die Enttäuschung, die Henri antrieb, als müsste er sich später vergewissern, alles getan zu haben, um zu verhindern, was nun zwangsläufig geschehen würde.

»Alles zu seiner Zeit.« Der Major schniefte und lächelte. Er schob ein Päckchen Malboro über den Tisch und deutete mit der Hand darauf, die Handfläche nach oben gekehrt. Henri reagierte nicht.

Der Major öffnete betont langsam den Umschlag. In diesem Augenblick wurde Henri klar, dass der Major längst wusste, was in dem Umschlag war.

»Sie sind kein Diplomat. Sie sind ein Spion.« Er lächelte. Dann verzog er das Gesicht, als wäre ihm das, was er nun sagen müsste, zutiefst unangenehm, als würde es ihn geradezu quälen. Ohne einen Blick auf das Material zu werfen, das er aus dem Umschlag gezogen hatte, sagte er: »Sie haben gegen die Gesetze meines Landes verstoßen. Wenn ich recht informiert bin, dann gibt es auch in Ihrem Land Gesetze, die Spionage verbieten. Es widerspricht internationalem Recht, unter dem Deckmantel der diplomatischen Immunität zu spionieren. Insofern Sie sich also auf eine angebliche diplomatische Immunität beziehen wollen, gestehen Sie in Wahrheit nur ein zweites schweres Verbrechen ein.« Dann: »Darf ich Ihnen einen Tee anbieten?«

Immer noch lag das Material zum Projekt R-33 unbeachtet auf dem Schreibtisch. Henri begriff, dass es eine Demonstration war. Entweder hatten sie ihn und seinen Spion überwacht und sich einen geeigneten Zeitpunkt ausgesucht, sie hochgehen zu lassen. Was für den Spion so gut wie sicher den Tod bedeuten würde. Oder sie hatten einen Provokateur auf ihn angesetzt, einen Doppelagenten, der ihn aufs Glatteis führen sollte.

»Einen Tee?«, wiederholte der Major.

Henri nickte.

Mit einer Bewegung des Kinns schickte der Major die KGB-Milizionäre hinaus. Dann saßen sie sich schweigend gegenüber. Henris Blick schweifte die grauen Betonmauern entlang, der Major musterte Henri.

Endlich kam ein Milizionär mit einem Tablett, darauf Teekanne und Becher, dazu Zucker, Milch und Löffel.

Der Major nickte fast unmerklich, und der Milizionär zog ab.

Der Major stand auf, nahm die Kanne und goss ein. Er schob Zucker und Milch zu Henri, der nur Zucker nahm. Der Major bediente sich an beidem und setzte sich wieder. Er schniefte.

»Wir sind jetzt unter uns«, sagte er.

Henri blickte ihm streng in die Augen, ließ dann seinen Blick schweifen und schüttelte schließlich den Kopf.

Der Major ließ seine Augen rollen. »Kommen Sie«, sagte er freundlich. »Kommen Sie bitte!« Er reichte Henri seinen Mantel.

Henri erhob sich und zog den Mantel an. Was hatte der Major vor?

Der öffnete die Tür und winkte Henri, ihm zu folgen. Nirgendwo ein Milizionär. Sie gingen Seite an Seite.

»Wollen Sie einen Schal?«, fragte der Major.

Henri starrte ihn nur an.

Sie gingen hinaus auf den Hof, und Henri fragte sich, welche Sauerei sie für ihn vorbereitet hatten. »Wo wollen Sie hinfahren?«

»In die Botschaft«, sagte Henri.

»Einverstanden«, sagte der Major. »Unter der Bedingung, dass Sie mir zwei Stunden Ihrer Zeit opfern.«

8

Theo rechnete sich aus, wie groß die Chancen waren, wenn er auf eigene Faust in Moskau ermittelte. Vielleicht drei Promille. Er grinste. Drei Promille, die warfen ihn nicht um. Was musste er tun, um seinen Plan zu verwirklichen? Lauter Dinge, die wahrscheinlich illegal waren und wenigstens seinen Rausschmiss bedeuten konnten. Vermutlich würde es noch schlimmer kommen. Dem Rausschmiss sah er mit Gelassenheit entgegen, er hatte nichts getaugt als Agent im Feldeinsatz, und wenn sein Plan nicht klappte, dann war es nur die Bestätigung. Er würde so vorgehen wie beim ersten Mal, im Prinzip jedenfalls, aber diesmal würde er die richtigen Fragen stellen. Und er würde sich vorbereiten.

Er schaltete den Computer ein und begann nach Literatur zu suchen über die Politik der Achtzigerjahre. Er stieß gleich auf Hochrüstung, NATO-Doppelbeschluss, neue sowjetische Raketen und Atombomber, Krieg der Sterne, Neutronenbombe. Er schrieb sich ein paar Bücher und Fachaufsätze heraus. In der Wikipedia las er einige Übersichtsartikel, aus denen wenig überraschend hervorging, dass die Hochrüstung der beherrschende Streit dieser Zeit war. Er las über die Kommandostabsübung Able Archer 83, bei der die NATO im November dieses Jahres unter größter Geheimhaltung einen Atomkrieg simulierte, was in Moskau als Vorbereitung für einen Angriff missverstanden wurde und die Welt an den Rand des Untergangs rückte. Davor die Sowjetintervention in Afghanistan, aber auch Militäraktionen der USA, offen etwa gegen Grenada, verdeckt zum Beispiel gegen Nicaragua. Der amerikanische Präsident Reagan, der glaubte, sein Land vor Atomraketen schützen zu können, und damit die Abschreckung aushöhlte, jene geistige Perversion, der man angeblich den Frieden verdankte, oder was man dafür hielt. Natürlich hatte Theo darüber einiges gelesen, er war historisch und politisch interessiert und verachtete die Dumpfbacken im Dienst, die von morgens bis abends ans Wochenende und die Pensionen dachten und sich die Zeit bis dahin durch Glotzen und die Lektüre von Primitivliteratur totschlugen. Aber nun wollte Theo es genau wissen. Was haben Agenten in Moskau und anderswo gedacht in dieser Zeit? Was waren ihre Interessen? Ihre Sorgen und Ängste? Er wollte sich in sie hineinversetzen, begreifen, wie sie tickten.

Er duschte, rasierte sich endlich, zog saubere Kleidung an und verließ zum ersten Mal seit Tagen, er hatte vergessen, wie viele er versumpft hatte, die Wohnung.

Draußen war es kalt, aber klar. Eine Luft, die einen aufweckte, die einem durch die Gehirnwindungen pustete und half, die Depression zu vertreiben. Er fuhr mit dem Auto in die Innenstadt, er würde einiges zu tragen haben. Er fand einen Platz in einem Parkhaus in der Stadtmitte, nur ein paar Schritte vom Marienplatz. Er war schon am Morgen bevölkert mit hektischen Passanten und trödelnden Touristen, die das Rathaus bewunderten und im Ewigen Licht Weißwürste essen würden, weil das der Reiseführer empfahl.

Theo war nicht nach Touristen, Münchnern und Weißwürsten zumute, sondern nach dem Buchkaufhaus, das seit Jahrzehnten hier lag. Er durchforstete die Stockwerke, blätterte eine Weile in Aquarienbüchern, zog dann aber weiter, fand unter Geschichte einiges, auch unter Politik, überlegte, ob er die Memoiren Helmut Schmidts erstehen sollte, worauf er dann doch verzichtete, da er den selbstgerechten Alten schon so oft im Fernsehen gesehen hatte. Man konnte von dem Mann ja schließlich nicht erwarten, dass er zugab, die Welt mit an den Abgrund bugsiert zu haben, gewissermaßen aus Versehen. Theo lächelte. Er stellte sich vor, wie das aussah, die Welt am Abgrund, und Schmidt, der sie hingerollt hatte, ohne zu sehen, dass es einen Abgrund gab.

»Kann ich Ihnen helfen?« Eine Buchhändlerin sprach ihn an. Sie hatte kurze schwarze Haare und sorgfältig eingearbeitete weiße Strähnchen, als wollte sie demonstrieren, dass sie es nicht nötig hatte, den Kampf gegen graue Haare zu führen. In ihrem Gesicht glänzten große dunkelbraune Augen, an der Nasenwand glitzerte eine Perle. Sie trug eine hochgeschlossene schwarze Bluse und schwarze Jeans.

Theo gefiel sie sofort, und er lachte, als er sich vorstellte, wie sie ihn da hatte stehen sehen, geistesabwesend, versunken in einer anderen Zeit. »Das würde mir gefallen«, sagte er.

Sie lachte. »Was würde Ihnen gefallen?«

»Na, wenn Sie mir helfen könnten. Aber ich fürchte, mir ist nicht zu helfen.«

Sie lachte wieder. Offenbar lachte sie gern, und Theo gefiel, wie sie lachte. Sie schaute auf den Stapel in Theos Arm. »Vielleicht wollen Sie das irgendwo zwischenlagern?«

Er nickte. Erstaunlich, ich habe keine Angst. »Ich lagere zwischen, und wir gehen ins Café um die Ecke ...«

Sie grinste. Sie konnte wirklich frech grinsen. Sie war jünger als er, aber offenbar selbstbewusster. Sie drehte sich um, als wollte sie prüfen, ob jemand mithörte. »Dann schmeißen die mich hier raus. Wollen Sie das?«

»Zurzeit nicht«, sagte Theo. Er war so mutig. »Und heute Abend?«

»Hm«, sagte sie, dachte ein wenig nach, schaute ihn äußerst kritisch an und nickte dann bedächtig. »Wo?«

Theo und Paula hatten sich am Abend um neun Uhr

in Berg am Laim bei einem unscheinbaren Italiener nahe eines Supermarkts verabredet. Sie ließ ihn warten, und er zweifelte mit jeder Minute mehr, ob sie kommen würde. Doch dann wirbelte sie fast hinein, mit einem Lachen im Gesicht winkte sie ihm zu, sobald sie ihn erkannt hatte, und hängte ihren Mantel an die Garderobe. Sie hatte einen hellblauen Rollkragenpullover angezogen und eine klassische Bluejeans über knöchelhohen weißen Turnschuhen. In ihrem Haar lagen Schneeflocken, die sie mit einer entschlossenen Handbewegung wegwischte.

Sie lachte ihn an, als er sich unsicher erhob, und gab ihm die nasse Hand. »Ich heiße Paula.«

»Theo«, sagte er und setzte sich. Sie saß ihm gegenüber.

»Und was machst du so, Theo?« Sie brauchte keinen Umweg.

»Langweiliges Zeug.« Er winkte ab.

»Beamter?«

Er nickte. »Liegenschaftsamt. Nichts, was einen interessieren sollte.«

»Aber du arbeitest da, dafür muss es einen Grund geben.«

»Der ist genauso langweilig wie der Job.«

»Aber du interessierst dich für Geschichte und Politik.«

Der Kellner kam mit akkurat frisiertem Haar, kleinen Löckchen, messerscharf geschnittenen Koteletten.

»Hallo, Benni«, sagte Paula.

»Hallo, Paula«, sagte Benni in fast schon derbem Bayerisch. »Wieder die Nudeln?« Er musterte Theo leicht ungehalten, als wäre er mit Paulas Verabredung nicht zufrieden, so, wie er vielleicht mit keiner Verabredung zufrieden gewesen wäre.

»Die Nudeln«, sagte Paula. »Du auch?« Sie schaute Theo an.

»Ja … ja«, sagte Theo. Was mochten die Nudeln sein? Was war das für ein seltsamer Italiener?

»Und Bier?«

»Und Bier.«

»Wasser«, sagte Theo.

Paula zog sich den Pulli über den Kopf. Darunter trug sie ein T-Shirt.

»Liegenschaftsamt also«, sagte sie.

»Tut mir leid«, erwiderte Theo und lachte. »Geheimdienst hätte sich besser angehört. Bin leider nicht James Bond, sondern Martenthaler … Theo Martenthaler.«

»Bin sicher, dass du auch im Liegenschaftsamt« – sie zog das Wort in die Länge, wie um es aussprechbar zu machen – »Heldentaten vollbringst.«

»Unbedingt«, sagte Theo.

»Geheimdienst, das würde mir nicht gefallen.« Paula verzog das Gesicht, als hätte sie Essigkonzentrat geschluckt.

Theo erschrak.

»Geht's dir gut?«

»Ja«, sagte Theo.

Schweigen.

Dann sie: »Normalerweise lass ich mich auf so was ja nicht ein.«

»Ich auch nicht«, sagte Theo. »Oder was meinst du?«

Sie lachte, wie er es von Anfang an gemocht hatte, nicht lauthals, sondern dezent und irgendwie wissend, als wollte sie mit ihrem Lachen zeigen, dass sie etwas verstanden hatte.

»Du bist ein komischer Kerl.« Sie studierte sein Gesicht.

»Stimmt«, sagte er. Er überlegte, ob er ihr trauen könne. Sonja hatte ihn hereingelegt. Aber das war in Moskau, und doch spürte er, dass sein Vertrauen in Menschen angekratzt war, jedenfalls wenn sie ihm nahekamen. Früher hatte er sich so etwas nie gefragt.

Major Eblow fuhr bedächtig durch Moskaus Straßen, bis er vor dem Haupteingang des Nowodewitschi-Friedhofs hielt. Er stieg aus, Henri tat es ihm nach. Er wusste nicht, ob er immer noch Gefangener war. Der Bauch tat ihm weh, und auch im Kopf pochte es. Aber schlimmer war die Scham, diesen Leuten in die Falle gegangen zu sein. Das kann man sich nicht schönreden, es war eine Falle gewesen. Von Anfang an.

»Gibt es dieses Flugzeug überhaupt?«, fragte er fast zornig, als sie den Friedhof betreten hatten.

»Natürlich. Sie werden von ihm lesen. Ein großartiges Flugzeug, die MiG-29. Wir hatten bei den Jägern ein wenig den Anschluss verloren und nicht nur Überragendes gebaut, wenn ich da nur an die 23er denke. Die war ein bisschen wie Ihr Starfighter. Schnell und tödlich, vor allem für die Piloten. Aber die 29er ist wirklich großartig.« Er lächelte Henri freundlich an. »Alles, was wir Ihnen gegeben haben, war natürlich echt. Allerdings ist es nicht neu, jedenfalls nicht für die Amerikaner. Es gibt ja kaum noch richtige Geheimnisse. Und, Sie werden vielleicht staunen, ich finde es gut so.«

Der Weg war vom Schnee geräumt, der sich zu beiden Seiten zu Wällen auftürmte. Sie gingen ein Stück, bis Henri fragte: »Was wollen Sie von mir?«

»Nur ein bisschen reden.«

»Verhören?«

Eblow lachte. »Nein, wir unterhalten uns ein bisschen. Und wenn Sie wollen, trinken wir nachher einen Schluck, um uns aufzuwärmen.« Sein Arm beschrieb einen Halbkreis. »Hier liegen viele unserer Großen. Im Leben haben sich manche gehasst, tödlich gehasst, aber im Tod geben wir ihnen keine Wahl. Jetzt müssen sie sich vertragen. Vielleicht wäre es klüger gewesen, sie hätten es vor ihrem Tod getan.«

Henri mühte sich, genau zuzuhören. Was wollte der Mann, der ihm da in aller Gemütsruhe einen Vortrag hielt?

»Schauen Sie, die Allilujewa, Stalins Frau. Man sieht der Skulptur sogar an, wie sehr sie hat leiden müssen.« Ihr Kopf wuchs aus einem hellen gemaserten Marmorblock, körperlos, die Nasenspitze abgeschlagen, als könnte nicht einmal der Tod ihr Leiden beenden.

»Und ihren Mann findet man am Lenin-Mausoleum«, sagte Henri.

»Wenn Sie mich fragen, er hat dort nichts zu suchen. Man sollte ihn irgendwo verscharren.«

Sie gingen eine Weile. Henri achtete nicht auf den Weg, ihn fröstelte es. »Schauen Sie, Schostakowitsch, mit Noten: D-E-S-C-H.« Der Major blieb eine Weile vor dem bescheidenen Grabstein stehen. »Er ist seinen Weg gegangen, manchmal schlängelnd, aber immer seinen Weg. Stalin hätte ihn gern umgebracht, aber Schostakowitsch war zu groß.« Der Major versank wieder in seinen Gedanken. »Erstaunlich nur, dass Stalin es gemerkt hat.«

Henri überlegte fast schon verzweifelt, was Eblow ihm sagen wollte. Was sollte diese Tour im Friedhof? »Sie werden mich ausweisen, morgen schon, nicht wahr?«

Eblow blieb stehen und schaute ihn lange an. Hinter ihm legte eine junge Frau rote Blumen auf ein Grab. Blumen im Winter in Moskau. »Wenn Sie es nicht wollen, schickt Sie keiner nach Hause. Ich jedenfalls nicht.« Er machte eine wegwerfende Handbewegung.

»Aber ich bin ein Spion.«

»Ich auch«, sagte Eblow. »Sehen Sie, würden wir Sie nach Hause schicken, käme der nächste. Wir kennen die amerikanischen, britischen, französischen Kollegen. Wir kennen sie alle. Und die wissen das. Und dass Sie aus Pullach kommen, na, das wussten wir, bevor Sie in Scheremetjewo gelandet waren. Und jetzt haben Sie schon mit meinem Freund Rachmanow geredet. Fanden Sie seine Argumente nicht überzeugend? Dass wir etwas Außergewöhnliches wagen müssen, weil die Lage außergwöhnlich ist. Außergewöhnlich gefährlich.«

»Wollen Sie mich umdrehen?« Henri blieb stehen, als er es fragte, und schaute Eblow in die gemütlichen Augen.

»Das ist Chruschtschow«, sagte er und deutete auf eine sehr moderne Skulptur, aus schwarzem und weißem Marmor, eingebettet wie in einem Schrein der Kopf des ehemaligen Parteiführers. »War kein schlechter Kerl«, sagte Eblow, »auch wenn er sich manchmal aufgeführt hat wie ein wild gewordener Bauer. Aber er hat die Leute am Leben gelassen. Das war damals schon viel.«

Er wandte sich Henri zu: »Nein, ich will Sie nicht umdrehen. Ein Versuch entspräche zwar den Regeln unseres Gewerbes, und unseren Chefs werde ich nachher berichten, dass es mir demnächst gewiss gelingen wird, weshalb Sie auf keinen Fall ausgewiesen werden dürften.«

»Wie lange halten Sie das durch? Wie lange glauben die Ihnen das?« Henri wurde allmählich richtig neugierig, was Eblow vorhatte.

»Solange es nötig ist«, sagte der Major. Ein alter Mann an einem Stock schlurfte vorbei, er musterte die beiden und ging weiter, die Pelzmütze tief über die Ohren gezogen, den Dampf des Atems von sich stoßend wie eine Lokomotive.

»Offen gesagt, ich verstehe kein Wort.«

»Natürlich nicht«, sagte Eblow. »Etwas allgemeiner gesagt, es geht um das, was auch Sie umtreibt: die Rüstung. Die Tatsache, dass wir auf dem Weg sind, uns selbst umzubringen. Darum geht es.«

»Dann empfehle ich Ihnen abzurüsten«, sagte Henri. Aber er dachte an die Amerikaner, auch an Mavick. Und an Rachmanow. Der hatte auch so geredet.

»Natürlich«, sagte Eblow. »Wir müssten abrüsten. Wir müssten noch ganz andere Dinge tun. Wir müssten unsere Gesellschaft … wie sagt man bei Ihnen so schön … umkrempeln. Was auf dem Kopf steht oder nur herumliegt, auf die Füße stellen. Die Fleißigen belohnen, die Faulen bestrafen. Was wir bräuchten, wäre ein wirklicher Sozialismus.«

Diese Volte irritierte Henri. Was, verdammt, wollte der Mann, der so wie nebenher alles in Frage stellte, was er unter Einsatz seines Lebens verteidigen sollte? Will er überlaufen? Der Gedanke überfiel ihn geradezu.

»Wollen Sie … die Seite wechseln?«

»Nein, aber ich würde mich gern noch einmal mit Ihnen unterhalten. Ganz unverbindlich. Bald.«

»Wenn's ohne Prügel abgeht«, sagte Henri.

Eblow nickte. »Das sind diese Greiftrupps.« Er zuckte mit den Achseln, was so viel hieß wie: Sie wissen ja, wie die sind, und ich kann es nicht ändern.

Henri grinste.

»Wo Sic wollen, wann Sie wollen, aher bald.«

»Es kostet Sie den Kopf«, sagte Henri.

»Erstens ist es mein Kopf, zweitens gibt es schlechtere Verwendungen dafür, und drittens kann ich gut auf mich aufpassen. Ich werde Sie als Doppelagenten führen.« Eblow lachte. Sie standen wieder vor dem Haupteingang des Friedhofs, dessen Wege sie alle abgegangen waren, und manche nicht nur einmal. Dabei hatte Eblow mit einigem Stolz auf weitere Größen der russischen Geschichte gezeigt, die hier beerdigt waren, als konzentrierte sich auf diesem Friedhof das Große und Unvergängliche Russlands. Dichter, Musiker, Schauspielerinnen, Balletttänzerinnen, Politiker, Soldaten, Kosmonauten und in den Urnenwänden Unzählige, die ihr Leben für die Heimat geopfert hatten. Russland ist groß und tief und die meiste Zeit geplagt. »Unser Schicksal ist das Leiden«, hatte Eblow leise gesagt, als hätte er Angst vor dem Pathos. »Jedes Land hat seine Toten, aber lesen Sie die Todesdaten, betrachten Sie die Grabsteine, schauen Sie auf die Blumen auf den Gräbern, sogar im Winter, und Sie werden mir glauben.«

Er will mich als Doppelagent führen, und selbst wenn es nur der Tarnung dient, ist es gefährlich. Alles in ihm widerstrebte dieser Idee.

Ein Wolga rollte auf dem Parkplatz neben dem Eingang aus. Der Motor blubberte noch einmal und erstarb dann. Drinnen saßen zwei Männer, die sich kurz unterhielten und dann ausstiegen. Beide mit schwarzem Hut, schwarzem Mantel mit Pelzbesatz, wie Zwillinge. Eblow beachtete sie nicht, während Henri einen Augenblick fürchtete, die beiden würden auf sie zukommen. Doch sie zuckelten im Schlenderschritt in Richtung Friedhof.

»Das ist ein gefährliches Spiel«, sagte Henri.

Eblow musterte ihn. »Es geht nicht darum, ob es gefährlich ist. Sondern ob es richtig ist.«

Die beiden Männer mit den Hüten bogen in einen Weg in Richtung der Urnenwände ab.

»Was ich noch nicht verstehe, ist, was Sie eigentlich von mir wollen.«

Eblow überlegte, dann lächelte er. »Ich will, dass Sie

mich als Doppelagenten führen, so, wie ich es mit Ihnen tun werde. Zwei Maulwürfe, friedlich vereint. Sie sind doch Tierfreund.«

Da musste Henri laut lachen. »Wissen Sie, wie er heißt?«

»Der Kater?«

»Woher wissen Sie, dass es ein Kater ist?«

»Wir haben das natürlich geprüft.« Eblow grinste.

Henri musste wieder lachen. »Klar, Sie prüfen ja alles. Ein richtiger Spitzelstaat, Ihre große Sowjetunion.«

»Glücklicherweise«, lachte der Major. »Und wie heißt er?«

»Towaritsch, sein Dienstgrad ist Leutnant, aber er ist sehr ehrgeizig«, sagte Henri.

Eblow pfiff leise vor sich hin. »Das ist gut«, sagte er. »Russische Katzen essen übrigens am liebsten Fisch.«

Noch am Abend begann Theo zu lesen, mal in diesem, mal in jenem Buch. Es war genau die richtige Methode, seine Kenntnisse aufzufrischen über die Zeit der Finsternis, wie er sie bald nannte. Am frühen Morgen hatte er eine Flasche Mineralwasser geleert und einiges begriffen. Was er nicht begriff, war Paula.

Sie hatten sich angeregt unterhalten. Manchmal, sie war impulsiv, hatte sie ihm die Hand auf den Unterarm gelegt, um etwas zu bekräftigen. Das war ihm besser in Erinnerung geblieben als das, was sie geredet hatten. Über ihre Arbeit im Buchkaufhaus, eher lustige Anekdoten über Kollegen und Vorgesetzte. Fragen nach ihrer Familie aber beantwortete sie nicht. So fand er nur noch heraus, dass sie Fußballfan war, sogar hin und wieder Heimspiele von 1860 besuchte, aber nur wenn die Gegner interessant waren.

Als er sich verabschiedet hatte, verdammte er seine Feigheit, sie nicht gefragt zu haben, ob sie mit zu ihm komme. Doch immerhin hatte sie ihm ihre Telefonnummern in der Buchhandlung – »nur wenn es wichtig ist, und du musst tun, als hättest du bei mir was bestellt« – und zu Hause gegeben, auch die vom Handy. Und das macht man ja nicht, wenn man keinen Kontakt mehr wünscht. Und doch fürchtete er, sie könne sich zurückziehen von ihm, weil sie ihn für einen Waschlappen oder Langweiler oder beides halten musste. Das würde ihr bestimmt bald aufgehen. Aber dann zog ihn die Lektüre in ihren Bann, und als er einschlief, hatte er zwar ihr Bild im Kopf, aber auch die Gewissheit, dass die Sache in Moskau noch nicht beendet war.

Am Morgen fühlte er sich gut. Der Entschluss, sich nicht verarschen zu lassen, hatte seine Stimmung genauso gehoben wie die unverhoffte Bekanntschaft mit Paula. Er frühstückte, las eher unaufmerksam die Süddeutsche und fand dann im Computer die Adresse des russischen Konsulats in München. Er druckte sie aus und legte sie auf den Küchentisch. Dann zog er aus dem Portemonnaie den Zettel mit Paulas Telefonnummern und rief im Buchkaufhaus an. Als eine Frauenstimme ertönte, tat er so, als müsste er eine ihrer Kolleginnen etwas zu einer bestimmten Bestellung fragen, ließ sich verbinden und hatte sie dann gleich am Apparat. »Wenn ich dich heute Abend zum Essen einladen dürfte …«

»Das ist ja nun eher nicht geschäftlich«, sagte sie, aber ihrer Stimme hörte er an, dass sie sich wenigstens nicht ärgerte über seinen Anruf. »Okay, mein Stalker«, sagte sie, »Nudeln essen, das wär mal was Neues. Gleiche Zeit, gleicher Ort, einverstanden?«

Natürlich war er einverstanden.

Wenn einen Außerirdische nach einer Entführung gnädigerweise dort aussetzen würden, man wüsste nicht, auf welchem Planeten man wäre, geschweige denn in welcher Stadt. Die Seidlstraße war eine dieser verwechselbaren Großstadtstraßen, mehrspurig mit Straßenbahngleisen, und sie führte entlang zwischen gesichtslosen Beton-Glas-Bauten mit Verwaltungen, Anwaltskanzleien und einem Biosupermarkt. In der Nummer 28 hatte das russische Konsulat seinen Sitz

An der Fassade hing schlaff die weiß-blau-rote Trikolore. Theo sah die Kamera über der Tür. Hinter der Stahltür, die einer Festung gut angestanden hätte und die mit einem Summen signalisierte, dass sie sich aufdrücken ließ, erwartete Theo ein streng blickender Mann mittleren Alters. Er stand hinter einem Tresen, hatte peinlich genau gekämmte kurze schwarze Haare, war schlank und groß und sehr elegant in seinem offenbar maßgeschneiderten dunkelgrauen Anzug. Auf einem Flugplatz hätte man ihn für einen modebewussten Italiener oder Franzosen gehalten.

Theo fragte ihn nach der höflich-steifen Begrüßung, wie er als Tourist schnellstmöglich nach Moskau kommen könne. Er habe dort eine dringende persönliche Angelegenheit zu klären, die sich bei seinem letzten Moskauaufenthalt ergeben habe. Dabei guckte er so wie der zu Tode betrübte Romeo auf der verzweifelten Suche nach Julia.

Der strenge Konsulatsbeamte verzog keine Miene, sondern nannte Theo den Namen und den Sitz eines Reisebüros Werner in Schwabing, neben der U-Bahn-Station Dietlindenstraße, das ihm gewiss in dieser Frage helfen könne.

Ein Anruf hätte es auch getan, dachte Theo, nachdem er wieder im Auto saß und sich durch den Verkehr in Richtung Schwabing wühlte. Er fand das Reisebüro schnell und sogar einen Parkplatz an der Straße, nur wenige Meter entfernt. Im Reisebüro drei Tische, dahinter junge Frauen, die Kunden berieten, in Prospekten blätterten, auf Computerbildschirmen suchten. Eine Blonde, am linken Tisch, telefonierte im Angesicht eines Ehepaars mit zwei zappligen Kindern recht lautstark, offenbar ging es um eine Hotelreservierung, eine große Brünette, in der Mitte, unterhielt sich leise mit einem älteren Paar, die dritte, am rechten Tisch, beschäftigte sich mit einem jungen Mann, südländischer Typ, lässig und teuer gekleidet. Sie schien am weitesten zu sein, der Typ saß nur noch mit der linken Gesäßbacke auf dem Stuhl, was Henri hoffen ließ, aber auch zweifeln, manche hielten es ja lange in dieser Stellung aus. Die Frau hatte ein Vollmondgesicht unter einer dunkelbraunen Kräuselfrisur, freundliche Augen und eine lebhafte Mimik. Es ging noch ein paar Mal hin und her, bis der Typ sich endlich einen schmalen Stapel griff und sich wortreich verabschiedete. Als er endlich abgezogen war, setzte sich Theo auf den Sessel, musste noch ein kurzes Telefonat abwarten, bis sie sich endlich ihm zuwandte, mit einem überaus freundlichen Lächeln als Entschädigung fürs Warten.

Er erklärte ihr, er müsse schnellstmöglich nach Moskau reisen. Nur einen Augenblick blickte sie ihn neugierig an, dann überlegte sie, stand schließlich auf und ging in ein Zimmer im Rücken, dessen Tür angelehnt war. Sie kam mit einer Klarsichtfolie und einigen Papieren zurück.

»Eine Einzelreise können Sie vergessen, das wäre ein erheblicher bürokratischer Aufwand. Das dauert. Aber ich habe eine Idee. Es gibt hier eine Gruppe, der könnten Sie sich anschließen. Zwei Wochen Moskau. Kostet eine Extragebühr fürs Visum wegen der Eile, und ich müsste die Reisegruppe erst fragen. Aber da ist einer ausgefallen wegen Krankheit, insofern sind die vielleicht einverstanden, schon wegen der Kosten.«

Theo überlegte einen Augenblick, dann sagte er, er sei dabei. Sie erklärte ihm, dass die Abreise schon in einer Woche sei, und morgen werde sie ihm sagen, ob es klappe. »Ich rufe Sie an«, sagte sie fröhlich, weil sie ungewöhnliche Aufgaben schätzte und vor allem ihre Lösungen.

Als er am Abend beim Italiener auf Paula wartete, der Kellner hatte ihn begrüßt wie einen alten Bekannten, da wurde ihm fast ein wenig schwindlig wegen seines Wagemuts. Gut, er hatte noch Urlaub, Zwangsurlaub sogar, und es ging den Dienst eigentlich nichts an, wo er ihn verbrachte. Eigentlich. Natürlich wusste er, dass er die Moskaureise anmelden müsste, gerade wenn man die Umstände bedachte, unter denen er von dort zurückgekehrt war. Aber das war ein geringes Vergehen und würde schlimmstenfalls mit einer Abmahnung gerügt. Die größere Sorge bereitete ihm, was ihn in Moskau erwartete. Diesmal würde er nicht mit dem Diplomatenpass reisen können, er musste also seinen Reisepass an der Grenzkontrolle abgeben, und die würden ihn einscannen. Hatte die Grenzpolizei seinen Namen in irgendeiner Liste und würde ein System Alarm schlagen, wenn die gescannten Daten abgeglichen wurden? Wenn ja, wie lange würden sie brauchen, um es herauszufinden und sich auf seine Spur zu setzen? Das wäre leicht, da man sich in Hotels anmelden und seinen Pass abgeben musste. Ganz sowjetisch noch.

»Tief vergraben, der Denker.« Sie stand plötzlich neben ihm, beugte sich hinunter und küsste ihn auf die Wange. Sie roch aufregend.

Er nahm ihre Hand und hielt sie. »Hin und wieder denke ich nach. Ich verspreche, es passiert selten.«

Sie lachte ihr umwerfendes Lachen, löste ihre Hand aus seiner und setzte sich.

»Schlimm, dass ich auf der Arbeit angerufen habe?«

Ihr Gesicht wurde ernst, ihre Augenbrauen schoben sich ein Stück zueinander. »Das Buch, das ich als Ausrede bestellt habe, musst du jetzt aber kaufen. Ist doch klar, oder?« Sie schaute ihn fast finster an.

»Natürlich«, sagte er.

»Es kostet aber dreihundert Euro, ist ein Bildband übers Jachtsegeln …«

Er schluckte, dann sagte er tapfer: »Eine gerechte Strafe.«

Sie prustete, trommelte kurz mit den Fäusten auf dem Tisch, und als der pseudoitalienische Kellner dieses pseudoitalienischen Restaurants erschien, sagte sie fröhlich: »Der Herr bezahlt nachher, vergiss das nicht. Jemand, der sich einen abgefuckten Bildband über die abgefuckteste Methode, sein Geld ins Wasser zu werfen, leisten kann, der kann auch die Nudeln bezahlen.« Sie grinste äußerst dreckig und fühlte sich pudelwohl. Dann bestellte sie zweimal Nudeln, ein Bier, ein Wasser.

»Eigentlich kann ich mir eine Essenseinladung nicht mehr leisten, nachdem ich ein so teures Buch kaufen musste. Zumal ich eine weite Reise vor mir habe …«

»Wohin?«

»Nach Russland.«

»Warum?« Sie kreuzte ihre Zeigefinger auf dem Tisch, schaute ihn aber währenddessen fordernd an.

»Mit einer Reisegruppe«, sagte er und dachte: Hoffentlich klappt es auch.

»Ach«, erwiderte sie nur. Dann: »Das ist ja aufregend.« Sie überlegte eine Weile. »Kann ich mit?«

Er schüttelte den Kopf. »Nichts lieber als das, aber es ist

schon in einer Woche. Du glaubst gar nicht, wie lange es mit dem Visum dauert. Und die Reisegruppe steht auch schon, die nehmen da keinen mehr rein. Das ist wahnsinnig bürokratisch.«

Hoffentlich nehmen sie mich mit.

Sie kaute am Nagel wie ein kleines Mädchen. »Tja, dann musst du ohne mich auskommen. Du hast keine Ahnung, was du verpasst.«

Er grinste. »Doch, den Hauch einer Ahnung habe ich schon.«

»Und wie lange?«

»Zwei Wochen.«

9

Sie hatten ausgeschlafen am Sonntagmorgen. Er hatte ein Frühstück bereitet, wie er es fast immer tat, weil Angela morgens mit ihrem Kreislauf kämpfte oder dies zumindest erfolgreich vortäuschte. Nachdem sie gefrühstückt hatten, sagte sie: »Du bist irgendwie anders in letzter Zeit.« Sie schaute ihn an. »Ist irgendwas?«

Er nickte.

»Aber beruflich.«

Er nickte wieder. Henri hatte unendlich schlecht geschlafen. Ihn quälten die Sorgen und Fragen, die Rachmanow und Eblow in ihn eingepflanzt hatten und die ihn nicht loslassen würden, bis er seine Antwort gefunden hatte.

»Bestimmt.«

»Ja.«

»Gefährlich?«

Er zögerte den Bruchteil einer Sekunde, weil dieser Gedanke ihn schon länger beschäftigte, auch in dieser Nacht. »Nein. Aber nervig«, log er.

Sie schaute ihn wieder an und schüttelte kaum merklich den Kopf. »Du schwindelst.«

»Ja.«

Sie blies die Luft durch die geschlossenen Lippen aus. »Muss das sein?«

»Ja.«

Ein seltsamer Dialog, dachte Henri. Aber so lange hatten sie noch nie über seine Arbeit gesprochen. Bisher hatten sie dieses Thema immer umschifft, sobald Andeutungen in dessen Nähe führten. Sie spürte offenbar, dass da Dinge geschahen, die völlig unerwartet waren und die in einem gigantischen Chaos enden konnten. In einem tödlichen Chaos.

Er war noch am Nachmittag durcheinander. Professor Bernitschew fragte besorgt: »Sie sind heute aber nicht bei der Sache. Ich hoffe, Sie müssen sich keine Sorgen machen.«

»Nein, nein«, sagte Henri. »Entschuldigen Sie bitte.«

»Ich wollte heute über einen anderen russischen Schriftsteller mit Ihnen sprechen. Natürlich nur, wenn es Ihnen recht ist …«

»Selbstverständlich«, sagte Henri.

»Kennen Sie Wassili Grossman?«

»Nein.«

Er sprach nun wieder Russisch: »Er ist der einzige legitime Nachfolger von Tolstoi. Als er Kriegskorrespondent war im letzten Krieg, da hatte er nur ein Buch dabei an der Front, und das war Krieg und Frieden. Er hat es mehrfach gelesen.«

»Was hat er geschrieben?«

»Einiges, aber sein wichtigstes Buch ist Leben und Schicksal. Darin verarbeitet er seine Erfahrungen und Erlebnisse, und es liest sich manchmal ein wenig wie Tolstoi.« Er lachte. »Es ist natürlich auch furchtbar dick, und die Zahl der Personen ist riesig, alles hängt miteinander zusammen, die große Geschichte und die kleinen Geschichten, das Schicksal der großen Männer und das der kleinen Leute.«

»Ich habe nie davon gehört«, antwortete Henri auf Russisch.

»Das liegt wohl daran, dass es lange Zeit verboten war, und das in der Chruschtschow-Zeit! Es stehen zu viele Wahrheiten darin.«

»Ja, gewiss.« Merkwürdig, Henri fühlte sich unbedarft.

»Sie müssen es lesen«, sagte der Professor. »Es wird Ihnen die Augen öffnen über unser Land. Warum wir zwei

Mal den mächtigsten Heeren der Welt widerstanden und doch so zurückgeblieben sind. Bis heute.«

»Das eine behandelt also die Invasion Napoleons und das andere Hitlers Überfall«, sagte Henri, um etwas zu sagen. Schließlich sollte er sein Russisch verbessern.

»Es sind ganz ähnliche Geschichten in mancher Hinsicht. Das weite Land setzt den Aggressoren zu, das Wetter ist ihr Feind so wie die russische Armee. Beide unterschätzen unsere Menschen, ihre … Zähigkeit, ihren Willen, ihre Grausamkeit, ja, das muss man auch sagen, ihre Grausamkeit.«

»Das wird Ihnen im dritten Krieg nicht viel nutzen«, sagte Henri und bedauerte es sofort. Es war ihm herausgerutscht, es plagte ihn.

Doch Bernitschew nickte nur und schaute ein wenig traurig, während er mit seiner kalten Pfeife ein paar Mal auf den Tisch klopfte. »Sie haben ganz recht, Herr Martenthaler.«

Major Eblow dachte immer wieder nach über ihr Gespräch. Viele Fragen plagten ihn, noch mehr plagte ihn die Gewissheit, dass er keine Antworten finden würde. Je mehr Menschen er einbezog, einbeziehen musste, desto gefährlicher wurde sein Projekt. Er hatte Henri von einer Gruppe in der Partei erzählt. Eblow lachte trocken. Gruppe! Er und Rachmanow waren allein, rechneten zwar mit der Unterstützung von ein paar Genossen, die in den vergangenen Jahren mit ihrer Meinung kaum hinterm Berg gehalten hatten, aber gesagt hatten sie ihnen noch nichts über das, was Eblow einmal im Scherz Peter-Projekt genannt hatte und das diesen Namen behielt, nach Peter dem Großen, der Russland in einen modernen Staat verwandelt hatte. Würde irgendein anderer Parteifunktionär von diesem Projekt erfahren, dann standen die Aussichten nicht schlecht, dass Eblow im Keller der Lubjanka endete. Er wusste, wie es da zuging und dass er nicht einmal den Trost eines heroischen Abgangs finden würde.

Welch Anmaßung, dachte er, welch Anmaßung, dass zwei kleine Kader glaubten, den Schlüssel in der Hand zu haben. Doch erinnerte er sich gut an die Verzweiflung höchster Funktionäre, sofern sie nicht völlig abgestumpft waren. Je mehr sie mit Wirtschaft und Wissenschaften zu tun hatten, desto größer ihre Bestürzung, die fast durchweg in Resignation mündete. Sie sahen nur noch zu, wie das Schiff in die Richtung steuerte, wo der Eisberg schon wartete. Man erfuhr ja doch einiges über die Sitzungen des Politbüros, über die absurden Pseudodiskussionen, das Beharren auf Einmütigkeit, die Feigheit, die Dinge beim Namen zu nennen, die Sturheit der Ideologen, auch wenn deren übelster, Michail Suslow, vor Kurzem gestorben war.

Der abendliche Blick auf den Dserschinski-Platz. Während er sich im Fensterspiegel betrachtete, das Bild sich mit der Dunkelheit konturierte und er seine Müdigkeit, seine Niedergeschlagenheit, die er vielleicht sah, aber eher fühlte und in das schärfer werdende Selbstporträt hineindachte, während sich sein gespiegeltes Gesicht mit den Autos draußen vermengte, erwog er die doch so vernünftigen Zweifel an seinem Projekt, von dem am sichersten war, dass er immer noch nicht wusste, wie er es verwirklichen könnte. Wenn er nichts tat, würde die Sowjetunion untergehen. Er erschrak immer wieder angesichts dieser größenwahnsinnigen Behauptung, aber es war die Wahrheit. Manchmal hängt die Welt an einem Einzelnen oder an wenigen. Warum, verdammt, sahen es nicht alle?

Er hatte sich in den letzten ein, zwei Jahren umgehört,

unter Vorwand nach Abtrünnigen und Verrätern gesucht und die bespitzeln lassen, die infrage kamen oder deren verdammte Pflicht es wäre, das Ruder herumzureißen. Aber er war nur auf, das war schon das Höchste, Unentschlossenheit gestoßen oder auf Verdrängung, Feigheit, Verblendung und was die Eigenschaften noch waren von Menschen, die vor der Entscheidung standen, Mut zu zeigen, um das Richtige zu tun.

Wo waren die Leute, mit denen sie den Krieg gewonnen hatten? Waren sie alle nur vor den Gewehren des NKWD nach vorn davongelaufen gegen die Deutschen? Hatte es nicht auch unzählige Beispiele des Heldentums gegeben? Aber dann erinnerte sich Eblow, und dies nicht zum ersten Mal, dass der Mut es leichter hatte, wenn die Lage einem nur einen einzigen Ausweg ließ, den der Angst.

Eblow fühlte sich wie von gläsernen Wänden umgeben, und wohin er auch ging, er stieß gegen ein Hindernis. Gespräche fielen ihm ein, die er seit Jahren führte und in denen er vorsichtig, ganz vorsichtig vorfühlte, um Leute zu finden, die mit ihm gemeinsame Sache machen könnten.

»Die Führung wird schon wissen, was sie tut.« – »Wir kennen doch nicht alle Tatsachen und können es nicht beurteilen.« – »Uns geht es gar nicht so schlecht, wie manche behaupten, ich finde, das Angebot in den Läden ist schon wieder besser geworden.« – »Ja, Breschnew, der war in den letzten Jahren einfach zu alt, hat aber große Verdienste. Lass die Neuen mal in Tritt kommen, das wird schon.« – »Wir haben schon ganz andere Sachen ausgehalten.« – »Die Partei weiß, was sie tut. Und der Tschernenko, wenn er wirklich mal Generalsekretär wird, ich glaube, der wird unterschätzt, du wirst es sehen.« – »Dein Gemecker bringt uns auch nicht weiter. Schreib einen Leserbrief, geh zu deinem Parteisekretär, das ist der richtige Weg.«

Nur die Dümmsten und Verbohrtesten stritten ab, dass es überhaupt eine Krise gab. Dass sie tödlich sein konnte, hatte aber kaum einer begriffen. Dabei war es sonnenklar, dass die Sowjetunion untergehen würde, wenn sie Wirtschaft und Gesellschaft nicht radikal umbauten. Unklar war, wie dieser Untergang aussehen würde, ob die letzte Garde im Politbüro in unfreiwilliger Komplizenschaft mit den wild gewordenen Amerikanern tatsächlich zum letzten Gefecht antreten würde.

Um Himmels willen, Tschernenko. Eblow musste lächeln in seinem Fensterspiegel. Dass er noch einmal den Himmel anrufen würde! Aber sonst war ja niemand da, der ihm helfen konnte. Außer vielleicht, ja, vielleicht …

Leutnant Towaritsch ließ sich schon streicheln, unwillig noch, aber als Preis für das regelmäßige Essen und die gute Laune seines Spenders duldete er ein paar Streicheleinheiten, bis er sich genervt abwandte, um zu fressen. Henri hatte bald erfahren, dass sich die Katze dabei gar nicht stören lassen wollte, die drei Striemen auf seiner Hand waren notdürftig verheilt.

In seinem Büro erwartete ihn Weihrauch, der sich in der Besucherecke niedergelassen hatte. Mit dem Pressechef hatte er sich längst arrangiert, der ließ Henri in Ruhe. Ab und an musste Weihrauch aber den Vorgesetzten herauskehren, wohl damit er sich nachher versichern konnte, er sei doch das Alphatier. Dass da etwas mit Angela lief, hatte er gewiss bemerkt, und wahrscheinlich war er eifersüchtig auf Henri, ohne aber eigene Ambitionen zu haben. Weihrauch vergötterte seine Frau, die ihn hin und wieder in der Botschaft besuchte, sonst aber drahtig durch die Sowjetunion reiste und gar nicht begeistert genug sein konnte von diesem, wie sie sagte, herrlichen und großen Land.

»Towaritsch wächst und gedeiht?«, fragte er, als Henri in der Tür stand.

»Er wird mal ein ganz großer Genosse.«

»Vielleicht Generalsekretär?«

»Warum? Brauchen die mal wieder einen Neuen?«

»Es wird Tschernenko, hab ich aus sicherer Quelle.«

»Um Gottes willen!«, entfuhr es Henri. Und er dachte an Eblow und an Rachmanow.

Weihrauch schaute ihn fragend an.

»Der Mann ist der personifizierte Stillstand.«

»Natürlich«, sagte Weihrauch. »Das Politbüro hat sich entschieden, bloß nichts zu verändern. Ich glaube, die sind froh, dass Andropow gar nicht richtig zum Zug gekommen ist. Der hätte ja was unternehmen können …«

»Das ist lebensgefährlich«, sagte Henri. »Reagan und Tschernenko, da wird nichts laufen, keine Verhandlungen, und wenn doch, keine Ergebnisse.«

Weihrauchs Gesicht signalisierte: Na und?

»Und irgendwann kracht's«, schnaubte Henri.

»Ach, Sie Schwarzmaler!« Weihrauch lachte. »Weshalb ich eigentlich gekommen bin. Herr Scheffer ist im Haus. Er würde gerne auch mit Ihnen sprechen. Ich hoffe, Sie haben Zeit. Es geht da um eine Delegation aus dem Ruhrpott, die Röhren verkauft, und das soll in den Medien natürlich schön rüberkommen. Damit unsere Regierung auch ein bisschen was abkriegt vom Glanz.«

Sie gingen spazieren, am Tierpark vorbei. Natürlich folgte ihnen ein Auto, ein grauer Lada, darin zwei Männer mit Brillen.

»Kann ich Sie als meinen Pressesprecher engagieren?«, fragte Scheffer. Sie siezten sich meistens, solange sie in der Sowjetunion waren. Scheffer hatte darauf bestanden. Er musste mehr Schritte gehen als Henri, aber er tat es routiniert. Er gestikulierte gerne, wandte sich immer wieder von der Seite an Henri, als müsste er auf ihn einreden. Henri kam es so vor, als wäre es Scheffers Masche, Aufgeregtheit zu mimen, ohne auch nur eine Sekunde aufgeregt zu sein. Er überlegte, was die Beschatter davon hielten, und er lachte leise vor sich hin. Scheffer war ein einziges biologisches Täuschungsmanöver, angefangen schon bei seinem merkwürdigen Körperbau, seiner Hässlichkeit, die mehr als ausgeglichen wurde durch Augen, die tief waren und eine Gemütsruhe ausstrahlten, die im Gegensatz zum äußeren Schein jede Nervosität leugnete.

»Ich möchte, dass Sie nachher bei uns sitzen. Gucken Sie sich die Leute an.«

»Gerne«, sagte Henri. »Warum?«

»Wissen Sie, warum die Sowjetunion, eigentlich größter Stahlproduzent der Welt, nach eigener Angabe jedenfalls, warum diese Sowjetunion seit Jahren Röhren bei Mannesmann und Co. kauft? Weil sie nicht selbst in der Lage ist, nahtlose Röhren dieser Qualität herzustellen. Weil das Gas beim Erdgas-Röhren-Deal, Sie erinnern sich, das war vor ein paar Jahren, durch eine Pipeline von Mannesmann-Röhren nach Westen strömt. Schon seit den Sechzigerjahren, da gab es sogar mal ein wahrlich schwachsinniges Röhrenembargo der NATO gegen den Osten, versucht das KGB, die Fertigungstechniken zu klauen. Sie bieten unseren Ingenieuren und Managern reichlich Geld, wenn die da ein bisschen helfen. Ich habe einen Typen im Verdacht, dass sich seine Hilfsbereitschaft ein wenig … sagen wir mal entwickelt. Er hat Schulden, die unsere Freunde natürlich gerne übernehmen würden.«

»Schulden durch was?«

»Das Übliche. Geliebte, nicht nur eine, Protzvilla, und der Dienst-Benz genügt ihm auch nicht. Der Typ ist Ingenieur, leider ein ziemlich guter. Hat gerade irgendein neues Verfahren entwickelt, das die Produktion beschleunigt und verbilligt. Fragen Sie mich bloß nicht, wie. Davon habe ich keine Ahnung. Wir haben keine Beweise, jedenfalls nicht hier, aber die Kollegen in Köln haben uns einen Tipp gegeben …«

»Wenn das mal stimmt«, sagte Henri. »Die Kollegen vom Verfassungsschutz könnten Wüsten bewässern …«

Scheffer lachte, ein leises, freundliches Lachen.

Henri dachte an sein Gespräch mit Eblow. Konnte er jetzt einfach so weitermachen? Diese Frage quälte ihn. Er fühlte sich wie ein Verräter, aber er hatte nichts verraten, sie hatten nicht einmal darum gebeten, dass er etwas verriet. Sollte er einfach weitermachen oder sich offenbaren und sich nach Hause versetzen lassen? Die Entscheidung musste er bald treffen, sonst geriet er in Erklärungsnot. Warum haben Sie das nicht gleich gemeldet? Jeder Kontakt zu gegnerischen Diensten muss gemeldet werden, das wissen Sie doch. Sie sind ein alter Hase, und jetzt das!

»Einverstanden?«, fragte Scheffer.

»Dann leisten wir mal Amtshilfe für die Fantasten«, sagte Henri.

Sie hatten einen Konferenzraum im Hotel Rossija gemietet, einem gigantischen Betonkasten mit anhängenden Gebäuden in der Stadtmitte. Die Delegation bestand aus sieben Herren der Mannesmann-Führungsetage, und wenn man nicht genau hinguckte, sahen sie alle irgendwie gleich aus. Dann erschien eine große, schlanke Frau mit gelockten pechschwarzen Haaren im kleinen Schwarzen, schwarz auch die geschwungene Brillenfassung. Henri fand sie großartig, bewunderte vor allem, wie souverän sie vermeintlich bescheiden eintrat und doch jede Sekunde wusste, dass sich alle Blicke auf sie richten würden. Henri spielte Scheffers Adlatus, und der begrüßte die Dame, das war sie wirklich, mit einem umwerfenden Lächeln und einem Handkuss. Sie sagte ihm, wie sehr sie sich freue, wieder für ihn zu arbeiten, und Henri hörte heraus, dass sie zu jenen Russinnen zählte, die exzellent Deutsch sprachen, ohne ihre harte Aussprache ganz verbergen zu können. Sie war die Dolmetscherin, deren Engagement durch Scheffer es den Mannesmann-Leuten erspart hatte, eine eigene mitzubringen. Wenn Henri Mannesmann-Manager gewesen wäre, er hätte auf einem eigenen Dolmetscher bestanden.

Plötzlich stand Scheffer neben Henri. »Der mit der blau-weiß gestreiften Krawatte und dem Schnurrbärtchen. Ich werde Sie neben ihn setzen, und Sie werden sein, na gut, zweitbester Freund.«

Henri grinste, als hätte Scheffer einen schrägen Witz erzählt, und ließ sich von ihm zum Platz neben dem als Opfer ausgeguckten Mann am Konferenztisch führen.

»Herr Dr. Winterroth, das ist Herr Martenthaler, ein Mitarbeiter unserer Botschaft. Er hilft mir in allen Medienfragen und kennt unsere Journalisten in Moskau, sodass Sie gleich von hier aus zu Hause gut Wetter machen können. Es gibt ja immer wieder diese Nörgler, die gegen Geschäfte mit der Sowjetunion sind, nicht wahr?« Er war schrecklich besorgt.

Winterroth war ein mittelgroßer, gut aussehender Mann in den besten Jahren, der offenbar Sport trieb, worauf seine gesunde Hautfarbe und die straffe Körperhaltung schließen ließen. An einem Glitzern im Auge erkannte Henri, dass der Mann Kontaktlinsen trug. Sein Händedruck war betont kräftig und seine Stimme angenehm, wenn auch etwas zu tief, wie Henri fand. Winterroth signalisierte seiner Umgebung jederzeit seine Männlichkeit, und dies vermutlich mit zunehmendem Alter umso mehr. Er wird sich mit fünfundsiebzig eine junge Frau suchen und mit ihr ein Kind in die Welt setzen. Nach der Vorstellung verzog sich Scheffer zur Dolmetscherin, während Henri sich nach der Reise und dem Wetter in Düsseldorf erkundigte, wo die Zentrale der Firma in einem riesigen Betonklotz residierte. Winterroths Blick folgte Scheffer, um sich dann auf die Dolmetscherin zu richten.

»Eigentlich erwartet man hier ja so was wie Matronen«, sagte er.

Henri schaute ihn amüsiert an. »Die gibt es natürlich auch. Soll ich Ihnen ein paar zeigen?« Er dachte an die eine Wärterin in dem Haus, in dem er und Angela wohnten.

Sie setzten sich nebeneinander. Winterroth fragte Henri aus, wie es ihm in Moskau gefalle, wie er die Abende und Nächte totschlage, ob tatsächlich Tschernenko Generalsekretär werde. Als Henri nickte, fragte Winterroth, ob das irgendwelche negativen Wirkungen haben könne, auf die Geschäftsbeziehungen zum Beispiel. Nein, sagte Henri, das ändere gar nichts. Leider in vielerlei Hinsicht. So könne es geschehen, dass die westdeutsche Politik noch stärker unter amerikanischen Druck gerate, die Handelsbeziehungen mit dem Osten herunterzufahren oder gleich ganz einzufrieren. Keine Röhren in die Sowjetunion liefern, damit die richtig in Schwierigkeiten komme. Öl und Erdgas im Überfluss, aber nicht die Mittel, die Rohstoffe in großen Mengen über weite Entfernungen zu transportieren. »Im Winter frieren die Leute«, sagte Henri, »während in Sibirien die Pipelines verrotten.« Winterroth zog eine Zigarettenschachtel hervor, legte sie auf den Tisch und steckte sie gleich wieder ein, um der Dolmetscherin einen langen Blick zu widmen, genauer gesagt ihrem Hintern, denn sie hatte den beiden den Rücken zugewandt, während sie sich angeregt mit drei

Männern der Delegation und Scheffer unterhielt, wobei der heftig gestikulierte und die Gruppe immer wieder in Lachen ausbrach. Scheffer war in Topform, und Henri war längst überzeugt, dass der kleine Mann beschließen konnte, schlagartig bester Laune zu sein. Und genauso hatte Henri verstanden, dass Scheffer mit seiner körperlichen Erscheinung geradezu kokettierte, darauf baute, dass ihn einer nicht für voll nahm, um sich dann auszusuchen, wie er es ausnutzen konnte. Während er ihn beobachtete, wuchs die Faszination, die der kleine Mann in Henri auslöste. Wie der es verstand, einen unabänderlichen Nachteil in einen unschlagbaren Vorteil zu verwandeln, ohne Schuhe mit lächerlich hohen Absätzen zu tragen, ohne sich die Haare hochtoupieren zu lassen und was für seltsame Verrenkungen kleine Leute sich noch einfallen ließen. Scheffer mit seinem Bauch und seinen langen Armen war perfekt. Es hätte Henri nicht erstaunt, Scheffer gelänge es, die Dolmetscherin zu bezirzen, bis die sich unsterblich in ihn verliebte. Henri hatte viele Kollegen bei der Arbeit beobachten können, so ein Ass wie Scheffer war nicht darunter gewesen.

Endlich erschienen die sowjetischen Verhandlungspartner. Scheffer begrüßte sie und übernahm, assistiert von der Dolmetscherin, die Vorstellung. Winterroth und Henri wurden als Letzte begrüßt. Der Leiter der Sowjets war ein kräftiger Mann mit einem runden Gesicht, auf der Stirn glänzte Schweiß. Ihm assistierte ein fast ebenso großer, aber sehr schlanker und viel jüngerer Mann mit Bürstenschnitt und nervösen Blicken. Die beiden anderen im Tross murmelten ihre Namen und zogen sich nach dem Händedruck gleich ein Stück zurück. Die Delegationen setzten sich gegenüber, Henri zog einen Stuhl schräg hinter Scheffer und nahm in der zweiten Reihe Platz, wie es sich für einen Helfer gehörte.

Kaum saßen alle, betraten zwei Kellnerinnen den Raum. Sie schoben einen Wagen mit Kannen, Tassen, Tellern, Schälchen mit Keksen und verteilten alles auf dem Tisch. Als sie endlich die Türen von außen hinter sich geschlossen hatten, hielt der sowjetische Delegationsleiter eine freundliche Ansprache zur Begrüßung. Henri konnte von seinem Platz aus Winterroth gut beobachten, aber was sollte er da schon sehen?

Nach der sowjetischen Begrüßung folgte die des Mannesmann-Vertreters, flüssig übersetzt von der Dolmetscherin, deren Namen Henri immer noch nicht kannte. Sie hatte ein fein gezeichnetes Gesicht. Es bereitete ihr keinerlei Mühe zu dolmetschen. Wenn der Mannesmann-Typ einen Witz versuchte, was er mangels Talent besser unterlassen hätte, mühte sich die Dolmetscherin, den sowjetischen Vertretern nahezubringen, dass sie lachen sollten, was sie dann höflich taten. Der Mannesmann-Boss beschwor in drögen Worten die deutsch-sowjetische Freundschaft, die seiner Firma besonders teuer sei. Er hoffe sehr, dass das weltpolitische Klima sich bald wieder aufhelle, bevor es die Wirtschaft schädige.

Irgendwann schaltete Henri ab und beobachtete Winterroth, was leicht war, denn der hatte nur Augen für die Dolmetscherin. Henri überlegte, wie er ihn provozieren oder sonst wie zu einem Fehler veranlassen könnte. Einen Augenblick spielte er mit dem Gedanken, die Dolmetscherin in ein Intrigenspiel zu ziehen, aber er hatte keine Lust auf KGB-Methoden und zweifelte auch, dass sie mitmachen würde. Außerdem konnte er nicht ausschließen, dass sie für die Konkurrenz arbeitete. Wahrscheinlich berichtete sie nach dem Treffen brav ihrem Führungsoffizier, den Henri gleich Dimitri taufte und der gewiss ein ekliger Fettsack war, der zu viel trank. Henri grinste innerlich bei der Vorstellung, während Winterroth die Dolmetscherin weiter anstarrte, als wären seine Augen Laserkanonen von Aliens, die mal schnell die Menschheit ausrotten wollten. Wie oft hatte er sie in Gedanken schon ausgezogen?

Henri ließ seine Augen zu Scheffer wandern. Der lauschte den Worten des Mannesmann-Vertreters, als wären sie die Offenbarung. Der Mann konnte sich besser verstellen als ein Chamäleon, Henri war sicher, dass Scheffer das Gerede genauso langweilig fand wie er. Doch Scheffers leicht geöffnete Lippen und seine strahlenden Augen, die kaum merklichen Bewegungen des Kopfes, den er mitgehen ließ mit den Betonungen des Redners, zeigten nur, dass er gar nicht genug kriegen konnte von dem Sermon, hinter dem nur ein Gedanke stand: Profit. Hätte Krieg sie noch reicher gemacht, sie hätten mit ihrem gesamten Hirnschmalz bewiesen, dass es für die Menschheit nichts Besseres gebe als ein kleines reinigendes Gewitter, dessen Gefahren von ein paar Spinnern maßlos überzeichnet würden. Solange sie Röhren verkaufen konnten an einen Kunden, der stets pünktlich bezahlte und mit seinen Riesenkrediten auch noch die Banken beglückte, so lange wollten sie den Frieden und konnten sich nichts anderes vorstellen als dieses Paradies auf Erden, das auch dank ihrer unermüdlichen Handelserfolge vor aller Augen erwuchs. Doch Scheffer schien fast aufgelöst in dem Klangteppich des Firmenvertreters, den dieser mit einer etwas nöligen Stimme bald um ganz Moskau gewebt hatte.

Plötzlich war er fertig, Henri erschrak fast.

Nachdem die Dolmetscherin die letzten Worte übersetzt hatte, nickten die Sowjets beifällig, aber gewiss weniger wegen der Rede, sondern wegen der Röhren, die eben so verkauft wurden.

Es entspann sich nun ein zäh beginnender, doch immer

lebhafter werdender Austausch, der die Dolmetscherin ins Schwitzen gebracht hätte, wenn es auch nur denkbar gewesen wäre, dass ihre perfekte Erscheinung durch so etwas Banales wie Schweißtropfen hätte befleckt werden können. Mitten im verbalen Feuer blieb sie kalt wie ein Eisberg. Henri beschloss, Scheffer zu fragen, wo er die Frau aufgetrieben hatte. Nicht weil sie ihn als Mann besonders ansprach, dafür war sie zu perfekt, und nur ein selbstverliebter Idiot wie Winterroth mochte ihre Unnahbarkeit nicht erkennen. Wie schaffte man es, in Moskau jemanden von dieser Qualifikation für diesen heiklen Job zu finden, ohne sich mit dem KGB einzulassen?

Auf dem Franz-Josef-Strauß-Flughafen wartete die Reisegruppe am Vormittag in der Airbräu Tenne, einem bayerischen Lokal in der Ebene 3. Als Theo in die Gaststätte kam, sah er die Gruppe um einen Tisch sitzen.

»Sie sind die Reisegruppe nach Moskau?«

»Du bist der Theo«, sagte eine kleine Frau mit halblangen brauen Haaren, als wäre das sonnenklar. »Setz dich. Ich bin die Alda.«

Er setzte sich auf einen Stuhl und schaute in erwartungsvolle Gesichter. »Danke, dass ihr mich mitnehmt.«

»Ist uns ein Vergnügen«, sagte der einzige Mann in der Runde, fast hager, mittelgroß, lange gekräuselte braune Haare und eine eher altmodische Brille mit Stahlrahmen auf der Nase. »Wenn du dich anständig benimmst«, ergänzte er. »Robert«, sagte er dann noch.

Theo grinste, aber er war sehr unsicher. »Ich bemühe mich.«

»Und was führt dich nach Moskau?« Eine hübsche Frau mit langen schwarzen Haaren, groß gewachsen, schlank, schaute ihn nicht feindselig, aber doch ein wenig abweisend an. Du bist auf Bewährung, sagte ihr Blick.

»Privatkram«, druckste Theo. »Würde ich eher nicht so gern drüber sprechen.«

Die Langhaarige: »Ich heiße Marion, und du hast dich in eine Russin verliebt.«

Theo faltete die Hände, knetete sie ein bisschen. »So was … Ähnliches.«

Marion lächelte. Er hatte ein paar Punkte gewonnen, wusste aber nicht, bei welchem Punktestand er den Hauptpreis einstreichen würde. Schön bedeckt bleiben.

»Was heißt, dass wir dich bei unserer Tour selten sehen werden«, sagte Robert.

Theo hörte kein Bedauern heraus. Er nickte. »Wahrscheinlich. Mal sehen …«

Am einen Kopfende des Tisches saß eine Frau mit roten Haaren, klein, ein wenig untersetzt, sie hatte bisher nur zugehört.

»Eigentlich sind wir ja eine Gruppe«, sagte sie. Sie lehnte sich nach hinten und ließ ihre Augen die Decke betrachten. »Allerdings kennen wir anderen uns schon ein bisschen länger.« Das klang so wie: Mach, was du willst. Wir erwarten sowieso nichts von dir.

Theo bestellte einen Milchkaffee und hörte der Unterhaltung der anderen zu. Sie sprachen über das Hotel – hoffentlich würden sie im schon renovierten Teil untergebracht und nicht im spätsowjetischen –, das Essen – das ist in Russland eigen, aber sehr interessant –, die Reiseführung – die einem unbedingt die Metro erklären muss, allein schon wegen der kyrillischen Schrift. Ab und zu streiften Blicke zu Theo, wie um sich an seinen Anblick zu gewöhnen.

»Was machst du denn beruflich?«, fragte Robert.

»Liegenschaftsamt«, sagte Theo, und prompt war das Thema erledigt.

»Und wann hast du … sagen wir mal den Grund deines Moskaubesuchs kennengelernt?«

»Als ich zuletzt in Moskau war. Sie heißt Sonja.«

»Ach, du warst schon dort?«

»Ja.«

»Einfach so?«

»Einfach so.«

Robert blickte ihn noch ein paar Sekunden an, als wollte er sich vergewissern, ob er ihm glauben könne, dann wandte er sich ab und hörte zu, was die anderen besprachen.

Er saß neben einer Frau mittleren Alters mit kurzen braunen Haaren, die noch kein Wort gesagt hatte. »Pendelst du dann immer?«, fragte sie. »Zwischen Moskau und München?«

Er schüttelte den Kopf. »Nein, da gibt es noch nichts zu pendeln. Ich glaube, dann würde ich eher nach Moskau ziehen.«

Sie lächelte ihn an.

Theo war erleichtert, als er merkte, dass ihm niemand mehr Fragen stellte. Seine Mitreise verhinderte, dass die anderen für das ausgefallene Gruppenmitglied mitbezahlen mussten, und wenn er sich in Moskau absonderte, konnte es ihnen egal sein. Es war für die Gruppe wie für Theo eine ideale Weise, nach Russland zu reisen. Bei einer Einzelreise hätte er länger warten müssen, es wäre teurer gewesen, schon wegen der eigentlich unbezahlbaren Hotels.

Auf dem Flug saß Theo neben der Rothaarigen. Sie trank Bier, las und würdigte ihn keines Blicks. Links neben ihm, am Fenster, ein alter Mann, der streng nach Schweiß und Schmutz roch. Theo schloss die Augen und überlegte, was er tun könnte, wenn er in Moskau war. Wie sollte er anfangen? Er war völlig auf sich allein gestellt. Es wurde ihm jetzt sonnenklar. Du bist ganz allein. Und er hatte nicht einmal Doppelgängerpapiere dabei. Plötzlich packte ihn die Angst wie ein fiebriger Schüttelfrost.

Theos Angst verkroch sich, aber nicht weit genug, um ihre Gegenwart vergessen zu können, als die Maschine über die Piste des Scheremetjewo-Flughafens holperte und die Triebwerke den Gegenschub herausdonnerten. Ich habe eine Panikattacke gehabt, ich wollte wieder trinken. Immerhin habe ich es nicht getan. Die nächste Attacke wird kommen, aber jetzt bleib erst mal ruhig, jetzt geht es durch die Kontrolle. Sie werden dich durchlassen. Du hast nichts getan, das sie darauf bringen könnte, dich auch nur eine Sekunde länger als normal zu kontrollieren. Und wenn du durch bist, wird ein Bus auf die Gruppe warten und sie zu dem Hotel bringen, in dessen Nähe Scheffers Leiche auf der Straße gelegen hatte. Ein merkwürdiger Zufall, aber es half ihm nicht. Denn dort würde er nichts mehr finden. Und dort war Scheffer nicht getötet worden, sondern schon vorher, und nicht durch ein Auto. Sonst hätten die russischen Behörden nicht diesen Affentanz aufgeführt.

»Zum ersten Mal in Moskau?«

Robert stand neben ihm und schaute ihn durch seine dicken Brillengläser halb interessiert an. Manche Menschen fürchteten sich vor Kontrollen, Robert gehörte wohl zu ihnen. Die Frage nach Moskau hatte Theo schon beantwortet, aber er wollte nicht unhöflich sein.

»Das dritte Mal.«

»Ich auch«, sagte Robert. Er schob sich eine Locke aus dem Auge.

»Und wann?«

Die Reihe ruckte ein paar Schritte nach vorn.

»Das erste Mal 1987, da war das hier ganz anders.«

»Bestimmt«, sagte Theo.

»Es war sowjetisch. Steif, aber das hatte was.«

»Und was hast du hier gemacht?«

»Ich war auf der Parteihochschule.«

»Parteihochschule?«

Robert nickte und verzog sein Gesicht zu einem breiten Lachen, das aber nicht ausbrechen wollte.

Die Warteschlange schlurfte ein paar Zentimeter weiter. Theo erkannte schon die drei Glaskästen, in denen je ein Grenzbeamter saß.

»Es war hier nicht schlecht in der Sowjetzeit. Keine Jelzin-Milliardäre, immerhin. Und keine Mafia.«

»Gibt's in der Sahara auch nicht«, sagte Theo.

Wieder das Lachen, das nicht kommen wollte. »Da gibt's auch keinen Wodka«, sagte Robert.

»Heute gibt es hier alles.« Bleib gelassen, es wäre Quatsch, sich mit Robert zu streiten über Glaubensfragen. »Kennst du das Hotel, in das wir gehen?«

Robert schüttelte den Kopf. »Wird schon gut sein. Die Gegend da draußen ist ganz schön. Der Blick.«

Aus irgendeinem Grund verschwieg Theo, dass er den Ismailowopark kannte. Dass er, wenn auch nur von außen, den Hotelkomplex schon gesehen hatte, einen der Bauten für die vom Westen boykottierten Olympischen Spiele 1980 in Moskau.

»Das dauert«, meckerte von hinten die Rothaarige. »Und es nervt.«

Theo schaute sich um und sah, dass sie schnaubte und dann wieder ein Buch vor die Nase nahm. In seinem Magen krampfte es sich. Wenn er nur endlich die Kontrolle geschafft hatte. Er kam sich vor wie eingeschnürt. Von hinten drängte die Menge ihn quälend langsam, aber unaufhaltsam auf die Glaskästen zu. Der großen Warteschlange erwuchsen vorn drei kleine Köpfe. Die Menschen verteilten sich auf drei Schlangen, und wer dran war, musste allein an die Seite eines Glaskastens treten, seinen Pass auf einen schmalen Tresen legen, die prüfenden Blicke des Kontrolleurs über sich ergehen lassen, dann die Sichtung des Passes und warten, bis dieser gescannt war, um die Daten der Einreisenden zu speichern und sie womöglich mit einer Fahndungsdatei abzugleichen.

Wieder ein paar Schritte nach vorn.

Theo fuhr sich mit dem Ärmel über die Stirn, Robert schaute zu.

»So warm ist es nun auch wieder nicht.«

»Wenn du auf der Parteischule warst, dann warst du also Kommunist …«

»Bin ich immer noch. Wenn auch nicht mehr so vernagelt.«

Vor Theo standen zwei Geschäftsmänner, die offenbar gemeinsam reisten. Beide hatten die unentbehrliche Lederaktentasche in der Hand. Sie flüsterten miteinander, bis der eine die paar Schritte machte, die ihn an die Schalteröffnung des Glaskastens brachte. Theo beobachtete genau, was geschah. Der Uniformierte erwiderte den Gruß des Mannes nicht, nahm stattdessen dessen Reisepass vom Tresen. Er blätterte darin, dann streckte er vier Finger auf die Rückseite und den Daumen als Gegenstütze auf die Vorderseite, um den Pass mit dieser nach unten zu legen, einen Augenblick so zu verharren und ihn dann dem wartenden Geschäftsreisenden zurückzugeben. Dies alles mit völlig ausdruckslosem Gesicht. Eine äußerst sparsame Bewegung mit dem Zeigefinger schickte den Mann durch die Kontrolle. Bei seinem Kollegen geschah das Gleiche. Theo wurde noch nervöser. Rechts sah er Robert mit seinem Lachen, das nicht ausbrechen wollte, einer Kontrolleurin zunicken, was diese aber nicht im Geringsten berührte.

Dann war der Platz am Glashäuschen plötzlich frei. Der Grenzbeamte guckte Theo streng an, bis dieser endlich nach vorne ging, eher stolperte und sich in diesem Augenblick innerlich verfluchte wegen seines Leichtsinns, was ihn aber merkwürdigerweise auf einen Schlag beruhigte, ausreichend jedenfalls, um vor den prüfenden Augen des Kontrolleurs zu stehen und den Blick scheinbar kühl zu erwidern, die mit dem Pass zum Scanner herabsinkende Hand fast ganz zu übersehen und kein bisschen erleichtert zu sein, als die Hand wieder auftauchte und ihm den Pass entgegenhielt. Dann der Fingerzeig. Endlich. Und nun?

Was man sieht, kann man kontrollieren. Natürlich wusste Major Eblow, was Martenthaler, Scheffer, Mavick und so weiter und so fort in der Sowjetunion trieben. Die eigenen Leute taten das in deren Ländern auch. Eblow hatte eine durch und durch sachliche Haltung zur Spionage. So ärgerlich gegnerische Erfolge waren, vor allem für die Abwehr natürlich, die Nachrichtendienste der beiden Weltlager sorgten doch dafür, dass die Führungen, denen sie berichteten, einigermaßen informiert waren. Wenn die das wollten. Wer weiß, was läuft in der Welt, kann besser entscheiden. Eblow überlegte, wie viele Verrücktheiten schon verhindert worden waren, nur weil die Nachrichtendienste ihre Herren, oft so eitel, selbstverliebt, unfehlbar und größenwahnsinnig, auf den Boden der Tatsachen zurückgeholt hatten. Er kannte aber auch die Schattenseite, die unzähligen Botschaften, die niemand überbracht oder geglaubt hatte. Stalin, der nicht eingestehen konnte, dass der deutsche Überfall bevorstand, und sich für seinen Irrtum brutal rächte an Richard Sorge und seiner Frau, weil der ihn durch seine Wahrheiten zum Idioten gestempelt hatte. Chruschtschow, der tatsächlich glaubte, er könne Atomraketen auf Kuba stationieren, hatte sich von Warnungen gar nicht beeindrucken lassen. Dagegen hatten die Amerikaner durch Agenten der CIA früh Wind bekommen. Es war immer die gleiche Konstellation: Was die Dienste meldeten, war das eine. Und das andere war, was die Regierungen daraus machten.

Jetzt hatten sie ein drittes Stadium erreicht. Die Führung rechnete mit einem amerikanischen Atomschlag, der Enthauptung, und setzte die Erste Hauptverwaltung darauf an. Und auch sonst alles, was laufen und beobachten konnte. Nun wusste Eblow nicht, was die Genossen der Ersten Hauptverwaltung bisher herausgefunden hatten, aber das schien ihm zunehmend unwichtig. Weil es nicht mehr um Tatsachen ging. Eblow hatte die eigenen Zeitungen, Radio und Fernsehen verfolgt, und er hatte auch westdeutsche Zeitungen gelesen und die Deutsche Welle gehört, manchmal auch die Hysteriker von Radio Liberty. Überall im Westen gingen so viele Leute auf die Straße gegen den Kriegskurs der Amerikaner, dass inzwischen die eigene Regierung glaubte, es müsse geschehen, was diese Leute auf der Straße fürchteten.

»Schwierige Fragen, nicht wahr, Kasimir Jewgonowitsch?« Rachmanow zog an seiner Zigarre und wusste, was Eblow überlegte, weil auch er darüber nachdachte. Tag und Nacht. Er war froh, jemanden getroffen zu haben, mit dem er frei sprechen konnte, ein seltenes Privileg in der Sowjetunion, wenn man zu den Kadern gehörte, jener Gruppe von Funktionären, die dem Ganzen Struktur und Halt gaben, ohne die es keine Stabilität gab, keine

Kontinuität. Er würde nie vergessen, wie er Eblow, den er in den vergangenen Jahren immer wieder hier und dort gesehen hatte, ohne mehr als höchstens ein paar Worte mit ihm zu wechseln, wie er diesen ruhigen KGB-Major auf einem Fest in einer Datscha von Freunden aus Künstlerkreisen in Nikolo-Chowanskoje getroffen hatte, dort hingeschleppt von einer bald verblassten Freundin. Es war eines dieser geduckten Holzhäuser, blau gestrichen, schon vom Wetter dunkelfleckig angefressen und fast versteckt auf einem Grundstück voller Laubbäume und Büsche. Nur ein Feldweg führte dorthin, der sich bei Regen in eine Matschbahn verwandelte.

Eblow vermied gemeinhin private Feste, auf die anderen zwang ihn sein Amt. Er fand diese Aufläufe von Funktionären, die sich selbst bespiegelten und ihren Vorgesetzten hinten hineinkrochen, zum Kotzen, diese Häufung von unterwürfigen Schmierfinken, die es schon immer gewusst hatten, diese Bürokraten, die sich ihre Gesäße breitsaßen im Bemühen, sich um keinen Millimeter zu bewegen, diese Ideologen der Suslow-Schule, die Ponarmajows und Sagladins, die es schafften, ganze Bücher vollzuschreiben, ohne etwas zu sagen, diese Staatsschriftsteller, deren Ruhm allein der Macht zu verdanken war und die mit ihren Füßen auf der russischen Literatur herumtrampelten, in deren Sonne sie sich wärmten, in der verborgenen Hoffnung, die Zensur möge ewig währen wie die Privilegien der Mitglieder des Schriftstellerverbands.

Sie waren eine kleine Gruppe gewesen, eine Tänzerin vom Bolschoi, zwei mittelmäßige Schriftsteller, besagte Freundin, ein Mitglied des Moskauer Stadtsowjets und eben Rachmanow und Eblow. Die anderen beiden Männer interessierten sich am meisten für die Tänzerin und zogen bald mit ihr und der Freundin ab, irgendwohin, wo sie ungestört weiterbuhlen konnten. Eblow und Rachmanow blieben übrig, ihr Alkoholpegel war hoch, wie es der Nachtzeit entsprach, zumal die Gastgeber auch noch grusinischen Weinbrand ausgeschenkt hatten, der, wie sie versicherten, locker mit Cognac mithalten könne. Sie lehnten sich gegen einen Zaun, die Sommernacht war warm, am Himmel glänzten Sterne. Es war unwirklich still. Und dann kamen sie ins Reden wie zwei Menschen, die sich sofort verstanden und die nach kurzem Anlauf auch von ihren Ängsten sprachen, wobei sie wussten, dass dieser Mut gerade von diesen Ängsten gespeist war, in denen gleich einige Teufel miteinander tanzten.

Es war ein einmaliger Abend tief in der Breschnew-Zeit, als sich das Unheil erst in der Ferne ankündigte, auch wenn sie später wussten, dass es schon damals längst da gewesen war. Danach trafen sie sich immer wieder und wurden Freunde oder bestätigten eine Freundschaft, die sie an einem Holzzaun begründet hatten. Nicht einmal mit Ludmilla sprach Eblow so offen, dies aber, um sie zu schützen, Wissen war gefährlich.

Seitdem hatten Rachmanow und Eblow oft zusammengesessen und geraucht, manchmal sogar teure Zigarren.

»Es laufen hier seltsame Leute herum, Roman Romanowitsch. Leute, die das Gleiche tun wie ich, im Prinzip jedenfalls, nur für die andere Seite. Weißt du, inzwischen ist mir das fast egal. Sollen sie doch alles wissen.«

Rachmanow schmunzelte. »Ein Tschekist mit Depressionen.«

Eblow lächelte und räumte mit einer kräftigen Armbewegung einen Stapel Akten auf die andere Seite seines Schreibtischs.

»Unsere Ideologen würden eine solche Haltung als Psychologisierung verdammen. Wenn du so weitermachst, muss ich dich festnehmen.« Eine Rauchwolke stieg auf, dann lachte Eblow trocken.

Sie schwiegen lange. Jeder hing seinen Gedanken nach. Eblow erinnerte sich, wie ihr Plan gereift war, undeutlich noch, aber immerhin, und wie sie ihn dann hatten beiseitelegen können, weil die Katastrophe aufhaltbar schien, aber das hatte sich inzwischen als Illusion entpuppt. Seit Andropow fast nur noch am Dialyseapparat gehangen hatte, ein Wrack, das künstlich am Leben erhalten wurde, auch wenn bald niemand, der Patient eingeschlossen, nur ein Fünkchen Hoffnung hegte, dass der Generalsekretär mehr war als ein lebender Leichnam. Das hatten führende Genossen angedeutet, und bald wussten es alle. In diesen Monaten war Eblow fast nur noch verzweifelt, und Rachmanow verfluchte immer wieder das Pech, das sie hatten. Es durfte so nicht weitergehen. Bloß nicht Tschernenko, mit dieser Wahl würden das Politbüro und das Zentralkomitee das Sowjetreich endgültig an den Rand des Abgrunds ziehen und womöglich darüber hinaus. Aber sie würden Tschernenko zum Generalsekretär wählen.

»Und keiner traut sich zu widersprechen«, sagte Rachmanow. »Alles Waschlappen! Die Politbüromitglieder, die ZK-Abteilungsleiter, diese kleinen Pissfürsten, die Parteisekretäre der Republiken, das hochmögende Präsidium des Obersten Sowjets, die Mitglieder des Lenin'schen Zentralkomitees, so nennen sich diese Pfeifen so gern, kein bisschen Mumm in den Knochen. In was für einem Land leben wir eigentlich?«

»In der Union der sozialistischen Feiglinge.«

»Und was sind wir?«, fragte Rachmanow nach einer Weile.

»Wir sind die Bolschewiken, die ihren Plan wieder ausgraben und umsetzen.«

Schweigen. Dann Rachmanow mit Verzweiflung in der Stimme: »Das schaffen wir nie.«

»Kann sein, Roman Romanowitsch, kann sein. Aber hast du eine bessere Idee?«

10

Winterroth hatte ein Hundert-Gramm-Glas Wodka hinuntergestürzt, und wenn man es nicht gesehen hätte in dem Restaurant auf dem Arbat, wohin sich alle nach den Verhandlungen begeben hatten, dann hätte man es gehört. Denn die Stimme des Ingenieurgenies wurde weich, er sprach schnell und musste sich mühen, nicht zu lallen. Henri saß neben ihm, auf der anderen Seite hatte Scheffer die Dolmetscherin platziert, die sich inzwischen auch Henri als Natascha vorgestellt hatte. Henri fand den Namen viel zu russisch.

»Trinken Sie viel Wasser, ohne Kohlensäure«, sagte Henri.

Winterroth schaute ihn eine Weile an, als fürchtete er, auf den Arm genommen zu werden.

»Da wird man nicht so schnell betrunken, und am Morgen geht's einem auch besser. Außerdem sollten Sie von dem eingelegten Fisch essen.« Er deutete aufs Büfett.

Winterroth stolperte fast auf dem Weg dorthin, nachdem Natascha ihn hatte abblitzen lassen bei der Frage, ob er ihr etwas mitbringen könne. Als Winterroth sich den Teller vollhäufte, trafen sich Henris und Nataschas Blicke, und er las darin den Wunsch, dass dieser Abend bald vorbeigehen möge. Oder dass wenigstens Winterroth ein plötzliches Verlangen spürte, ins Hotelbett zu schlüpfen. Er grinste leicht, um ihr seine Unterstützung zu zeigen. Sie lächelte knapp zurück, schaute kurz zur Decke und dann auf Winterroth, der mit seiner Beute zurückkam.

Warum fiel ihm jetzt Rachmanows Geschichte ein? Er schüttelte sie ab. Eins nach dem anderen.

Henri wollte den Typ nicht länger um sich haben, aber schließlich hatte er Scheffer versprochen, dem Herrn auf den Zahn zu fühlen. Er wusste noch nicht, wie er das tun sollte, aber vermutlich half nur die brachiale Methode.

Scheffer saß ihnen schräg gegenüber, zwischen dem Leiter und einem Mitglied der Sowjetdelegation. Er unterhielt sich mit beiden gleichzeitig, was Henri wieder die Gelegenheit gab, das kommunikative Talent und das Russisch des Kollegen zu bewundern, der da mit seiner schmächtigen Brust über der Bauchwölbung saß und mit seinen langen Armen gestikulierte, stets ein Lachen im Gesicht und mit hellwachen Augen, während hinter der Stirn sein Hirn im gewohnten Höchsttempo arbeitete und sich sein Verstand keineswegs von Launen oder Gefühlen beeindrucken ließ. Henri sah das alles, und ihm war es egal, dass der andere die Bewunderung in seinem Gesicht lesen konnte.

Winterroth zerteilte einen eingelegten Hering auf seinem Teller, obwohl sowjetische Gäste vorgeführt hatten, dass man diesen Fisch am Schwanz packte, den Kopf nach hinten legte, den Mund öffnete, um den Hering schmatzend hineingleiten zu lassen wie ein Fischreiher. Zu seiner Beunruhigung registrierte Henri, dass der Typ schon wieder ein Glas Wodka vor sich stehen hatte. Er musste sich beeilen, um seinen Job zu erledigen, bevor der Mann sich ins Delirium gesoffen hatte.

»Ich muss mich mal mit Ihnen unterhalten«, sagte Henri.

Winterroth zuckte die Achseln. »Schießen Sie los«, sagte er mit vollem Mund.

»Nicht hier. Kommen Sie mit.«

Winterroth warf Natascha einen Blick zu, aber die Dolmetscherin war mit ihrem Nachbarn auf der anderen Seite beschäftigt. Henri sah, dass Scheffer ihn und Winterroth ganz kurz musterte, um sofort zu verstehen, was los war.

Widerwillig folgte Winterroth Henri zu einer Sitzecke hinter einer Säule, wo sie den Blicken der anderen entzogen waren. Er setzte sich Henri gegenüber und atmete ihm seine Fahne ins Gesicht.

»Wollen Sie Geld verdienen?«, fragte Henri.

Winterroth grinste. »Ich verdiene Geld.« Sein Gesicht sagte: Auf jeden Fall viel mehr als du.

»Einen Haufen Geld«, sagte Henri.

Winterroth versuchte sich sein Erstaunen nicht anmerken zu lassen.

»So viel Geld, dass Sie lebenslang ausgesorgt haben.« Henri sagte es eindringlich.

Winterroth schüttelte den Kopf, um den Nebel in seinem Hirn zu vertreiben. Dann nickte er.

»Ich habe nicht viel Zeit«, sagte Henri. »Ich arbeite für eine … befreundete Auslandsbehörde …«

Winterroth lächelte sogar.

»Und diese Behörde interessiert sich aus irgendwelchen Gründen für dieses Röhrengeschäft. Vor allem für die neue Schweißtechnik, die Sie entwickelt haben.«

»Dafür interessiert sich so mancher«, sagte Winterroth, dessen Nüchternheit mit seiner Geldgier zunahm. »Wo sitzt denn diese Behörde?«

»Das darf ich Ihnen eigentlich nicht sagen. Aber ich will es abkürzen, habe ja nicht viel Zeit. Sagen wir mal: hinterm großen Teich.«

»Washington«, riet Winterroth.

Henri ließ seinen Kopf ein bisschen wackeln, dann nickte er.

»Das ist Spionage«, sagte Winterroth. »Das kann mich in Teufels Küche bringen.«

Henri lächelte. »Da sitzen Sie bereits. Wenn Sie das den Russen verkaufen können, dann sollten Sie es auch mir verkaufen. Das wäre nur gerecht. Wissen Sie, ich bin ein Freund der Gerechtigkeit.«

Henri konnte zuschauen, wie der Schrecken ins Hirn des anderen wanderte. Der war plötzlich bleich wie ein Toter. Eigentlich braucht der gar nichts mehr zu sagen. An seiner Stelle würde ich einen weiten Bogen um alles machen, was auch nur annähernd einem Lügendetektor ähneln könnte. Winterroth war der typische Fall eines geldgierigen Amateurs ohne Nerven.

»Woher wollen Sie das mit den Russen wissen?«

»Ich weiß es«, sagte Henri gelassen.

Winterroth starrte ihn an. Er verknotete seine Finger, kratzte sich an der Wange, schluckte, wischte sich mit einem Taschentuch den Schweiß von der Stirn und war offenbar einige Augenblicke versucht abzuhauen, jedenfalls erhob er sich ein paar Millimeter, sackte dann aber zurück.

»Nun reißen Sie sich zusammen«, zischte Henri. »Ich biete Ihnen ein tolles Geschäft, und Sie zicken rum.«

Tatsächlich straffte sich Winterroth, sein Gesicht verlor ein wenig Bleiche, die Augen flackerten nicht mehr, und sein Hirn schien wieder zuerst ans Geld zu denken.

»Sie haben anscheinend keine Probleme, das Zeug an das KGB zu verkaufen, aber den amerikanischen Verbündeten verweigern Sie diesen … Dienst. Sie könnten das Unrecht ein wenig ausgleichen. Und dabei verdienen.«

Winterroth knotete wieder seine bedauernswerten Finger.

»Haben Sie den Russen das exklusiv verkauft? Sagen Sie bloß!«

Winterroth schluckte, dann sagte er leise: »Sie dürfen es nicht erfahren. Ich habe Angst.«

»Das kann ich verstehen. Vor denen hätte ich auch

Angst. Aber wissen Sie, wovor ich an Ihrer Stelle am meisten Angst hätte?«

Winterroth stierte, dann schüttelte er den Kopf.

»Vor mir.« Fast hätte Henri Mitleid mit ihm bekommen. Aber warum sollte er etwas so Positives empfinden für einen Mann, der zum Verräter wurde, um ein Luxusleben zu führen? Henri verachtete Menschen nicht, die aus Überzeugung Verrat begingen, aus politischen Gründen, auch wenn er es falsch fand. Aber beim BND bejubelten sie die Verräter der anderen Seite als Helden und verdammten die eigenen als verachtungswürdige Kreaturen. Dieses Missverhältnis hatte ihn schon immer gestört. Die Sowjetunion hielt er für einen üblen Staat, in dem Menschen schikaniert wurden, wenn sie anderer Meinung waren als die Greisenriege des Politbüros. Aber er verstand Leute, die mit der Sowjetunion trotzdem die Idee von Gerechtigkeit verbanden, sich also auf das verlegten, was die Sowjetunion zu sein vorgab, hofften, dass in den grässlichen Zuständen der Gegenwart der Keim einer besseren Zukunft vergraben war, als könnten in einem Schwefelmoor bunte Blumen blühen. Aber Winterroth war kein Spinner und auch keiner, der sich aus einer bitteren Wirklichkeit auf eine Trauminsel rettete. Winterroth war nur geldgierig. Und das war er noch, als es um seinen Kragen ging.

»Eine Million Dollar, bar auf die Hand oder auf ein Schweizer Nummernkonto.« Henri schaute ihn freundlich an. »Finden Sie nicht auch, dass das ein großzügiges Angebot ist? Allerdings gilt es nur unter einer Bedingung: Sie sagen mir, was die Russen gezahlt haben.«

Winterroth lief rosa an und schien schneller zu atmen. »Warum wollen Sie das wissen?«

»Geheimdienste wollen immer alles wissen. Zum Beispiel auch, was die Konkurrenz so zahlt, was denen Informationen wert sind, wie dringend sie diese brauchen. Das ist doch ganz leicht zu verstehen, nicht wahr?«

Winterroth schnaufte. Er schlug die Augen zur Decke, dann schaute er Henri verzweifelt an. »Die machen mich fertig, wenn ich es verrate.«

»Ich mache Sie fertig, wenn Sie es nicht verraten.« Er legte ein Diktiergerät auf den Tisch, der älteste Trick der Welt. Das Gerät lag so, dass Winterroth sehen konnte, wie das Band in der Kassette langsam spulte. Ein kleines rotes Licht zeigte an, dass das Diktiergerät gerade aufnahm. Winterroth legte seine Hand auf den Tisch, doch da hatte Henri das Gerät schon weggezogen.

»Sie sind ein Schwein«, stotterte Winterroth. Er beugte sich nach vorn, wollte einen Augenblick sogar aufstehen, um dieses verfluchte Gerät an sich zu reißen. Aber Henri schaute ihn nur an und lächelte. »Ich stimme Ihnen insoweit zu, dass ein Schwein an diesem Tisch sitzt. Was haben die Russen gezahlt?«

Winterroth wurde bleich, er jammerte leise, er stöhnte, und Henri wusste, dass die Flasche aufgegeben hatte. Ein leichtes Spiel. Erbärmlich.

»Sie sind gar nicht von den Amerikanern … ich habe es für meine Kinder getan.«

»Machen Sie sich nicht lächerlich.«

Auf einmal war der Mann schweißnass. Er zitterte am ganzen Körper. »Was soll ich tun? Helfen Sie mir!« Er zerrte an seinem Schlips.

»Bleiben Sie einfach in der Sowjetunion. Das KGB wird Ihnen eine schöne Wohnung geben, Sie können Ihre Kinder und natürlich auch Ihre Frau nachkommen lassen. Es wird Ihnen an nichts fehlen, jedenfalls nach hiesigen Maßstäben.« Henri genoss es.

»Hier bleiben?«, stotterte der Mann. Und er dachte an

seine Autos, an seine Geliebte, an den Düsseldorfer Tennisklub, wo sie so angenehm wie anstrengend miteinander wetteiferten, wer der Schönste und Beste und Reichste sei, wer die teuerste Uhr und den schärfsten Betthasen hatte, jener heftigste Grund zum Augenzwinkern. Und das und die Villa und vielleicht einmal die neue, noch größere Villa mit dem größeren Hallenbad und dem neuesten italienischen Sportwagen, den man auf dem Nürburgring ausfahren konnte, der nächste Ausflug mit Freunden nach Sylt … Alles weg, auf einen Schlag.

»Aber ich habe doch gar nichts getan«, stammelte er. »Ich hab keinen umgebracht, keine Bank überfallen …«

»Halten Sie den Mund. Wie viel haben die Russen bezahlt?«

Ein Hundeblick mit tränenden Augen. »Ich weiß nicht so recht …«

»Sie haben also Raten bekommen und müssen die noch zusammenzählen.«

Winterroth nickte eifrig.

»Nachher zählen Sie zusammen, aber jetzt will ich mal eine Schätzung.« Er sprach scharf, zischte fast.

Winterroth lehnte sich ein Stück zurück, dann murmelte er: »Vierhunderttausend … vielleicht.«

»Mark?«

»Franken … Schweizer Franken.«

Henri grinste. »Ganz auf Nummer sicher, sehr gut.«

»Ich bring mich um«, flüsterte Winterroth.

»Wenn Sie es wollen …«

»Aber das können Sie doch nicht mit mir machen. Ich habe nichts Unrechtes getan. Ich brauchte das Geld …«

»Sie können Ihre Lage gewaltig verbessern, wenn Sie sich jetzt zusammenreißen. Gehen Sie zur Toilette, machen Sie sich frisch, kommen Sie zurück an den Tisch mit den anderen, versuchen Sie gern, die Dolmetscherin aufzureißen, und ich werde mir in den nächsten Tagen überlegen, wie wir« – er hatte wirklich »wir« gesagt – »aus der Sache einigermaßen herauskommen. Verstanden?«

Henri konnte beobachten, wie die Hoffnung in Winterroths Augen zurückkehrte. Der schaute Henri erst ungläubig an, dann lächelte er sogar verklemmt, um sich schließlich zu erheben und zur Toilette zu eilen.

Nach dem Essen saß Henri mit Scheffer in dessen Auto, und der kleine Mann fuhr gemächlich durch die Gegend, weil er aufzufallen fürchtete, wenn er mit laufendem Motor am Straßenrand stand. Außerdem hatte er so gut im Blick, was sich vor und hinter ihnen tat. Aber offenbar folgte ihnen niemand.

»Sie hatten recht«, sagte Henri. »Er hat's verkauft.« Er nahm die Kassette aus dem Diktiergerät und gab sie Scheffer. »Und nun?«

Er sah Winterroth vor sich, wie der von der Toilette kam mit Wasserspritzern auf Hemd und Jackett und mit geröteten Augen. Aber sonst sah er passabel aus. Er hatte sich tatsächlich zusammengerissen, warf zwar hin und wieder erbärmliche Blicke auf Henri, aber der Tischrunde schien es egal zu sein, dass Winterroth nicht mehr in Topform war. Sie hatten ja gesehen, wie er den Wodka in sich hineinstürzte, da geriet einer schon mal aus der Fassung oder kriegte einen Rappel.

»Sie sind gut«, sagte Scheffer. Er konnte seiner Stimme einen sehr freundlichen Klang geben. »Ich hab's gewusst, dass Sie das sind.«

»Ich habe dem Herrn eine Lösung angedeutet, dass wir vielleicht etwas tun könnten, wenn er …«

»Ist schon in Ordnung«, sagte Scheffer trocken. »Das verhindert wohl, dass er sich vor die Elektrische stürzt.«

»Was haben Sie mit ihm vor?«

Scheffer wandte sein Gesicht zu Henri. Ein Lada raste vorbei, ein junger Mann passierte federnden Schritts ein unbeleuchtetes Schaufenster, Henri wusste nicht mehr, wo sie waren. Aber es beunruhigte ihn nicht.

»Was glauben Sie denn? Meinen Sie, man könnte so einen umdrehen?« Er schaltete runter, weil sie sich einer Kreuzung näherten. Während er bremste, sagte er: »Na schön, umdrehen könnte man den mit Leichtigkeit, dem geht der Arsch auf Grundeis. Aber was hätten wir davon? Bei der nächsten Krise flippt er aus und verpfeift alles, was er weiß, wenn nicht noch mehr. Mit solchen Typen können wir nichts anfangen. Wir lassen ihn im Glauben, dass alles gut wird, und sobald er zu Hause ist …« Scheffer hielt an und warf seine Hand über die Schulter.

Als sich kein Auto näherte, zuckelte er über die Kreuzung, so, wie er überhaupt die Ruhe in Person war. »Sie haben das gut gemacht, Henri.«

»War leicht.«

»Gar nichts ist leicht. Hier ist nichts leicht. Hier geht es am Ende immer um Leben oder Tod.«

Diese Wendung ins Dramatische, dieser Stimmungsumschwung, da war etwas, das auf Scheffer lastete.

»Was meinen Sie, … Georg?«

Scheffer gab kurz Gas wie als Protest gegen Henris Begriffsstutzigkeit. »Der fährt ein in Stadelheim oder wo auch immer, der saubere Herr Winterroth. Das ist zwar keine schöne Aussicht für ihn, auch wenn ich finde, dass er's sich redlich verdient hat. So, wie ich diese Typen kenne, wird er was von seinem Judaslohn gebunkert haben und nicht auf die Sozialhilfe angewiesen sein, wenn er wieder rauskommt. Obwohl, ich trau ihm zu, dass er dann auch noch auf bedürftig macht. Wenn die hier aber einen

Russen beim Spionieren erwischen, dann gnadet ihm kein Gott. Im Vergleich mit einem Sowjetknast ist Stadelheim ein Dreisternehotel. Nicht vier, aber drei, ganz bestimmt. Und die Aussicht, erschossen zu werden, würde so einem wie dem Winterroth die Laune so richtig versauen, ganz bestimmt.«

Henri starrte auf die Straße, ihn störte dieser Ausbruch, er war etwas, das man nicht tat, er fühlte einen Schmerz im Magen. Das Licht eines einsamen Fensters zerstreute sich im Nass der Straße. Was wollte Scheffer ihm sagen? Er spürte es mehr, als er es verstand, er konnte es nicht zu einem Gedanken formen.

»Wir verleiten die Leute zum Selbstmord«, sagte Scheffer. »Im Namen der guten Sache. Demokratie und so weiter, Sie wissen schon. Henri, das plagt mich. Wenn ich einen von diesen armen Schweinen vor mir sehe – das sind sie doch, oder? –, dann kommt's mir vor wie eine Begegnung mit einem Todgeweihten. Natürlich sind wir nie schuld, wenn einer erwischt wird. Das reden wir uns auch ganz fest ein, und ist es nicht so: Die meisten kommen zu uns, aus eigenem Antrieb, auch Rache, Geldgier, weil sie in den Westen wollen. Sie werfen uns Zettel ins Auto, stecken Briefe in den Botschaftsbriefkasten, sprechen einen an. In Wahrheit sind wir die einzig Schuldigen. Wenn wir es nicht darauf anlegten, dann würden die nicht spionieren. Wenn wir denen nicht ihren Glauben an die Großartigkeit des freien Westens ließen, dann würden sie doch dieses Risiko niemals eingehen. Oder nur die, die auf Westgeld scharf sind. Es ist schon ein Scheißberuf.« Scheffer fuhr und fuhr, bog hier ab und dort und schwieg. Er hatte alles gesagt. Und Henri hatte verstanden.

Dann standen sie vor dem Block, in dem Henri wohnte. Sie gaben sich fast wie nebenbei die Hand.

»Du warst ja lange weg«, sagte Angela im Halbschlaf. »Hat's sich wenigstens gelohnt?«

»Ja, es war gut.«

Die Reiseführerin erwartete Theo und die anderen in der Vorhalle des Flugplatzes. Sie hielt ein Schild in der Hand, darauf der Name des Reiseveranstalters. Sie war recht groß, korpulent und hatte kurze schwarze Haare. Ihre roten Wangen leuchteten fast, und überhaupt schien sie aufgeregt zu sein. Sie stellte sich als Tatjana vor und führte die Gruppe zum Bus.

Die Fahrt ließ sie eintauchen in die Hektik einer Riesenstadt. Obwohl er gerade erst da gewesen war, überraschten Theo die Blechschlangen, die sich unendlich lang hinzogen, miteinander verflochten, sich gegenseitig aufhielten, Zusammenballungen schufen und wieder auflösten. Luxusschlitten und Klapperkisten schlichen ganz demokratisch in Richtung Innenstadt.

Tatjana stand vorne im Kleinbus und erläuterte, was sie am Anblick draußen für wichtig hielt, vor allem die Olympiabauten, die der Stadt ein neues Gesicht gegeben hatten.

Robert saß neben Theo und staunte. Die Stadt veränderte sich in ungeheurer Schnelligkeit. Gebäude verschwanden, neue wurden hochgezogen, darunter Betonmonster von unübertrefflicher Hässlichkeit. Am Himmel braute sich grauschwarz ein Unheil in angemessener Dimension an, in das die Sonne hin und wieder gelbe Flecken einzeichnete, wie um den armen Opfern ein letztes Zeichen der Hoffnung zu senden. Aber es gab keine Hoffnung. Als hätte jemand den Stöpsel eines himmlischen Meeres herausgezogen, stürzte die Flut auf Moskau und verwandelte die Straßen in reißende Ströme. So ungefähr hatte sich Theo den Auftakt des Weltuntergangs vorgestellt. Vielleicht nicht ganz so mächtig.

»Boah!«, rief Robert. Der Bus war ins Wasser eingetaucht, und obwohl die Scheibenwischer hin- und herrasten, sah man nichts außer Wasser, als wäre der Bus in einem See abgesoffen.

»Wie gut, dass das nicht als Schnee gefallen ist«, sagte Tatjana.

So schlagartig wie bei einem tropischen Regenguss wurde der Stöpsel wieder ins himmlische Meer gesteckt. Langsam tuckerte der Bus vorwärts, die Straße war ein Fluss, die Gullys übergelaufen, auf den Bürgersteigen lehnten sich Menschen gegen den starken Wind, der nun aufkam, als sollte die Stadt mit dem großen Föhn getrocknet werden.

»Tja, alles der Klimawandel«, sagte Robert. »Und daran sind die Amis schuld.«

Alda lachte. »Nun krieg dich wieder ein.«

Aber Robert kriegte sich nicht ein, er hatte gerade erst angefangen. »Dieser Bush hat das Gegenteil von Klimapolitik gemacht, und jetzt ist der Schlamassel da. Moskau säuft ab, in Afrika wird alles zur Wüste, Europa darf die Deiche höher bauen, damit es nicht so endet wie New Orleans …«

»Nun hast du alles erklärt, danke«, sagte die Rothaarige, ohne ihr Buch zu senken. Sie klang sehr genervt. »Hoffentlich hat die Fahrerei bald ein Ende, ich will ins Hotel.«

Theo beobachtete, wie draußen Passanten das Wasser abschüttelten wie Hunde und gelassen ihren Weg fortsetzten.

Die Fahrt dauerte fast zwei Stunden, und als es schneller voranging, zischten die Reifen über den nassen Asphalt.

»Da ist es«, sagte Robert. »Da vorn.«

Ein Betonklotz tauchte auf, dann weitere. Vier Hotels

nebeneinander. Sie kletterten aus dem Bus, und Tatjana führte sie zum Hoteleingang. Dort sammelte sie die Pässe ein und brachte sie zur Rezeption. Als sie zurückkehrte, gab sie jedem ein Papier, das, wie sie erklärte, als Passersatz diene. Theo fühlte sich unwohl bei dem Gedanken, dass er Russland nur würde verlassen können, wenn er vorher seinen Pass an diesem Hotelempfang abgeholt hatte. Er zweifelte nicht im Geringsten, wer in Wahrheit nun seinen Pass verwahrte. Daran hatte er nicht gedacht. Er musste jetzt dafür sorgen, dass er mit der Gruppe abreiste oder sich eine wahnsinnig gute Ausrede einfallen ließ, wenn das unmöglich war.

Da drängte sich Paula in seine Gedanken und Ängste. Ja, sie würde er so gern wiedersehen. Und es kam ihm vor, als müsste er Jahre darauf warten. Er versuchte sich zu entsinnen, wie sie aussah, konnte sich aber nur ihre Augen vorstellen und ihre Figur. Vielleicht hätte ich Paulas Auftauchen als Zeichen sehen sollen, mich auf diese Verrücktheit hier nicht einzulassen. Zu Hause bleiben, mit ihr etwas unternehmen, sie für sich gewinnen, denn da lag noch etwas zwischen ihnen, auch wenn er nicht so genau wusste, was es war. Er wusste nur, dass er es wegschieben wollte. Unbedingt.

Als er endlich in seinem Hotelzimmer war, es gehörte zu den renovierten, was ihm den eigentümlichen Charme der Sowjetzeit ersparte, da stellte er sich ans Fenster, sah den Wald mit den goldglänzenden Kuppeln der Kirche und ganz hinten die riesigen Betonblöcke einer Trabantenvorstadt, in der die Menschen zusammengepfercht wurden, um morgens zur Arbeit ausgespuckt und abends müde wieder aufgesaugt zu werden. Er war einmal in einer solchen Wohnung gewesen, hatte einem russischen Pförtner die Genesungsgrüße des Botschafters überbracht, von denen der gewiss gar nichts wusste, und den Mann gesehen, der sich wegen des hohen Besuchs aus dem Bett in einen löchrigen Sessel in einem Zimmerchen gequält hatte, und seine Frau, die in der winzigen Küche mit Rissen in der Fensterscheibe Tee kochte. Von oben nervte das Getrampel von Kindern, rechts nebenan wetteiferte ein Fernsehgerät mit einem Radio links nebenan, wer am lautesten dröhnte. Es zog, weil die Wohnungstür und die Fenster nicht richtig schlossen, aber das hatte Theo schon gewusst, als er mit dem verschlissenen Aufzug in den siebten Stock gefahren war in der Hoffnung, dass ihm jemand öffnen würde, da es eine Gegensprechanlage nicht gab und er sich im Graffiti-verschmierten und verdreckten Treppenhaus fremder fühlte als im Dschungel von Papua-Neuguinea.

Während er seinen Koffer ausräumte, fiel ihm ein, was Klein auch noch gesagt hatte. »Das Foto ist keine Fälschung, also wurde, wenn jemand was gedreht hat, die Leiche bearbeitet.« Sein Gesicht war so freudlos gewesen wie immer, grau und ausdruckslos. »Die ist aber zu Asche zerfallen, was den Verdacht womöglich verstärkt, dass sie die Leiche drapiert haben, bevor sie fotografiert wurde, aber wir können es nicht nachweisen. Wir« – er hob die Stimme kaum merklich, als er »Wir« sagte – »haben es vermasselt und daher keine Chance mehr, die Sache aufzuklären.« Es klang so wie: Sie haben es versaut, die Russen haben uns vorgeführt, vielen Dank für die vorzügliche Arbeit. Und Theo fiel nun wieder ein, während er die Socken im Schrank verstaute, dass Klein ihn nach Moskau geschickt hatte, ihn, den Mann ohne Erfahrung. Und dass er immer noch nicht begriffen hatte, warum. Er hätte ihn fragen sollen. Oder besser nicht. Denn Klein hätte antworten können, was er wollte. Theo hätte ihm nicht geglaubt. Nicht einmal die Wahrheit.

Er duschte, dann machte er sich auf dem Bett lang und marterte sein Hirn. Seit er beschlossen hatte, die Sache mit Scheffer nicht auf sich beruhen zu lassen, grübelte er, wie er es anpacken sollte. Seine Lektion im Fach Naivität hatte er gelernt, bildete er sich zumindest ein. Wenn er Kontakt zu Sonja aufnehmen würde, dann würde die das dem FSB melden und er würde hochkant hinausgeschmissen. Im günstigsten Fall, es konnte auch übler kommen. Einen Augenblick erwog er die Idee, Sonja unter Druck zu setzen, ihr Gewalt anzudrohen. Er wäre dazu bereit, sein Zorn reichte aus, aber es fiel ihm nichts ein, wie er Sonja daran hindern könnte, zum FSB zu laufen und alles brühwarm zu berichten.

Und doch war sein einziger Ansatzpunkt die Gerichtsmedizin. Wenn die Leiche manipuliert worden war, dann höchstwahrscheinlich dort. Es musste demnach andere Mitarbeiter geben, die informiert waren. Oder? Musste es das wirklich?

Je länger er darüber nachdachte, desto überzeugter war er, dass es jemanden geben musste. Nur, wie sollte er den finden? Und warum sollte der Theo etwas verraten? Was hatte er davon?

Theo ging noch einmal seine Kontakte in Moskau durch. Er schüttelte den Kopf auf dem Kissen. Niemand würde ihm helfen, sie würden ihn bei der ersten Frage in die Mangel nehmen.

Eine Idee drängte sich auf, ganz langsam sickerte sie in seine Gedanken. Dass er darauf nicht früher gekommen war! Es war der einzige halbwegs vernünftige Ansatz. Er analysierte noch einmal, was er in der Gerichtsmedizin erlebt hatte. Wie Sonja ihm erklärt hatte, warum sie seine Ansprechpartnerin sei. Wenn man ihre Behauptungen mit ihrem Betrug zusammenbrachte, sie einander gegenüberstellte in einem Gedankenexperiment, dann war eine andere Erklärung wenigstens genauso folgerichtig. Und nun hatte Theo einen Ansatzpunkt, auch wenn seine Angst wuchs, was das für ihn bedeuten würde. Eigentlich konnte es nur schiefgehen.

Sonja hatte gelogen, dass sich die Balken bogen. Warum sollte er ihr in diesem Punkt glauben? Vielleicht war der Professor gar kein Feigling?

Abends saßen sie in einem der Hotelrestaurants. Theo war etwas später gekommen, bereitwillig machten die anderen Platz, damit er einen Stuhl an den Tisch schieben konnte. »Na, die große Liebe schon angerufen?«, fragte Alda.

Theo schüttelte nur den Kopf und sah sehr traurig aus.

»Was ist denn los?«, fragte die große Hübsche, die, wie Theo inzwischen erfahren hatte, Hertha hieß, ein Name, der weder zu ihr passte noch sonst wie zeitgemäß klang.

»Ich weiß nicht«, sagte Theo leise. »Ich weiß es wirklich nicht.«

»Hast Sie nicht erreicht, was?« Die Rothaarige.

»Nein.«

»Und nun?«, wollte Alda wissen. »Sollen wir da was regeln?«

»Um Himmels willen!«

»Mit dem Himmel haben wir es nicht so«, sagte Alda.

Theo dachte eine Weile sehr sichtbar nach, dann wandte er sich an Robert, der neben ihm saß. »Du kannst doch ganz gut Russisch?«

Robert hob seine Hände über dem Tisch und ließ sie wieder fallen.

»Besser als ich auf jeden Fall.«

Wieder eine Flugübung für Roberts Hände.

»Würdest du einen Anruf für mich machen?«

Die anderen hörten gebannt zu. Theo überlegte, ob er Robert in eine Ecke lotsen sollte, aber der würde es sowieso allen brühwarm erzählen, da konnte er seine Show auch vor Publikum abziehen.

»Ja, warum nicht. Wenn's legal bleibt.«

Theo winkte ab. »Natürlich. Die Sache ist so: Sonja« – warum, verdammt, fiel ihm kein anderer Name ein? – »will mich heiraten und nach München kommen. Ihr Vater ist dafür, weil er glaubt, dass sie dort die besseren Aussichten hat. Die Mutter« – Theos Gesicht verwandelte sich in einen Trauerkloß – »aber sagt, dass sie sich umbringt, wenn Sonja ins Ausland geht. Die Mutter ist ein echter Drachen, für die ist Deutschland immer noch der Hort des Bösen, weil die Nazis ihre Eltern umgebracht haben.« Größte Betroffenheit am Tisch. Robert nippte an seinem Bierglas, aber nicht aus Durst.

»Der Vater ist Leiter der Moskauer Gerichtsmedizin, also ein ziemlich hohes Tier. Aber die Mutter lässt ihn gewissermaßen bespitzeln. Sie hat noch einige alte Genossen, die dort arbeiten. In der Sowjetzeit war sie Präparatorin« – Hertha verzog ein wenig angeekelt das Gesicht, auch Alda erbleichte in dem Maß, wie sie sich vorstellte, was eine Präparatorin in der Pathologie zu tun hatte – »und kennt noch Hinz und Kunz. Sie trifft sich auch noch mit Kollegen, und da wird natürlich alles breitgetreten, was so passiert. Also, wenn ich da anrufe …«

»Nein, das geht natürlich nicht«, sagte Hertha.

»Also, wenn Robert da anruft und sich zu dem Professor durchstellen lässt, irgendeinen Vorwand müssen wir noch finden, vielleicht zu einem Gespräch mit Journalisten über die großen Erfolge und das internationale Ansehen der russischen Pathologen, so was Nationalistisches kommt hier immer gut, also wenn er dem Professor was sagt wie etwa, der bekannte österreichische Journalist Georg Scheffer müsse ihn unbedingt sprechen, vielleicht könnten sie sich in der Tretjakow-Galerie treffen, vor einem bestimmten Gemälde, das er gerne bestimmen könne, damit sie sich bloß nicht verpassen …« Theo entwickelte, was er sich im Hotelzimmer zusammengereimt hatte. Der Ideenwust ordnete sich im Gespräch mit den anderen, doch je konkreter sein Plan wurde, desto kleinmütiger wurde Theo. Es war der pure Wahnsinn, ein solches Spiel mitten im Feindesland aufzuziehen, und dies mit Leuten, die gar nicht wussten, dass er sie benutzte, vor allem Robert, der solche Hinterlist schon gar nicht verdient hatte.

Aber ich habe keine Wahl.

»Und wer ist dieser … Gregor Schäfer?«, fragte Robert am Morgen beim Frühstück.

»Scheffer«, sagte Theo. »Das ist so ein Codewort. Das habe ich mit dem Professor vereinbart, damit wir an den Spitzeln vorbeikommen. Du musst nur anrufen, und sobald er dran ist, gibst du mir den Hörer und lässt mich allein – weißt du, was ich da mit dem Professor zu besprechen habe, ist mir schon ein bisschen peinlich. Das ist alles.«

»Codewort. Das ist ja wie beim Geheimdienst.«

Dann trennten sie sich von der Gruppe und stiegen die Treppe hinunter zur Telefonzelle in der Hotelhalle. Theo war unsicher, ob das Telefon abgehört wurde, aber dann stellte er sich vor, wie viele Menschen hier tagtäglich telefonierten und was für eine blödsinnige Verschwendung von Geld und Arbeitskraft es wäre, das ganze Geschwätz mitzuschneiden und auszuwerten. Zumal es nicht nur ein Hotel und nicht nur eine Telefonzelle gab. So etwas Verrücktes hatte nur die Stasi in Ostberlin getrieben.

Robert war jetzt doch unsicher. »Wie heißt der Professor noch mal?«

»Protossow.« Er schrieb es aus seinem Notizbuch ab und dazu die Telefonnummer und gab den Zettel Robert. »Ich wär dir echt dankbar, Robert. Einfach sagen, Georg Scheffer will Professor Protossow sprechen. Und wenn du ihn dran hast, überlässt du mir den Hörer, und ich komme zu euch zurück und gebe bei der nächsten Gelegenheit eine Runde aus. Das mit der Tretjakow-Galerie übernehme doch besser ich.«

»Und das ist bestimmt keine krumme Sache?«

»Ich mache keine krummen Sachen. Und wenn ich welche machen würde, dann würde ich keine anderen Leute hineinziehen. Ehrenwort! Wenn man das aus der Warte der verdienten Genossin Protossow sieht, gibt es weltweit natürlich nichts Krummeres als unsere Aktion.«

Robert lachte. »Na gut, dann wollen wir die Genossin mal austricksen.« Er schaute sich sorgfältig um, als könnte er so Geheimagenten entlarven, die das Telefonat mithören wollten. Robert wählte, wartete, dann hatte die andere Seite abgenommen, und Robert sagte sein Sprüchlein auf. Seine Hände zitterten ein wenig, aber sein Russisch war wirklich gut, auch wenn er hier und da stotterte, dies vor allem, weil er aufgeregt war. Robert hörte eine Weile zu, dann musste er warten, aber er nickte heftig in einer Mischung aus Erwartung, Anspannung und erhoffter Erleichterung. Wie gut, dass ich ihm die Geschichte mit der Galerie doch nicht überlassen habe, der ist jetzt schon mit den Nerven fertig. Aber es ist ja kein Wunder.

Robert stieß ihm den Hörer geradezu entgegen, ein breites Lachen im Gesicht, und er nickte wieder.

»Herr Professor?«, fragte Theo, während Robert eilig verschwand.

»Was wollen Sie?« Eine barsche Stimme.

»Ich möchte mir den Demetrius von Saloniki in der Tretjakow-Galerie anschauen. Ich habe gehört, Sie seien Experte für Ikonenmalerei. Ist das nicht Ihr Hobby? Wäre Ihnen morgen um sechzehn Uhr recht? Wir könnten ihn gemeinsam anschauen.«

»Da müssen Sie sich verhört haben. Ich habe keine … Hobbys.«

»Wussten Sie, dass Demetrius einen Bruder hatte? Wirklich. Ich habe gehört, Sie hatten zuletzt mit ihm zu tun. Also, nicht persönlich, aber er soll Sie sehr beeindruckt haben.«

»Ich weiß wirklich nicht, was Sie von mir wollen. Sie müssen mich verwechseln.«

»Aber Sie sind doch Professor Protokow, der Kunstexperte.«

»Sie sprechen mit dem Gerichtsmedizinischen Institut und ich bin Professor Protossow, und jetzt lassen Sie mich bitte weiterarbeiten.«

»Schade. Es tut mir leid, dann habe ich mich wohl geirrt.«

Der Professor fluchte und legte auf.

Er sitzt auf dem Thron und zieht mit der Rechten das Schwert halb aus der Scheide. Auf der Plakette daneben steht, dass das Bild aus der Mariä-Himmelfahrts-Kathedrale in Dmitrow stammt.

Theo stand vor der Ikone und mühte sich, wie ein Tourist auszusehen, dabei rechnete er jeden Augenblick damit, verhaftet zu werden. Er spürte schon die Hand auf der Schulter, oder wie würden sie es machen? Möglichst unauffällig natürlich, man war ja in einem Kulturtempel, und es wimmelte von Kunstinteressierten und jenen, deren Besuchsprogramm die Tretjakow-Galerie vorschrieb.

Möglichst unauffällig, fast verschämt warf er immer wieder schnelle Blicke auf seine Armbanduhr, deren Minutenzeiger offenbar eine Erholungspause eingelegt hatte. Es war unerträglich. Wer würde kommen, der Professor, das FSB? Oder niemand?

Daran hatte sich nichts geändert, die wichtigen und dringenden Angelegenheiten landeten früher oder später auf dem Schreibtisch des Chefs. Das war Eblow oft lästig, weil Untergebene sich gern vor der Verantwortung, genauer gesagt ihren Folgen, drückten und sie nach oben weitergaben. Das war früher so gewesen, und es war immer noch so. Also stapelte sich allerlei Blödsinn auf dem Schreibtisch des Generalleutnants, und in der Regel verspürte er nicht die geringste Lust, sich damit abzugeben. Doch da auch ein Generalleutnant Chefs hatte, wenn deren Zahl auch nicht so groß war wie etwa bei einem Oberst, blieb Eblow zur eigenen Sicherheit nichts anderes übrig, als sich den Papierstapel vorzunehmen, der fast liebevoll, wenn es das denn gab im russischen Geheimdienst, in einer Pappmappe sortiert war. Er schnaufte, zwirbelte den Geisterbart und klappte den Deckel auf. Berichte über Journalisten lagen obenauf, auch über Reporter aus dem Ausland. Neugieriges Pack, Schmeißfliegen, die nichts mehr anzog als Gestank. Einen Italiener hatten sie verhaftet, ein bisschen verprügelt, ihn dann verwarnt, bis er am Ende freiwillig abzog. Alle suchen sie nach den Geheimnissen der Jelzin-Oligarchen, dieser Gangster, die mit einem Schlag zu Milliardären geworden waren, was aber nie aufgeklärt würde, da Putin seinem Vorgänger Straffreiheit versprochen hatte, um einen Machtkampf zu verhindern, wobei sich Eblow immer noch fragte, wer da hätte um was kämpfen wollen.

Und dieser Italiener, der sollte sich um die Umtriebe seines pomadigen Regierungschefs kümmern, in Russland hatten solche Schnüffler nichts zu tun. Obwohl, dachte Eblow, vielleicht wäre es manchmal nicht so übel, einer würde den Saustall mal richtig ausmisten, sodass nichts blieb, wie es war. Durchgreifen. Was konnte es Wichtigeres geben als Russlands Größe? Daran hatte sich nichts geändert. Und er, Generalleutnant Eblow, hatte sein Scherflein dazu beigetragen, dass Russland nicht noch kleiner geworden war, damals, als es um alles ging.

Seine Gedanken schweiften oft ab, wenn er sich mit so langweiligem Zeug befassen musste wie diesen Berichten.

Doch dann änderte sich mit einem Schlag alles. Er rieb sich die Augen und las noch einmal, was er fast gelangweilt umgeblättert hätte, weil er überzeugt war, wieder einmal zum Opfer eines übereifrigen Grenzbeamten zu werden. Aber da stand es, schlecht lesbar, weil schlampig geschrieben, aber eindeutig und bestätigt durch die Kopie des Passes, die dem Formular angehängt war. Theo Martenthaler war wieder in Russland eingereist, diesmal als Tourist, als Mitglied einer Reisegruppe aus München. Was bedeutete das? Er war doch gerade erst in Moskau gewesen. Henris Sohn, ob er genauso schlau war wie der Alte, genauso gerissen und vor allem genauso mutig? Hatten sie ihn unterschätzt? Er musste doch wissen, dass er nicht unregistriert einreisen konnte. Aber dass er als Tourist kam, nachdem sie ihn hereingelegt hatten, war unwahrscheinlich. Oder hatte er sich in Sonja verliebt? Sie hatte ihn ja nicht übel gefunden und schien es fast zu bedauern, dass sie mitgespielt hatte.

Ob er trotzdem etwas herausgefunden hatte? Eblow hatte Henri gemocht. Henri hatte gute Ideen gehabt, wahrhaftig. Sympathisch war er auch, obwohl er nie ganz in sich hineinschauen ließ, es blieb immer eine Distanz. Aber Eblow hatte ihm auch nicht alles erzählt, aber mehr als fast allen anderen, außer Rachmanow. Mit dem alten Freund musste er dringend reden. Er würde ein paar Delikatessen einkaufen, die Rachmanow sich schon lange nicht mehr leisten konnte, und ihn bei sich zu Hause besuchen. Wie lange hatte er ihn schon nicht mehr gesehen? Ein halbes Jahr, vielleicht ein ganzes. Aber jetzt musste er mit ihm reden, weil Rachmanow ein kluger Kopf war und wusste, was damals geschehen war.

Vielleicht würden sie zu der Entscheidung kommen, dass Theo Martenthaler sterben musste. Das würde Eblow bedauern, schon weil er Henri keinen Schmerz zufügen wollte. Aber manchmal ging es nicht anders.

Eine Besuchergruppe schleppte sich vorbei, an der Spitze eine dieser ununterbrochen redenden Reiseführerinnen, mit einer schrillen Stimme, die mit ein bisschen Glück Risse in die Wände hätte ziehen können. Theo schaute der Gruppe nach und dann wieder auf die Uhr. Magen und Darm drohten jeden Augenblick zu rebellieren, die Ikone des Demetrius von Saloniki spendete nicht den geringsten Trost. Man muss fest dran glauben, dachte Theo. Aber dieser Glaube geht mir ab, und wenn ich so täte, Demetrius würde es mir nicht abnehmen. Jetzt schaute er schon richtig komisch, als rümpfte er die Nase über diese weltlichen Machenschaften, über denen ein Märtyrer quasi von Amts wegen stand. Nein, Demetrius mit dem halb gezückten Schwert würde ihm nicht helfen.

Er war völlig verrückt. Das fiel ihm jetzt ein, aber nun war es zu spät. Wenn das FSB etwas wusste, lauerten sie schon an allen Ecken und er käme nicht mehr weg. Nicht den Hauch einer Chance. Am wahrscheinlichsten war, dass der Professor nicht verstanden hatte, was Theo ihm sagte, oder dass er es nicht verstehen wollte. Jetzt war Theo ganz sicher, dass seine Gehirnakrobatik ihm einen Blödsinn aufgedrängt hatte. Mit Logik hatte das nichts zu tun. Seit wann hat menschliches Handeln mit Logik zu tun? Wenn Sonja das sagte oder jenes tat, was sagte es aus über das, was der Professor dachte? Welche Rolle er spielte in diesem Versteckspiel mit beliebig vielen Unbekannten?

Wieder eine Gruppe, die sich dem Demetrius widmen wollte. Es waren Russen auf Besuch in der Hauptstadt, die Reiseführerin, eine kleine, zarte Frau mit erstaunlich fester Stimme und einem Dutt auf dem schwarzhaarigen Kopf, referierte über die drei Heiligen, die in der Gestalt des Demetrius zusammengeführt worden waren. Denn der Mann aus Saloniki war kein Einzelner, sondern eine eigene kleine Dreifaltigkeit. Das erklärte sie routiniert, aber doch mit einiger Distanz, die Heiligen schienen ihre besten Freunde nicht zu sein. So viel verstand Theo schon.

Da zog ihn jemand von hinten am Ärmel in die Gruppe hinein. Ein kleiner Mann mit einem Kinnbart wie Kalinin, nur war der Bart nicht weiß, sondern dunkelbraun. In einem fast viereckigen Gesicht saß eine breite Nase, dazu passend standen die Ohren ab, und sie waren viel zu groß. Doch insgesamt sah der Mann passabel aus, es passte irgendwie alles zusammen. Er trug eine rote Fliege und einen feinen dunkelgrauen Anzug. »Kommen Sie«, sagte er in einem hölzernen Englisch, »wir lassen uns durchs Museum führen. Ein wenig.« Merkwürdigerweise erschrak Theo nicht, er wusste sofort, wer dieser Mann war.

Sie schlenderten geduldig mit der Gruppe mit, in der sich offenbar keiner daran stieß, dass sich zwei Parasiten eingeschlichen hatten. Dann beschleunigte die Reiseführerin, und alle liefen hinterher wie eine Ziehharmonika, die sich beim Bremsen vor der nächsten Ikone wieder zusammendrückte.

Theo schaute Protossow an, aber der blickte stur auf die Reiseführerin, die nun ganz in ihrem Monolog aufging, als sie vor Mandylion standen, einer Christusdarstellung – der feine Kopf mit langen Haaren vor einem Kreuz, die Augen blicken nach rechts –, die angeblich über ein Tuch vom Gesicht des Gottessohns abgenommen worden war. Sie war jetzt in Hochform und zeigte sich heftig verliebt in diese eine Ikone. Aber nun zog Protossow an Theos Ärmel, kurz nur und leicht, aber Theo verstand das Zeichen. Langsam rückten sie an den Rand der Gruppe, die sich ganz auf ihre plötzlich enthusiasmierte Führerin konzentrierte. Dann schlenderten sie weg, als hätten sie nie etwas mit diesen Leuten zu tun gehabt. Vor manchen Bildern blieben sie schweigend stehen, Protossow nickte hin und wieder, um zu zeigen, wie gut es ihm gefiel. Dann stiegen sie die Treppen hinunter, gingen zur Garderobe, lösten die Marken gegen ihre Mäntel ein und verließen die Galerie. Sie mussten um ein paar Ecken gehen, und Theo verstand, dass es dazu diente, die Umgebung sorgfältig nach Verfolgern zu überprüfen.

Auf einem Parkplatz stand ein dunkelblauer Honda Accord. Als sie im Auto saßen und Protossow in die Straße eingebogen war, sagte er: »Sie spielen mit dem Feuer, junger Mann.« Dann lachte er und sah plötzlich auch viel jünger aus.

Theo lachte zurück, aber er hatte Angst, was nun geschehen würde.

»Wo sind Sie untergebracht?«

»In einem Hotel am Ismailowopark.«

»Wie sind Sie eingereist?«

»Wie meinen Sie das?«
»Einzelreisender, Gruppe?«
»Gruppe.«
»Immerhin. Dann geht es nicht so schnell, mit ein bisschen Glück.«
»Was geht nicht so schnell?«
»Ihre Verhaftung.«
Theo stellte sich vor, wie er verhaftet wurde. Er kannte das Risiko von Anfang an, aber sie würden ihn schon irgendwie raushauen. Wie Mathias Rust. Doch ein paar Monate im Knast waren eine hässliche Vorstellung.
»Warum sollen die mich verhaften?«, fragte er trotzdem, als wollte er es auf gar keinen Fall glauben. Er tat doch nichts, jedenfalls bisher.
Der Professor bremste an einer Ampelkreuzung, rechts vorn schnaufte ein Betonmischer an ihnen vorbei und blies wie aus Protest eine schwarze Dieselwolke über die wartenden Autos. Es stank.
Protossow schaute ihn spöttisch an. »Seien Sie nicht naiv, wir sind in Russland … entschuldigen Sie, dass ich so direkt bin, aber wir haben keine Zeit.«
Theo schaute ihn skeptisch von der Seite an.
»Sie haben genau drei Möglichkeiten. Möglichkeit Nummer eins: Sie lassen sich verhaften, morgen, spätestens übermorgen, und fliegen irgendwann hochkant hinaus, nicht ohne vorher die Vorzüge des russischen Strafvollzugs genossen zu haben. Das ist die milde Variante. Vielleicht werden Sie auch Opfer eines Verkehrsunfalls wie Ihr Kollege, eins b.« Er hob die Augenbrauen. »Oder geraten bedauerlicherweise mitten hinein in eine Schießerei. Mit der Mafia soll das in Russland ja ganz schlimm sein. Das wäre dann Variante eins c.«
»Oder?«

»Zweite Möglichkeit: Sie verstecken sich in Moskau, tauchen unter. Das ist deswegen heikel, weil Sie, pardon, nicht so gut Russisch sprechen, dass Sie nicht auffielen. Früher oder später käme es dann doch zu Variante eins a bis c.«

»Das beruhigt mich enorm«, sagte Theo lakonisch. Merkwürdigerweise war er ganz ruhig, nur gespannt, worauf diese Vorstellung hinauslief.

»Ich will, dass Sie Ihren … Abenteuerurlaub gut überstehen«, sagte Protossow. »Deswegen Möglichkeit Nummer drei: Ich besorge Ihnen eine schöne Krankheit und lasse Sie mit dem Auslandsnotdienst oder wie das heißt nach Deutschland ausfliegen, und zwar gleich nachher. Das müsste noch klappen, noch sollten Sie nicht zur verdeckten Fahndung ausgeschrieben sein.«

Theo schüttelte den Kopf. »Wollen Sie mich loswerden?«

Protossow steuerte abrupt eine Parklücke an und trat hart auf die Bremse. Er schaltete den Motor aus und schlug seinen Hinterkopf zwei Mal sanft gegen die Kopfstütze als Zeichen des Protests. »Natürlich. Sind Sie begriffsstutzig? Es geht um Ihren Hals. Und ich biete Ihnen einen bequemen Abgang im Flugzeugbett. Sie haben Glück, Herr Martenthaler, mehr Glück, als Sie sich vielleicht vorstellen können.«

»Ich wollte zuerst einmal wissen, welche Rolle Frau Kustowa in dem Stück spielt, dessen Drehbuch ich leider nicht kenne. Und welche Rolle Sie spielen? Was ist mit Scheffer geschehen? Warum wurde die Leiche präpariert? Warum wurde mir vorgetäuscht, dass das Foto manipuliert worden ist? Das wären so ein paar Fragen, die Sie mir bitte beantworten, bevor Sie mich zum Beispiel todkrank rausschmeißen lassen …«

Protossow stöhnte. »Warum habe ich nur immer mit solchen Sturköpfen zu tun! Die einzigen Menschen, mit denen ich mich wirklich gut verstehe, sind meine Kunden.« Er lächelte. »Die widersprechen nicht und haben nicht die geringste Scham vor mir. Und ihre Geheimnisse entlocke ich ihnen auch alle. Sie lügen mich nicht an, niemals. Warum, verflucht, können nicht alle so sein?«

»Warum waren Sie nicht im Institut, als ich Scheffers Urne angedreht bekam? Warum wurde Frau Kustowa auf mich losgelassen?«

Protossow grinste: »Na, so schlimm sollte es nicht gewesen sein mit der Genossin Kustowa. Ich sage bewusst Genossin. Trotz ihres zarten Alters und ihrer unleugbaren körperlichen Vorzüge verhält sie sich genauso wie dieses Pack von Intriganten und Spitzeln der heldenhaften Sowjetzeit. Sie ist ein wandelndes Krebsgeschwür.« Hass zeichnete sein Gesicht, doch Theo fragte nicht nach. Was immer sie ihm angetan haben mochte, das war jetzt nicht interessant. »Sie haben mich auf Dienstreise geschickt nach Novosibirsk, angeblich brauchte die dortige Gerichtsmedizin meine Hilfe in einem besonders schwierigen Fall. Angeblich lag da die Geliebte des Provinzgouverneurs im Keller, ein Putin-Jünger, entschuldigen Sie die religiöse Ausdrucksweise, wahrscheinlich ist das eine Nachwirkung des heiligen Demetrius« – er hustete –, »aber ich weiß nicht, ob das Mädchen, dessen Leiche sie mir vorgeführt haben, jemals des großartigen Gouverneurs ansichtig wurde. Womöglich blieb ihr wenigstens das erspart. Sie hatte drei Einstiche in der Armbeuge und musste hoffentlich nicht extra sterben, um mich nach Sibirien zu locken.«

Er putzte sich die Nase, rieb sich das Taschentuch drei Mal unter die Nasenlöcher und steckte es zurück in die Hosentasche, was ihm eine Hüftverrenkung abforderte. Er schwieg eine Weile, und Theo sah nun, wie müde der Mann war, und fing an ihn zu bewundern, weil er es bravourös überspielte, ja, dadurch fast zusätzliche Energie gewann.

»Der arme Scheffer wurde natürlich ermordet, und seine Leiche haben irgendwelche Experten geschminkt, wahrscheinlich die ins Elend gefallenen Maskenbildner des Sowjetfilms. Bei einer Sonderprämie verschönert man auch Leichen und hält auf ewig die Klappe. Zumal der Teufel einen holt, wenn man es nicht tut.«

»Haben Sie das selbst gesehen?«

»Wie denn? Sobald der Leichenwagen mit den Überresten Ihres bedauerlichen Freundes anrollte, wurde ich erst zum Generalstaatsanwalt gerufen und erhielt dann den Befehl, unverzüglich nach Sibirien zu reisen, ohne das Institut vorher noch einmal zu betreten. Natürlich wusste ich gleich, dass da etwas stank. Aber ich habe erst nach und nach herausgekriegt, was geschehen war ... Mensch, ich glaube, Sie wissen nicht, auf was Sie sich hier einlassen, nehmen Sie mein Angebot an und hauen Sie ab.«

Theo blieb stur. »Wer hat angeordnet, dass die Leiche manipuliert wurde?«

»Na, wer ordnet so was an? Das FSB natürlich. Ob es von jemandem dazu beauftragt wurde oder es aus eigenem Interesse fabriziert hat, keine Ahnung.«

»Omon?«

Protossow winkte ab. »Quatsch, die Schlägertypen bringen die Leute um, aber für die Raffinesse im Spiel sorgen schon unsere Tschekisten.«

»Und warum wurde Scheffer ermordet?«

Der Professor wackelte mit den Ohren. Er konnte das tatsächlich, und offenbar merkte er gar nicht, dass er es tat. »Ich weiß es nicht.«

»Kein Gerücht, da wird doch geredet in so einem Fall?«

»Ja, aber nichts, das weiterhilft. Sicher scheint mir nur, dass der Geheimdienst ihn getötet hat oder töten ließ. Eine unwahrscheinliche Möglichkeit wäre, dass jemand anders ihn umbrachte und das FSB den Befehl erhielt, die Sache zu vertuschen.«

»Dann hätten die sich aber ziemlich blöd angestellt. Denken Sie nur an die Urnengeschichte.«

»Keineswegs. Das war höchst schlau. Denn wenn die den Leichnam übergeben hätten, wären Ihre Leute ganz schnell darauf gekommen, dass Scheffer ermordet wurde. Also haben die FSB-Genossen das Spiel mit der Urne aufgezogen und vor allem mit dem gefälschten Foto …«

»Woher wissen Sie vom Foto?«

»Stand was in der Zeitung. Und die Genossen brauchten die Hilfe einiger meiner Mitarbeiter. Ich musste nur ein bisschen herumfragen …«

»Die, also Sonja und Genossen, haben mir untergejubelt, das Foto sei eine Fälschung, damit ich mich lächerlich mache und weitere Nachforschungen verhindert werden.«

»Genau, nichts macht einen glaubwürdiger als die widerlegten Lügen dessen, der einem die Glaubwürdigkeit bestritten hat. Das ist einfach und doch schlau und vor allem sehr wirksam. Für wen arbeiten Sie eigentlich? Nur damit ich weiß, welche Strafe auf mich zukommt.« Er lächelte schicksalsergeben.

»Ich arbeite nur für mich, auf eigene Rechnung.«

»Und beim ersten Mal.«

»Für meine Regierung.«

»Klingt sehr differenziert. Wie heißt Ihr Geheimdienst? BND, glaube ich. Ist mir nicht so geläufig wie die CIA oder MI6, aber Sie spielen wohl auch nicht in dieser Liga.«

»Ich spiele in gar keiner Liga. Ich bin der Idiot, der die Scheffer-Sache klären will, weil ich mich ungern verarschen lasse.«

»Dafür haben Sie mein volles Verständnis. Aber nun wissen Sie das Wichtigste, nun können Sie nach Hause fahren.«

Theo schüttelte den Kopf, sagte aber nichts. Zu Hause wartet, vielleicht, Paula. Hier wartet, ziemlich wahrscheinlich, der Knast. »Gut, gehen wir davon aus, dass das FSB ihn umgebracht hat. Aber das FSB ist groß. Wer war es? Auf wessen Befehl? Und vor allen Dingen, warum? Was steckt dahinter?«

Protossow schaute ihn an, wie man eine Kuh anschaut, die gleich Kontakt mit dem Bolzenschussgerät aufnehmen würde. »Seien Sie zufrieden mit dem, was Sie herausgefunden haben. Mehr kann man nicht herausfinden. Sie können sich jetzt nur noch in die Scheiße reiten, wenn Sie diese unakademische Betrachtungsweise verzeihen.«

»Sie müssen mich irgendwo unterbringen.«

»Ich muss gar nichts. Fahren Sie um Himmels willen nach Hause. Genießen Ihr Leben. Ihr Kollege« – er schaute Theo streng an wie einen Jungen, der erwischt wurde, nachdem er den Ball durch die Fensterscheibe gekickt hatte – »hat spioniert und wurde erwischt. Bei der Verhaftung sind Miliz-Leuten die Sicherungen durchgebrannt. Glauben Sie mir, das passiert. Und die haben Scheffer umgebracht. Wahrscheinlich sitzen sie dafür längst in einem Lager. Diese Errungenschaft des Sozialismus haben wir uns glücklicherweise erhalten. Und nun muss unsere Führung diesen Unfall natürlich vertuschen, sie ist ja sehr auf ihre internationale Reputation bedacht. Also konstruiert sie diese Falle für Sie.«

Theo erwiderte nichts. Das war schlüssig, was der Professor erzählte. Zu schlüssig fast. Aber warum schickt Klein einen unerfahrenen Ermittler nach Moskau, also mich? Ein ungeheurer Verdacht keimte in Theo. Lief etwas zwischen Klein und den Russen? Wollte auch Klein verhindern, dass der Fall Scheffer aufgeklärt würde? Wenn ja, warum?

»Ich muss bleiben«, sagte Theo.

»Tun Sie es nicht.«

»Ich muss.«

»Die bringen Sie im Notfall auch um. Und wo wollen Sie unterkommen? Im Hotel? Da werden Sie noch heute Nacht verhaftet.«

»Bei Ihnen.«

Protossow riss die Augen auf. »Sie sind verrückt.«

»Stellen Sie sich mal vor, die verhaften mich und prügeln« – ein Scheißgefühl, wirklich, allein die Vorstellung ließ ihn innerlich zittern – »aus mir heraus, was ich weiß. Und von wem.«

»Wollen Sie mich erpressen?«

»Nein. Aber das ist nur logisch.«

»Wir spielen mit offenen Karten«, sagte Eblow. Rachmanow schlug auf den Tisch, um diese Tatsache zu bekräftigen.

»Auch wenn wir Ihnen nicht alles sagen können. Um uns zu schützen, um unseren Plan zu schützen, um Sie zu schützen«, sagte der Major.

Sie saßen in einer konspirativen Wohnung irgendwo im Osten Moskaus, wo Henri zunächst überrascht war, auch Rachmanow anzutreffen. Aber der gehörte zur Gruppe, oder wie immer man diese Leute nennen sollte.

»Also liegen Ihre Karten doch nicht offen. Ich weiß nicht, ob Sie das deutsche Kartenspiel Skat kennen. Da gibt es eine Spielvariante, die nennt sich Null ouvert. Wer das spielt, muss die Karten aufgedeckt auf den Tisch legen, und seine beiden Gegner können ihn bei der geringsten Schwäche im Blatt fertigmachen.«

Eblow schüttelte den Kopf.

»Das nenne ich offene Karten.«

Eblow und Rachmanow tauschten einen langen Blick aus. Dann griff der Major in die Aktentasche, die neben ihm auf dem grauen Sofa lag, und zog eine Holzkiste hervor. Die beiden anderen saßen nebeneinander auf einem zweiten Sofa Eblow gegenüber. Draußen war es dunkel geworden.

Eblow legte die Kiste auf den ovalen Tisch, Eichenfurnier, in der Mitte eine kleine weiße Spitzendecke, darauf ein Kristallaschenbecher und eine leere Blumenvase, braun, mit chinesischen Motiven. Der Major klappte den Kistendeckel auf. »Fehlfarben, aber kubanische, die beste Qualität gibt's nur im Ausbeuterparadies.« Er brummte noch etwas hinterher.

Dann erhob er sich, ging zu einer Vitrine, der er eine Flasche entnahm und drei Gläser, grusinischen Weinbrand. Er stellte alles auf den Tisch, schob die Zigarrenkiste zu Henri hin, der sich eine nahm und daran roch. Sie duftete schwer, und er stellte sich vor, wie kubanische Zigarrendreher in Sitzreihen in der tropischen Hitze arbeiteten, während vorn am Pult ein Kollege mit breitkrempigem Strohhut vorlas. Eblow legte eine Schachtel Streichhölzer auf den Tisch, schob die Kiste zu Rachmanow, der sich nach einigem Überlegen für eine Zigarre entschied, bis sich auch Eblow bediente. Reihum steckten sie die Zigarren an. Dann goss Eblow jedem Weinbrand ein. Er hob sein Glas, und sie stießen respektvoll auf deutsche Weise an.

Der Major kratzte sich auf dem Kopf, tauschte einen Blick mit Rachmanow. Dann räusperte er sich. »Ich glaube, ich habe Ihnen schon gesagt, es gibt eine kleine, sehr kleine Gruppe unzufriedener Genossen. In der Parteisprache nennt man so etwas eine oppositionelle Fraktion, das ist seit Lenins Zeiten so ziemlich das Übelste, was ein Kommunist anstellen kann. Die Partei hat immer recht. Was die Partei tut, entscheidet die Führung, sie ist das Gehirn der Partei.«

Rachmanow schaute verzweifelt an die Decke. Dann sog er den Rauch ein, und als er ihn wieder in den Raum geblasen hatte, trank er sein Glas in einem Zug aus.

»Unsere Wirtschaft ist kaputt«, sagte Eblow dumpf. »Die Sowjetunion ist ein gelähmter Gigant, und die Lähmung schreitet fort, bis der Riese völlig verknöchert ist und fast alles stillsteht. Stillstand aber heißt Untergang. Aber das wissen Sie alles, Sie lesen ja Zeitung.« Welche Bitterkeit allein in diesem kurzen Satz lag: Sie lesen ja Zeitung, Sie dürfen lesen, was Sie wollen, Sie sind informiert, während unsere Bürger dumm gehalten werden und in der Zeitung Humbug steht. Henri verstand gut, was Eblow meinte.

Rachmanow trank noch einen, dann platzte er heraus: »Das ist schlimm, sehr schlimm. Aber noch schlimmer ist etwas anderes.« Er zog wieder heftig an seiner Zigarre. »Tschernenko heißt Krieg«, stieß er hervor.

Henri erschrak angesichts der Vehemenz und der Bitterkeit des Funktionärs.

Eblow wartete, ob Rachmanow etwas hinzufügen wollte, dann, als dies nicht geschah, sagte er betont ruhig: »Da sonst nichts mehr funktioniert außer der Rüstung und der Raumfahrt, werden sie die letzte Runde im Wettrüsten einläuten. Sie werden versuchen, dem Westen zu demonstrieren, dass das Totrüsten nicht klappt. Und der Westen wird beweisen wollen, dass es sehr wohl klappt. Am Ende stellen wir wieder Raketen auf Kuba auf, inzwischen können wir die mit Flugzeugen transportieren, und die Amerikaner spicken Europa und die Türkei mit Pershings und Cruise Missiles. Sie werden die Reichweiten der Pershings verlängern, wenn sie es nicht schon längst getan haben, und sie werden damit den Gipfel an Panik auslösen, den es braucht, um in einen Krieg zu schliddern. Endloses Wettrüsten gibt es nicht, wer dabei zu verlieren droht, wird seine letzte Chance nutzen. Wir werden also die Amerikaner in die gleiche Situation bringen, in die sie uns gebracht haben. Keine zehn Minuten Vorwarnzeit. Wir werden unsere U-Boote an die amerikanischen Küsten schicken und noch ein Land in Lateinamerika finden, dem wir den Rachen mit US-Dollars oder Öl vollstopfen, damit wir auch dort Raketen und Flugzeuge stationieren dürfen. Und unsere Generäle werden absolut geniale Pläne erarbeiten, die es uns ermöglichen, den kommenden Krieg zu gewinnen. Menschenleben zählen bei uns traditionell nicht so viel, auf ein paar Millionen Tote kommt es nicht an, sie sind ein annehmbarer Preis für die Rettung vor dem Untergang.«

»Nach Ihrer Logik ist Tschernenko die Schlüsselfigur«, sagte Henri. Er war verwirrt über die Verzweiflung der beiden. Und warum erzählten sie ihm das? Er war doch der Feind.

»Nein und ja. Washington ist es genauso, aber wir sind keine Amerikaner.«

»Und was wollen Sie von mir?«

Die beiden tauschten wieder einen Blick aus. Dann sagte Eblow: »Zehn Millionen Dollar.«

11

Mehr als zwei Jahrzehnte später saß Henri auf dem Balkon seines teuren Hauses an dem Hang mit den respektablen Grundstückspreisen über der Kleinstadt Staufen und schaute auf die Vogesen, bis die Nacht alles Licht löschte. Auf dem Tisch ein Glas französischen Rotwein, daneben das neue Buch eines britischen Historikers über die Geschichte Preußens. Er liebte solche Abende, wo manchmal ein Hund bellte, eine Stimme etwas rief und so nur unterstrich, wie still es wahr. Und wie friedlich.

Er war ein hundsmiserabler Vater, das wusste er. Aber er war nicht unglücklich deswegen. Der Mensch hatte Stärken und Schwächen, das eine gäbe es nicht ohne das andere. Henri schniefte. Doch Theo war nicht aus seinem Kopf, war es nie gewesen, irgendwie fühlte er sich für ihn verantwortlich, inzwischen weniger als früher, doch immerhin konnte er die Berufswahl des Sohns beeinflussen und ihm gewiss helfen, wenn auch eher indirekt. Theo war zwar noch ein Grünschnabel, aber intelligent, lernwillig und lernbegierig, und es erfüllte Henri mit Stolz, dass der Sohn ganz nach dem Vater kam. Vielleicht ein bisschen weicher, wie es gerade zeitgemäß war in der Ära der Ökopaxe, deren Gefühlsduselei das Land längst zersetzt hatte. Alle Parteien wollten das Gleiche, sie waren nur noch Fraktionen von ein und demselben Betroffenheitsverein, die nicht einem Programm folgten, sondern dem Zeitgeist. Das Geschrei der angeblichen Konkurrenten in den Teilparteien wurde umso lauter, je weniger sie unterschied. Henri war ein Anhänger der klaren Kante, wie die Leute im Norden sagten. Entweder oder. Er verachtete diese gelackten Existenzen, die mit ihrer Wahl zum Klassensprecher schon die wichtigste Entscheidung ihrer Karriere getroffen hatten und dann als gesichtslose Sprechblasenproduzenten die Politik vermüllten. Figuren ohne Eigenschaften, die natürlich jederzeit alles besser wussten, ohne eine einzige Minute wirklich gelebt zu haben. Politzombies.

Das Telefon klingelte, Henri erschrak fast.

»Klein«, meldete sich der Anrufer.

Henri schwieg eine Weile, dann sagte er: »Tag, Klein.«

»Martenthaler, es geht um Theo. Er ist wieder nach Moskau gefahren, mit einer Reisegruppe. Und dann ist er verschwunden.«

»Woher wisst ihr das?«

»Einer von der Botschaft hat ihn zufällig gesehen, und dann haben wir hier ein bisschen recherchiert. War nicht schwierig. Als wir ihn in Moskau im Hotel … besuchen wollten, war er weg. Weißt du, wo er ist?«

»Nein«, sagte Henri und legte auf.

Henri schüttelte den Kopf, trank einen Schluck, schaute auf die Vogesen und kalkulierte die Möglichkeiten, die es gab. Nummer eins: Die Russen hatten ihn. Das war unangenehm, aber man überlebte es, und irgendwann schmissen sie einen raus. Eine Erfahrung fürs Leben, die man nicht unbedingt anstreben sollte, die einen aber weiterbrachte, wenn es denn geschah. Nummer zwei: Er war abgetaucht, weil er sich verfolgt fühlte oder mit einer Verfolgung rechnen musste. Die Frage war nur, was trieb Theo dort? Warum auf eigene Faust? Nummer drei: Er war tot oder lag verletzt in einem Krankenhaus. In diesem Fall würde sich die russische Justiz irgendwann melden.

Was, verdammt, suchte Theo in Moskau? Immer noch die Scheffer-Sache? Und dann wurde er unruhig. Ganz gegen seinen Willen.

Protossow fuhr zügig, achtete aber darauf, die Verkehrsregeln einzuhalten. An zwei Stellen auf ihrer Fahrt standen Polizisten am Straßenrand, die Autofahrer aus den Autokolonnen herauswinkten. Obwohl die Miliz sich vor allem für korrekte Fahrzeugpapiere und Alkohol interessierte, kroch Theo die Angst in den Unterleib. Aber die Polizisten ließen sie unbehelligt passieren.

Protossow war immer noch stinksauer. Hin und wieder brummelte er etwas Unverständliches vor sich hin, als beschimpfte er sich selbst, dass er in die Tretjakow-Galerie gekommen war. Der Zorn auf seine Vorgesetzten hatte ihn getrieben und in die Falle gelockt. Jetzt fuhr er mit einem durchgeknallten Typen durch Moskau und würde für jeden Mist, den der verbockte, mit in die Scheiße geraten. Er sah sich schon im Arbeitslager vergammeln, während dieser Westzögling gewiss nur ein bisschen eingeschüchtert wurde, bevor man ihn in die Bequemlichkeit seines Beamtenlebens zurückführte. Und wie wollte der Kerl was herausbekommen? Die Leiche war verbrannt, die Fotos eben nicht gefälscht, nirgendwo gab es einen Ansatzpunkt für eine Recherche.

»Wir sind gleich da«, sagte Protossow. »Sie werden sich wer weiß was abfrieren.« Das befriedigte ihn. Wäre ja noch schöner. »Aber Sie wollen es so.« Er stellte sich vor, wie Theo sich was abfror, und seine Laune hob sich ein klein wenig.

Der Professor hatte versucht, Theo zu überzeugen, dass er so bald wie möglich Russland verließ. »Sie kommen in Teufels Küche, die machen Sie fertig, wie wollen Sie in einem Land ermitteln, dessen Sprache Sie ja keineswegs perfekt beherrschen, wen wollen Sie denn befragen?« Er hatte ihn mit Fragen überschüttet, aber Theo hatte weniger als einsilbig geantwortet. Er wusste es ja selbst nicht.

Wahrscheinlich hatte Protossow recht, bestimmt bin ich ein Idiot, der sich im günstigsten Fall Beulen holen würde und sonst gar nichts. Je weiter sie auf dem Rjasanskiprospekt in Richtung Osten fuhren, auf einem Straßenschild stand Ljuberzi, je ländlicher es wurde und je dünner der Verkehr, desto größer seine Verunsicherung, vor allem über sich selbst. Was, verflucht, machst du hier eigentlich? Warum bist du nicht in München geblieben, um das mit Paula zu klären? Sie haben dich hereingelegt, richtiggehend verarscht. So was mag keiner, aber warum steckst du es nicht weg? Weil ich ein sturer Bock bin, antwortete er sich selbst, weil ich bin wie mein Vater, dieser Mistkerl. Dieser Mistkerl. Der bestimmt was weiß, sonst hätte mich Klein nicht zu ihm geschickt. Der was weiß und der nichts sagt. Der den eigenen Sohn ins Unglück rennen lässt und zu Hause auf dem Balkon sitzt, auf die Vogesen glotzt und Rotwein säuft.

Theo hatte Protossow erst überreden wollen, ihn bei sich zu Hause unterzubringen. Aber der Professor hatte erklärt, er habe nur eine kleine Wohnung in einem Block, wo auf den benachbarten Etagen jeder jeden kenne und ein Ausländer sofort auffiele. »Sie finden immer einen, der die Miliz anruft.« Dann hatte er Theo vorgeschlagen, die Datscha zu nehmen, draußen in Ljuberzy, immerhin könne er dort zu Fuß zur Bahn laufen und sei in einer guten halben Stunde in der Innenstadt, am Jaroslawer Bahnhof. Allerdings gebe es da draußen nur einen elektrischen Heizlüfter, aber immerhin, das sei doch besser als nichts. Wenn er ein paar Bettdecken übereinanderlege, könne er dort ganz gut schlafen, und so kalt sei es ja noch nicht. Und er dachte, wie schade.

Protossow kurvte in einer Siedlung mit matschigen schmalen Straßen umher, fuhr links, dann rechts, bis er endlich vor einem geduckten dunkelgrünen Holzhaus stand, das ein Lattenzaun vom Weg abgrenzte. Die Fensterläden waren geschlossen. Links und rechts standen weitere Häuser in diesem Stil, im rechten schienen Leute zu wohnen, weißer Rauch quoll aus dem Schornstein. Es roch nach verbranntem Holz. Blattlose Birken standen traurig am Wegesrand.

»Kommen Sie!« Protossow stieg aus, und Theo tat es ihm nach. Der Professor öffnete die Gartentür und ging zum Haus. »Warten Sie hier.« Protossow verschwand um die Ecke, Theo hörte es metallisch klappern, bis der Professor mit einem Brecheisen zurückkehrte. Er drückte das zu einer groben Schneide abgefeilte Ende zwischen Tür und Rahmen und drückte. Mit einem Knall sprang die Tür auf. »Damit ich später behaupten kann, Sie seien hier eingebrochen. Auch wenn mir das vermutlich keiner glauben wird. Ganz zu Recht. Die russische Justiz ist natürlich noch gerechter und unbestechlicher, als es die sowjetische war. Sie findet alles heraus und bestraft die Schuldigen unnachsichtig. Das walte Putin.« Er klang bitter, als er es sagte. Natürlich würde ihm keiner glauben, dass der Mann, den die Gerichtsmedizin so unfein abserviert hatte, zufällig in die Datscha von deren Chef einstieg. »Sie haben hier Beweise für Ihre abwegigen und das große Russland verleumdenden Lügen gesucht und natürlich keine gefunden. Merken Sie sich diese Ausrede und seien Sie vor allem überzeugend, wenn Sie sie benutzen. Vielleicht komme ich dann ja mit einem blauen Auge davon.«

Sie betraten den Wohnraum, einen Flur gab es nicht. Auf dem Boden ein alter, schwerer Teppich, auch die Stühle, der Sessel und der Tisch sahen aus, als hätte schon Lenin darauf gesessen. Protossow öffnete die Läden, fahles Licht fiel durch schmutzige Fenster in den Raum.

»Um die Nachbarn müssen Sie sich nicht kümmern. Die Einzigen, die da sind, sind Zugezogene, die sich nur für sich interessieren. Im Winter ist hier so gut wie nichts los. Das ist Ihr Glück … ah, hier ist der Heizlüfter.« Er zog einen roten Blechkasten mit einem silbrigen Gitter hinter dem Sofa hervor, entwirrte das Stromkabel und steckte den Stecker in eine Buchse. Gleich begann das Gerät laut zu surren, und als Theo seine Hand in den Luftstrom hielt, spürte er die Wärme. Immerhin.

Protossow beschrieb Theo den Weg zum Bahnhof, zeigte auf einen Zettel, der an der Wand hing – »die Abfahrtszeiten« –, und führte ihn in eine erstaunlich geräumige Küche mit einem alten Elektroherd – »die Platte hier links vorn funktioniert nicht« – und einem massigen Kohleherd. Rechts zweigte eine schmale Tür zur Speisekammer ab. »Hier sind ein paar Konserven, die können Sie aufessen. Auch eingelegtes Gemüse, sehr zu empfehlen. Die Nahrung in unseren zivilisierten Arbeitslagern ist zurzeit, wie man so hört, leider nicht ganz so gut.«

Dann war er weg, mit einem mürrischen Brummen und einer Handbewegung, die unterstrich, dass er das Allerschlimmste erwartete und doch hilflos war, es zu verhindern.

Theo machte einen Rundgang durch die Wohnung, bewunderte wieder den Kohleherd, entdeckte Dosen mit getrockneten Gewürzen, inspizierte die Blechtöpfe und eine ramponierte Pfanne, erschrak beim Anblick des Badezimmers mit einem angelaufenen Becken, einem kalküberzogenen Wasserhahn und einer Kloschüssel, die jeder Beschreibung spottete. Aber das würde er überleben.

Im Wohn- und Schlafraum entdeckte er ein paar Bücher, von beiden Tolstois, Fedow, Simonow.

Dann setzte sich Theo auf den Sessel, streckte die Beine

und den Rücken und versuchte zu überlegen, wie er vorgehen sollte. Doch je länger er nachdachte, desto unklarer wurde ihm alles. Er grübelte immer weiter und fand nicht den geringsten Ansatz. Er hatte so gehofft, dass Protossow ihm verraten würde, warum und von wem Scheffer ermordet worden war. Dass es kein Verkehrsunfall war, lag von Anfang an auf der Hand. Genauso, dass da etwas vertuscht werden sollte. Und dass man nur dann etwas vertuschte, wenn man etwas verbergen wollte. Es musste schon eine größere Sache sein, die sie verbergen wollten. Vielleicht hatten sie Scheffer aus Versehen umgebracht? Hatten ihn verhaftet und dabei wurde er getötet, wie es doch passieren kann. Ein Schuss, der sich löst. Ein Sturz bei der Verfolgung. Ein Verkehrsunfall bei der Überführung des Gefangenen.

Was wollte er eigentlich in Moskau?

Zurück zum Ansatzpunkt. Wo sollte er suchen? Wen sollte er fragen? Den toten Briefkasten am Ismailowopark, sollte er den aufsuchen? Ob noch etwas darin lag, das weiterhalf? Warum hatte er nicht daran gedacht, als er im Hotel daneben war? Weil er nicht jeden Fehler machte, der sich ihm aufdrängte. Mit neunundneunzigprozentiger Wahrscheinlichkeit hatte das FSB den Briefkasten geräumt, und wie er die Brüder kannte, fanden sie nichts dabei, ihn weiträumig zu überwachen. Wehe dem, der sich dem Briefkasten näherte. Oder sie steckten etwas hinein, das ihn auf die falsche Spur brachte, immer die FSB-Typen im Schlepptau. Die sind hier zu Hause, nicht du.

Er zerbrach sich weiter den Kopf, ging auf und ab, schaute sich aus lauter Verzweiflung noch einmal das gesamte Inventar des Holzhauses an, das besser Hütte genannt würde, und kam immer zum selben Ergebnis. Die Einzige, die er fragen konnte, war Sonja.

»Nichts leichter als das, bitte sehr!« Henri zog das Portemonnaie aus der Gesäßtasche und schob es über den Tisch zu Eblow. »Wenn Sie mit einer Anzahlung auf die zehn Millionen einverstanden sind.«

Der Major lächelte, zog an seiner Zigarre und beachtete die Geldbörse nicht. Lange sagten sie nichts, Rachmanow schien entrückt in einer fernen Welt, wie er da saß mit halb geschlossenen Augen, während seine Lippen lautlos sprachen. Seine gegelten Haare glänzten im matten Licht, das im weißgrauen Zigarrenrauch gebrochen wurde.

»Wir Russen neigen bekanntlich zum Pathos«, sagte Rachmanow endlich. »Es gibt Ausnahmen, zu denen zum Beispiel ich zähle. Und doch sage ich Ihnen: Es geht um nicht weniger als um die Rettung der Welt. Wir drei, die wir hier sitzen, wir haben die Aufgabe, die Welt zu retten. Und das Schlimmste ist vielleicht, dass uns niemand den Auftrag gegeben hat, es zu tun. Wir machen es, weil wir es für richtig halten.«

Henri schaute ihn lange an, während die anderen beiden Henri musterten. Henri wartete auf ein befreiendes Lachen, darauf, dass der Witz weitererzählt würde. Aber der Witz wurde nicht weitererzählt. Rachmanow meinte es bitterernst, das sagten seine Augen und sein Gesicht, das eingefroren schien und noch grauer.

»Zehn Millionen Dollar für die Rettung der Welt, das ist billig«, sagte Eblow fast gelassen, und dadurch wirkte es mit Verzögerung umso eindringlicher. »Wir haben viele Schwierigkeiten bei der Sache, die wir tun müssen, aber die erste Hürde ist das Geld. Ohne Geld wird es nicht gehen.«

Henri war immer noch verwirrt. Allmählich erschien ihm diese Zusammenkunft wie ein Traum oder das Vorstadium des Deliriums, und er überlegte, ob sie ihm etwas eingeflößt hatten, das ihm den Verstand raubte. Fast hätte er sich selbst gekniffen.

»Und was habe ich damit zu tun?«, fragte Henri und hoffte, sie würden nicht merken, wie hilflos er sich fühlte.

»Sie müssen es beschaffen.« Eblow klang immer noch so seltsam gelassen.

»Wofür?« Gut, lass ich mich mal ein paar Minuten auf das Spiel ein. Wenn es den Herren Spaß macht, bitte!

»Für das Projekt R-33.«

Jetzt starrte Henri von einem zum anderen und wieder zurück.

»Sie kriegen die modernste Version der MiG-29 und Konstruktionszeichnungen für das Nachfolgemodell, die MiG-33. Beide haben Sie im Westen nicht, auf beides sind die westlichen Dienste scharf, und das sollte Ihnen das Geld doch wert sein, oder? Die Amerikaner zahlen doch für jedes unserer Flugzeuge, das sie kriegen können, Prämien. Jetzt bieten wir das Allerneueste. Das ist doch diesen Preis wert, oder?«

Jetzt verstand Henri gar nichts mehr. »Sie wollen die Welt retten und dazu verkaufen Sie Flugzeuge?«

Die beiden Russen lächelten. »So ungefähr«, sagte Eblow. »In Wahrheit ist die Sache ganz einfach, im Grundsatz jedenfalls.« Und dann begann er zu erklären, worin ihr Plan bestand. Henri hörte zu, unterbrach ihn nicht ein einziges Mal, beobachtete die Hand, die den Schnurrbart zwirbelte, wartete ungeduldig, bis die Sprechpausen beendet waren, und begriff allmählich, dass er es entweder mit Verrückten zu tun hatte oder mit Helden. Doch eigentlich war die Sache klar, das Konzept widerspruchsfrei und die Voraussetzungen so unwiderlegbar wie die Schlussfolgerungen.

Sie brauchten mehr als eine Stunde, um die Sache zu diskutieren. Danach sagte Henri, er werde es sich überlegen. Er kenne jedenfalls keinen, der von einer tausend Meter hohen Steilwand ohne Fallschirm herabspringe, ohne vorher noch einmal darüber nachzudenken.

Eblow nickte. Er überlegte einen Augenblick, und dann sagte er: »Für den Fall, dass irgendetwas schiefgeht, dass die Pläne sich ändern oder Unvorhergesehenes geschieht, vereinbaren wir jetzt eine Losung: ›Wladimir lässt grüßen‹. Wenn ich Sie anrufe oder Sie mich und das Losungswort sagen, dann treffen wir uns genau zwei Stunden später am stadtseitigen Eingang des Gorkiparks.«

Er nannte ihm die Telefonnummer, Henri wiederholte sie und speicherte sie so für immer in seinem Gedächtnis.

Theo verzichtete aufs Frühstück, er hätte sich ein Glas aufmachen müssen, das war nicht verlockend. Nach dem Ankleiden lief er zum kleinen Bahnhof, der aus einem Bahnsteig bestand und einer baufälligen Holzhütte mit einer mit Schnitzereien und Schmierereien übersäten Bank, auf deren einem Ende eine erstaunlich modern gekleidete junge Frau mit blondierten Haaren saß. Dann sah er ein Stück weiter das Schalterhäuschen, wo ein gelangweilter Bahnangestellter ihm einen Fahrschein verkaufte. Theo ging zur Hütte und setzte sich ans andere Ende der Bank, aber der eisige Wind pfiff fast ungehindert durch die Löcher, die irgendein zerstörungswütiger Idiot in die Seitenwände der Hütte gerissen hatte. Die Kälte, die Unruhe und die Angst trieben Theo gleich wieder hoch, und er lief den Bahnsteig auf und ab, blickte auf Nutzgärten, Blockhäuser, Garagen und kleine Treibhäuser, die mit dem grauen Horizont zu einer trostlosen Masse mit Einsprengseln zu verschmelzen schienen. Aber vielleicht war das auch nur die Trübnis seiner Gedanken, denn der Mensch sieht weniger mit den

Augen als mit dem Gehirn. Wie beim Geheimdienst ist die Auswertung entscheidend. Theo sah diese Dinge ganz klar und war sich über seinen inneren Zustand bewusst.

Als der Zug kam, fand er eine Bank ohne Sitznachbarn und ohne Gegenüber. Der Fensterschmutz machte die Aussicht noch trostloser. Er hörte das rhythmische Zischen eines MP3-Players ein paar Bänke weiter, sah aber nicht, wer die Kopfhörer aufgesetzt hatte. Der Ton war metallisch, er hörte sich für Theo an wie die musikalische Ankündigung seines Untergangs. Klackende Handschellenschlösser, das Knallen von Autotüren, das Anlassen des Motors. Er hätte jetzt gerne seinen Player benutzt und Chickenfoot gehört. Aber der Player lag in seiner Wohnung in München.

Während der Fahrt prüfte er seinen Plan, kalkulierte das Risiko und fand einmal mehr, dass es geringer war als hundert Prozent. Aber nur ein bisschen. Er hätte jetzt gern was getrunken.

Theo sah die laublosen Wälder vorbeiziehen, die verfallenen Gehöfte, die abgelöst wurden von Wohnblöcken und Werkstätten, dann wieder Wald und wieder eine Ansiedlung. Irgendwie war alles grau. Seine Unruhe wuchs mit jedem Kilometer, den sich der geräumige Waggon mit seinen blauen Sitzbänken der Innenstadt näherte.

Im Jaroslawer Bahnhof ließ er sich treiben im Menschenstrom, erschrak, als er eine Milizkontrolle vor dem Ausgang erkannte, und war erleichtert, dass sie mal wieder auf Tschetschenenjagd waren. Er fuhr mit der Metro zur Gerichtsmedizin und hoffte dort, dass nicht auffiel, wie er den Eingang belauerte. Er raunzte Straßenhändler an, die ihm Zigaretten, Schnaps und wahrscheinlich auch Drogen und Eintrittskarten für Stripteaselokale andrehen wollten, bis sie es endlich aufgaben. Nie verließ sein Blick den Eingang, den hatte er mindestens im Augenwinkel.

Da sie immer noch nicht auftauchte, fürchtete er, sie sei krank geworden und er warte umsonst. Dann war er wieder froh, dass sie nicht erschien, denn sobald sie ihn sah, müsste sie ihm doch die Miliz auf den Hals hetzen.

Als er gerade überlegte, ob er nicht aufgeben sollte, sah er die eher kleine, drahtige Frau, die sich mit einer schwarzen Wollmütze und einem Pelzmantel gegen die Kälte schützte. Er erkannte sie zuerst an ihrem fast sportlichen Gang. Sie federte die Straße entlang. Manchmal blieb sie vor Schaufenstern stehen wie eine Frau, die Zeit hat, den Schönheiten des Lebens wenigstens einen Blick zu widmen. Theo musste sich nicht groß verstecken, er hielt sich kaum hundert Meter hinter ihr, sie schaute sich nicht um. Wer sollte sie auch verfolgen? Sie war regierungstreu bis zum Abwinken, das hatte sie bewiesen.

Fieberhaft überlegte er, wie er es anstellen sollte. Wie konnte er sie unter Druck setzen? Sollte er sie mit Enthüllungen bedrohen? Das würde sie nicht sehr beeindrucken, da in Russland ohnehin kaum noch etwas gedruckt oder gesendet wurde, das der Regierung unangenehm werden könnte. Sollte er an ihre Ehrlichkeit appellieren, an ihre Moral, an die Nacht, die sie zusammen verbracht hatten, also an Dinge, die ihr offenkundig herzlich gleichgültig waren? Obwohl in der Nacht …, aber vielleicht hatte sie Talent zur Schauspielerin. Er stellte sich vor, wie sie enthusiastisch rief: Für Putin tue ich alles! Für ihn gehe ich auch mit NATO-Agenten ins Bett und spiele große Gefühle.

Sie stand vor einem Nobelladen, Pelze im Schaufenster, Mäntel, Mützen. Ihre Silhouette spiegelte sich schemenhaft im Glas. Theo konnte zwar die Preisschilder nicht lesen, aber das musste er auch nicht, um zu wissen, dass sie Ziffern anzeigten, die weit jenseits von BAT irgendwas angesiedelt waren.

Er schaute sich um und wartete, ob sich jemand auffällig unauffällig zeigte. Im Augenwinkel sah er sie immer noch vor dem Schaufenster stehen. Dann bummelte sie weiter. Er hatte niemanden erkannt, der ihr oder ihm folgte. Aber was hieß das schon?

Er hätte jetzt gern was getrunken.

Am wenigstens würde es hier auf der Straße auffallen, sagte er sich. Er rannte los, war binnen Sekunden bei ihr, packte sie hart am Ellbogen und schrie ihr ins Gesicht: »Lügnerin!« Nur dieses Wort.

Im Bonner Bundeskanzleramt war Henri nie zuvor gewesen, und wenn, hätte er sich gewünscht, dass es nicht nach einem hektischen und mehr als unruhigen Flug geschehen wäre. Die Luftmassen und Luftlöcher hatten die Boeing und ihre Passagiere mal Hunderte von Metern stürzen lassen, dann Hunderte von Metern nach oben katapultiert, und während sich der Gestank von Erbrochenem ausbreitete, waren sie durchgeschüttelt worden wie ein rasender Viehtransporter auf einer DDR-Autobahn jenseits der Transit- und Protokollstrecken. Aber Henris Laune sank noch, als er nach der Fahrt vom Köln-Bonner Flughafen vor dem Bundeskanzleramt abgesetzt und von einer wandelnden Büroklammer männlichen Geschlechts abgeholt wurde, die es darauf anlegte, ihr tristes Wesen durch eine Frisur auszugleichen, die es einigen Haaren erlaubte, die Ohrläppchen zu berühren. Manchen sieht man die Unterwürfigkeit im Gesicht an, so wie diesem mittelgroßen, aber übergewichtigen Typen im grauen Anzug. Es war schon ein wenig aufgedunsen und ließ nichts anderes erwarten als ein unbestimmtes Lächeln, denn nicht einmal in dieser Verhaltensdisziplin würde er sich festlegen. Der Typ murmelte eine Begrüßung und erwähnte den Kanzleramtsminister, zu dem er Henri führen werde. Sie passierten den Eingang, wo der Typ dem Mann am Eingangsschalter nur eine Karte ans Glas drückte, dann ging es weiter in einem Aufzug, in dessen Enge Henri das süßlich-herb riechende Rasierwasser genießen durfte, was die Übelkeit vom Flug wiederzuerwecken drohte. Dann Gänge entlang, die durch Milchglastüren voneinander getrennt waren, der Typ mit kleinen schnellen Schritten vorneweg – »ich darf doch« –, bis er endlich vor einer Tür anhielt, einmal klopfte und gleich öffnete – »er ist da« –, um Henri hineinzuwinken, während er zur Seite trat. Drinnen saß in einem beeindruckend großen Büro, an der Wand hinter ihm ein halb abstraktes Adenauer-Porträt, an einem mächtigen Schreibtisch ein früh ergrauter Mann mit Stahlbrille, der nun, als er Henri sah, eilig aufstand, ihm fast entgegenstürzte, um seine Hand fest zu drücken, während er sie mit der Linken umfasste, sodass sich Henris Hand im Begrüßungsschraubstock wiederfand. Er zog und erreichte es tatsächlich, dass der andere seine Fesselung löste. Henri legte die Hand hinter den Rücken und sagte: »Schön, dass Sie Zeit für mich finden.« Er wollte höflich sein, auch wenn es ihm schwerfiel, weil er Bürokraten mehr hasste als den Feind im Osten.

»Bitte nehmen Sie Platz«, sagte der Mann, der sich als Hansmeier, dann grinsend: Detlef Hansmeier, Minister im Bundeskanzleramt, vorgestellt hatte, der Mann mit dem direkten Zugang zu Kohl und der Oberaufsicht über die bundesdeutschen Geheimdienste. Henri kannte ihn aus den Zeitungen und vom Fernsehen. Schon da war ihm die heisere Stimme aufgefallen und der Verdacht gekommen, dass der Mann diese Heiserkeit sorgfältig pflegte.

»Möchten Sie etwas zur Stärkung?«, fragte Hansmeier,

und Henri bestellte einen Wodka, ohne Eis, wenn Sie so was haben. Sie hatten so was. Als Hansmeier es telefonisch bestellt hatte und das Glas gekommen war, fragte der Kanzleramtsminister: »Wie war der Flug?«

Henri nickte. »Danke, es ging.«

»Gut, kommen wir zur Sache. Wie Sie uns mitgeteilt haben, haben Sie ein … Problem, das Sie nur mit dem Kanzleramt erörtern wollen.«

Henri hatte eine Aktennotiz per Diplomatenpost verschickt, und wenige Tage später war er nach Bonn gerufen worden.

»Ich habe mit Ihrem Präsidenten gesprochen, der aber offenkundig nicht unterrichtet ist.« Sein Tonfall deutete an, dass der BND-Präsident nicht besonders glücklich war über diesen Umstand.

»Der Dienstweg ist lang, die Sache ist dringend, der Präsident wird es verstehen«, sagte Henri. »Und, am wichtigsten, je weniger von der Sache wissen, desto besser.«

Hansmeier grinste flüchtig, verbot es sich dann aber. In der Tat, die Lecks im BND waren legendär. »Wie viele wissen es?«

»Bei uns? Ich und gleich Sie.«

Der Minister hob die Augenbrauen, Falten auf der Stirn. Die Augen blickten Henri ernst an. »Schießen Sie los!«

»Wir können die MiG-29, modernste Version, eingesetzt ausschließlich in der sowjetischen Luftwaffe, bekommen und die Pläne vom Nachfolger dazu, der MiG-33.«

Der Minister pfiff leise, lehnte sich zurück, schloss die Augen, öffnete sie wieder und lächelte, ganz fein und kurz. »Ich kenne jemanden, der ist auf diese Dinger schärfer als Nachbars Lumpi. Was ist der Haken?«

»Der Preis«, sagte Henri. »Zehn Millionen US-Dollar, zahlbar bar und im Voraus.«

»Bar und im Voraus«, wiederholte Hansmeier leise. Er sinnierte eine Weile, dann die Frage: »Wer ist der Anbieter?«

»Keine Auskunft«, sagte Henri. »Jedenfalls jetzt nicht. Der Anbieter traut unseren Sicherheitsorganen nicht. Aus eigener Anschauung, so soll ich es ausrichten. Es gibt keine Namen, keine Daten. Es gibt nach der Zahlung den Jet und die Pläne.«

Wieder eine Denkpause. »Wenn ich nicht wüsste, dass Sie erstklassige Beurteilungen durch Ihre Vorgesetzten haben, dann würde ich Sie jetzt rausschmeißen und Ihnen eine Observierung verpassen, die sich gewaschen hat. Das stinkt nach einer Provokation. Da will uns einer abzocken. Aber es ist Herr Martenthaler, der die frohe Botschaft aus Moskau mitbringt, einer unserer Besten. Seit vielen Jahren.« Er schaute ihn mit schief gelegtem Kopf an und wiederholte: »Einer unserer Besten.«

Henri erwiderte den Blick, sagte aber nichts. Er überlegte, was er an Hansmeiers Stelle tun würde. Aber er war nicht Hansmeier, er steckte nicht in diesem Apparat des gegenseitigen Misstrauens, des Neids und der Durchstechereien. Eine Löwengrube musste dieses Kanzleramt sein, wo sich alle um die Gunst des Dicken balgten.

»So etwas haben wir noch nie gemacht. Und bei Geschäften mit solchen Leuten ist es üblich, etwas anzuzahlen und den Rest bei Lieferung zu übergeben.«

»Ich weiß, es ist ungewöhnlich.«

»Können Sie sich dafür verbürgen?«

»Für zehn Millionen Dollar? Nein, natürlich nicht.«

Hansmeier legte wieder seinen Kopf schief.

»Wir kennen die Leute nicht, aber Sie wissen, wer die sind …«

Henri nickte.

»Sind sie vertrauenswürdig?«

»Ich glaube schon«, sagte Henri. »Ich vertraue ihnen jedenfalls.« Und er dachte an ihr langes Gespräch und an diesen abenteuerlichen Plan, der aber unabweisbar richtig war. Den jedoch nur jemand angehen konnte, der entweder irre war oder die Welt retten wollte. Allein, wie das klang: die Welt retten. Wahrscheinlich waren Leute, die die Welt retten wollen, von Haus aus irre.

»Wenn die Sache schiefgeht, fallen sie alle über uns her, über die Dilettanten in BND und Kanzleramt. Und der Bundeskanzler schickt uns in die Wüste, wenn wir Glück haben. So eine Pleite ließe sich kaum geheim halten. Vielleicht ist es eine Falle?«

Ja, womöglich, dachte Henri. Eine kleine Revanche für die Nibelungentreue des Kanzlers gegenüber Reagan, der das Reich des Bösen vernichten will. Eine nette Vorstellung, dem Bundeskanzler mal schnell zehn Millionen aus den Rippen kurbeln. Nur, darum geht es nicht. Obwohl, so, wie die Sache eingefädelt wird, so würde ich eine Intrige auch einfädeln. Einige Augenblick wankte Henris Gewissheit, doch dann ging er das Gespräch in Moskau schnell noch einmal durch und bedachte die Charaktere der Männer, die er kennengelernt hatte. Sie hatten sich ihm ausgeliefert, immerhin. Hätte er das Gespräch insgeheim mitgeschnitten, dann erwartete beide bestenfalls Sibirien, wahrscheinlich aber der Tod.

Es sei denn, sie handelten als Provokateure im Auftrag des KGB.

»Nein«, sagte Henri endlich. »Ausschließen kann ich es zwar nicht, aber ich wäre nicht hier, wenn ich es wirklich befürchtete. Wenn wir nur Dinge verfolgten, bei denen wir jedes Risiko ausschließen könnten, täten wir nichts mehr.«

Hansmeier warf ihm einen erstaunten Blick zu, offenbar waren sie im Kanzleramt selbstbewusste Mitarbeiter nicht gewohnt. Diese kleine Szene weckte Henris Verachtung für die Sesselfurzer, die Bedenkenträger, die so gern über ihre Verantwortung und ihren Gestaltungswillen laberten, aber nicht mal ihre Pension riskierten, wo andere den Kopf hinhielten. Man sollte diesen Leuten ein Praktikum in sowjetischen, chinesischen oder chilenischen Knästen verordnen, damit sie endlich erfuhren, worum es ging. Der Mann, der ihm gegenübersaß, verdiente gut und gerne das Doppelte, wenn nicht mehr, weil er die Macht verwaltete. Er war der Handlanger des Kanzlers und wurde dafür bezahlt, dass er loyal blieb.

Sie schwiegen lange. Dann sagte Hansmeier, was Henri erwartet hatte. »Das kann ich nicht allein entscheiden, ich werde das dem Herrn Bundeskanzler vortragen. Bitte kommen Sie morgen Vormittag, sagen wir zehn Uhr, wieder zu mir, ich werde im Vorzimmer eine entsprechende Notiz hinterlegen.« Er klang so, als würde er verkünden, dass ein bedeutender internationaler Vertrag unterzeichnet worden sei, mindestens so wichtig wie das Münchener Abkommen. Dann stand er in seiner ganzen Aufgeblasenheit auf und reichte Henri die Hand als Zeichen, dass er abtreten möge, damit die wichtigen Leute die wichtigen Fragen erörtern könnten.

In Gedanken an Moskau trank Henri nach dem Abendessen in seinem Hotelzimmer einen doppelten Wodka pur und ungekühlt. Er stand am Fenster und blickte hinaus auf den Rhein. Positionslichter zeigten Schiffe an, die den Strom hinauf- und hinabfuhren. Ein Nebelhorn trötete dumpf. Er überlegte, wie es Angela ging, und wunderte sich einmal mehr, dass es zwischen ihnen klappte, aber wahrscheinlich nur, solange sie sich nicht wirklich liebten.

Henri hatte noch nie eine Frau wirklich geliebt. Er hatte es sich zwei oder drei Mal eingebildet, aber das Gefühl war dann verschwunden, wohl ohne jemals existiert zu haben.

In der Nacht schlief er unruhig. Er wälzte sich hin und her, stand immer wieder auf, versuchte es mit einem weiteren Wodka, doch am Morgen war er gerädert, weil er in der Nacht in Moskau gewesen war und alle ihm erinnerlichen Details wieder und wieder durchgekaut hatte, um schwache Stellen zu finden, Ungereimtheiten aller Art. Doch er fand keine, sah er davon ab, dass die ganze Geschichte, die die beiden Russen mit ihm ausgeheckt hatten, durch und durch absurd war.

Er frühstückte und las dabei in der Zeitung über den unendlichen Streit über die Raketenrüstung. Der Kommentator gab sich hart – man darf den Sowjets nichts durchgehen lassen und nicht klein beigeben –, aber hier und da lugte in der Berichterstattung die Ratlosigkeit durch die Zeilen.

Wenn diese Idioten wüssten.

Viertel vor zehn war er wieder im Kanzleramt. Die Vorzimmerdame hatte sogar ein Lächeln für ihn übrig, als sie ihn an der Pforte abholte. Schweigend brachte sie ihn zum Minister, der schon auf ihn wartete.

»Wir haben hier lange diskutiert«, sagte er. Er sagte nicht, wer diskutiert hatte. »Und wir haben eine Lösung gefunden, die für alle Beteiligten die beste ist. Wir als Bundesrepublik könnten der Sowjetunion schon ein Flugzeug und diese Pläne stehlen, darum geht es ja, und so wird es wenigstens Moskau verstehen. Aber wir sollten es nicht tun. Wissen Sie, gerade der Bundeskanzler – ich sage das, damit Sie wissen, wie ernst uns diese Sache ist – hat darauf hingewiesen, dass wir in dieser kritischen internationalen Lage nichts tun sollten, was diese noch verschlechtert.«

Er stöhnte leise, wohl um zu zeigen, dass er ein wenig die Last des Kanzlers mittrage.

Henris Selbstgewissheit schwand mit jedem Wort. Er hätte es wissen müssen, dass diese Bürokraten mehr Angst als Verstand hatten.

»Aber gleichzeitig wissen wir, dass unsere amerikanischen Verbündeten« – diese geschwollene Sprache gab es also nicht nur in Sonntagsreden – »uns sehr dankbar sind für einen Hinweis, den wir ihnen gestern gegeben haben. Sie wären uns sehr, sehr dankbar, wenn sie vielleicht in dieses … in dieser Angelegenheit partizipieren könnten. Sie haben naturgemäß ein großes Interesse an solchen Informationen. Und an dem Flugzeug natürlich. Uns wäre es, offen gesagt, recht, wenn Washington diese … Sache übernähme.«

Und wenn ihr den Dank des großen Verbündeten einsacken könntet für diesen neuerlichen Beweis unerschütterlicher Bündnistreue.

»Der Bundeskanzler hat mich angewiesen, Ihnen zu danken. Ich werde mit Ihrem Präsidenten sprechen, damit keine Misshelligkeiten wegen des Dienstwegs aufkommen – es war ja schon recht ungewöhnlich, aber wir sind nicht so unbeweglich, wie manche behaupten –, und ich werde darauf achten, dass Ihr Einsatz nach der Abwicklung der … Sache angemessen honoriert wird.« Er legte den Kopf wieder schief, und Henri fragte sich, ob er es morgens übte, weil er glaubte, so wie ein Denker auszusehen.

»Wie geht es nun für mich weiter, Herr Minister?«

»Sie reisen so schnell wie möglich zurück nach Moskau. Dort finden Sie in der US-Botschaft einen Herrn Mavick. Wie mir berichtet wurde, kennen Sie ihn bereits. Er ist der Verbindungsmann der Amerikaner vor Ort, und er wird die … Sache abwickeln.«

»Das heißt, die Amerikaner zahlen, und ich bin der Laufbursche.«

Falten auf der Stirn. »Sie sind der wichtigste Mann in diesem … Projekt, Herr Martenthaler. Der Herr Bundeskanzler hat mich dringend angewiesen, Sie darauf hinzuweisen, dass die Amerikaner unser engster Verbündeter und nicht zuletzt unsere Schutzmacht sind. Das ist erst unter der neuen Bundesregierung wieder zum Zentrum der deutschen Außen- und Sicherheitspolitik geworden. Um es noch deutlicher zu sagen: Wir sind auf Washington angewiesen. Diese Freundschaft ist für uns überlebenswichtig. Nur auf dieser Grundlage sind wir gegenüber dem Osten handlungsfähig. Ich bitte Sie, sich diese Grundsätze restlos anzueignen, sofern es noch nicht geschehen sein sollte.«

Als er zum Flughafen fuhr, das vom Kanzleramt eiligst besorgte Ticket in der Tasche, konnten die blauschwarzen Wolken am Himmel sich nicht entscheiden, ob sie Regen oder Schnee herunterschicken sollten. Also jagten Graupelschauer durch die Stadt. Henri fühlte sich mies. Nicht weil er seit dem Frühstück nichts gegessen hatte, nicht wegen des unruhigen Flugs, der ihn wahrscheinlich erwartete, sondern angesichts der Vorstellung, dass er nun doch mit Mavick zusammenarbeiten musste. Bei der letzten Gelegenheit hatte er sich einigermaßen elegant aus dem Staub gemacht. Diesmal würde er nicht davonkommen. Diesmal war er in der Hand der Amerikaner. Und der Sowjets. Und irgendeinen würde er zwangsläufig verprellen. Und derjenige würde ihn am liebsten umbringen. Und wenn er es konnte, würde er es tun. Rosige Aussichten, dachte er, wirklich rosige Aussichten. Und er stellte sich einen Augenblick vor, er würde jetzt einfach abhauen. In die Südsee oder ins hinterste Asien. Aber sie würden ihn überall suchen. Und er hatte sich ja vorgenommen, diese

Sache mit den Russen durchzustehen. Also würde er es durchstehen. So einer war Henri.

Theo hatte ganz darauf gesetzt, dass Sonja wenigstens einen Funken Ehrgefühl hatte, dass sie nicht nur eine FSB-Nutte war, dass der Geheimdienst sie womöglich gezwungen hatte, mit ihm ins Bett zu gehen. Das war seine Hoffnung, seine einzige Hoffnung, wenn er sich nicht selbst belog. Nur, was las er in ihren Augen außer dem Schrecken, den sein Überfall auslöste? Sie öffnete den Mund, um zu schreien, aber sie kriegte keinen Ton heraus. Sie war bleich, und einen Augenblick wollte Theo glauben, er sei tatsächlich der Untote, den sie offenbar in ihm sah. Sie hatte mit allem gerechnet, nur nicht mit Theo.

Da sie nichts sagte, fragte er: »Was bist du? Eine Prostituierte? Wobei, wenn ich es mir überlege, es soll ja Nutten geben, denen Ehrlichkeit und Fairness nicht völlig fremd sind. Wie sieht es mit dir aus?« Er sprach schnell und eindringlich, es waren die Sekunden, die über sein Schicksal entschieden. Und er sprach immer weiter, als wollte er so jeden bösen Gedanken aus ihrem Hirn vertreiben. »Keine Angst, ich tu dir nichts. Ich lasse mich nur ungern verarschen. Du hast mir dieses Foto untergejubelt. Du hast mich bloßgestellt. Du hast im Auftrag des FSB mit mir geschlafen. Was soll ich von dir halten? Sag es mir!« Aber er gab ihr keine Zeit, etwas zu sagen, sondern sprach immer weiter und versuchte währenddessen in ihren Augen zu lesen, was sie dachte. »Bist du wirklich so ein schlechter Mensch? Wirst du mich verraten? Noch einmal und diesmal richtig? Willst du mich ins Gefängnis bringen? Was sind deine Pläne?«

Als er in ihren Augen sah, dass der erste Schrecken gewichen war, löste er den Griff. »Gehen wir was trinken. Eine Kleinigkeit zu essen würde mir auch nicht schaden.«

Sie schaute unschlüssig zu ihm, dann umher, und Theo verstand nicht, ob ihre Augen einen Polizisten suchten oder eine Gaststätte. »Ein paar Meter weiter«, erinnerte sie sich, »da gibt es eine Art Restaurant.« Sie ging los, er zögerte, dann ging er mit. Er hatte ja keine Wahl. Für diesen Augenblick war er gekommen, und es war ihm in den vergangenen Minuten sonnenklar geworden, dass er verrückt sein musste, absolut verrückt, sich auf dieses Spiel einzulassen. Kamikaze in Moskau.

Es war tatsächlich eine Gaststätte, die Filiale einer Kette, in der russische Gerichte in weniger als zehn Minuten auf den Tisch kamen, wenn man dem Reklameplakat in der gläsernen Eingangstür glauben wollte. Das Restaurant war halb gefüllt, sie ging vor und steuerte einen Tisch am Fenster an. Er achtete darauf, ob sie ihr Handy zückte, um Hilfe zu rufen, aber sie legte ihre Arme auf den Tisch, als wollte sie demonstrieren, dass sie nichts Übles im Schilde führte. Er setzte sich ihr gegenüber, als schon eine Kellnerin erschien in der blau-braunen Uniform der Schnellrestaurantkette. Sie bestellten schnell etwas von der Karte, er Soljanka und alkoholfreies Bier, sie einen Sandwich mit Lachs und ein Wasser. Sie schlug die Augen nieder, dann schaute sie ihn an. »Was willst du wissen? Du weißt doch schon alles, die Dinge sind klar, oder etwa nicht?«

»Ja und nein. Das Foto von Scheffers Leiche ist echt, das war der Trick, nicht?«

Sie nickte.

»Und du solltest mich auf die Fährte führen, dass es gefälscht ist. Das ist dir gelungen, und damit haben sich alle Anschuldigungen gegen die russischen Behörden erledigt. Wenn einer ihnen was unterstellt, brauchen sie nur müde auf die Lügen hinzuweisen, die ich verbreitet habe. Nicht ungeschickt, das muss ich anerkennen. Aber wir beide wissen, dass nicht das Foto gefälscht ist, sondern dass die Leiche präpariert wurde. Und das hat man getan, weil Scheffer keines natürlichen Todes starb. Hätte er einen Herzinfarkt erlitten, dann hätte die Gerichtsmedizin uns erklärt, der Herr sei bedauerlicherweise an einem Herzinfarkt gestorben. Ist er aber nicht, er wurde umgebracht. Es geht um Mord, wenigstens um Totschlag, und bis vor einiger Zeit glaubte ich, das seien auch in Russland Verbrechen.«

Sie hörte ihm unbewegt zu, die Farbe war wieder ins Gesicht zurückgekehrt, sie schien ihre Lage kalkuliert zu haben und sich wenig Sorgen zu machen. Es beunruhigte Theo. Vermutlich heckte sie wieder eine Teufelei aus. Würde er aufs Klo gehen, wäre sie entweder weg oder würde die Miliz rufen.

»Du hast recht«, sagte sie endlich. »Wir haben die Leiche präpariert. Scheffer wurde gewürgt, da gab es eindeutige Würgemale, und er wurde erstochen, das ist die Todesursache.«

»Du hast ihn obduziert?«

»Niemand hat ihn obduziert. Die Leiche wurde angeliefert, die Todesursache war offenkundig, was natürlich innere Verletzungen nicht ausschließt, er hat wohl auch ein paar Hiebe abbekommen.«

»Und warum erzählst du mir das jetzt?« Er schaute ihr in die Augen.

»Weil es egal ist, du kannst damit doch nichts anfangen, dir glaubt niemand mehr. Ich habe nie mit dir darüber gesprochen, und wenn du das Gegenteil behauptest, na und?«, sagte sie. »Ich will, dass du mich in Ruhe lässt. Gut, ich habe dich hereingelegt, aber jetzt sage ich dir, was du wissen willst, damit sind wir quitt. Um auf deine unverschämte Ausgangsfrage zurückzukommen, ich habe eine Ehre. So etwas Altmodisches gilt bei uns in Russland noch. Aber es gibt für mich keine Ehre ohne Vaterlandsliebe. Für Russland tue ich nicht alles, aber sehr viel. Allein schon deswegen, weil ihr im Westen glaubt, ihr hättet es mit einem halb zivilisierten Polizeistaat zu tun, dem ihr Lektionen erteilen müsst.«

»Warum musste Scheffer sterben, und wer hat ihn umgebracht?«

»Das weiß ich nicht«, sagte sie ohne Zögern. »Die haben die Leiche bei uns abgeliefert …«

»Die?«

»Es war ein Leichenwagen und ein Auto von der Miliz.«

»Und das FSB?«

»Was weiß ich.«

Die Kellnerin erschien tatsächlich nach weniger als zehn Minuten. Sie stellte die Speisen und Getränke schnell ab und verzog sich. Arbeiten im Laufschritt.

»Und was ist mit dem Leiter der Gerichtsmedizin?« Jetzt hatte Theo den Impuls, Protossow zu schützen. »Weiß der was?«

Sie schüttelte den Kopf. »Der war an diesem Tag nicht da. Dienstreise, glaube ich. Oder Krankheit … was haben sie dir erzählt?«

Er winkte ab. »Warum fehlte er gerade an diesem Tag?«

»Weil eins und eins zwei sind.«

»Sicher?«

Sie musste lächeln, aber es fiel ihr schwer. »Beweisen kann ich es nicht. Aber Protossow steht nicht im Ruf, besonders zuverlässig zu sein. Da hat es in der Vergangenheit einige Vorfälle gegeben …«

»Aber du stehst im Ruf, zuverlässig zu sein.«

»Sie haben mich in der Hand«, sagte sie zögerlich.

»Womit?«

»Das geht dich nichts an. Nachher verkaufst du das einer Zeitung.«

»Vielleicht kann ich helfen?«

»Du? Um Himmels willen.« Sie blickte tatsächlich an die Decke. »Vergiss es. Vergiss mich.«

»Wer hat dafür gesorgt, dass du meine Ansprechpartnerin wurdest?«

»Die Staatsanwaltschaft. Da kam ein Telefonanruf …«

»Was hat die als Grund genannt?«

»Dass ich Deutsch spreche.«

»Und du hast dir keine Gedanken darüber gemacht, dass man ein Mordopfer bei der Gerichtsmedizin anliefert und dann dieses Theaterstück inszeniert.«

»Natürlich habe ich mir Gedanken darüber gemacht. Nur, was hilft's?«

»Wenn ich jetzt sage, eine russische Behörde hat Scheffer ermordet und dann versucht, es zu vertuschen, was würdest du dazu sagen?«

»Wahrscheinlich war es so.« Sie war jetzt ganz kühl, fast gelassen.

»Und wenn ich sage, dass eine russische Behörde Scheffer getötet hat, weil der etwas aufgedeckt hat, das nicht aufgedeckt werden soll …«

»Woher soll ich das wissen?«

»Ach ja, und wer hat angeordnet, die Leiche zu verbrennen?«

»Die Staatsanwaltschaft.«

»Schriftlich?«

Sie lächelte über seine Dummheit. »Telefonisch.«

Er trank einen Schluck Bier und überlegte, was er erfahren hatte. Eigentlich nichts Neues, nur die Bestätigung dessen, was er sich zusammengereimt hatte. Aber er hatte keinen einzigen Beweis. Er konnte auf merkwürdige Zusammenhänge verweisen, vor allem die Tatsache, dass Scheffers Leiche verbrannt worden war, aber das war es schon.

»Ich brauche schriftliche Beweise oder Fotos oder Zeugenaussagen«, sagte er. »Irgendetwas, das meine Thesen stützt.«

»Ich habe dir nichts gesagt. Du hast mir aufgelauert, dann hast du versucht, mich zu überreden, dir irgendeinen Unsinn zu erzählen, den du dann der Westpresse stecken kannst, um Russland zu diskreditieren.« Sie biss herzhaft in ihr Lachssandwich, kaute ruhig und wischte sich bedächtig den hübschen Mund ab.

Sie hatte ja recht.

»Aber«, sagte sie, »damit du siehst, dass ich es ehrlich meine. Es gibt eine Möglichkeit, in die Gerichtsmedizin einzubrechen, in meinem Büro. Ich habe das den Sicherheitsleuten schon gemeldet, aber die schlampen so lange, bis was passiert. Dann passiert jetzt eben was, sind sie selbst schuld.« Sie erläuterte ihm, wie er sich diesem Kellerfenster nähern konnte, ohne erwischt zu werden. Es gab eine Streife, zwei Mann, nicht mehr. Deren Schicht begann genau um Mitternacht, sie würden etwa fünf bis zehn Minuten brauchen, um am Fenster vorbeizukommen, und würden dann einen weiten Bogen um das gesamte Areal machen. »Wenn du um elf Uhr zwanzig einsteigst, sieht dich keiner, außer durch einen saublöden Zufall oder eigenes Ungeschick. Schlag das Fenster ein, es ist eine einfache Scheibe, man glaubt es nicht. Dann kannst du durchgreifen und das Fenster öffnen. Aber mach keinen Krach, einen Lappen um den Stein oder so. Dann kannst du dich umsehen, und du findest bestimmt etwas, das dir weiterhilft. Es gibt noch Fotos, die Scheffers Leiche zeigen, bevor sie präpariert wurde. Die sind vermutlich im Raum neben meinem Büro. Da werden Akten und so weiter gelagert. Aber ich will damit nichts mehr zu tun haben.«

12

Mavick ließ seine Finger auf der Tischplatte tanzen. Sie saßen zu zweit im abhörsicheren Raum der Moskauer US-Botschaft, und es ging um sowjetische Jagdflugzeuge und einen Haufen Geld.

»Schön, dass wir nun doch zusammenarbeiten.«

Henri erwiderte nichts auf diese kaum versteckte Kritik. Er hatte den Wunsch der Amerikaner, Ziele in Moskau zu verifizieren – um im gewiss nie eintretenden Ernstfall unnötige Opfer zu vermeiden, so ein Quatsch wurde einem von der bewunderungssüchtigen Führungsmacht vorgesetzt –, stillschweigend ignoriert und nicht einmal einen Rüffel aus Bonn dafür bekommen, was hieß, dass die Bundesregierung sich diesem Wunsch der Reagan-Leute nur verbal beugte, ihn aber in Wahrheit für einen ausgemachten Blödsinn hielt.

»Sie wissen, dass wir Ihnen dankbar sein müssen für dieses Angebot. Seit dem Koreakrieg sammeln wir russische Jets. Und seit wir ihnen ihre Geheimnisse gestohlen haben, sind unsere Jagdflugzeuge ihren haushoch überlegen. Wir wissen, was sie können, und wir wissen, was sie nicht können. Vor allem wissen wir, wie wir unsere Jäger bauen müssen, damit sie mit ihren fertigwerden. Denn was die Russen bauen, ist nicht schlecht. Ich denke nur an die alte MiG-15, die uns einen Haufen Flugzeuge über Korea gekostet hat. Seitdem setzen wir Belohnungen aus für russische Kampfflugzeuge. Zehn Millionen, das wäre allerdings die höchste Belohnung, die wir je bezahlt haben. Mit Abstand.«

»Dafür kriegen Sie was Exklusives«, sagte Henri in dem Bestreben, so wenig Worte wie möglich an Mavick zu verschwenden.

Mavick nickte bedächtig. »Oder die zehn Millionen landen in der Kaffeekasse des KGB.«

Henri zuckte nur mit den Achseln.

»Und Ihre Russen verlangen die zehn Millionen in einem Rutsch?«

Henri nickte.

»Eigentlich ist ja Ratenzahlung üblich. Fünf Millionen gleich, der Rest, wenn geliefert wurde.«

Henri zuckte wieder mit den Achseln.

»Sie sollen wissen, dass ich Langley gewarnt habe. Die Sache stinkt zum Himmel. Ich habe meinen Vorgesetzten mitgeteilt, dass wir nur eine Ratenzahlung akzeptieren sollten. Das wäre riskant genug.« So sprach einer, der auf diesen Job nicht angewiesen war.

Henri hob kaum merklich die Augenbrauen. Er wusste, was jetzt kam.

»Aber Langley sagt, wir machen es so, wie Ihre Russen das wollen. Die sind so scharf auf die MiGs, dass sie das Risiko eingehen.«

»Dann ist es ja gut«, sagte Henri fast vergnügt.

»Sie wollen vorher nur eine Art Probe der Zeichnungen sehen.«

Henri griff gleichmütig zu seiner Aktentasche, öffnete sie und schob dem Amerikaner einen braunen Umschlag über den Tisch. Der schaute erst Henri erstaunt an, dann nahm er den Umschlag, riss ihn auf und zog eine dünne Mappe heraus. Er blätterte darin, warf Henri wieder einen Blick zu, legte die Mappe vor sich auf den Tisch, schob sie unschlüssig hin und her und fixierte schließlich Henri.

»Ich lass es prüfen. In einer Woche zur gleichen Zeit hier?«

»Bringen Sie einen Kontoauszug und die Zugangsdaten fürs Konto mit.« Henri verkniff sich ein Grinsen.

Am Abend traf er sich mit Erich Fath, einem Berliner Journalisten, der als Korrespondent für diverse westdeutsche und österreichische Zeitungen arbeitete. Henri hatte längst alle deutschen Korrespondenten in Moskau kennengelernt, auch die aus der DDR. Seine Tarnexistenz als Mitarbeiter der Pressestelle blieb nur einigermaßen glaubwürdig, wenn er in dieser Funktion arbeitete, und dies möglichst so, dass viele es mitkriegten. Fath, ein schwerfälliger Mann mit Hängebacken und Glatze, saß wie eine Spinne im Netz der Klatschszene der Westjournalisten von Moskau. Was Fath erfuhr, wussten bald alle Korrespondenten. Allerdings verriet er nicht alles, sondern behielt Informationen für seine Artikel für sich, wenn er sie für wichtig erachtete, was vor allem bedeutete, dass sie seinen Ruf als bester Moskau-Korrespondent deutscher Sprache untermauerten, eine Stellung, die er sich allerdings eher einbildete, als dass sie den Tatsachen entsprach. Aber er war gesellig und schwätzte viel, und nicht alles war Müll. Henri hatte Fath in den letzten Monaten immer wieder Häppchen zukommen lassen, auch über den bedenklichen Gesundheitszustand des Generalsekretärs Tschernenko, und Fath hatte sie in seine Artikel gepackt, garniert meist mit der Floskel von den wohlinformierten Kreisen in der sowjetischen Hauptstadt. Diese Kreise hatten zwei Namen, die Fath selbstverständlich nicht erfuhr, Eblow und Rachmanow. Fath wusste auch nichts von den Gründen, die diese Kreise dazu veranlassten, Informationen dieser Art zu stecken. Er hatte einmal gefragt, doch Henri hatte ihn abblitzen lassen. Und dann fragte er Henri noch, warum er es gerade ihm erzähle, und fand sich mit der Antwort ab, dass es eher einem Zufall zu verdanken sei und Henri sich als Gewohnheitsmensch weiter an Fath halte, da er bis dahin keine schlechten Erfahrungen mit ihm gemacht habe.

Sie trafen sich immer in derselben ukrainischen Kaschemme an der Pogodinskaja, in der es einfache, aber gute Speisen und die obligaten Getränke gab. Es stank penetrant nach Zigarettenrauch, der in den Augen brannte, weil der Wirt, ein alter Mann, der mit seiner Beinprothese eine Art Takt auf den Boden schlug, vom Lüften noch nie etwas gehört hatte. Fath saß schon an einem Tisch mit klebriger Platte und setzte gerade sein Wodkaglas ab, um die Zigarette aus dem Aschenbecher zu angeln. Bei der Begrüßung blieb er sitzen und gab Henri einen schlaffen Händedruck. Noch bevor Henri sich gesetzt hatte, hörte er das Klopfen der Prothese und bestellte auch einen Wodka, ein Glas Wasser und eingelegten Hering mit Brot. Fath schloss sich an.

»Nun, Meisterkorrespondent, was machen die Geschäfte?«

»Eigentlich wie immer. Man erfährt nichts und schreibt lange Artikel. Ich lasse mich am besten nach Rom versetzen. Die Frauen sind schöner, das Wetter ist besser und die Leute quatschen einem die Hucke voll. Paradiesische Zustände.«

Henri lachte. »Das wäre doch langweilig.«

Fath strich sich über seine glänzende Stirn, schaute Henri aus Schweinsaugen an und lachte trocken.

»Zumal es hier um Weltgeschichte geht und in Rom um Provinzkacke.«

Fath brummte zustimmend.

»Das gilt für heute allemal.«

»Aha! Schießen Sie los.«

»Tschernenko macht es nicht mehr lang. Höchstens ein paar Wochen.«

»Sicher?«

»Absolut. Lungenemphysem, ziemlich weit fortgeschritten, daran krepiert man todsicher. Keine Heilung, nichts und nirgendwo.«

Der Wirt servierte Speisen und Getränke, dann klopfte er weg.

»Wie lang hat er noch?« Fath zersäbelte seinen Hering und steckte sich das erste Stück in den Mund.

»Höchstens drei, vier Wochen. Eher weniger.«

»Das war ja eine echte Kurzvorstellung. Eine neue sowjetische Mode, erst Andropow, jetzt Tschernenko, der Wegwerfparteichef. Na ja, wer sich's leisten kann ...« Das zweite Stück Hering verschwand in Faths Mund und erfuhr schmatzend seine Verkleinerung, bevor es mit einem Glucks in der Speiseröhre landete. »Und wer wird der Neue? Wieder ein Greis?«

»Weiß ich nicht. Es gibt da nur Spekulationen.«

»Schießen Sie los.« Das nächste Stück Fisch ging den unvermeidlichen Weg.

»Gorbatschow, mal ein ganz Junger, jedenfalls für sowjetische Verhältnisse.«

»Ist das nicht dieser Bauernfritze aus Stawropol?« Das letzte Stück Hering, zuvor sorgfältig befreit von der Schwanzflosse, tauchte hinab in den Magen des Journalisten.

»Ja.«

»Blasser Typ. Spielball in den Händen von Gromyko ...«

»Nichts davon. Sie werden es sehen. Er wird den ganzen Laden umkrempeln.«

»Der? Das glaube ich nicht. Sie wollen mich auf den Arm nehmen ...«

»Nein, das Politbüro hat sich mit der Lage, vor allem der Wirtschaft, beschäftigt und sich tatsächlich zu der Einsicht durchgerungen, dass der Kommunismus, das wahre Paradies, doch noch nicht vor der Tür steht. Sie werden zwar nie zugeben, dass sie längst pleite sind, aber für ihre Verhältnisse haben sie ganz schön bittere Pillen geschluckt. Gerade der alte Gromyko hat Klartext geredet. Es muss ziemlich wild hergegangen sein auf der Sitzung.«

»War Tschernenko dabei?«

»Körperlich schon.«

»Sie sollten weniger rauchen, Genosse Major.« Der Arzt saß hinter seinem Schreibtisch, ein Blatt vor den Augen, die Brille dicht an der Nasenspitze, und schaute Eblow streng an. Hinter ihm an der Wand hing ein Bild des Vorsitzenden des Präsidiums des Obersten Sowjets, Konstantin Ustinowitsch Tschernenko, genauer gesagt, der Generalsekretär lugte gewissermaßen über den Kopf des Professors hinweg. »Aber die Werte sind in Ordnung. Ein paar Jahre haben sie noch.« Er lächelte.

Eblow mochte den Sarkasmus von Professor Smirnow, der mit seinen schütteren schwarzen Haaren und der starken Brille auf der Nase ein wenig einer halb gerupften Eule ähnelte.

»Eigentlich haben sich Ihre Werte in den letzten Jahren kaum verändert, nur der Blutdruck scheint mir ein bisschen zu hoch, aber vielleicht ist das nur ein Ausreißer. So was gibt's. Sie sollten mehr Sport machen, keinen Alkohol trinken und, wie gesagt, die Raucherei ist eine Pest.« Er stöhnte ein wenig, um anzuzeigen, dass er genau wusste, was sich Eblow aus seinen segensreichen Ratschlägen machen würde.

»Ach, Genosse Major, schauen Sie sich doch das mal selbst an.« Er schob ihm ein Blatt Papier zu. Eblow las es, nickte und steckte es ein. »Da links unten sehen Sie Ihre

Blutdruckwerte. Vielleicht sind die morgen schon wieder normal.«

»Das lässt sich ja überprüfen.«

»Dann sind wir für heute fertig, Genosse Major. In ein paar Tagen sollten Sie sich wieder vorstellen, ja? Wegen des Blutdrucks, den möchte ich noch einmal messen. Nur zur Sicherheit.«

»Natürlich, Genosse Professor.« Er lachte lautlos.

Am Abend hatte Theo sich in der Stadt herumgetrieben, und je näher die Zeit rückte, desto nervöser wurde er. Er hatte die ganze Nacht kaum geschlafen und an Sonja gedacht, die ihn schon einmal hereingelegt hatte und jetzt vielleicht die große Falle für ihn aufgestellt hatte. Es war kalt gewesen, durch Fenster und Türen zog es, der Heizstrahler erwies sich als äußerst schwächlich und erzeugte mehr Lärm als Wärme. Er packte alle Decken über sich, die er finden konnte, das half immerhin gegen die Kälte. Aber nicht, einzuschlafen. Die Ungewissheit quälte ihn. Hatte sie wirklich ein schlechtes Gewissen, oder hatte sie es ihm nur vorgespielt? Wenn er in der Gerichtsmedizin einbrach und erwischt wurde, würden sie ihn fertigmachen. Ein paar Jahre Knast waren sicher. Eine grauenhafte Vorstellung, zumal er genug wusste, um russische Gefängnisse zu fürchten. Er war einige Minuten ganz mutlos, erholte sich aber wieder. Er fragte sich, ob er Paula jemals wiedersehen würde oder ob er gerade dabei war, die größte Dummheit seines Lebens zu begehen.

Dann stellte er sich vor, wie es wäre, wenn er tatsächlich Beweise fände. Fotos von der Leiche, bevor sie geschminkt worden war. Ein Protokoll, das Aufschluss gab über den Zustand der Leiche und wenigstens Vermutungen über die Todesursache zuließ. Wenn er beweisen konnte, dass das Foto, das die präparierte Leiche zeigte, ein Täuschungsmanöver war, würden die Karten neu gemischt. Dann müssten die russischen Behörden eine Untersuchung einleiten, und vielleicht fand der damit beauftragte Staatsanwalt ja den Ehrgeiz, der Sache auf den Grund zu gehen. Schon während sein Hirn diese Idee formte, tat er sie als lächerlich ab. Sie würden natürlich einen Staatsanwalt nehmen, der regimetreu war, der genau das herausfinden würde, was er herausfinden sollte. Sein Mut schwand wieder.

Er überlegte, wie es wäre, wenn er aufgäbe. Theo wusste, dass es ihn ewig plagen würde, dass er sich für einen Feigling halten würde und dass sie im Dienst hinter seinem Rücken bis zu seiner Pensionierung über ihn lästern würden. »Leichen-Theo« würden sie ihn nennen oder, subtiler, »Fotoprofi«, und was Missgunst noch so alles an Häme hervorbringen konnte.

Und was würde der Vater über ihn denken, wenn er jetzt aufgab? Er erinnerte sich an das verrauchte Wohnzimmer, wo Henri manchmal mit Männern gesessen hatte, die so ähnlich waren wie er. Nicht dass sie ihm körperlich geähnelt hätten, Scheffer zum Beispiel war, wenn es das gab, physisch das genaue Gegenteil von Henri. Aber so, wie die sich verhielten, diese tiefernste Sachlichkeit, dieses Soldatische, die Selbstbeherrschung, die sie wie einen unsichtbaren Panzer um sich gelegt hatten, diese Bereitschaft, immer mit allem zu rechnen, die nur eine Spielart von Fatalismus war, so waren sie für den Jungen besondere Männer gewesen. Er wollte so sein wie sie, weil all ihre Eigenschaften nur konkret zeigten, was Theo schon als Überlegenheit verstand, bevor er diesen Begriff kannte. Wirklich überlegen sind nicht die Hitzigen, die Schreihälse, die Angeber, die Kraftprotze, die alle nur zeitweilig dominieren können, überlegen sind Männer, deren Tonfall sich in der bittersten Stunde um keinen Deut änderte. Das war der Kommandeur, der im Krieg seelenruhig seine Befehle erteilte, während ihm die Kugeln um den Kopf flogen. Das war der Kapitän, der auf dem sinkenden Schiff lieber ertrank, als seine Pflicht nicht bis zur letzten Minute zu tun. So einer wollte Theo immer sein, so einer war in seinen Augen Henri, und wenn man im Dienst dem Raunen zuhörte, nicht nur in seinen Augen.

Nur, was war geschehen, dass Henri den Dienst verlassen hatte oder verlassen musste? Und warum war er so schweigsam gewesen in Sachen Scheffer? So schweigsam, dass Theo annehmen musste, er wolle etwas verbergen. Aber Henri war ihm schon immer ein Rätsel gewesen.

Seine Gedanken schweiften zurück in die Kindheit. Auch wenn die Mutter sich später mühte, ihm das Gegenteil einzutrichtern, fand Theo, dass Henri trotz aller fehlenden Wärme kein schlechter Vater gewesen war. Er hatte, wenn er Zeit fand, das Männliche in seinem Sohn gesucht und gestärkt. Ihm die richtigen Geschichten vorgelesen, mit seiner rauen, manchmal fast heiseren Stimme. Die Abenteuergeschichten, die er vorgelesen hatte, verband der Junge mit dem Vater, der einem geheimnisvollen Beruf nachging, über den Theo in der Schule nicht sprechen sollte, das hatte ihm die Mutter eingeschärft, nachdem sie in einem schwachen Moment etwas von Spionage, Verrat und Staatsgeheimnissen herausgelassen hatte. Aber das war nach der Scheidung gewesen, als die Mutter oft weinen musste und auch zu viel trank. Es war ihr äußerst unangenehm, dass sie sich verplappert hatte. Mein Vater ist Beamter, sollte er sagen. Wo genau, das wisse er nicht. Er wusste es ziemlich genau, hielt aber dicht, wollte die Mutter nicht bloßstellen, das hatte sie nicht verdient. In so einer Familie lernte man zu schweigen.

Er dachte an das letzte Gespräch mit Henri und wurde noch einmal wütend, weil der ihn hatte auflaufen lassen. Das war offensichtlich. Da hätte er nicht schweigen dürfen. Man lässt den eigenen Sohn nicht gegen die Wand laufen. Oder doch? Was wäre, wenn Henri dafür einen handfesten Grund hätte, einen Grund, der so schwerwiegend war, dass er sogar seinen Sohn in eine Falle laufen ließ? Er überlegte hin und her und fand den Gedanken überzeugend, die erste einleuchtende Erklärung für Henris Schweigen. Und in diesem Fall hatte sein Schweigen etwas mit Scheffers Tod zu tun.

Was konnte dieser Grund sein, der Henri dazu brachte, sich so zu verhalten? Henri war wahrlich kein emotionaler Mensch, aber ein Schwein war er auch nicht. Das konnte Theo zugeben.

Mavick schob den großen Umschlag über den Tisch. Er hatte ihn aus seinem Büro geholt, bevor er sich zu Henri setzte im abhörsicheren Raum der US-Botschaft. Henri öffnete ihn und studierte gewissenhaft die Unterlagen, soweit ihm das möglich war. Schließlich war er kein Banker. Er hätte den Umschlag auch blind annehmen können, denn es konnte keinen Zweifel geben, dass die CIA zehn Millionen Dollar auf ein Schweizer Nummernkonto überwiesen hatte und dass es nun an den Empfängern lag, das Kennwort schnellstmöglich zu ändern, sodass niemand sonst an das Geld kam. Aber er wollte Mavick zeigen, dass er ihm nicht traute, in Geldfragen nicht und in allen anderen auch nicht. Henri war sicher, dass der

Amerikaner das Signal verstand, denn er war zwar ein arroganter Pinsel, aber kein Dummkopf.

»Wenn Sie uns aufs Kreuz legen, machen wir Sie fertig«, sagte Mavick ganz unaufgeregt, aber in seinen Augen blitzte etwas. »Wir jagen Sie bis ans Ende der Welt und drehen Ihnen den Hals um.«

»Ich wusste schon immer, was ich an der deutsch-amerikanischen Freundschaft habe«, sagte Henri genauso gelassen. Er hatte sofort erkannt, dass der Typ mit einem Korsett der Selbstbeherrschung seinen Jähzorn einschnürte. Der war gar nicht so cool, jedenfalls nicht im Inneren. Eine befriedigende Erkenntnis. »Es ist doch schön, wenn man sich mit seinen Freunden so gut versteht. Vielen Dank für das Entgegenkommen. Die MiG wird binnen vierzehn Tagen auf der Incirlik Air Base in der Türkei landen, der Pilot wird auch die Konstruktionszeichnungen dabeihaben. Alles verpackt in Geschenkpapier mit einer großen roten Schleife. Die Verpackung ist umsonst, das wird Sie freuen.«

Major Eblow sonderte sämtliche Flüche ab, die er kannte, und noch ein paar mehr. Dann wiederholte er die Tirade mit fast religiöser Inbrunst. Rachmanow stand am Fenster und sah auf den Dserschinskiplatz. Aber eigentlich sah er nichts, er spürte nur seine Angst.

»Wie konnte das passieren? Was ist schiefgegangen?«

»Alles«, schnauzte Eblow. »Alles ist schiefgegangen.« Er schlug mit der flachen Hand auf den Tisch, weniger wütend als resignativ. »Lass uns einen Gang machen.«

Rachmanow schaute ihn erstaunt an. Dann ging er zur Tür und folgte Eblow hinaus in die Kälte. Eblow marschierte los wie beim Sturm auf Berlin, doch Rachmanow blieb dran.

»Hast du Angst, dass …« Er deutete auf sein Ohr.

»Nein, aber sicher ist sicher. Wenn hier einer abhört, dann bin ich das. Aber ich will da keinen reinreißen. Und auch dir will ich nur andeuten, was geschehen ist. Der Mann, der die Maschine fliegen sollte, hat sich das Bein gebrochen. Es wird Monate dauern, bis er wieder die Flugerlaubnis erhält. Das ist so ungefähr das Blödeste, was passieren konnte.« Er warf die Hände zum Himmel. »Wirklich das Blödeste. Man fädelt einen Riesencoup ein, und der Idiot geht Fußball spielen und … wegen so einem lächerlichen Quatsch …«

Rachmanow erwiderte eine Weile nichts, und sie stampften durch die Straßen. Dann sagte er: »Und wenn wir denen erst mal die Pläne geben.«

»Dann wollen sie wenigstens neun Millionen zurück.«

Rachmanow blieb stehen und ging auch nicht weiter, als Eblow nicht anhielt. Dann merkte Eblow, dass er seinen Partner verloren hatte, stoppte abrupt und drehte sich um. Er zündete sich eine Zigarette an und ging ganz langsam zurück.

»Und der Pilot hält dicht?«, fragte Rachmanow.

»Was weiß ich? Vielleicht kriegt er einen Rappel im Krankenhaus oder wenn er allein zu Hause herumsitzt. Vielleicht kriegt er keinen Rappel. Ich werde ihn bearbeiten, unter Druck setzen, ihm irgendwie klarmachen, dass es keinen Weg zurück gibt.«

»Wie willst du das machen? Und ist das klug? Nachher rennt er vor lauter Verzweiflung zu unseren lieben Genossen und schüttet ihnen das Herz aus. Besser, du lässt ihn in Ruhe. Sag ihm, wir schweigen, wenn er auch schweigt.« Rachmanow klang entschlossen.

»Hast du eine bessere Idee?«

»Ich habe eine sehr schlechte Idee. Aber sie ist besser als

alle anderen. Beinbruch, so eine Scheiße!« Er warf noch einmal beide Hände zum Himmel, als wollte er Gott beschwören. Doch den hatten ihre Vorgänger abgeschafft.

An einem Kiosk kaufte Theo eine Flasche Wodka, den billigsten. Er ging ein paar Schritte, stellte sich an einen Busch, schraubte die Flasche auf, setzte sie an und nahm den Mund voll mit dem brennenden Schnaps. Er spülte wie mit Mundwasser und spuckte das meiste in den Busch. Den Rest ließ er aus den Mundwinkeln über den Hals in die Kleidung tropfen. Er hätte es wirklich gern getrunken, fand sich außerordentlich tapfer, dass er es nicht getan hatte, und schluckte zur Belohnung den schnapsversetzten Speichel hinunter. Vierzig Prozent hatte dieses Zeug nicht, sondern viel mehr, wahrscheinlich ein Schwarzgebrannter. Auf dem Etikett stand nichts außer dem Namen Petersburg. Mit der Flasche in der Hand zog er weiter.

Er begann zu torkeln, und es sah so aus, als mühte er sich, das Torkeln zu verbergen. Doch seine Darbietung als beschämter Trinker widerlegte die Flasche in der Hand, er war sichtlich auf dem besten Weg, sich für diese Nacht den Rest zu geben. So näherte er sich der Gerichtsmedizin, die in der Nacht als unbeleuchteter Zuckerbäckerklotz am Straßenrand lag, der Haupteingang mild beschienen von einer entfernten Straßenlaterne.

Auf einer Bank nahe dem Eingang beschäftigte sich ein Pärchen sehr mit sich. Sie küssten sich, und er strich mit seiner Hand züchtig über ihren Hinterkopf. Sie saßen nicht sehr eng beieinander, sodass sie sich leicht zueinander beugen mussten.

Ja, dachte Theo, während er langsam vorbeiging, die Wiedergeburt der strengen orthodoxen Kirche muss die

Menschen sittsam gemacht haben. Seine Hand, sogar seine, wäre bei solcher Gelegenheit längst woanders gewesen. Ein Stück weiter parkten drei Autos, ein Lada, ein BMW, ein Audi. In dem BMW in der Mitte saß jemand, das Fenster war einen Spalt geöffnet, Zigarettenrauch schwebte hinaus. Der Mann beachtete den Trinker nicht, der sich mühte, auf den Beinen zu bleiben. Fast hätte Theo das Auto angestoßen. Die nächste Seitenstraße rechts hinein, doch bevor er abbog, lehnte er sich an einen Laternenpfosten und setzte die Flasche an den Mund. So stand er eine Weile, dann betrachtete er die Flasche ganz genau, schüttelte sie ein wenig und musste sich plötzlich übergeben, mit dem Rücken zu den drei Autos. Dabei schüttete er den Rest der Flasche auf den Boden, was ihm das Entsetzen ins Gesicht trieb, als er fertig gekotzt hatte und es merkte. Er wischte sich den Mund am Ärmel ab. Dann warf er die Flasche voller Zorn klirrend auf den Bürgersteig, schimpfte lautlos mit den Splittern und zog weiter. In der Seitenstraße erkannte er fünf Lieferwagen, die hintereinander parkten. Sie trugen keine Aufschriften, was Theo ein Lächeln entlockte, das sofort wieder verschwand. Er torkelte weiter, während seine Augen alles sahen und sein Hirn alles speicherte und mit einer gewissen Verwunderung registrierte, dass sie ihn offenbar für einen Trottel hielten. »Sehr gut, Genossen«, sprach er lautlos vor sich hin.

»Wir treffen ihn in einer speziellen Wohnung«, erklärte Rachmanow, als er mit Henri sein Büro im Rundfunkkomitee verließ. »Wir gehen was essen«, hatte er seiner Sekretärin im Vorbeigehen zugerufen, und sie, eine Frau, die man vergessen hatte, wenn man sie nicht mehr anschaute oder hörte, hatte nicht mal aufgeschaut.

Immerhin hatte Eblow ein paar belegte Brote aufgetrieben, als sie in der Küche der konspirativen Wohnung nahe des Leningrader Bahnhofs saßen. Er qualmte eine Zigarre, während er aß, die anderen begnügten sich mit den Broten.

»Wie geht's Towaritsch?«, fragte Eblow bemüht gleichmütig.

»Ich habe ihn befördert, Ihr Einverständnis vorausgesetzt. Er ist jetzt Oberleutnant. Demnächst sollten wir mal an einen Orden denken.«

Eblow nickte. »Gerne.« Eine Pause, dann: »Er hat sich das Bein gebrochen, der Idiot. Beim Sport. Damit hätte er doch warten können, bis er in Amerika war«, sagte Eblow kauend. Seiner Ausdrucksweise nach hatte er den Schock schon einigermaßen verdaut, oder er versuchte zu verhindern, dass Henri in Panik geriet.

Aber Henri geriet nicht in Panik. Eine Stimme tief in ihm hatte schon seit Beginn ihrer wahnwitzigen Operation gesagt, dass so etwas nicht gut gehen könne. Wer das Schicksal herausfordert, wird leicht sein Opfer. Das Schicksal straft gern mit einem blöden Zufall.

»Und wenn wir es verschieben, bis der sportliche Genosse wieder gesund ist?«, fragte Henri nach kurzem Überlegen.

Eblow schüttelte den Kopf.

Rachmanow schluckte einen Bissen hinunter, blies den Zigarrenrauch von sich und sagte: »Das haben wir alles schon durchgespielt. Erstens wissen wir nicht, ob den Genossen nach der Gesundung nicht der Mut verlässt. Zweitens wissen wir nicht, was der Arzt in der Zwangspause anstellt oder was mit ihm angestellt wird. Nachher entdeckt er sein Gewissen oder wird versetzt ... Drittens lassen sich die Amerikaner darauf mit Sicherheit nicht ein, und sie werden das Geld zurückfordern, und wenn sie es nicht kriegen, dann werden sie sich irgendeine Schweinerei einfallen lassen, um es uns heimzuzahlen, was mit großer Wahrscheinlichkeit unseren Plan scheitern lassen würde. In Lefortowo wären uns die Hände gebunden. Und wenn wir ihnen das Geld zurückgeben, na, dann wären wir sowieso am Ende.« Er lächelte schief.

Henri schnaubte leise. Es waren großartige Alternativen. »Wie ich das ruhmreiche KGB, Schild und Schwert der Partei der Arbeiterklasse, Vollstrecker des Vermächtnisses des großen Feliks Edmundowitsch Dserschinski, kenne, hat es schon einen Plan entwickelt, der uns trotz aller Widrigkeiten zum Sieg verhelfen wird …«

Eblow brummte: »Lächerlich machen kann ich mich selbst viel besser. Ich gebe ja zu, dass wir dastehen wie Idioten. Wahrscheinlich sind wir auch welche und haben es nur verdient. Aber wir vollenden, was wir begonnen haben. Wir haben keine Wahl. Es wurden Menschen eingeweiht, es wurde die CIA eingeweiht und Sie ja auch.« Er blickte Henri wütend an. »Wenn sie mir den Genickschuss verpassen, dann soll es sich wenigstens gelohnt haben. Sollten wir jetzt nicht tun, was wir uns vorgenommen haben, dann wären wir nicht nur elende Feiglinge, sondern auch dumm. Wenn wir Erfolg haben, kommen wir vielleicht davon. Wenn wir aufgeben, wird irgendwer irgendwann das Maul nicht halten, wegen des Suffs, wegen der Frauen, wegen der Angst oder wegen des Gelds, das ihn als Belohnung erwartet.«

»Aber das Geld …«, sagte Henri.

»Was bedeutet schon Geld?« Eblow stieß eine große Rauchwolke aus und zerfetzte sie mit der Hand.

Henri wusste, was es bedeutete. Dass die CIA nicht ruhen würde, bis sie ihn getötet hatte.

13

Theo blickte sich verstohlen um, niemand folgte ihm. Da war ein Suffkopf an den Einsatzkräften des FSB vorbeigetorkelt, na und? Während er sich weiter von der Gerichtsmedizin entfernte, war er fast versucht, ein Lied zu pfeifen. Doch er wollte nicht übermütig werden. Er würde sie warten lassen, bis ihnen richtig schön kalt war. Und mit ein bisschen Glück würden sie die Aktion noch in der Nacht abbrechen. Sie erwarteten ihn kurz nach Mitternacht, weil sie dachten, er würde Sonjas Rat folgen. Aber Theo hatte sich vorgenommen, dass ihn einer höchstens einmal hereinlegte, und das war schon einmal zu viel. Er suchte sich in aller Ruhe eine Gaststätte, wo es schön warm war und er etwas essen konnte. Der Flachbildschirm an der Wand zeigte ein Fußballspiel, dem er nun eine Weile aufmerksam folgte. Es gab Schlimmeres. Es war ein technisch ansehnliches Match zwischen Zenit St. Petersburg und Lokomotive Moskau mit Vorteilen für Zenit. Die Pelmeni waren in Ordnung, dass er nach Wodka stank, störte niemanden, seinen Durst löschte er mit Wasser.

Gegen zwei Uhr morgens saßen immer noch drei Männer an Tischen und betranken sich. Zenit hatte längst gewonnen, Theo das Essen verzehrt und das Wasser getrunken. Als er bezahlte, zog er seinen Mantel falsch herum an, das dunkle Futter nach außen, der alte Trick, der so oft wirkte. Draußen fiel ihm nichts auf, und er fand es auch mehr als unwahrscheinlich, dass das FSB ihm bisher auf die Spur hätte kommen können. Er lief die Strecke zurück, die er gekommen war. Am Bürgersteigrand lag schmutziger Schnee, am Himmel glitzerten unzählige Sterne, aber Theo war nicht romantisch, schon gar nicht an diesem Abend. Zwei Männer kamen ihm entgegen, dunkelhäutige Typen, beide mit Schnurrbärten, die klassischen Opfer der Moskauer Miliz. Aber von der oder dem FSB war nichts zu sehen. Theo beeilte sich nicht, auch wenn er mit jedem Schritt ängstlicher wurde. An einer Ecke blieb er stehen und tat so, als müsste er den Schnürsenkel binden. Dabei sah er sich unauffällig um, doch niemand schien ihm zu folgen. An der nächsten Ecke stoppte er wieder, sicherte erneut die Gegend, dann schaute er in die kleine Straße hinein. Die Lieferwagen waren verschwunden. Er ging die Straße hinunter, immer gewärtig, in die Falle zu tappen. Aber auch die drei Limousinen am Straßenrand vor der Gerichtsmedizin standen nicht mehr dort. Und das Liebespaar war auch verschwunden. Ob sie ein, zwei Leute zurückgelassen hatten? Er hatte schon in der Gaststätte überlegt, wie Sonja ihn hereinlegen würde. Er vermutete, dass er wie geplant in ihr Büro in die Gerichtsmedizin einbrechen sollte, damit sie ihn auf frischer Tat erwischen konnten. Alles andere wäre Blödsinn gewesen. Sie hatte ihm eine günstige Zeit genannt, aber er war nicht gekommen, und die FSB-Leute glaubten gewiss, er habe sich nicht getraut.

Vorsichtig näherte er sich dem Gebäude der Rechtsmedizin, ging daran vorbei und bog in die nächste Straße links ein. Keine auffälligen Autos, keine Passanten, fast schon zu tot. Doch hier war auch tagsüber wenig los. Das Gelände der Rechtsmedizin war mit einem Zaun gegen die Seitenstraße gesichert, oben waren die Pfosten nach außen gewinkelt, dort war Stacheldraht gespannt. Theo schaute immer wieder nach einer Möglichkeit, den Zaun zu überwinden. Vielleicht war auch ein Alarmdraht gezogen. Allerdings war das keine Bank, und der Stacheldraht diente vor allem dazu, Junkies und andere Idioten abzuschrecken, die sich im Gebäude Pillen oder einfach nur Geld erhofften.

Er erschrak, als ein Schatten über die Straße huschte. Zwei leuchtende Augen schauten ihn an, die Katze starrte, bis sie nach ein paar Sekunden lautlos verschwand. Er ging weiter und hoffte, dass es etwaigen Beobachtern entging, wie begierig er eine Chance suchte, auf das Gelände zu kommen. Er stieß auf eine Kreuzung, an der er links abbog, um parallel zur Gebäuderückseite weiterzulaufen. Er entdeckte eine Stahltür, die in den Zaun eingebaut war. Sie hatte einen kräftigen Rahmen und senkrechte Verstrebungen, die sich vielleicht von Superman hätten verbiegen lassen. Er blieb stehen, nestelte demonstrativ an seiner Kleidung, band sich mal wieder die Schnürsenkel und inspizierte im Schummerlicht einer wenige Meter entfernten Straßenlaterne das Türschloss. Theo kramte in den Jacketttaschen nach seinem Schweizer Taschenmesser, die Luft drang eiskalt an seine Rippen, als er den Mantel nur ein paar Sekunden öffnete. Auf die Stirn trat Schweiß, während er die Werkzeugklingen des Messers am Schloss ansetzte, aber es ließ sich von der Schweizer Präzisionsarbeit nicht beeindrucken. Theo steckte das Messer schließlich in die Manteltasche und zog weiter auf seinem Marsch um das Gelände der Rechtsmedizin.

Schon von Weitem erkannte er an der nächsten Kreuzung drei große Müllcontainer in einer Einbuchtung auf der gegenüberliegenden Straßenseite. Er schaute sich wieder einmal unauffällig um, um sich gleich zu sagen, dass es albern war. Wenn ihn jemand beobachtete, wusste der längst, dass Theo aufs Gelände wollte. Der näherte sich den Containern, verglich mit den Augen ihre Höhe mit der des Zauns, öffnete die Klappen und erkannte, dass der Container in der Mitte fast leer war. Du bist verrückt, sagte er sich, aber er hatte sich eben in diese Sache verbissen, und in seiner Hartnäckigkeit und Sturheit ließ sich

Theo nicht einmal von Henri übertreffen. Das hatte er als Kind schon lautstark bewiesen. Theo stellte sich neben die Container und suchte mit den Augen die Häuserfassaden auf seiner Straßenseite ab. Ganz hinten drang Licht auf die Straße, aber es war durch einen Vorhang gedämpft. Der Asphalt war nicht gerade neu, wies aber keine tiefen Löcher auf. Einen Bürgersteig gab es nicht. Seine Armbanduhr zeigte zwanzig nach zwei Uhr an, die Streife um die Rechtsmedizin musste schon vorbei sein, wenn Sonjas Angabe stimmte. Er untersuchte den mittleren Container, fand den Stahlhebel, mit dessen Hilfe zwei Räder blockiert wurden, und löste die Bremse. Das schaffst du nie, war sein nächster Gedanke, das Ding ist zu schwer. Er stützte sich mit den Händen auf die hintere Seite des Containers und warf sich mit seinem Körper dagegen, während Arme und Beine mit aller Kraft drückten. Mit einem stählernen Ächzen begann das Gefährt zu rollen. Jetzt muss ich das Teil unbedingt in Bewegung halten. Er drückte wie ein Wahnsinniger, schnaubte, seine Sohlen kratzten auf dem Asphalt, dann stand der Container endlich am Zaun. Er arretierte die Bremse. Theo trat noch einmal auf die Straße und blickte hinauf und hinab, aber da war nichts. Niemand schien etwas gehört zu haben, auch wenn sein Hirn Beamer spielte und ihm Bilder mit Russen in Bademänteln vorgaukelte, die in verkitschten Fluren wild gestikulierend nach der Miliz telefonierten, weil draußen auf der Straße ein Typ offensichtlich einen Müllcontainer klauen wollte, der zum letzten bisschen Staatseigentum in Russland gehörte, das noch nicht an die Milliardäre verschleudert worden war. Die Leute klauten Kabel, um das Kupfer zu versetzen, und nun schien auch der Stahl der Müllcontainer zu locken.

Theo gelang es, die Angst ein kleines Stück zur Seite zu

schieben. Er fand Verstrebungen und Griffe in der Containerwand, an denen er nach oben kletterte. Fast wäre er hinuntergefallen, als der Deckel zu wackeln anfing, doch Theo balancierte es aus, dann trat er auf den schmalen, aber stabilen Rand der Containeröffnung und sprang über den Zaun. Ein Ratschen verriet ihm, dass der Mantelsaum am Stacheldraht hängen geblieben war, während er hart auf einer gefrorenen Wiese landete. Er rollte sich geschickt ab. Dann eilte er in Richtung Rechtsmedizin, damit er von der Straße aus nicht mehr so leicht gesehen werden konnte. Er fand schnell das Fenster von Sonjas Büro im Keller. Er drückte sich mit dem Rücken an die Wand und inspizierte das Umfeld fast Zentimeter für Zentimeter. Nichts. Dann hob er das Schutzgitter des Lichtschachts hoch, kroch in den Schacht, schloss das Gitter wieder, kniete sich vors Fenster und schlug die Scheibe ein mit der durch einen Handschuh geschützten Faust. Es klirrte entsetzlich laut, doch Theo brauchte nur wenige Sekunden, um den Schreck zu verdauen. Wenn es jemand gehört hatte, würde er suchen, wo das Geräusch herkam. Aber bis einer da war, war Theo ins Büro abgetaucht. Er öffnete das zerstörte Fenster von innen und kletterte über den Schreibtisch in den Raum. Dann schloss er den Fensterrahmen, in dem scharfe Reste der Scheibe steckten. Er brach die auffälligsten ab, sodass es von außen scheinen mochte, dass das Fenster unzerstört und geschlossen war. Er zog die Vorhänge zu, aber er wusste, dass sie das Licht seiner Taschenlampe nicht völlig schlucken würden. Er legte sein Taschentuch doppelt gefaltet über das Taschenlampenglas und schaltete die Leuchte ganz kurz ein. Das Licht war stark gedämpft, aber es genügte.

Plötzlich schepperte es metallisch vom Flur her. Theo fuhr zusammen und verkroch sich unter dem Schreibtisch, wo er trotz seiner Angst spürte, dass er ein lächerliches Bild abgab.

Die gestrenge Vorzimmerdame des Professors Smirnow zeigte sich von ihrer gnädigen Seite. »Der Genosse Professor erwartet Sie bereits, Genosse Major.« Vielleicht lag doch ein kleiner Tadel in ihrer Stimme. Der Professor erschien ihm diesmal noch euliger. Eblow hängte seine Uniformjacke auf die Stuhllehne, legte sich auf die mit einem weißen Laken bezogene Liege und krempelte den Hemdsärmel hoch. Während der Professor ihm Blut abnahm, schaute er Eblow fragend an, indem er die Augenbrauen hob. Eblow nickte fast unmerklich und lächelte ein wenig verschmitzt. Ein strahlendes Lächeln zog über das Faltengesicht des Professors. Der Blutabnahme folgte die Blutdruckmessung, die der Arzt genauso routiniert erledigte.

»Man hat den Eindruck, die Werte werden immer besser«, sagte der Professor. »Offenbar haben Sie Ihren Lebenswandel verändert, und dies mit geradezu augenblicklichem Erfolg. Das erlebt man selten. Eigentlich nie, die Biologie nimmt sich ihre Zeit.« Er lächelte ein wenig abwesend. »Wenn Sie einverstanden sind, würde ich Ihre Blutwerte gerne weiter im Auge behalten. Das kostet wenig Zeit und bringt die Wissenschaft voran.«

Eblow ließ den Ärmel hinunter und zog seine Uniformjacke wieder an, dann setzte er sich auf den Besucherstuhl. »Gut, wann wäre es Ihnen recht?« Er holte einen Umschlag aus der Innentasche und schob ihn dem Professor zu. Der nahm ihn in die Hand, betrachtete ihn fast ungläubig von beiden Seiten, öffnete ihn vorsichtig und zog ein Papier heraus, das er andächtig entfaltete, las, bis er das Papier behutsam wieder zusammenfaltete, es in den

Umschlag zurücksteckte und diesen in die obere Schreibtischschublade legte.

»In drei Tagen«, sagte der Professor, »zur gleichen Zeit.«

Theo überwand sich und kroch unter dem Schreibtisch hervor. Wenn sie ihn schon fassten, dann nicht so. Er schlich zur Tür, drückte langsam die Klinke und dann gegen die Tür. Sie war abgeschlossen. Das war ein Vorteil und ein Nachteil zugleich. Wer hereinwollte, musste erst aufschließen, das würde Theo Zeit verschaffen. Aber wenn Theo seine Untersuchung ausweiten wollte, musste er die Tür irgendwie aufknacken. Doch damit konnte er sich später beschäftigen. Er lauschte noch einmal an der Tür, hörte aber nichts. Vielleicht gibt's hier Ratten, dachte er, und es ekelte ihn.

Die Schubladen des Stahlschreibtischs waren abgeschlossen. Er hob die Schreibtischunterlage, fand aber keinen Schlüssel, genauso wenig in der Dose für Büroklammern und dem kleinen Ständer für Stifte und Kulis. Musste also das Taschenmesser helfen. Er setzte die große Klinge zwischen Schublade und Schubladenrahmen und drückte. Mit einem Knacken brach die Klinge ab und fiel klirrend auf den Steinboden. Er fand eine dickere und kürzere Klinge, den Büchsenöffner, und versuchte erst einmal damit die Schlosszunge zu ertasten. Er zog die Klinge mehrfach zwischen der Schublade und ihrem Rahmen hindurch, aber sie stieß nirgendwo an. Theo fluchte leise. Dann setzte er wütend die Klinge in den schmalen Spalt, zog sie in die linke Ecke und hebelte erneut. Offenbar lag der Schließmechanismus in der anderen Ecke, denn der Spalt weitete sich. Jeden Augenblick fürchtete Theo, dass auch diese Klinge brach, aber dann gelang es ihm, einen Schlüssel seines Schlüsselbunds in den Spalt zu stecken, und nun konnte er mit beiden drücken. Der Schließmechanismus gab millimeterweise nach, dann ein Knall, und die Schublade sprang auf.

Das Erste, was er sah, war ein Schlüsselbund, er wusste gleich, er hatte ein ungeheures Glück. Sonja wollte den schweren Schlüsselbund offenbar nicht nach Hause tragen, sondern schloss ihn hier ein und musste dann nur noch die Schlüssel für den Schreibtisch und ihr Büro bei sich tragen. Theo steckte den Schlüsselbund in seine Jacketttasche und durchsuchte die aufgebrochene Schublade. Es waren Broschüren und Aktenmappen. In den Broschüren sah er im Funzellicht seiner gedämpften Lampe Beschreibungen und Illustrationen zu Obduktionstechniken. Die Mappen trugen Aktenzeichen und enthielten Falldokumente und Fotos. Es war, jedenfalls in der Kürze, nichts Auffälliges zu entdecken. Theo legte das Material zurück in die Schublade und stocherte mit den Schlüsseln von Sonjas Schlüsselbund im Schloss der darunterliegenden Schublade herum, bis er den passenden gefunden hatte. Schminkzeug, Turgenjews Aufzeichnungen eines Jägers, ein Zeitungsausriss über das sowjetische Lagersystem, ein schwerer Schraubendreher, ein Notizbuch mit leeren Seiten, ein paar Stifte.

Auch die weiteren Schubladen offenbarten keine Geheimnisse, jedenfalls keine, die Theo interessierten. Im Regal an der Wand standen Bücher und Aktenordner, durch die er sich schnell durchblätterte. Hin und wieder hielt er inne, um zu lauschen, aber es war nichts zu hören. Wenn sie ihn auf frischer Tat erwischen wollten, hätten sie es längst tun können. Als er alles durchsucht und durchwühlt hatte, setzte er sich auf Sonjas Stuhl, legte die Beine auf die Tischplatte und überlegte. Nun war er im Gebäude, da musste er weitersuchen, diese Chance würde er nie wieder bekommen. Wenn er Glück hatte, fand sich am Bund ein Zweitschlüssel für die Bürotür. Wenn nicht, konnte er es mit dem Schraubendreher aus der Schreibtischschublade versuchen. Er steckte den Schraubendreher in die Manteltasche und probierte die Schlüssel an der Bürotür aus. Keiner passte, also setzte er den Schraubendreher direkt über dem Schloss zwischen Tür und Rahmen und drückte mit großer Kraft, bis die Tür aufknackte. Er blieb ein paar Sekunden still stehen, hörte nichts und beschloss, während er durch den nach Desinfektionsmitteln stinkenden Gang schlich, sein Glück gleich ganz oben zu versuchen. Wenn einer in einer solchen Institution etwas versteckte, dann der Chef. Aber den kannte Theo, und der hatte ihm geholfen. Es sei denn, das war Teil des Plans, ihn hereinzulegen, und Theo hatte das verwirrende Konstrukt doch noch nicht ganz entschlüsselt. Aber nein, Protossow hätte ihn gleich auflaufen lassen können. Warum solche Umstände? Warum sollte der Institutsdirektor ihn verstecken? Auf irgendetwas musste Theo sich verlassen können, und er entschied erneut, sich auf Protossow zu verlassen. Der hatte Angst, aber ein Schwein war er nicht. Davon abgesehen, hatte auch Theo Angst, und nicht zu wenig.

Wenn es der Chef nicht war, der die Geheimnisse verbarg, dann sein Stellvertreter, wenn es einen gab. Jedenfalls wäre das beim BND so und bei allen anderen Behörden. Es sei denn, in diesem Fall hätte das FSB alles an sich genommen. Aber es bleibt doch meistens etwas übrig, dachte Theo, während er im gedämpften Taschenlampenlicht seinen Weg suchte, und zwar nach einer bürokratischen Grundweisheit, dass nämlich die Chefs immer oben zu finden sind. Als er die Treppe hochhastete, den Aufzug zu benutzen traute er sich nicht, dachte er an die Lebensbedingungen in russischen Lagern und hatte auch noch den Nerv, darüber zu sinnieren, ob das Wort »Leben« in diesem Zusammenhang angemessen sei. Es war die Angst, die sich ihre Wege suchte, und manchmal neigt sie zu Scherzen, die sich bei genauerem Hinsehen als Vorstufen der Panik erweisen.

Ab dem zweiten Stockwerk begann er zu schnaufen. Er war nicht in Form, hatte lange nicht trainiert und kassierte jetzt die Quittung für seinen Absturz in den Suff. Doch die Angst und die Neugierde trieben ihn in den dritten, dann in den vierten Stock. Während des Aufstiegs hatten ihn die Zweifel geplagt, ob die Russen sich an die ungeschriebenen Gesetze der Bürokratie hielten, doch tatsächlich fand sich das Büro des stellvertretenden Leiters der Gerichtsmedizin direkt neben dem von Protossow. Das Türschild verriet, dass er Prof. T. I. Suchanow hieß. Theo lauschte die Treppe hinunter und den Gang entlang, aber er hörte nichts. Dann nahm er sein Hilfsbrecheisen, stemmte es wieder zwischen Tür und Rahmen, schlug es mit dem Handballen unter Schmerzen einige Zentimeter tiefer in den Spalt und riss dann den Schraubendreher zu sich. Ein Knacken, und die Tür war offen.

Er stand in einem Vorzimmer, die Tür zu Suchanows Büro musste er ebenfalls aufbrechen. In der Ecke stand ein Gummibaum, und das Zimmer schien auf den ersten Blick perfekt aufgeräumt zu sein. Ein Regal, ein Wandschrank, ein Schreibtisch. An der Seite des Wandschranks hing an einem Haken ein Arztkittel. Auf dem Schreibtisch lag nichts. Theo brach die Schubladen auf, dann begann er eine nach der anderen zu untersuchen. Glücklicherweise gab es keinen Safe. Theo nahm keine Rücksicht auf die Ordnung, er schüttete den Inhalt der Schubladen auf die Schreibtischplatte, wühlte sich durch und schob den Haufen auf den Boden. In der dritten Schublade der linken Seite stieß er auf Aktenordner: Obduktionsfälle, Krankheitsdaten, Personenangaben, Arztnotizen, Auswertungstabellen, Laborberichte, Fotos. Er blätterte in den Akten auf der Suche nach Daten über Scheffer, fand aber nichts, weder den Namen noch ein Foto.

Dann nahm er sich den Wandschrank vor, dessen Schloss dem Schraubenzieher ebenso wenig standhielt. Drei säuberlich aufeinandergelegte Stapel von Akten, der rechte höher als die beiden anderen. Auf dem linken lag ein Papier mit der Aufschrift Gesundheitliche Belastungen der Führung von Partei und Staat. Sonst nichts. Er setzte sich an den Schreibtisch.

Es war ein Fehlschlag. Hier würde er nichts finden über Scheffer. Und dort, wo Sonja gesagt hatte, dass etwas liegen könnte, lag auch nichts. Sie hatte sich nicht einmal die Mühe gegeben, so zu tun, als wäre es keine Falle. Die Enttäuschung packte ihn. Er schlug mit der Faust auf den Tisch, nicht fest, aber mehrfach. Dann lehnte er sich zurück und versuchte sich zu konzentrieren. Bist selbst schuld, wie kann man nur so blöd sein?

Wie sollte er herauskommen? Einen Weg über den Zaun zurück gab es nicht, der Container stand auf der anderen Seite. Da blieb nur eine Möglichkeit, und die grenzte an Irrwitz. Er konnte es aber erst am Morgen versuchen. Was sollte er bis dahin tun, um nicht verrückt zu werden?

Er nahm den ersten Aktenstapel und setzte sich an den Schreibtisch. Die oberste Akte war beschriftet mit Feliks E. Dserschinski. Er öffnete sie und stieß auf das Foto des Tschekagründers, tot sah er noch hagerer aus, fast wie ein Skelett, dem notdürftig eine Haut übergezogen worden war. Theo legte den Ordner zur Seite und las die Deckel der anderen. Die Namen kannte er alle: Menschinski, Jagoda, Jeschow, Berija, Merkulow, Abakumow. Es waren Dserschinskis Nachfolger, die Herren der Lubjanka. In den Akten fand er Totenscheine, Leichenbilder, Untersuchungsergebnisse.

Er stapelte die Akten wieder und stellte sie zurück in den Schrank. Dann nahm er den mittleren Stapel. Auf dem oberen Aktendeckel stand J. Vacietis, auf den anderen S. M. Budjonny, M. W. Frunse, G. K. Schukow, I. C. Bagramjan, A. Gribkow und weitere Namen von Sowjetgenerälen.

Er packte die Akten der Militärführer zurück und nahm den rechten Stapel. Es handelte sich um Dokumente zum Tod der Parteiführer und einiger sonstiger Spitzenfunktionäre. Theo überflog, was auf den Aktendeckeln eingetragen war: W. I. Lenin, J. W. Stalin, M. A. Suslow, N. S. Chruschtschow, A. N. Kossygin, L. I. Breschnew, J. W. Andropow, K. U. Tschernenko, M. I. Kalinin und ein paar andere. Er sortierte die Generalsekretäre aus und blätterte in deren Akten. Offenbar befasste sich Suchanow mit den Todesursachen, er hatte an die betreffenden Dokumente kleine Zettel geheftet, ohne sie aber zu beschriften.

Vielleicht hatte der Rechtsmediziner den Auftrag dazu von der russischen Regierung, deren Mitglieder gesünder leben sollten. Verrückte Idee, aber in autoritären Systemen gab es viel Raum für Verrücktheiten. Doch wahrscheinlich forschte Suchanow im eigenen Auftrag, womöglich für eine sensationelle Publikation.

Bei Lenin war ein kurzes ärztliches handschriftliches Schreiben markiert, das Durchblutungsstörungen und einen Schlaganfall als Todesursache vermerkte. Erwähnt wurde auch das Attentat vom August 1918, das den Gesundheitszustand des Genossen Lenin nachhaltig verschlechtert habe. Eine ähnliche Diagnose, abgesehen vom Mordanschlag, bei Stalin, wo ergänzend auf Alkoholmissbrauch und recht allgemein auf »ungesunde Essgewohnheiten« verwiesen wurde. Todesursache: Schlaganfall. Bei Chruschtschow war es »Herzversagen«, bei Breschnew kam einiges zusammen: Herzinfarkte, Arteriosklerose, Schlaganfälle, auch hier ein Verweis auf Alkohol und Ernährungsgewohnheiten. Bei Andropow wurde es ausführlich, da war in einem Formular – vorgedruckt und handschriftlich ausgefüllt – die Rede von mikrovaskulären myokardialen Infarkten, Nebennierenstörung, Bluthochdruck, Arthritis, chronischer Kolitis. Gestorben sei er an Nierenversagen, kombiniert mit den Wirkungen der anderen Erkrankungen. Ein handschriftliches Blatt war angeheftet.

Wir sind flüchtig auf dieser Welt, unter dem Mond.
Das Leben ist ein Moment. Das Nichtsein ewig.
Die Erde dreht sich im Universum,
Menschen leben und verschwinden.

Theo las noch einmal die unbeholfenen Zeilen. Wohl ein Gedicht des Generalsekretärs am Tropf. Wie kam es in diese Akte?

Er öffnete die Akte mit der Aufschrift Tschernenko. Im Tod sah er noch fahler und wabbliger aus als im Leben. Er fand ein Formular, in zwei ineinanderliegende Doppelblätter gefaltet, mit handschriftlichen Eintragungen zum Gesundheitszustand, der Generalsekretär sei lungenkrank, die Krankheit aber nehme einen milden Verlauf. Er blätterte um und stieß auf einen Vermerk: Seite entnommen. Darunter ein Stempel: Komitee für Staatssicherheit Zweite Hauptverwaltung, Unterschrift unleserlich. Auf der nächsten Seite war vermerkt, dass die Hinterlassenschaft des Genossen Tschernenko aus dem Krankenhaus der Familie übergeben worden sei, die Empfangsbestätigung war ebenfalls dokumentiert. Auf den restlichen Seiten waren die Medikamente und Therapien detailliert geschildert, als ob die Ärzte Kritik vorwegnehmen wollten.

Es fehlte die Angabe der Todesursache. Sofort fing Theos Hirn an zu arbeiten. Er blätterte zurück auf die erste Seite des Doppelblatts. Es folgte der KGB-Eintrag, dann die Seite 5 des Formulars. Er schaltete die Schreibtischlampe ein und hielt das Formular darunter. Dann strich er sanft mit dem Zeigefinger über die fünfte Seite. Tatsächlich, es waren Abdrücke darauf. Und sie stammten wahrscheinlich von der Beschriftung der darüberliegenden Seite. Mit einer gewissen Befriedigung bemerkte Theo, dass ihn sogar unter extremem Druck der Instinkt des Spions nicht verließ.

Er saß an Suchanows Schreibtisch, Tschernenkos Akte vor sich, seine Finger schlugen einen leisen Rhythmus auf die Tischplatte. Er pfiff lautlos. Zwar habe ich über Scheffer nichts gefunden. Dafür aber etwas anderes. Was immer es ist.

Er kramte in den Haufen auf dem Boden und fand einen Bleistift. Dann schlug er die Akte wieder auf und begann vorsichtig, mit schräg angesetztem Stift die fünfte Seite zu schraffieren. Was Besseres hatte er gerade nicht zu tun.

In dieser Nacht waren die Gänge beleuchtet wie immer, aber im Trakt im zweiten Stockwerk gab es nur einen Patienten. Professor Smirnow, gekleidet in einen weißen Arztkittel, öffnete die Milchglastür, die in den abgeschirmten Bereich führte, der dösende KGB-Offizier winkte ihn mit einem Nicken durch. Man kannte sich seit Monaten. Angesichts des Wachpersonals und der Kontrollen an den

Kremleingängen und den Pforten des besten Krankenhauses der Sowjetunion rechnete niemand damit, dass es einem Feind gelingen könnte, hier einzudringen. Der Professor passierte das Schwesternzimmer und sah durch die Scheibe, dass die Nachtschwestern Tee tranken und sich unterhielten. Sonst war alles ruhig. Der Professor öffnete die Tür des Krankenzimmers und trat ein. Er schloss die Tür hinter sich. Jede seiner Bewegungen verriet Gelassenheit und Sicherheit. Er stellte sich an den Fuß des einzigen Krankenbetts in dem großen Zimmer. Die Vorhänge waren geschlossen, ein schwaches weißes Licht über der Tür ließ die Falten im schlaffen Gesicht des Kranken fast kantig erscheinen. Er hatte die Haare nach hinten gekämmt. Ein Bürokratengesicht, dachte der Professor, ein Mann ohne Konturen, und wenn er je welche gehabt hatte, waren sie ihm abgeschliffen worden wie all diesen Apparatschiks, die nach oben gespült worden waren als ewige Jasager. Der Professor stand still, war ganz vertieft in den Anblick des zweitmächtigsten Mannes der Welt. Er bedachte noch einmal die Argumente und verschwendete auch ein, zwei Gedanken an sein neues Konto in der Schweiz und die Hoffnungen, die er sich machte für sein neues Leben.

Er holte ein Glasfläschchen aus dem Kittel, dessen Deckel er gleich aufschraubte und in der Tasche verschwinden ließ. Als die Hand wieder auftauchte, umfasste sie eine Spritze. Geschickt, er hatte es Tausende Male gemacht, zog er mit der Spritze das Paraquat, das der Major besorgt hatte, aus der Flasche auf und steckte diese dann ebenfalls in die Tasche. Dann legte er die Spritze auf den Nachttisch des Patienten, stellte den Hocker von der Wand neben das Bett in Höhe des Fußendes, setzte sich darauf, nahm die Spritze und drückte ein paar Tropfen der Flüssigkeit aus der Nadel. Er saß eine Weile so, als meditierte er. Dann hob er die Decke über den Füßen, beugte entschlossen das rechte Bein, was ihm ein Stöhnen des Patienten eintrug, und stach die Spritze in die Kniekehle, der Patient röchelte. Er drückte das Bein wieder gerade, zog die Decke darüber, erhob sich und stellte den Hocker zurück an seinen ursprünglichen Platz. Die Spritze steckte er in seine Kitteltasche. Dann stellte er sich ans Fußende des Betts und erkannte, dass der Patient ihn anschaute.

»Es ist alles in Ordnung, Genosse Generalsekretär«, sagte der Professor lächelnd.

Tschernenko schüttelte den Kopf, ließ dann seine Augen zu seinen Beinen wandern, öffnete den Mund, bekam aber nichts heraus. Dann griff Tschernenko nach der Notklingel, die über seinem Bett hing. Der Professor sprang fast nach vorn, packte das Handgelenk des Generalsekretärs mit der einen Hand, um mit der anderen die Finger aufzubiegen und die Klingel herauszunehmen. Tschernenko sank nach hinten und schloss die Augen. Der Professor wischte die Klingel mit seinem Taschentuch ab und wartete, während er Tschernenko beobachtete. Der atmete flacher, dann kaum noch. Endlich gab der Professor die Notklingel frei, sodass sie wieder über dem Bett des Generalsekretärs baumelte. Dann wandte er sich ab und verließ das Zimmer. Er sah sehr nachdenklich aus.

»Henri, du?«

Keine Antwort aus dem Telefonhörer.

»Also, was willst du?«

»Ihr müsst mir Papiere für Moskau geben.«

»Du bist verrückt.«

»Mein Junge ist da und steckt in der Scheiße.«

»Ich weiß, dass er dort ist. Aber ob er in der Scheiße steckt …«

»Natürlich steckt er drin. Er will die Scheffer-Sache aufklären, und wenn ihm das gelingt, dann sitzen wir alle in der Scheiße. Er lässt sich nicht linken. Und wenn es ihm nicht gelingt, ist die Kacke auch am Dampfen, jedenfalls für ihn. Er setzt eine Herde von üblen Leuten auf seine Spur. Das lassen die sich nicht gefallen, dass da einer herumschnüffelt. Theo kommt da allein nie raus. Oder wollt ihr ihn rausholen?«

Langes Schweigen. »Wie denn? Wir wissen ja nicht mal, wo er ist.«

»Ihr müsst es vorbereiten, sofort. Ich gehe rüber, finde ihn und dann bringt ihr uns raus.«

Wieder ein langes Schweigen.

»Das kann mich den Kopf kosten.«

»Das wäre noch billig, Klein.«

»Henri, wenn das alles auffliegt, dann wird es auch dich erwischen.«

»Mich hat es schon erwischt, das hast du übersehen.«

»Wenn du das so meinst … aber es kann noch ganz anders kommen. Die Freunde in Übersee haben dich nicht vergessen, und wenn die Freunde in Moskau herausfinden, was du angerichtest hast … die sind rachsüchtig, immer noch. Es geht um die nationale Ehre. Und man munkelt nicht nur in Langley immer noch über den Tod dieses Amerikaners. Es sind zu viele Rechnungen nicht bezahlt.«

»Du kannst ja mal anfangen damit.«

Theo packte die Akte unter sein Hemd, sie klemmte im Gürtel. Er spielte mit dem Gedanken, die Akte zurückzulegen, sie behinderte ihn. Aber dann ließ er es. Schließlich arbeitete er beim Nachrichtendienst, und vielleicht würde der BND ihn mit offenen Armen empfangen, wenn er seine Trophäe vorzeigte, auch wenn Theo nicht ernsthaft daran glaubte. Und wenn sie ihn gleich schnappten, dann konnte er ein nettes Verwirrspielchen aufziehen. Was wollte ein deutscher Agent mit einer alten Akte über einen alten Mann, dessen Namen fast schon alle vergessen hatten? Nein, er behielt die Akte. Und jetzt musste er versuchen abzuhauen, bevor die ersten Mitarbeiter erschienen. Sie würden den Einbruch bald bemerken.

Nur, wie sollte er hier ungeschoren herauskommen? Und wie sollte er aus Russland herauskommen, wenn seine Suche beendet war? Wenn er sie überhaupt würde beenden können? Die Behörden wussten, dass er im Land war, und Sonja hatte ihnen verraten, was er suchte, wenn sie es nicht ohnehin wussten. Es war klar, dass er der Einbrecher war, und das eigene Versagen würde FSB und Miliz noch mehr anspornen, ihn zu greifen. Er setzte sich wieder auf Suchanows Schreibtischstuhl und überlegte. Wenn er versuchte in die deutsche Botschaft zu kommen? Doch das wäre das erste Ziel, das die anderen abschirmen würden. Wenn er nur in der Nähe der Botschaft erschien, würden sie ihn schnappen. Und selbst wenn er es in die Botschaft schaffte, was dann? Er besaß keine diplomatische Immunität, er war ein Verbrecher, und die Russen würden Druck machen, bis er im Knast saß, vorzugsweise in einem russischen. Das deutsche Außenministerium hatte keine Hemmungen gehabt, einen Bremer Türken in Guantánamo vergammeln zu lassen, warum sollte es einen deutschen Kriminellen vor dem russischen Staatsanwalt schützen? Es ging um Öl und Gas.

Theo war ratlos. Dann zwang er sich, die Aufgabe in Teile zu zerlegen. Zuerst musste er hier heraus, was danach kam, konnte er später überlegen. Er war von außen über den Stacheldraht gekommen, weil er einen Müllcontainer benutzt hatte. Vielleicht war schon entdeckt worden, dass jemand eingedrungen war? Er schaute auf die Uhr, fast halb vier, nein, wahrscheinlich nicht. Er ging seinen Plan noch einmal durch. Jetzt brauchte er nur noch Geduld. Und unverschämt viel Glück.

Weihrauch hatte die Nachricht als Erster. Er klopfte nur kurz und stürzte dann in Henris Zimmer. »Tschernenko ist tot, habe es gerade gehört, absolut sichere Quelle. Es wird schon nach Bonn gemeldet.«

»Überrascht Sie das, er war doch so krank?«

Weihrauch setzte sich auf den Besucherstuhl. Immerhin gehörte Henri zu den Ersten, denen er die Neuigkeit verriet, auch weil sie, wie viele andere, in letzter Zeit oft spekuliert hatten über den offenbar bedenklichen Gesundheitszustand des Generalsekretärs und die Erstarrung der sowjetischen Politik, die, da war sich Weihrauch sicher, irgendwann in einem großen Zusammenbruch enden musste. »Die sowjetischen Völker werden bei erster Gelegenheit Reißaus nehmen und die Russen allein lassen. Es wird Hungerunruhen geben, die Militärs werden nach der Macht greifen, und sie werden den Westen erpressen. Frieden gegen Subventionen oder irgend so etwas.« Tschernenko war für Weihrauch das Sinnbild des Stillstands. Und nun war das Sinnbild tot.

Henri schaltete das Radio ein, getragene klassische Musik, und gleich wieder aus. »Stimmt«, sagte er. Und er dachte an Eblow und Rachmanow, auch an Mavick und die zehn Millionen Dollar, die er den Amerikanern aus den Rippen geleiert hatte.

Während Weihrauch ihn fragend anschaute, wählte Henri eine Nummer auf dem Telefon.

»Fath.«

»Er ist tot«, sagte Henri.

»Sicher?«, fragte der Korrespondent.

»Absolut sicher. Schalt das Radio ein.«

Als er aufgelegt hatte, lächelte er Weihrauch an. »Ich hatte so was wie eine Wette mit dem Kollegen laufen.«

Weihrauch grinste zurück und nickte. Das verstand er, wie ihm sowieso wenig Menschliches fremd war. »Was ich nach wie vor nicht kapiere: Warum haben die einen todkranken Mann zum Chef gewählt? Das Politbüro war bisher für alles Mögliche bekannt zwischen Skrupellosigkeit und Lügen. Aber nicht für Dummheit. In einer Zeit, in der es wahrlich hoch hergeht, setzen die eine Mumie auf den Thron. Das ist doch absurd.«

Natürlich ist das absurd, wenn man es so betrachtet, dachte Henri. Aber wenn man es anders betrachtet, dann ist es nicht absurd. Dann erscheint es sogar logisch. Wenn Stabilität zum Fetisch wird.

»Ich verstehe es auch nicht«, sagte Henri. »Alte Männer haben einen alten Mann gewählt, weil sie den jungen nicht trauen. Vielleicht lässt es sich so erklären.«

»Vielleicht. Aber eigentlich haben die getan, was man den Lemmingen vorwirft. Zu Unrecht, übrigens. Lemminge denken gar nicht daran, Selbstmord zu begehen.«

»Es ist eine Tragödie, er musste zwei Wochen gegen den Krankheitsschub kämpfen, habe ich gehört«, sagte Major Eblow und ließ den weißen Rauch seiner Zigarre eine große Wolke bilden, die nun ihren Flug begann. Er trank einen kräftigen Schluck Weinbrand, setzte sein Glas ab und lächelte versonnen.

»Aber das Leben geht weiter«, sagte Rachmanow leise und lächelte zurück.

»Natürlich«, sagte Eblow, aber so richtig überzeugt klang das nicht.

»Werden sie ihn obduzieren?«

Eblow schüttelte den Kopf. »Obduziert werden Leichen nur dann, wenn der Verdacht von Fremdeinwirkung vorliegt. Sowjetische Generalsekretäre werden nicht ermordet.«

»Es wäre eine Schande für das Land.«

»Richtig. In den USA ist das ja fast üblich, Wildwest, Land des Verbrechens. Aber sind wir in den USA? Eine schreckliche Vorstellung.« Er grinste. »Bei uns lieben alle die Führer unserer ruhmreichen Partei.«

»Aber eine Untersuchung und einen Totenschein muss es doch geben. Das ist Gesetz.«

»Genau«, paffte Eblow, »unsere Gesetze sind uns heilig. Professor Smirnow, der Leiter des Regierungskrankenhauses, persönlich wird die Untersuchung vornehmen und den Totenschein ausstellen.«

»Kennst du den?«

»Ein sehr guter Arzt«, nickte Eblow, »vielleicht unser bester. Ich habe das Privileg, von ihm betreut zu werden. Du weißt, mein Blutdruck treibt manchmal seltsame Dinge ...«

Rachmanow verknotete seine Finger. »Der eine hat es hinter sich. Wir nicht.« In seinen Augen leuchtete kurz die Angst auf. »Wenn deine Genossen auch nur ein Molekül wittern, werden sie uns auf die Streckbank legen«, flüsterte er, als hätte er Angst vor den eigenen Worten. »Bist du sicher, dass du alles im Griff hast?«

Eblow schwieg lange und rührte sich nicht. Dann zuckte er mit den Achseln, stand auf und ging, die Zigarre zwischen den Lippen, zum Fenster. Er schaute hinunter zum Dserschinskiplatz, der längst von Straßenlaternen erhellt wurde. Es war weniger Verkehr als sonst, als verneige sich das Land vor dem Toten, der gewiss kein großer Mann gewesen war, aber der bisher letzte war in der Reihe der sowjetischen Führer, an deren Anfang Lenin stand und mit ihm Dserschinski, der unbestechliche Wächter über die Macht der Partei. Bis auf Chruschtschow waren sie alle im Amt gestorben, Tschernenko auch. Aber er war der erste Generalsekretär, der ermordet worden war.

»Und was ist mit den Amerikanern?«

Eblow betrachtete sein Spiegelbild im Fenster. »Damit haben wir nichts zu tun. Martenthaler hat kassiert und leider die Gegenleistung nicht erbracht. Es herrschen schon seltsame Gepflogenheiten zwischen den westlichen Geheimdiensten. Ein echter Sittenverfall. Wo hört die Moral auf bei denen?« Er zwirbelte seinen Bart und beantwortete sich die Frage selbst: »Bei zehn Millionen Dollar allemal.« Ein wenig Bedauern schwang mit.

Rachmanow betrachtete die Silhouette des Majors. Dann dachte er an Henri. »Das ist ein armes Schwein. Eigentlich fand ich ihn anständig. Ein bisschen … spröde, sehr auf Haltung bedacht, gefühlskalt.«

»Ein Soldat«, sagte Eblow leise. »Er wird es verstehen. Ohne Opfer geht es nicht im Krieg. Auch nicht in dem, den wir führen.« Er seufzte kaum hörbar.

Theo verließ Suchanows Büro, überlegte einen Augenblick, ob er auch Protossows Dienstzimmer durchsuchen sollte, aber dann entschied er, dass er das Glück genug herausgefordert hatte, zumal er den Großteil davon noch brauchen würde. Er stieg die Treppen hinunter ins Erdgeschoss und suchte dann Tür für Tür den Flur ab. Endlich fand er einen nicht abgeschlossenen fensterlosen Raum, eine Art Besenkammer. Er zog den weißen Kittel aus Suchanows Büro an, lobte sich, dass er daran gedacht hatte, ihn mitzunehmen, und schaute sich genau um. Er fand einen Lichtschalter und schloss die Tür. Wenn er Pech hatte, kamen die Putzfrauen morgens und nicht am Abend. Wenn die ihn erwischten, konnte er nur versuchen, sie zu überrumpeln. Ein russischer Fluch, er legte sich einen zurecht, und dann im Eilschritt, aber bloß nicht rennen, zum Haupteingang in der Hoffnung, dass sie ihn nicht mehr abgeschlossen hatten. Ein Kamikazeflug bot bessere Überlebenschancen.

Die Minuten vergingen im Zeitlupentempo. Er wartete auf Trittgeräusche und Schlüsselgeklirr, mit dem sich die Putzkolonne ankündigte. Sollte er sich einen anderen Unterschlupf suchen? Die Angst trieb ihn heraus aus dem Mauseloch. Fast im Laufschritt klapperte er die nächsten Türen ab, und als er schon dachte, keine offene mehr zu finden, fiel er fast hin, als sich die Tür nach einem Klinkendruck öffnete.

Im Gang ertönte, was er gefürchtet hatte. Schlüssel klapperten, Holzsohlen klopften auf den Boden, Stimmen, ein Lachen. Er betrat den Raum und schloss die Tür. An der Seitenwand ein Regal mit leeren Reagenzgläsern, daneben Stapel mit Papier, Handbücher, eine Schachtel mit Bleistiften, Klebebänder, Büroklammern. Es war ein Vorratsraum. An der Stirnwand standen Pappkartons fast bis zur Decke. Blitzschnell entschied er, was er zu tun hatte. Er wuchtete einen Karton nach dem anderen auf den Boden, trat an die Wand und schichtete die Pappkartonmauer wieder hoch, sodass er dahinter verborgen war. Völlig erschöpft brach er hinter den Kartons zusammen, er schnaufte wie ein Kampfstier.

Dann ein Klacken, die Tür wurde geöffnet. Unbestimmbare Geräusche, während er die Luft fast anhielt. Langsam atmen, ruhig werden. Er zwang sich. Die Putzfrau brauchte nicht lang, aber für Theo war es eine Ewigkeit. Dann brummte die Frau etwas, und die Tür schlug zu. Er blieb noch lange sitzen hinter seinem Pappwall und lauschte. Die Geräusche auf dem Gang entfernten sich. Als er sich einigermaßen erholt hatte, begann er die Mauersäule vor ihm abzubauen. Vier Kartons, das schaffte er schnell. Er machte sich nicht die Mühe, die Kartons wieder an der Wand aufzuschichten.

Er stellte sich hinter die Tür und horchte. Die Putzfrauen kehrten zurück zum Haupteingang, es lachte und schlurfte. Dann war es überall still, die Kolonne schien in eine andere Etage abgezogen zu sein. Halb sechs Uhr, bald würden die ersten Mitarbeiter auftauchen. Hoffentlich nicht mit der Absicht, sich gleich in der Materialkammer mit Bleistiften zu versorgen. Theo erdachte einen Plan für den schlimmsten Fall, er würde massiv auftreten, als würde er nach etwas suchen, das natürlich mal wieder nicht vorrätig war, und dann wutschnaubend den Raum verlassen.

Er war hundemüde, jetzt schlug es durch. Er setzte sich auf den Boden neben der Tür und lehnte den Rücken an die Wand. Er war hart, und bald schmerzte der Rücken, und doch wäre er fast eingeschlafen. Er kannte solche Momente, wusste, dass er die Müdigkeit nicht mehr lange beherrschte und dass die Zeit kommen würde, in der er mit dem Gedanken kämpfte aufzugeben, nur um schlafen zu können. Er überlegte, wann er zum letzten Mal ausgeschlafen hatte, und konnte sich nicht daran erinnern. In seinem Kopf wuchsen wirre Ideen, Erinnerungen, die ihm unendlich weit entfernt schienen. Dabei hatte er Paula erst vor ein paar Tagen kennengelernt. Er mühte sich, sich die Situationen vorzustellen, mit denen er es nun zu tun haben könnte. Was sollte er unternehmen, wenn die Tür aufging? Aufspringen, losmarschieren, sich nicht aufhalten lassen, am Haupteingang kontrolliert wurde nur, wer hereinkam. Aber wenn er auf dem Boden saß, fiel das auf. Er hatte sich doch schon etwas überlegt. Stimmt, so tun, als würde er Material suchen, den Russen spielen, fluchen, die Tür zuknallen, weil wieder mal was fehlte. Scheißverwaltung. Aber er saß doch auf dem Hintern. Konzentrier dich, das bisschen Schlafdefizit steckt ein Feldagent weg. Viele haben es länger ausgehalten ohne Halluzinationen, viele mussten kämpfen nach Ewigkeiten ohne Schlaf, und du musst nur abhauen. Nächste Möglichkeit: Wenn keiner in die Kammer kam, dann würde er sie irgendwann verlassen müssen. Wann? So früh wie möglich, irgendeinem würde bestimmt etwas fehlen. Und was mochte in diesen blöden Kisten sein? Schwer waren sie nicht gewesen. Konzentrier dich. Doch sein Hirn fand keine weiteren Möglichkeiten.

Dann schrak er hoch, er war doch eingedöst, draußen Trittgeräusche, energisch, fast militärisch. Jetzt würden sie ihn holen. Doch die Schritte zogen vorbei und verhallten. Er stand auf, die Ungeduld wollte ihn auf den Flur treiben, aber die Vernunft hielt ihn zurück. Vielleicht hatten die paar Minuten – waren es wirklich nur Minuten? – Schlaf ihm den Verstand gerettet, das Hirn schien wieder normal zu arbeiten. Er erinnerte sich an die beiden Fluchtvarianten und kam auch diesmal nicht auf mehr. Doch, jetzt fiel ihm ein, dass er so früh wie möglich fliehen musste, bevor sie entdeckten, dass ein Einbrecher im Haus war. Warum hatte er nicht daran gedacht? Was würden sie tun, wenn sie es entdeckten? Alles schließen, das Haus umstellen und Zimmer für Zimmer durchsuchen.

Kurz entschlossen trat er auf den Flur. Aus irgendeinem Grund fuhr er sich mit der Hand durch die Haare. Er streckte das Kreuz und marschierte los, so, wie er sich vorstellte, dass ein eiliger Pathologe ging. Zwei Frauen kamen ihm entgegen vom Haupteingang her, sie unterhielten sich angeregt und beachteten ihn nicht. Er sah die Innentür, die ihn zum Vorraum mit dem Haupteingang führen würde, zögerte eine Sekunde, fühlte wie sein Herz höher schlug als jemals zuvor, drückte die Pendeltür auf und marschierte zur Haupttür. Jetzt musste einer rufen: »Stoj!« Er wusste, dass er verloren war. Immerhin hatte er es versucht. Verzweiflung ergriff ihn. Paula, er hätte sie so gern wiedergesehen.

14

»Die haben uns aufs Kreuz gelegt«, sagte Henri. Er hatte sich entschieden, den Stier bei den Hörnern zu nehmen, und war einfach in der US-Botschaft aufgetaucht. »So was passiert. Wer nichts riskiert, kommt nicht weit, schon gar nicht in unserem Gewerbe. Immerhin ist dieser Gorbatschow zum Generalsekretär gewählt worden, ein kleiner Trost, oder?«

Mavick starrte Henri wütend an, seit er erfahren hatte, dass er sich umsonst auf die MiG gefreut hatte. Henri konnte sich gut vorstellen, dass Mavicks Vorgesetzte diesen Reinfall nicht gerade als Pluspunkt in dessen Personalakte eintragen würden. Vor allem hatte sich der Amerikaner heftig blamiert, nachdem ihm das Unmögliche gelungen war, seiner Regierung zehn Millionen Dollar abzuschwatzen. Eine reife Leistung, fand Henri. Mavick hätte es eigentlich verdient zu erfahren, welch segensreiche Entwicklung er mit seiner Investition ermöglicht hatte.

»Dieser Gorbatschow ist genauso ein Scheißkommunist wie sein Vorgänger. Ich wüsste nicht, was mich daran trösten soll. Und er ist viel jünger und wird uns schon deswegen mehr Scherereien bereiten als der Tattergreis. Meiner Regierung ist es nicht recht, wenn die sowjetische Führung erneuert wird, es hätte weitergehen können, so, wie es war. Aber Ihnen und Ihren Leuten habe ich noch nie getraut, und ich verrate Ihnen ein kleines Geheimnis, wenn ich sage, dass ich da nicht der Einzige bin bei uns. Seit diesem Brandt kriechen Sie den Russen in den Arsch. Entspannung, Abrüstung« – er zog diese Begriffe durch seinen Mund – »so ein … romantischer Quatsch. Die Russen lachen über Sie, glauben Sie es mir. Und wenn Sie Ihre Ohren nicht zugestopft hätten, dann würden Sie es sogar hören. Man muss sie fertigmachen, so einfach ist das. Und wir machen sie fertig, da kann dieser Gorbatschow strampeln, wie er will.« Mavick winkte ab. In seinem Gesicht las Henri diesmal noch mehr Hochmut als sonst. Es war klar, sie wollten die Russen totrüsten, die Jahre des Friedensgedöns waren vorbei, es ging in die letzte Runde.

»Und, bevor wir jetzt unsere gemütliche Konversation fortsetzen, ich schätze es sehr, mit Ihnen zu sprechen, wir möchten das Geld zurück«, sagte Mavick betont ruhig und sehr gefährlich.

»Ja«, erwiderte Henri genauso ruhig. »Sie wollen das Geld zurück. Vielleicht wäre es aber sinnvoll, Sie gäben mir noch ein bisschen Zeit, könnte doch sein, dass ich die MiG noch in die Luft bekomme.«

Mavick schaute ihn lächelnd an, aber in diesem Lächeln hatte sich eine volle Ladung Misstrauen eingenistet. Es sah so aus wie: Netter Versuch, aber lass es. Er kratzte sich am Handgelenk, dann sagte er, immer noch ruhig und kühl wie ein Eisloch auf der Moskwa: »Ich habe die Anweisung aus Langley, dass Sie diese Summe binnen einer Woche zurückerstatten. Wenn Sie das nicht tun, hat es Folgen …«

»Sie sollten einem Verbündeten nicht drohen«, sagte Henri und überlegte, ob er nicht einfach die Katze aus dem Sack lassen sollte. Doch er ließ sie drin, denn er hatte es Eblow und Rachmanow versprochen, und außerdem würde Mavick ihn für völlig verrückt halten, denn für den war Kommunist gleich Kommunist, Vertreter des Reichs des Bösen, welches ausgelöscht werden musste, das war die heilige Christenpflicht.

»Sie missverstehen mich«, sagte Mavick in einem Tonfall, der ausdrückte, dass Mavick eigentlich nichts anderes erwartet hatte. »Ich drohe nicht, schon gar nicht einem Verbündeten. Aber ich habe bezahlt für eine Ware, die nicht geliefert wird, und da ist eine Rückerstattung des Kaufpreises üblich, in jedem Land der Welt, sogar in der Sowjetunion. Und gerade unter Verbündeten sollte das mehr als selbstverständlich sein.«

»Und Sie haben keine Geduld, um zu warten, ob das Flugzeug vielleicht doch noch landet?«

»Nein, ich habe einen Fehler gemacht, Ihnen zu vertrauen, und jetzt werde ich den Fehler tilgen. Es steht ganz in Ihrem Ermessen, wie diese Tilgung erfolgt. Aber getilgt wird er.« Seine Augen verrieten, dass er keineswegs so cool war, wie er tat.

Henri straffte seinen Rücken, wie um einen Angriff abzuwehren. Wenn ich jemals gerätselt haben sollte, wie man sich im Eiltempo einen Todfeind macht, jetzt weiß ich es.

Nachdem Henri gegangen war, saß Mavick noch lange im abhörsicheren Raum der Botschaft. Die Augen geschlossen, kritzelte er auf dem Papier, das vor ihm lag. Seine zornige Fantasie führte ihm vor, wie er das Schwein mit einem Messer abstach, langsam und genüsslich. Er musste sich entscheiden, und zwar jetzt. Natürlich konnte er seinen Abschied einreichen, aber es wäre eine Niederlage. Nein, er würde sich nicht verpissen und sich auf seinem Erbe ausruhen. Denn wie sollte er Ruhe finden, wenn er immer daran erinnert wurde, dass dieser Pullacher Stümper ihn reingelegt hatte? Wahrscheinlich hatte er sich das Geld selbst unter den Nagel gerissen oder gemeinsam mit seinen sowjetischen Kumpanen. Mavick war sich allerdings sicher, dass an der Flugzeuggeschichte etwas dran war. Aber dann musste etwas dazwischengekommen sein. So was passierte, und wenn es nicht zehn Millionen wären und er nicht aussähe wie ein Idiot, könnte man barmherzig den Mantel des Schweigens darüber decken. Doch das war unmöglich. Er musste die Sache klären und mindestens Martenthaler ausschalten. Danach konnte er sich eine Geschichte einfallen lassen.

Er nahm den Telefonhörer in die Hand, betrachtete ihn unschlüssig, doch dann wählte er. Als er ein hartes »Ja?« hörte, sagte er:

»Alexander Alexandrowitsch?«

»Ja.«

»Ich muss mit Ihnen sprechen. Wir haben ein Problem.«

Niemand rief »Stoj!«. Theo schritt zur Eingangstür, ohne nach links und rechts zu schauen. Als er sie öffnen wollte, zog sie jemand von außen auf. Ein kleiner, schmächtiger Mann stand vor ihm und musterte ihn, wie Vorgesetzte Untergebene mustern. Theo durchfuhr es, es war Suchanow, wer sonst? Er schob den Mann entschlossen zur Seite, Suchanow stolperte und fiel in den Schneematsch. Theo rannte los, dann hörte er das Geschrei. Im Laufen zog er den weißen Kittel aus und warf ihn über eine laublose Hecke. Am Himmel brachen graue Wolken das Sonnenlicht, alles sah aus wie auf einem verblassten kolorierten Schwarz-Weiß-Foto. Menschen hasteten ihm entgegen, sie beachteten ihn kaum. Es war Berufsverkehr, Moskau boomte, Arbeitslose gab es kaum. Er schaute sich um, sah aber niemanden, der ihm folgte. Dann, auf der Straße, ein Streifenwagen. Theo bremste ab und verfiel in einen Normalschritt, obwohl alles ihn drängte, so schnell zu rennen, wie es nur ging. Der Polizeiwagen war weg, er rannte wieder los. Bald wusste er nicht mehr, wo er war. Er bog links ab, rechts, dann geradeaus, wieder ein Haken, aber immer dorthin, wo möglichst viele Menschen unterwegs waren. Als er eine Unendlichkeit gerannt war, musste er sich erholen. Er ging langsam weiter, schnaufte und schwitzte. Immer wieder sicherte er möglichst unauffällig das Terrain. Er überlegte, ob er zu Protossows Datscha zurückfahren sollte, aber dann strich er die Idee. Sie würden alle Zugänge zu Bahnhöfen kontrollieren. Und er durfte Protossow nicht in den Untergang hineinziehen. Den würden sie noch übler beuteln als Theo. Welche Möglichkeiten hatte er nun?

Da fiel ihm ein, was ihm Henri dereinst erzählt hatte, als er noch den Vater gab. Eine spannende Geschichte, wahrscheinlich die einzige eigene, die er je erzählt hatte. Seit wann konnte Henri sich Geschichten ausdenken? Theo lachte gequält, es klang eher wie ein Husten. Wenn du fliehen musst, versteck dich unter Menschen. Besorg dir andere Kleidung, damit die Beschreibung nicht mehr stimmt. Verkriech dich eine Weile irgendwo und überlege, was du als Nächstes tun kannst. Und fast genau in diesen Worten hatten die BND-Ausbilder es ihnen auch eingetrichtert. Und trichterten es Geheimdienstausbilder in allen Ländern ihren Schülern ein. Und trotzdem, obwohl es alle wussten, funktionierte es.

Er schaute sich um, er war irgendwo in der Stadtmitte, es musste sich doch etwas finden lassen. Er lief geradeaus, bis er endlich ein Textilgeschäft fand, Damen- und Herrenbekleidung. Theo drückte die Glastür auf, die Wärme schlug ihm entgegen. Er war der einzige Kunde, eine elegant gekleidete Frau mittleren Alters mit blond gefärbten Haaren und einem beeindruckenden Dekolleté lächelte ihm entgegen. Sie tat so, als würde sie sein verschwitztes Gesicht nicht wahrnehmen. Er erklärte ihr, dass er einen Anzug und einen neuen Mantel suche, auch eine Mütze. »Gegen die Kälte, wissen Sie.«

Natürlich wusste sie es. Sie nahm mit den Augen Maß, dann deutete sie in die Herrenabteilung, die aus einer Hälfte des kleinen Raums bestand. Theo zwang sich, das Angebot ganz ruhig zu prüfen, und während er es tat, stellte er sich vor, wie Miliz und FSB die Jagd auf ihn organisierten. Sein Herz klopfte, sie musste es doch hören. Er entschied sich für einen schlichten grauen Anzug aus Wolle, kaufte auch ein dunkelblaues Hemd und eine schwarze Mütze mit Ohrenschützern, die er tief ins Gesicht ziehen konnte. Er probierte die Sachen an, fand schnell die richtigen Größen und behielt sie gleich an. Die Akte stopfte er sich wieder unters Hemd. Die Blonde verpackte ihm die alte Kleidung mit einem fast herzlichen Lächeln in eine riesige Einkaufstüte, und er bezahlte nach einem kurzen Zögern mit seiner Kreditkarte. Draußen erwarteten ihn die Kälte und eine weitere Steigerung der Angst.

Er mischte sich in eine Menschentraube, die auf Kleinbusse wartete, entdeckte eine Mülltonne und ließ seine Einkaufstüte darin verschwinden. Dann marschierte er weiter, zwang sich, erst einmal nur nach vorn zu schauen, bis er an eine Ecke kam, die es ihm erlaubte, nach hinten zu sichern.

Was war die nächste Regel? Zur Ruhe kommen, nachdenken. Er lief weiter, folgte einem Menschenstrom, begegnete einem Menschenstrom. Dann wurde es ruhiger auf den Bürgersteigen, die Leute hasteten nicht mehr in Herden umher, sondern wurden Individuen, manche schlenderten, flanierten. Zwei Frauen, untergehakt, mit Einkaufstüten, lachend, gewiss auf dem Weg zum zweiten Frühstück. Er musste etwas essen, dringend. Und etwas trinken. Er sah es schon von Weitem, ein Kino. Noch einmal wechselte er die Straßenseite, schlug ein paar Haken, beobachtete vor einem Schaufenster die Straße, fand aber keinen Verfolger. Außerdem, dachte er, warum sollten sie dich verfolgen? Sie würden ihn gleich verhaften. Oder suchten sie seinen Unterschlupf, witterten sie den Verräter?

Nachdem er auf Umwegen das Kino erreicht hatte, stellte er fest, dass es keine Frühvorstellungen gab. Das Kino öffnete erst am Abend. Aber der Kartenschalter war schon besetzt, er kaufte eine Karte für einen Amischinken, den er nie sehen würde, und überredete die alte Dame, zum Tresen zu gehen und ihm sechs Schokoriegel und eine Flasche Mineralwasser zu verkaufen. Er verließ das Kino, setzte die Flasche an, steckte sie danach in seine Manteltasche und aß den ersten Schokoriegel. Er zwang sich, langsam zu essen, und während er ging, überlegte er, was er tun sollte.

Eine Reihe von kleinen Läden, Getränke, Zigaretten, Konserven, Zeitungen, Zeitschriften. Als er die Zeitungen sah, fiel ihm ein, dass sie ihn womöglich zur Fahndung ausschreiben würden, vielleicht mit Bild im Fernsehen und den Moskauer Blättern. Er unterdrückte die Panik, die nach ihm griff. Am Straßenrand eine Gruppe von Pennern mit Hunden, sie mussten entsetzlich frieren, ihre einzige, tückische Heizung war der Schnaps.

Plötzlich wusste er, wo er war. Da standen Puschkin und Gontscharowa fast direkt vor ihm und schauten auf das ehemalige Haus des großen Dichters am Arbat. Das Denkmalpaar war mit Puderzucker bestreut, Nataljas Nase versteckte sich unter einem weißen Häubchen. Schnee. Er ging weiter und sah endlich ein Café, es hatte geöffnet. Er drehte wieder eine Runde um sein Ziel, um Verfolger zu erkennen oder wenigstens irrezuführen. Aber da war nichts, was ihn erstaunte, aber auch verunsicherte. Der Magen schmerzte, es biss und kniff in Wellen. Er ging ins Café, billige Einrichtung aus Plastik und Stahl.

Glasvitrinen für Gebäck, Kuchen und Getränke. Er ließ sich am Tresen von einer mies gelaunten Brünetten mit viel zu viel Schminke im Gesicht ein mit Käse belegtes Brötchen und einen Becher Tee geben. Dann setzte er sich ans Fenster, beobachtete, was draußen vor sich ging, und als ihm nichts einfiel und die Brünette in der Küche verschwunden war, zog er die Akte unter seinem Hemd hervor und legte sie vor sich auf den Tisch. Theo versuchte noch einmal alles zu entziffern, was er schraffiert hatte. Das war schwierig, weil die durchgedrückten Buchstaben an manchen Stellen mit der Schrift der fünften Seite fast verschmolzen. Mit einer Lupe wäre es leichter gewesen. Er verstand auch einige Begriffe nicht, aber eines wurde ihm nach dem dritten Lesen klar: Tschernenko starb im Alter von dreiundsiebzig Jahren. Er war alt, aber keineswegs todkrank. Ganz im Gegenteil bescheinigten ihm die Ärzte eine gute Konstitution, einen wachen Geist, einen stabilen Kreislauf, prächtige Blutwerte. Grund für seine Einlieferung ins Krankenhaus: grippaler Infekt, der aber am 9. März nach einem eher leichten Verlauf so gut wie abgeklungen war. Einer Entlassung aus dem Regierungskrankenhaus steht nichts im Wege. Theo blätterte hastig, bis er den Totenschein gefunden hatte. Todesursache: Herzinfarkt, verursacht durch eine Lungenthrombembolie. Er blätterte weiter und entdeckte den Abschlussbericht eines Professors Smirnow, Leiter des Regierungskrankenhauses und Mitglied des Zentralkomitees. Die gleiche Angabe zur Todesursache und der Hinweis: Eine Obduktion ist nicht erforderlich. Es war das letzte Dokument in der Akte.

Die Brünette war längst wieder aufgetaucht und schielte zu Theo, aber dem war das egal. Er biss geistesabwesend in sein Brötchen. Es war trocken und wie zum Ausgleich mit zu viel Butter beschmiert.

Er blätterte noch einmal, las hier und dort, kratzte sich am Kopf, vergaß seine Magenschmerzen und seine Angst für ein paar Augenblicke und begriff, dass Konstantin Tschernenko ein ziemlich gesunder Mann gewesen war am 9. März 1985, ein paar Stunden vor seinem Tod. Und die Seite, auf der es stand, hatte das KGB aus der Akte entfernt.

Die Brünette stand plötzlich neben Theo, während der noch ganz versunken war in die Akte und gerade mal wieder das Bild von Tschernenkos Leiche betrachtete, als könnte er als Nichtmediziner irgendetwas Aufschlussreiches an ihr entdecken.

»Schmeckt es nicht?« Sie deutete auf das angebissene Brötchen.

»Doch, doch«, sagte Theo.

»Das ist doch Tschernenko«, sagte sie.

»Nein, das ist er nicht.« Theo erschrak und hoffte inständig, dass sie es nicht merkte. Er schlug die Akte zu, viel zu spät.

»Darf ich noch mal schauen?« Sie sprach nun in dem Quengelton eines Mädchens, das unbedingt etwas haben will.

»Es ist mein Großvater«, sagte Theo.

Sie schaute ihm ungläubig in die Augen, schüttelte ein wenig hilflos den Kopf und zog langsam ab hinter ihren Tresen. Er beobachtete sie aus den Augenwinkeln, und als er sah, dass sie ihr Handy am Ohr hatte, stand er auf und ging zu ihr. Er legte einen Zwanzig-Rubel-Schein auf den Tresen, winkte ihr kurz zu und wandte sich ab. Sie hatte ihr Gespräch unterbrochen, hielt das Handy aber noch am Ohr, und begann weiterzusprechen, als er zur Tür ging.

Draußen trieb Schnee über den Arbat.

Der einzige Ort, an dem Henri nichts geschehen konnte, war die Botschaft. Er saß in Gedanken versunken an seinem Schreibtisch, als Angela die Tür öffnete. Sie blieb eine Weile stehen und beobachtete ihn, dann bemerkte er sie, lächelte gequält und nickte.

»Was ist los? Ist Towaritsch krank?«

Nein, der war gesund und hatte seine tägliche Ration schon gefressen, gierig wie am ersten Tag, und Henri zum Dank einen Kratzer auf der Hand verpasst. Sein Fell glänzte, und er hatte jede Ängstlichkeit abgelegt, um stattdessen den Tiger zu markieren.

»Nein, dem geht's zu gut. Ich habe ein paar Sorgen, rein beruflich.«

»Was in den Sand gesetzt?«

»So ähnlich, aber schlimmer.«

»Scheiße. Kann ich was für dich tun?«

Er schüttelte den Kopf.

»Vielleicht sollten wir uns heute Abend betrinken.«

»Das machen wir«, sagte Henri. Wie gut, dass es Angela gab. Eine Beziehung mit gutem Sex, guten Gesprächen, aber mit einem seltsamen Mangel an Leidenschaft. Henri wusste, dass ihre Beziehung beendet sein würde, wenn einer von ihnen Moskau verließ.

Als er nichts weiter gesagt und sie mit gerunzelter Stirn das Zimmer verlassen hatte, mühte sich Henri, Klarheit zu gewinnen. Er hatte sich die Amerikaner zu Feinden gemacht, besonders Mavick, und der Ehrgeizling war rachsüchtig, Henri spürte das. Pullach würde auch nicht begeistert sein, nun wegen der zehn Millionen Dollar in Langley in Verschiss zu geraten, und Henri hatte die eigenen Leute ja eingespannt. Das würde ihm über kurz oder lang ein Disziplinarverfahren einbringen, Beförderungen konnte er sich abschminken. Bald würden die Mühlen der

Bürokratie eine Weisung ausspucken, die ihn nach Pullach zurückschicken würde. Eigentlich konnte er schon packen. Aber das war nicht alles. Er hatte sich noch mit einer kleinen Gruppe von Verrückten im KGB zusammengetan, was ihm automatisch die Feindschaft aller anderen Sowjetgeheimdienstler einbringen würde, wenn sie es herausfanden. Allerdings war das wahrscheinlich gar nicht nötig, denn wie er Mavick einschätzte, würde der ihn hochgehen lassen und den Sowjets etwas stecken. Etwas Wahres oder etwas Erfundenes, auf jeden Fall etwas, das die fuchsteufelswild werden ließ. An so etwas wie eine Altersvorsorge brauchte er keine Gedanken zu verschwenden, das Geld für die Beiträge konnte er sich sparen, immerhin.

Am vernünftigsten wäre es, sich sofort in ein Flugzeug nach München zu setzen. Er erhob sich und lief umher. Als er aus dem Fenster schaute, bildete er sich ein, im gegenüberliegenden Häuserblock etwas gesehen zu haben, eine Bewegung, eine Reflexion, einen Lichtblitz, er konnte es nicht genau bestimmen. Jetzt hast du schon Erscheinungen. Und doch ging er auf den Flur, wo ein Fenster auf die Straße wies. Er sah den unvermeidlichen Lada auf der Seite der Botschaft und schräg gegenüber einen Wolga, dahinter einen Kleintransporter ohne Aufschrift.

Henri kehrte in sein Büro zurück und setzte seinen Marsch fort. Was würden sie tun? Eine Provokation? Ein Unfall? Ein direkter Anschlag? Er hatte sich gut vorbereitet auf seinen Moskauaufenthalt, er wusste, was er der Konkurrenz zutrauen musste und was nicht. Sie würden es nicht wagen, einen Anschlag auf einen Botschaftsangehörigen zu begehen. Normal wäre allerdings, sie würden ihn ausweisen. Das war das übliche Verfahren. Daraufhin würde Bonn auch jemanden ausweisen, den sie schon länger im Visier hatten, um nicht das Gesicht zu verlieren.

Spionage gab man nicht zu, obwohl jeder davon wusste. Warum wiesen sie ihn nicht aus? Das allerdings erstaunte ihn zunächst, dann ängstigte es ihn. Sie würden auf jeden Fall etwas gegen ihn unternehmen. Wenn sie ihn nicht rausschmissen, was dann? Was hatte Mavick denen gesteckt, oder waren Eblow und Rachmanow aufgeflogen und hatten geredet?

Der Mann mit dem großen roten Fleck auf der Stirnglatze nickte nachdenklich. Seine Stimme klang kalt. »Genosse Tschebrikow, ich darf kurz zusammenfassen, was Sie uns berichtet haben, damit wir es auch wirklich verstehen. Der Genosse Tschernenko wurde umgebracht. Jemand hat einen Herzinfarkt bei ihm ausgelöst, als er im Regierungskrankenhaus lag. Dieser Jemand muss Angehöriger des medizinischen Personals des Krankenhauses sein. Der Genosse Professor Smirnow ist von einer Dienstreise in die Schweiz nicht zurückgekehrt und seitdem verschwunden. Sie halten es für möglich, dass Smirnow den Genossen Tschernenko ermordet hat. Jedenfalls hatte er Zugang zum Genossen Tschernenko. Eine Kontaktperson in der US-Botschaft hat behauptet, dass womöglich der westdeutsche Geheimdienst in den Mordanschlag verwickelt ist. Jedenfalls habe die amerikanische Regierung zehn Millionen Dollar bezahlt für ein Flugzeug, das ein angeblicher Überläufer in den Westen fliegen sollte. Es handelt sich um die zehnfache Summe dessen, was die Imperialisten sonst für unsere Jets bezahlen. Sie unterstellen die Möglichkeit« – Tschebrikow zog die buschigen Augenbrauen hoch, unterbrach den Generalsekretär aber nicht –, »dass die zehn Millionen für eine ganz andere Operation der Feinde gedacht war. Es kann sich dabei nach menschlichem Ermessen nur um den

Mordanschlag auf unseren Genossen Tschernenko handeln. Für zehn Millionen Dollar hat sich Smirnow kaufen lassen.«

Er schaute Tschebrikow streng an, es lag viel Misstrauen in dem Blick. Vor allem die Frage: Sagst du mir alles, hältst du was hinterm Berg, willst du mich in eine bestimmte Richtung lenken? »Es sei denn, der Professor Smirnow taucht plötzlich wieder auf und hat eine gute Erklärung für sein Verschwinden …«

»Smirnow ist längst bei den Amerikanern. Neuer Name, neue Papiere.«

Der KGB-Chef schaute ausdruckslos in die Runde. Es waren nur Männer, die meisten mit grauen Masken. Außenminister Gromyko, der Haudegen, der alle überlebt hatte und bald Vorsitzender des Obersten Sowjets würde, Verteidigungsminister Sokolov, gerade erst ein paar Monate im Amt, Jakowlew, Mitglied des Politbüros und ZK-Sekretär, Gorbatschows Vertrauter. Und der neue Generalsekretär, im Vergleich zu den anderen ein junger Mann, beweglich der Körper und der Geist. Tschebrikow musterte ihn immer mal wieder, wie um sich zu vergewissern, dass es sich wirklich um den Generalsekretär handelte, dieser Mann, der viel zu kurz in der Parteiführung saß und der viel zu schnell aufgestiegen war. Der Vorsitzende des KGB war ein sachlicher, ruhiger Mann, der es gelernt hatte, sich nichts anmerken zu lassen. Doch das fiel ihm schwer bei diesem Gorbatschow, der so anders klang als seine Vorgänger. Nicht dass man ihm etwas hätte unterstellen können, keine ideologische Abweichung, aber da war etwas, was sich vielleicht in ein paar Jahren zeigen würde. Natürlich wusste Tschebrikow Bescheid über die düstere Lage der sowjetischen Wirtschaft, über den Niedergang der Wissenschaften, die Verrottung der

Infrastruktur. Darauf hatten seine Tschekisten oft genug hingewiesen. Die Partei musste etwas tun, um die Stagnation zu überwinden. Aber sie durfte nichts tun, das die Macht gefährdete. Der Zusammenbruch beginnt immer mit einem kleinen Riss im Fundament.

»Und warum sollte der westdeutsche Geheimdienst den Genossen Tschernenko ermorden wollen?«, fragte Jakowlew.

Dieser Emporkömmling, dachte Tschebrikow, der pfeift dem neuen Generalsekretär die Flausen in den Kopf. Und dieser Mann ohne Erfahrung, der glaubt ihm das. Tschebrikow schaute auf das große Leninporträt in der Mitte der Wand hinter dem Schreibtisch Gorbatschows. Wenn der Alte wüsste, wenn Stalin wüsste, was nach ihnen gekommen war. Chruschtschow, der Dilettant, Breschnew, der das Chruschtschow-Chaos beendete, aber dann das Land erstarren ließ, Andropow und Tschernenko, ach, was soll man über diese Genossen sagen?

Tschebrikow schaute grau in die Runde. Blickte noch einmal zu Lenin, was seine Resignation nur verstärkte. Es war doch klar, warum sie den erfahrenen, kampferprobten Genossen Tschernenko ermordet hatten. Damit dieser Jungspund, der noch grün hinter den Ohren war, drankam. Das hatten sie sich gut ausgerechnet, die da drüben. Er musste ihnen seine Bewunderung zollen. Sie wollten die Sowjetmacht totrüsten, und sie hatten den Mann beseitigt, der sich dem entgegengestemmt hatte. Der die Partei eisern auf der richtigen Linie gehalten hatte. Was sollte er nun tun? Seine Aufgabe war es, die Sowjetmacht zu schützen vor offenen und vor versteckten Angriffen. Aber die Führung in ihrem Kampf hatte die Partei, ihr Politbüro, und dem hatte er sich zu beugen. Kommt Zeit, kommt Rat, dachte er. War das nicht ein deutsches Sprichwort?

»Es war wohl ein konzertierter Angriff des Imperialismus. Die Amerikaner haben ihre Satrapen vorgeschickt. Die Westdeutschen sollten beweisen, dass auf sie wieder Verlass ist«, sagte Sokolov.

Er war schon alt, obwohl er gerade erst Minister geworden war. Tschebrikow verstand, dass sie es überzogen hatten, dass Erfahrung nichts mehr taugte, wenn die Senilität sie auffraß. Wir müssen künftig ein gesundes Verhältnis zwischen Erfahrung und Vorwärtsdrang finden, da haben wir uns ein wenig ausgeruht.

»Nein«, sagte Tschebrikow, »dafür finden wir keine Hinweise. Es waren die Westdeutschen, dieser« – er schaute in seine Notizen – »Henri Martenthaler, ein Agent des BND. Die wollten dem großen Bruder vielleicht vorführen, zu was sie in der Lage sind. Aber das glaube ich nicht. Der Genosse Wolf hat mir noch heute früh versichert, dass seine Quellen keinerlei Informationen haben über eine große Operation des BND gegen unsere Parteiführung. Er sagt, unsere Genossen in den feindlichen Organen schließen diese Möglichkeit kategorisch aus.« Er schloss die Augen und dachte an Zeiten, in denen es leichter gewesen war, Verräter zu überführen. »Die Amerikaner haben damit nichts zu tun. Das wissen wir.« Er blätterte in seinem Notizblock. »Genossen, es gibt, wenn man die Tatsachen zusammenfügt, nur einen Schluss: Wir haben eine Verschwörung in der Partei und den Staatsorganen …«

»Wir sollten, werter Viktor Michailowitsch, keine voreiligen Schlüsse ziehen«, warf Gorbatschow nachdenklich ein.

»Genosse Generalsekretär, es gibt unbestreitbare Fakten: Erstens, die Amerikaner haben damit nichts zu tun. Sie wurden hereingelegt. Zweitens, der BND wollte keine Großoperation gegen uns durchführen. Dazu ist er nicht in der Lage, und wäre er es, würden die Bonner unseren Gegenschlag mehr fürchten als der Genosse Stalin den Trotzkismus …«

Jakowlew lachte, auch Gorbatschow musste schmunzeln.

Aber Tschebrikow ließ sich nicht verunsichern. »Wenn Smirnow abgetaucht ist und dieser Martenthaler zehn Millionen Dollar erschwindelt hat, die ebenfalls verschwunden sind, wenn Smirnow als Leibarzt die Möglichkeit hatte, den Generalsekretär zu ermorden, was sollen wir daraus schließen?«

Schweigen.

Dann Sokolov: »Genosse Viktor Michailowitsch hat natürlich recht. Wir sollten unseren Sicherheitsorganen dankbar sein für die gründliche Arbeit.«

Gorbatschow wiegte seinen Kopf, das Licht ließ seine Halbglatze glänzen. »Natürlich muss man diesen Schluss ziehen. Es handelt sich also um eine Verschwörung in der Partei, bei der dieser westdeutsche Agent als Geldbeschaffer mitgewirkt hat. Wir sollten die Sache nicht an die Öffentlichkeit dringen lassen. Es würde kein gutes Bild auf uns werfen, wenn man im feindlichen Lager, aber auch bei uns zu Hause, annehmen müsste, es sei möglich, einen Generalsekretär der KPdSU zu ermorden.« Er hielt inne und brachte Tschebrikow, der zu reden ansetzte, mit einem Wink zum Schweigen. »Es ist eine Frage der nationalen Ehre, dass niemals jemand erfährt, was geschehen ist.« Er wandte sich an den KGB-Chef: »Sie wissen, was Sie zu tun haben, Genosse Tschebrikow.«

Am Abend saßen führende Genossen der Zweiten Hauptverwaltung in einem kleinen Konferenzraum in der Lubjanka, um Tschebrikow anzuhören. Eblow saß nur drei Plätze vom Tischkopf entfernt, wo der KGB-Chef einen Aktenstapel angehäuft hatte. Obenauf lag sein in schwarzes Leder eingebundenes Notizbuch.

Tschebrikow erklärte seinen Leuten, dass es eine Verschwörung gegen die Partei gebe, in die eine unbekannte Zahl von Genossen, aber auch ein westdeutscher Agent verwickelt seien.

Obwohl der KGB-Chef Tschernenko mit keinem Wort erwähnte, wusste Eblow sofort, was gespielt wurde. Das KGB suchte ihn, Rachmanow, Smirnow, der sich in die Schweiz abgesetzt hatte, und Henri Martenthaler.

Tschebrikow kannte nur Smirnows Namen, aber er setzte alles daran, dass es dabei nicht blieb.

»Wir müssen ihn ergreifen, er ist der Schlüssel der Verschwörung. Wenn wir ihn verhören, scharf verhören, wird er uns sagen, wer die Verräter in unseren Reihen sind. Wir wissen, wo er arbeitet und wo er wohnt. Wir werden ihn also schnappen, daran kann es keinen Zweifel geben. Es werden übrigens auch die Amerikaner nach ihm suchen. Wir müssen ihn vorher in die Hände bekommen. Aber es darf nicht auffallen, wir lassen ihn verschwinden, vernehmen ihn, dann sehen wir weiter.«

Tschebrikow schaute sich um, aber natürlich erwartete er keinen Widerspruch. Dann sagte er mit leiser Stimme: »Was diese Verräter angerichtet haben, ist und bleibt ein Staatsgeheimnis. Niemand von Ihnen hat die Befugnis, den westdeutschen Agenten zu verhören. Haben Sie mich verstanden, Genossen?«

Wieder der Blick in die Runde, die Genossen nickten mit bitterernsten Gesichtern.

»Und wenn wir die Verräter haben, wird keiner von Ihnen, sagen Sie das auch den beteiligten Genossen, je ihre

Namen in den Mund nehmen. Diese Kreaturen werden ausgetilgt mitsamt ihren Namen. Sie haben nie zu uns gehört, nicht zur Partei und, sollte es so sein, auch nicht zum Komitee für Staatssicherheit.«

In der Ecke sah Eblow die Statue von Feliks Dserschinski, das hagere Gesicht, ausgemergelt fast, der stechende Blick. Ihm wurde übel, er schwitzte.

»Genosse Major, ist Ihnen nicht gut?« Tschebrikow verzog sein Gesicht für einige Sekunden zu einer Miene, die er gewiss als Mitleid verstanden haben wollte.

»Das Essen, Genosse Vorsitzender, ich glaube, ich vertrage es nicht.«

Tschebrikows Gesicht war gleich wieder kalt und grau. »Oberst Kusnezow, Sie übernehmen die Leitung dieser Operation. Wenn es Major Eblow wieder gut geht, dann sollten Sie ihn und seine Truppe an vorderster Front einsetzen. Sie gehören zu unseren Besten.«

Eblow überlegte, wie er sich und Rachmanow retten konnte. Aber es war alles verloren. Sie würden Henri kriegen, und dann war es eine Frage der Zeit, bis Tschebrikows Verhörspezialisten ihn so weit hatten.

Kusnezow war ein kleiner, hagerer Mann mit Glatze und einem grauen, strichartigen Schnurrbart. Er rümpfte seine angedeutete Hakennase, während er mit heiserer Stimme trocken und knapp seinen Plan vortrug und Tschebrikow mit halb geschlossenen Lidern zuhörte. Seine Hände lagen ruhig auf dem Tisch. »Wir müssen diesen Martenthaler lebend fangen, sonst werden wir die Verschwörung kaum aufdecken können. Wir haben bereits seine Wohnung durchsucht, aber nichts gefunden, das uns weiterbringt.«

»Wird er das merken?«, fragte General Bronski, der fette Leiter der Auswertung mit seinen Froschaugen.

Doch das brachte ihm nur eine lässig hochgezogene Augenbraue ein, was verstand so ein Auswerter schon von Operationen gegen den Feind, wo er doch immer nur einsammelte und begutachtete, was die Genossen an der Front unter Einsatz ihres Lebens erkämpft hatten. »Das spielt keine Rolle, wäre eher günstig, damit er richtig Angst bekommt. Wer Angst hat, macht Fehler.« Kusnezow atmete einmal durch, wie um zu zeigen, dass man ihn vor solchen amateurhaften Fragen verschonen möge. »Wir wissen aber aus einer zuverlässigen Quelle, dass er morgen Abend bereits nach München fliegen soll. Die CIA hat Druck in Pullach gemacht, und der BND spielt erst mal auf Zeit. Ist für die eine peinliche Sache. Der große Bündnispartner wurde getäuscht. Die zehn Millionen Dollar schmerzen ihn weniger als die Tatsache, dass er hereingelegt wurde.« In seiner Stimme lag doch ein wenig Befriedigung. »Wir haben genug Zeit und genug Kräfte, um zu verhindern, dass Martenthaler München erreicht.«

Während Oberst Kusnezow referierte, arbeitete Eblows Hirn wie im Fieber. Er fand zwei Lösungen: Sie durften Henri nicht fangen. Und wenn sie ihn doch kriegten, dann nur als Leiche.

Henri hatte ein schlechtes Gewissen, als sie zusammen zur Wohnung gingen. Nicht nur, weil er in der Tasche den Flugschein nach München hatte, sondern auch weil er sie als Schutz missbrauchte. Er musste sich nicht umsehen, um zu wissen, dass wenigstens der Lada ihnen folgte. Sie würden ihn nun lückenlos überwachen, keine Sekunde mehr aus den Augen lassen. Natürlich würden sie alle Eingänge des Wohnblocks überwachen und alle Telefone abhören. Sie würden ihn nicht entkommen lassen, das wusste er. Und er musste mit der Vergeltung der Amerikaner rechnen. Ob sie ihn schon in Moskau angriffen? Dafür sprach, dass sie es dann dem KGB in die Schuhe schieben konnten, dagegen, dass sie kaum damit rechnen durften, dass die Tschekisten sie einfach so machen ließen im fremden Revier. Es sei denn, fiel Henri ein, es sei denn, sie taten sich zusammen.

»Du bist aber sehr nachdenklich heute«, sagte sie. Sie hatte sich eingehakt, aber eine Vielrednerin war auch sie nicht. In letzter Zeit hatte es manchmal in ihm rumort, ob er sich vorstellen könne, mit ihr zusammenzubleiben. Dafür sprach einiges, der Sex, ihre entspannte Sicht auf die Dinge, die andere vielleicht dramatisch fänden, ihr vollkommener Mangel an Hysterie und Misstrauen, ihr Verständnis für sein ewiges Schweigen. Aber es waren nur kurze Momente der Schwäche, so erklärte er sich das.

Heute Abend noch würde er ihr sagen müssen, dass sie ihn nach Pullach zurückgerufen hatten. Und morgen würde er gehen. Er nahm sich vor, Towaritsch eine Sonderzuteilung zu genehmigen.

Die uniformierte Frau an der Pforte schaute fast noch mürrischer als sonst. Sie hob kaum den Blick, als Henri und Angela das Haus betraten. Ob sie es schon weiß?, fragte sich Henri. Na und wenn schon. Sie verabredeten sich zum Abendessen in ihrer Wohnung und trennten sich.

Dass etwas faul war, wusste er schon, bevor er die Tür geöffnet hatte. So etwas wie ein Geruch lag in der Luft, ein paar fremde Moleküle. Aber das bildete er sich vielleicht nur ein, weil sein Verstand ihm anzeigte, dass etwas passieren könnte in der Wohnung. Als er die Tür aufgedrückt hatte, brauchte er seine Warnzeichen nicht zu konsultieren, nicht die präparierte Lage des Papierstapels auf seinem kleinen Schreibtisch, nicht das Stückchen Faden in der Schranktür, nicht die Kerbe des Papierkorbs, die zum Tischbein zeigen musste. Es war ein völliges Durcheinander. Sie wollten, dass er es sah. Sie hatten die Schubladen herausgezogen und ihren Inhalt auf dem Boden verteilt. Sie hatten die Papiere auf seinem Schreibtisch und den kleinen Bücherstapel auf dem Nachttisch weggestoßen, sie hatten sogar in der Stehküche ganze Arbeit geleistet, überall lagen Splitter herum und vermischten sich mit dem Mehl aus einer geplatzten Tüte, dem Reis, dem Zucker und den Nudeln und sogar dem Besteck.

Henri setzte sich auf den Sessel, fast verwundert, dass sie dessen Polster nicht aufgeschlitzt hatten.

»Mein Gott, was ist denn hier los?« Sie stand in der Tür, hob beschwichtigend die Hände, dann legte sie sie an die Wangen. »Ich wollte ...« Dann war sie still.

Er saß, sie stand, und sie betrachteten schweigend das Chaos. Dann ging sie unsicher zu ihm, berührte wenige Augenblicke seine Schulter und stellte sich dann vor ihn.

»Was willst du machen? Die Miliz?«

Er schüttelte den Kopf.

»Was dann?«

»Aufräumen«, sagte er.

»Was haben sie gesucht?«

Er hob die Arme und ließ sie wieder sinken. Nichts haben sie gesucht, dachte er, auch wenn sie einen Zufallsfund dankbar abgestaubt hätten. So durchsucht man eine Wohnung nur, wenn man das Opfer ängstigen will. Sie machen Druck. Sie wissen, dass ich abgezogen werde, natürlich wissen sie es. Irgendeiner dieser Achtgroschenjungs des Genossen Mielke wird es den Moskauern schon gepfiffen haben. Da kennen die nichts, Lob vom Genossen Tschebrikow, das ist etwas Großartiges.

»Die müssen doch etwas gesucht haben! Ich hol die Babuschka!« So nannte sie die Aufsichtsfrauen und machte aus ihnen eine einzige virtuelle Person.

»Nein«, sagte er.

»Doch!« Sie verschwand.

Nach ein paar Minuten kehrte sie mit einer alten Frau in einer knittrigen grünen Uniform zurück, an den Füßen trug sie Pantoffeln, in der Hand einen Schlüsselbund. Ihre schwarzen Haare sahen aus wie verfilzt. Aber ihre kleinen braunen Augen waren wach. Ihre Pupillen wanderten hektisch durch die Wohnung, dann schüttelte sie heftig den Kopf und wollte gehen. »Ist hier jemand hereingekommen, den Sie nicht kennen?«, schnauzte Angela. Henri hatte sie noch nie so aufgebracht erlebt. Die Babuschka ließ die Augenlider zittern, dann sagte sie mit dunkler, brüchiger Stimme. »Nein, niemand.«

»Aber irgendwie müssen die doch hereingekommen sein. Bestimmt zwei, vielleicht drei.«

Seltsam, dachte Henri, wie kommt sie darauf, dass es mehr als einer war? Einer würde das doch auch schaffen. Aber irgendwie hatte sie recht, denn ein solches Chaos sah einfach nach mehreren Verursachern aus.

»Es ist niemand gekommen, den ich nicht kenne.«

Da sagt sie immerhin die Wahrheit, dachte Henri. Und fragte sich, was die Lauscher darüber dachten. Wahrscheinlich waren es stupide Apparatschiks, gerade klug genug, um Tonbänder zu bedienen. Und vermutlich dachten sie an ihre Frauen oder Freundinnen, an das letzte oder nächste Eishockeyspiel. Merkwürdig, dachte Henri, das blöde Foto vom Roten Platz hängt noch an der Wand.

Da Henri sie nicht beachtete und auch Angela die Fragen ausgegangen schienen, schlurfte Babuschka hinaus, ohne sich den Schaden wirklich angesehen zu haben. Als sie verschwunden war, stand Henri auf und hängte das

Foto von der Wand. Sie hatten die Wanze auf der Rückseite am Rahmen angeklebt. Henri lächelte.

»Was ist das?«

»Ungeziefer«, sagte Henri, nahm das Gerät, warf es auf den Boden und trat fest darauf. Er hätte sich gern vorgestellt, wie jetzt ein KGB-Lauscher schmerzhaft das Gesicht verzog und in den kommenden Tagen unter Pfeiftönen im Ohr litt, aber wahrscheinlich hatten sie es sich erspart, das Lauschgerät anzuschließen. Er nahm ein Blatt Papier und einen Stift vom Fußboden und schrieb darauf: Wir werden abgehört. Wir tun so, als wären es stinknormale Einbrecher. Dann deutete er auf die Wand und anschließend auf sein Ohr und hoffte, dass sie nicht auch Kameras eingebaut hatten. Er zeigte ihr den Zettel und legte den Zeigefinger auf die Lippen. Sie starrte auf das Papier und verzog das Gesicht zu einer Miene, die äußerste Genervtheit ausdrückte. Dann begannen sie schweigend aufzuräumen.

Als sie das Schlimmste erledigt hatten, sagte Angela: »Dass es in der Sowjetunion Einbrecher geben würde, hätte ich nicht gedacht. Ich habe immer geglaubt, die hätten die Kriminalität besiegt.«

Er konnte schon wieder grinsen, jedenfalls für ein paar Sekunden.

Oberst Kusnezow stand im Ruf, streng und humorlos zu sein, keinen Wodka zu trinken und überhaupt das Leben eines vorbildlichen Sowjetbürgers zu führen. Gewiss hatte er es nie versäumt, dem Aufruf zum Subbotnik zu folgen, hatte an jeder Demonstration zum 1. Mai teilgenommen und bei Solidaritätssammlungen angemessen gespendet. Genauso sicher schien es Eblow, dass der Mann nie fremdgegangen war und dass seine Tochter und sein Sohn mit glänzenden Zeugnissen die Grundlage einer großartigen Karriere legten, die vielleicht sogar die des Vaters noch übertreffen würde.

Aber womöglich tat der Mann nur so und soff und hurte heimlich, fragte sich Eblow. Das Einzige, was ihm sicher schien, war die Tatsache, dass Kusnezow für Eblow nun der gefährlichste Feind geworden war, ohne dass der Oberst es auch nur ahnte.

Eblow stand vor dem leer gefegten Schreibtisch des Obersts, die Tischplatte glänzte fast wie ein Spiegel, und Kusnezow stand dahinter, mit geradem Rücken, fast in Habachtstellung, als wirkte die Ehre noch nach, von Tschebrikow angesprochen und beauftragt worden zu sein.

»Wir haben hier eine Kopie des Flugscheins«, sagte Kusnezow ganz ruhig. »Martenthaler fliegt heute Abend, um neunzehn Uhr fünfzehn, mit der letzten Maschine nach Frankfurt und von dort nach München. Wir müssen damit rechnen, dass er sich frühestens um sechzehn Uhr nach Scheremetjewo fahren lässt. Aber der Mann weiß womöglich, dass wir hinter ihm her sind, oder er vermutet es vielleicht. Würde mich nicht erstaunen, wenn die Verräter bei uns ihn gewarnt hätten.«

Kam es Eblow nur so vor, oder musterte ihn der Oberst in diesem Augenblick besonders scharf?

»Ihre Genossen sind ja an ihm dran?«

»Ja, Genosse Oberst. Wir überwachen ihn vierundzwanzig Stunden am Tag. Wir werden die Überwachung verschärfen. Ich glaube nicht, dass er etwas weiß. Daher finde ich, wenn Sie mir die Bemerkung gestatten, die Wohnungsdurchsuchung nicht hilfreich.« Fast hätte er sie saudumm genannt. »Denn so wurde Martenthaler gewarnt. Wenn er der ist, für den wir ihn halten müssen, also ein erfahrener Feldagent, dann wird er die Durchsuchung als Warnung verstehen. Er wird nichts Verräterisches mehr sagen in seiner Wohnung und auch nicht in der Wohnung dieser Frau.«

Kusnezow hörte die Kritik, ohne eine Miene zu verziehen. Hier ging es um eine Sache, der Oberst war außerordentlich sachlich. Es zählte nur das Ergebnis.

»Ich will es Ihnen gerne erklären, Kasimir Jewgonowitsch.« In seiner Stimme war unendlich viel Geduld. »Wir müssen ihn nicht mehr abhören. Er kann sagen, was er will, morgen Abend sitzt er hier im Keller und wird sprechen. Vorrangig war es, ihm Angst einzuflößen. Unsere Botschaft lautet: Du bist nirgendwo mehr sicher, nicht mal in den eigenen vier Wänden. Wir sind überall. Ich zweifle nicht im Geringsten daran, dass dieser Mann die Botschaft versteht. Er wird, trotz aller Erfahrung und obwohl er offenbar ein eiskalter Hund ist, Angst bekommen. Er wird schlecht schlafen, und er wird Mühe haben, seinen Fluchtinstinkt zu beherrschen. Er weiß, er kommt nicht aus Moskau heraus, wenn wir ihn nicht herauslassen. Und er weiß auch, dass er uns nicht in die Hände fallen darf. Unser rachsüchtiger amerikanischer Freund hat uns genug gesagt, um Martenthaler scharf zu verhören. Ich vermute, dass dieser Herr sich das zusammenreimen kann, wenn er so schlau ist, wie Sie behaupten.«

Ich hatte es nicht behauptet, dachte Eblow. Aber es stimmt. Martenthaler war klug und unnahbar. Ein kalter Verstand auf zwei Beinen. Kusnezow hatte recht, sie mussten ihn nicht mehr abhören, zumal sie davon ausgehen konnten, dass er es wusste. Er würde jetzt nichts sagen, das ihn verriet. Aber er würde schlecht schlafen. In der Tat, das würde er.

15

Als Theo in den Schnee gekommen war, ging er zur Metrostation Arbatskaya und stieg an der nächsten Station um in den Zug zur Komsomolskaya. Tschernenkos Krankenakte drückte am Bauch. Die Bahnhöfe und die Züge waren bevölkert, obwohl der Berufsverkehr längst abgeflaut war. Er fand einen Sitzplatz und schaute sich um. Niemand schien sich für ihn zu interessieren, Uniformierte waren auch nicht zu sehen. Offenbar brauchten sie ihre Zeit, um die Fahndung zu entwickeln. Er fühlte sich unendlich müde, und doch zwang er sich, weiter über den Plan nachzudenken, der sich auf einmal in seinem Kopf festgesetzt hatte. Es gab nur eine Möglichkeit, aus Russland herauszukommen, und die würde er, wenn überhaupt, am Kasaner Bahnhof finden.

Es war muffig und überheizt. Jetzt fror er nicht mehr, sondern begann zu schwitzen. Ihm gegenüber saßen zwei harte Typen im militärischen Kurzhaarschnitt, aber ohne Uniform. Sie wechselten hin und wieder ein paar Worte, der eine drehte sich eine Zigarette. Theo wurde unwohl. Ob sie einem solche Gestalten nachschickten, kräftige, gut gebaute Schlagetots? Ob Scheffer von solchen Leuten umgebracht worden war, die es morgen schon vergessen hatten? Du denkst zu viel hinein, du hast Angst. Viel unauffälliger und daher verdächtiger konnte doch die Frau mit der Dauerwelle rechts neben den beiden Militärfreaks sein, die so unscheinbar in einer Boulevardzeitung blätterte, welche sich auf der Titelseite in rot kreischenden Lettern über die sexuellen Verfehlungen eines blondierten Sternchens ausließ, das mit einer rekordverdächtig tief aufgeknöpften Bluse abgebildet war. Oder der junge Mann neben der Frau, mit messerscharfem Rechtsscheitel, einer modernen Brille mit dünnem Metallgestell und dünnen Lippen, als würde er sie zusammenpressen. Er interessierte sich offenbar nur für sein Taschenbuch. Nein, ein Verfolger würde sich nicht in die Nähe setzen, redete Theo sich ein. Ein Verfolger will nicht auffallen. Aber vielleicht war es so, dass es dem Beschatter inzwischen egal sein konnte, ob Theo ihn erkannte oder nicht. Sie kriegten ihn sowieso.

Ob ich überhaupt bis zum Kasaner Bahnhof komme? Und wenn ja, was dann?

»Du gehst weg«, sagte Angela, als sie in ihrer kleinen Küche standen. »Ich habe es mir nicht ausgedacht, es gab ein Gerücht. Und irgendwie passt es. Das da drüben« – ihre Nase zeigte in Richtung von Henris Wohnung – »war wohl der Abschiedsgruß der Genossen.«

»Ich muss, sie lassen mir keine Wahl.« Henri war es nun egal, ob sie abgehört wurden.

»Du hast was ausgefressen.« Sie war wehmütig.

»So ähnlich.«

»Das war unvermeidlich?«

»Ja.«

»Aber du kannst nicht sagen, was es war.«

»Nein.«

Sie schwiegen ein paar Minuten, während Henri Kartoffeln schälte und Angela Zwiebeln schnitt. Bald füllten Tränen ihre Augen.

»Nicht dass du denkst, ich würde wegen dir Mistkerl heulen.«

»Das würde ich nie denken.«

Henri nahm sie in die Arme, drückte sie und wischte ihr dann mit seinem Taschentuch die Tränen von den

Wangen. »Das liegt am stumpfen Messer, dann beißen die Zwiebeln besonders stark.«

»Hat es sich wenigstens gelohnt, Henri?«

Er zögerte, dann flüsterte er ihr ins Ohr: »Ja.« Laut sagte er: »Nein. Es hat nicht geklappt.«

»Ich merke schon, du willst nicht darüber sprechen, du Geheimniskrämer.«

»Wie hast du das erraten, du Schlaumeierin?«

In der Nacht schliefen sie miteinander, aber es war mehr mechanisch als liebevoll und es gehörte fast schon zur Erinnerung. Henri war im Kopf bereits auf der Flucht, und sie fühlte sich verlassen. Er schlief unruhig, wälzte sich oft, und sie quittierte es mit einem Brummen im Halbschlaf. Am Morgen waren beide viel zu müde. Sie frühstückten hastig und fast wortlos. Henri packte seine Reisetasche und einen Koffer, der mit dem Diplomatengepäck nachgeschickt werden würde. Dann gingen sie gemeinsam zur Botschaft, und Henri wusste, dass sie ihn vielleicht schon geschnappt hätten, wenn Angela ihn nicht begleitet hätte. Noch würden sie versuchen, ihn allein zu erwischen, erst wenn sie keine Wahl mehr hatten, würden sie das Risiko erhöhen. Niemals durfte er die Sowjetunion verlassen, jedenfalls nicht lebend. Der Lada zockelte hochtourig keine zwanzig Meter mit qualmendem Auspuff hinter ihnen. In der Botschaft schrieb er eine kurze Notiz an Scheffer, die ihm übergeben werden sollte, wenn er das nächste Mal auftauchte. Als er den Brief eingetütet hatte, klopfte es an der Tür und Scheffer trat ein.

»Wollte mich verabschieden«, sagte er. »Sehen Sie es als Zeichen der Dankbarkeit für Ihre Hilfe bei unserer kleinen Konferenz.«

Henri deutete auf den Besucherstuhl und schob den Brief über den Tisch.

Scheffer öffnete den Umschlag, las und überlegte. Dann erhob er sich und nahm sich Henris Notizblock, zückte einen Kugelschreiber, schrieb und sagte: »Unsere Vorgesetzten sind wirklich unberechenbar. Ich bedaure es sehr, dass Sie zurückgerufen werden, und hoffe, Sie dann einmal woanders zu treffen, vielleicht ja in München.«

Er schob Henri das Notizheft zu. Darin stand: Muss ich was aufräumen? Kann ich helfen? Warum?, wenn ich fragen darf.

Henri las und schrieb, während er sagte: »Ich freue mich auf München. In Moskau ist es doch sehr kalt, während zu Hause der Frühling auf mich wartet.« Und er dachte: Das KGB muss uns für bescheuert halten.

Er schob Scheffer das Notizbuch zurück: Mein Abgang wird gefährlich. Die Freunde wollen mich greifen. Mehr darf ich dir nicht verraten. Ich muss unbemerkt aus der Botschaft kommen.

Scheffer las, überlegte und nickte dann: »Eigentlich beneide ich Sie.«

Er schrieb: Ich kann dir meinen Kofferraum anbieten.

Henri antwortete, während er Belangloses schwätzte: Du könntest Ärger kriegen von den Russen und unseren Leuten. Du müsstest es genehmigen lassen.

Scheffer tippte sich an die Stirn, konnte sich gar nicht lösen von den Vorzügen des bayerischen Frühlings und schrieb: Ich habe leider keine Zeit, die hohen Herren zu konsultieren. Wann? Ich wäre auch bereit, dich im Flughafen bis zur Maschine zu eskortieren, wenn es was nützt.

Henri überlegte. Sie konnten beide den Diplomatenübergang benutzen. Wenn die Kontrolleure ihn verschleppten, gäbe es immerhin einen Zeugen. Das war besser, als sich vom geschwätzigen Botschaftsfahrer gegen ein üppiges Trinkgeld hinausschmuggeln zu lassen und im Flughafen auf den Überraschungseffekt zu setzen, der, das wusste Henri ja eigentlich, nicht greifen würde. Aber immerhin würden sie einen Diplomaten unter den Augen anderer Diplomaten verhaften müssen. Vielleicht, so seine Hoffnung, würden sie sich das am Ende nicht trauen. Schließlich wäre es ein Verstoß gegen ein paar internationale Konventionen auf einmal, und die Sowjets mussten in einem solchen Fall mit harschen Gegenmaßnahmen rechnen. Wenn er erst mal ins Flugzeug käme, ob sie sich trauten, ihn da wieder herauszuholen?

Danke. Aber wir machen es anders.

Soll ich mir ein Ticket besorgen und dich nach München begleiten?

Danke, mein Freund. Nein.

Henri spürte Erleichterung und ein tiefes Gefühl von Dankbarkeit. Da war ein Kollege, der keine Sekunde zögerte, eine Menge für ihn zu riskieren. Denn wenn das KGB die harte Tour fuhr, konnte auch Scheffer etwas abbekommen. Außerdem musste er damit rechnen, dass seine Tarnung aufflog, wenn er einen entlarvten Westspion nach Hause eskortierte, und dazu, dass Pullach ihn zur Minna machte.

Es klopfte, die Tür öffnete sich und Angela schaute hinein. »Oh, ich wollte nicht stören.«

Scheffer erhob sich und lächelte sein freundlichstes Lächeln. Als Angela das Zimmer verlassen hatte, tauschten Scheffer und Henri noch ein paar Zettel aus, während sie das Wetter, die Schönheiten von München und die Lage der Fußballbundesliga erörterten. Jetzt verstand Henri, warum dieser Mann so erfolgreich war. Er hatte Fantasie und konnte sie in einen handfesten Plan umsetzen. Aber Henri entwickelte währenddessen seinen Plan, er hatte keine Wahl, wenn er sein Projekt mit Eblow und

Rachmanow nicht verraten wollte. Scheffer wusste nichts davon, und das sollte so bleiben. Wenn er davon wüsste, dann würde er keinen Gedanken an die Vorstellung verschwenden, Henri käme mit einer Linienmaschine über einen sowjetischen Flughafen aus dem Land heraus. Das KGB würde sich einen Dreck scheren um Diplomatenpässe und internationale Konventionen. Sie wollten ihn in den Verhörkeller der Lubjanka bringen, mit aller Macht.

Dann waren sie fertig, und Scheffer sagte im Hinausgehen: »Wir fahren um sechzehn Uhr.«

Sie würden früher fahren, dachte Henri. Manchmal fallen Leute auf so was herein. Doch seine Hoffnung war gering.

Major Eblow beobachtete die Rückseite und den Hof der Botschaft. Neben ihm starrte ein KGB-Leutnant durch sein Teleobjektiv, an dessen Rückseite eine japanische Kamera hing. Der Major konnte mit bloßem Auge erkennen, wie Martenthaler den Hof betrat, diesmal mit zwei Schüsseln in der Hand, die sichtbar gut gefüllt waren. Der Kater wartete bereits, und Eblow erkannte, dass das Tier gesund und stark aussah und jegliche Angst vor seinem Versorger verloren hatte. Mit einem Satz sprang es zwischen Martenthalers Beine, brachte ihn fast zum Stolpern und blieb an ihm kleben, bis er endlich die Schälchen absetzte. Towaritsch wusste erst nicht, welches Schälchen er vorziehen sollte, probierte an beiden, bis er sich endlich entschieden hatte. Während er gierig fraß, streichelte Henri ihm den Rücken, was Towaritsch quittierte, indem er den Schwanz senkrecht in die Höhe streckte und die Spitze ein wenig tanzen ließ. Eblows Augen wanderten die Fassade hoch, bis er die Frau sah, die Martenthaler immer mal wieder aus dem Fenster beobachtete. Eblow schob den KGB-Leutnant zur Seite und richtete das Objektiv auf das Fenster. Eine hübsche Frau, sie gefiel ihm, ausgenommen die Tränen in ihren Augen. Er sah, wie sie sich die Augen mit einem Tuch trocken wischte und dann vom Fenster zurücktrat.

Über Funk überprüfte er, ob die zusätzlichen Einsatzkräfte bereit waren, es mochte doch sein, dass Henri früher abfuhr als geplant, um sie zu verwirren. Aber auf so etwas fiel das KGB natürlich nicht herein. Eblow bedachte die Möglichkeiten, die Henri blieben für seine Flucht. Es waren wenige, und keine war wirklich sicher. Eblow bedauerte ihn, er war ein guter Kerl, er hatte Kopf und Kragen riskiert, weil er von einer Sache überzeugt war. Wo findet man heute noch solche Leute, die sich fast selbst aufopferten für etwas, das sie als Wahrheit anerkannten. Für Eblow gehörte Henri in die Reihe der unbekannten Helden, die viel mehr geleistet und gewagt hatten als all die Bonzen, die sich gegenseitig mit Orden und Ehrenzeichen behängten, meist nur dafür, dass sie waren, was sie waren. Breschnew ehrte Honecker, Honecker ehrte Ceausescu, Ceausescu ehrte Schiwkow …

Unten im Botschaftshof sah Eblow, wie Henri aufstand, einen Augenblick wie unschlüssig verharrte und dann zurück in die Botschaft ging. Jetzt mussten sie wirklich aufpassen. Jetzt begann die Jagd.

Fast hätte die Angst Theo gelähmt. Es waren nur ein paar Minuten von der Komsomolskaya zum Kasaner Bahnhof. Es war einiges los in der Halle mit dem schwarzweißen Steinboden und den mächtigen Leuchtern, die von der Kuppel herabhingen, in die tatsächlich Treppenfragmente eingearbeitet waren, welche von nirgendwo nur in den Himmel führen konnten. Menschen hetzten zu den Zügen oder standen am Fahrkartenschalter an. Seine Angst, entdeckt zu werden, trieb ihn dazu, sich ständig umzuschauen, aber sein Verstand befahl ihm, es nur zu tun, wenn es unauffällig gelang. Er setzte alles auf seine neue Kleidung und vor allem die Mütze, die ihn, jedenfalls von Weitem, deutlich unterscheiden sollte von der Person, die zur Fahndung ausgeschrieben war. Er redete sich ein, dass die Moskauer Milizionäre ja nicht nur ihn jagten, sondern vermutlich noch einige Tausend andere Menschen in diesem Moloch Moskau mit seinen mehr als acht Millionen Einwohnern, um von den Besuchern gar nicht zu reden.

Wie sollte er es anfangen? Er schaute sich um, achtete auf Grüppchen oder Männer, die etwas zum Kauf anboten. Aber in der Halle fand er niemanden, der infrage gekommen wäre. Er ging hinaus, ein eisiger Wind traf ihn im Gesicht. Schneeflocken schmolzen zu Wassertropfen auf seiner Haut. Ihn fröstelte, während der Körper noch nass war vom Schweiß der Metro und des Marsches zum Bahnhof.

Er ging um den Bahnhof herum und entdeckte nun die Leute, die er suchte. In einer Ecke auf der Rückseite, zwischen der Bahnhofswand und einem Kiosk, stand ein Mann, davor eine kleine Schlange von drei Leuten. Theo konnte nicht erkennen, was der Mann anbot, irgendwas zwischen Rauschgift und illegalen Wetten, vielleicht auch Falschgeld oder Eintrittskarten für illegale Bordelle oder Spielklubs. An der Wand des Kiosks lehnte scheinbar unbeteiligt ein kleinwüchsiger Mann, der der Hautfarbe nach vielleicht aus dem Kaukasus stammte. Theo schaute sich die Auslagen eines anderen Kiosks an und linste immer wieder zu dem Mann in der Ecke und seinem Wachhund. Dessen Augen suchten fortwährend das Umfeld ab. Ein Pfiff würde genügen, und die beiden wären vom Erdboden verschwunden.

Theo näherte sich dem anderen Kiosk. Er spürte, wie der Wachhund seinen Weg mit den Augen verfolgte, sich aber nicht nur auf ihn konzentrierte, sondern weiterhin auch die sonstige Umgebung sicherte. Er ging an ihm vorbei, die Augen des sonst unbewegt stehenden Manns folgten ihm. Es standen noch zwei Männer vor ihm in der Reihe, die irgendwelche Scheine kauften, wobei davor heftig verhandelt wurde. Der Verkäufer war ein groß gewachsener muskulöser Mann mit grauen Haaren und einem weißen Schnurrbart, der mit dem dunklen Teint der Haut kontrastierte. Er trug einen Pelzmantel und eine Pelzmütze, als wollte er zeigen, dass ihn sein Geschäft reich machte. Er hatte wache Augen und offensichtlich einen fixen Verstand, auf der linken Wange trug er eine lange, schmale Narbe. Er sprach schnell, aber doch ruhig, hob die Stimme nicht, regte sich nicht auf, war in der Position des Stärkeren, desjenigen, der hatte, was andere wollten. Während Theo das Palaver verfolgte, ohne viel zu begreifen, hatte sich hinter ihm ein Mann angestellt. Als der Verkäufer den Mann vor Theo abgefertigt hatte, schaute er Theo neugierig, aber nicht unfreundlich an. Natürlich merkte er, dass Theo nicht hier hinpasste, in solchem Geschäft brauchte man Menschenkenntnis, sonst wurde man abgeräumt von der Miliz oder von Konkurrenten.

Theo trat ganz nah an ihn heran, was der andere mit einem frostigen Lächeln verbuchte. »Bringen Sie mich aus Russland heraus«, sagte Theo. »Ich zahle gut.«

Der Mann musterte Theo in aller Ruhe, dann suchten seine Augen die Umgebung ab, blieben kurz an dem wartenden Mann hinter Theo hängen, dann zog er einen kleinen Notizblock und einen Bleistift aus der Tasche, schrieb etwas, riss den Zettel ab und reichte ihn Theo. Er wandte sich fast im gleichen Zug dem Mann hinter Theo zu. Der ging zur Seite, den Zettel in der Hand. Dann las er ihn. 17 UHR LENIN-MAUSOLEUM.

Ein verrückter Treffpunkt, dachte Theo, aber doch klug gewählt. Da standen immer Leute, da fiel man nicht gleich auf, schon gar nicht als Tourist. Und ihn würde das FSB überall suchen, aber gewiss nicht am Lenin-Mausoleum. Der Tschetschene, so nannte ihn Theo nun, schien seine Lage blitzschnell erfasst zu haben. Aber vielleicht würde er ihn auch hereinlegen. Womöglich gab es eine Belohnung für den, der half, Theo zu fassen. Und vielleicht nutzte der Tschetschene die Zeit, sich danach zu erkundigen.

Als er wieder in der überheizten Metro stand, die Menschen drängten sich aneinander und kämpften beim Anfahren und Anhalten gegen die Massenträgheit, als müssten sie eine unfreiwillige Fitnessübung absolvieren, da fiel Theo wieder ein, was Henri erzählt hatte über seine Moskauer Flucht. Er hatte es natürlich nicht wörtlich in Erinnerung, aber er reimte es sich zusammen: Ich bin ins GUM abgehauen, da kann man was essen und was trinken, da kann man untertauchen, wenn man sein Aussehen vorher ein wenig verändert hat. Neue Kleidung ist wichtig. Mit ein bisschen Glück findet einen dort keiner. Auf der Flucht braucht man Stationen zum Verschnaufen, gerade im Winter. Da ist das GUM ideal. Wenn du flüchtest, überwachen sie die Flughäfen, Bahnhöfe, Straßen, Hotels, aber dass sich einer in einem Kaufhaus auf dem Roten Platz versteckt, direkt gegenüber vom Kreml, das glauben sie eher nicht. Also ab ins GUM. So ähnlich hatte Henri es gesagt, und es klang immer noch überzeugend, auch wenn man glauben mochte, dass die anderen es genauso wussten und gerade deshalb von ihren Regeln abwichen. Doch dann sagte sich Theo, dass auch das FSB keine unbegrenzten Möglichkeiten habe und darauf aus sein müsse, dass er nicht aus Russland herauskam. Wenn sie das verhindern konnten, würde sich alles Weitere von selbst finden. Denn wer glaubte schon, dass sich ein Mann aus dem Westen lange im winterlichen Moskau verstecken konnte?

Egal, er musste nun die Zeit totschlagen und durfte sich nicht erwischen lassen. Als er ein Kopiergeschäft entdeckte, hatte er eine Idee. Er kopierte die Akte, kaufte einen Umschlag, steckte die Kopien hinein und erstand an einem Kiosk Briefmarken. Den Umschlag adressierte er an Paula und steckte ihn in den ersten Briefkasten, den er sah. Er lächelte.

Major Eblow verließ die Überwachungswohnung und ging hinaus auf die Straße. Dafür, dass er mit einem Bein im Grab stand, fand er sich ziemlich gelassen. Er vertraute auf seinen Einfallsreichtum, im schlimmsten Fall würde es einen Unfall geben, der seiner Karriere nicht nützen, aber ihn vor dem Tod retten würde. Eblow zweifelte nicht im Geringsten daran, dass er das Recht hatte, sein Leben um diesen Preis zu schützen. Er mochte diesen Martenthaler, schätzte seine offenkundigen beruflichen Fähigkeiten, hielt ihn für einen charakterfesten Zeitgenossen und fand, dass sie unter anderen Umständen hätten Freunde werden können. Nein, er würde ihn nur äußerst ungern töten. Am liebsten wäre es ihm, Martenthaler würde vom Erdboden verschluckt, dann wäre die Sache erst einmal erledigt. Aber wenn sie ihn schnappten, würde Henri reden. Jeder würde reden, wenn Tschebrikow ernst machte.

Er ging um das Botschaftsgelände herum und stieg in

den Kleinbus, der gegenüber dem Tor wartete. Drinnen saßen drei Männer. Der Bus war ausgestattet mit einem mächtigen Funkgerät, drei Bildschirmen, einem schmalen Tisch und zwei gegenüberstehenden Bänken mit verschlissenen schwarzen Polstern. Auf den Tisch war ein Stadtplan von Moskau geklebt. Es war Eblows Befehlszentrale, von hier aus würde er die Jagd koordinieren und den Augenblick bestimmen, wann sie zuschlugen.

Auf dem linken Bildschirm sahen sie das Botschaftstor. Die Funkkamera war gegenüber in eine Mauer eingelassen und von außen nicht erkennbar. Das mittlere Bild zeigte den Hinterhof, das rechte Gerät war in einem Lada installiert, der an der Verfolgung teilnehmen sollte. Die drei KGB-Offiziere gehörten zu Eblows besten Leuten, sie besaßen ausreichend Erfahrung, um die Jagd erfolgreich abzuschließen.

»Ihr wisst, wir müssen es unauffällig machen, schnell und entschlossen, sobald ich den Befehl gebe. Oder Oberst Kusnezow. Der Typ hat einen Diplomatenpass, bloß kein Aufsehen erregen.«

Oberleutnant Bogdanow, ein junger Mann mit schwarzen Augen, einem Flaum am Kinn und einem Gesicht, das ständig zu schmunzeln schien, war für die Kameras und Bildschirme zuständig. Eblow hielt ihn mindestens für ein halbes Genie in allen Fragen der Elektrik und sah deshalb, wenn auch ungern, über manche Disziplinlosigkeiten hinweg, die vor allem auf Bogdanows unausrottbare Leidenschaft für das Moskauer Nachtleben und das andere Geschlecht zurückzuführen waren. Der Mann war unverbesserlich, aber auch unersetzlich.

Ein großer, kräftiger Kerl mit einem Bauerngesicht war, sofern es bei Menschentypen so etwas gibt, das Gegenteil des Oberleutnants. Leutnant Antonin erweckte auf den ersten Blick den Eindruck, er sei ein träger, vielleicht sogar fauler Geselle, gänzlich ungeeignet für den Geheimdienst. Doch Antonin war hochintelligent, diszipliniert und vor allem gründlicher als alle sonstigen Offiziere, die Eblow kannte, sich selbst eingeschlossen. Der Major war froh, dass ihm bei dieser Operation Antonin als Helfer zugeteilt worden war, denn der würde in der Hektik der kommenden Stunden die Ruhe selbst bleiben.

Den Fahrer, einen Feldwebel namens Schmidt, kannte Eblow kaum, und er hatte den kleinen, korpulenten Mann mit dem verschlossenen Gesicht vielleicht einmal gesehen, aber das wusste Eblow nicht mehr so genau. Er hoffte nur, dass Schmidt der Herausforderung gewachsen sein würde.

»Das Tor öffnet sich«, zischte Bogdanow, als bestünde die Gefahr, dass jemand zuhörte. Die Kamera, die den Hof auf der Rückseite des Gebäudes überwachte, zeigte zwei Männer, die zu den Garagen gingen. »Das sind Martenthaler und der Botschaftschauffeur«, sagte Bogdanow. »Jetzt wird es ernst.« Dann sahen sie weitere Männer zu den Garagen gehen, mit Martenthaler und dem Fahrer befanden sich zwölf Personen in den Garagen oder auf dem Weg dorthin. Alle trugen Mäntel und Mützen. »Die Schweinehunde«, zischte Eblow. Noch ein Mann erschien, klein gewachsen, und auch er verschwand in einer Garage.

»Was haben die vor?«, fragte Eblow.

Er erhielt keine Antwort. Verdammt, daran hatte er nicht gedacht.

Er nahm das Mikrofon des Funkgeräts und bellte hinein: »Wir brauchen noch drei Überwachungskollektive an der BRD-Botschaft mit Autos. Und zwar sofort. Ende!«

Als Erster erschien ein dunkelblauer BMW. Er rollte langsam zum Tor, während ein schwarzer Mercedes aus der Garage fuhr. In beiden Wagen saßen zwei Männer auf den Vordersitzen. Die Torkamera zeigte, dass Martenthaler nicht im BMW saß, dann, als der auf die Straße gefahren war, gab es auch beim Mercedes Fehlanzeige. Dennoch schickte Eblow per Funk einen Wolga und einen Lada hinterher. Schon erschien der dritte Wagen, wieder ein schwarzer Mercedes, ein Fahrer, kein Beifahrer und wieder nicht Martenthaler.

»Lasst ihn fahren, gebt das Kennzeichen an die Kontrollstellen durch. Die sollen einen Wagen an ihn dranhängen, sobald sie ihn gesichtet haben.« Eblow war jetzt wieder ganz ruhig. Selbst wenn sie einem Wagen hier nicht nachsetzen konnten, würden sie auf der Strecke zum Flughafen genug Gelegenheiten haben, ihn zu verfolgen und zu stellen. Die vierte Limousine, ein schwarzer Opel, verließ die Botschaft, diese mit zwei Mann besetzt, einer auf der Rückbank. Sie bieten einem schon interessante Variationen, dachte Eblow. Martenthaler hatte sich ein schönes Verwirrspiel ausgedacht, doch es würde ihm nichts nutzen. Aber Eblow war bereit, das Mimikryspiel seines Gegners anzuerkennen. Nicht schlecht, wirklich nicht schlecht. Der fünfte Wagen verblüffte Eblow nicht mehr, ein Mercedes, schwarz, das neueste Modell mit sechs Zylindern und viel schneller als alle Autos des KGB. Das wird dir nichts nutzen, dachte Eblow. In dem Wagen saßen drei Männer, aber wieder nicht Martenthaler.

»Der ist immer noch in den Garagen«, sagte Antonin fast gelassen.

»Oder im Kofferraum von einem Auto«, erwiderte Eblow und wusste, dass sie vielleicht auf einen dummen Trick hereingefallen waren. Wann kam endlich die Verstärkung? »Gebt die Kennzeichen und die Beschreibungen der Autos an alle Kontrollstationen der Stadt. Und sagt die Kennzeichen und Beschreibungen immer wieder durch, damit nicht irgendein Trottel es verpasst. Und lasst euch den Befehl bestätigen.«

Dann war Oberst Kusnezow im Funk. Er ließ sich berichten, stutzte kurz, als Eblow ihm das Verwirrspiel schilderte, schien sogar einmal trocken zu lachen als Zeichen, dass er so etwas eher lustig fand und nicht verstand, was das Theater bringen sollte, wenn man den Kerl sowieso spätestens in Scheremetjewo erwischen würde. Das wäre zwar ungünstig. Aber es war ein Notfall, da musste man auch einen Rüffel des Politbüros wegstecken. »Wir haben in Scheremetjewo zwei Einsatzkommandos, sie werden weiter verstärkt. Sie sollten sich nachher auch dort hinbegeben, Genosse Major. Ich fahre jetzt dorthin. Sie halten mich auf dem Laufenden. Ende.«

Ein sechster Wagen, wieder ein Mercedes-Benz, fuhr gemächlich auf die Straße, ein Mann, eine Frau, aber kein Martenthaler. Sie notierten das Kennzeichen.

»Am liebsten würde ich jeden einzelnen Wagen stoppen und durchsuchen«, fluchte Bogdanow.

»Genau, wir durchsuchen ein Auto mit CD-Schild mitten im Verkehrstrubel. Sie wissen, Genosse, dass diese Autos exterritorial sind, da fährt gewissermaßen die BRD in Blechteilen auf unseren Straßen umher. Wir legen übrigens Wert darauf, dass die westdeutsche Polizei unsere Diplomatenautos ebenfalls in Ruhe lässt.« Eblow knurrte, dies aber weil sie eigentlich nur alles falsch machen konnten. Sollten sie sechs Autos mit CD-Plakette anhalten und durchsuchen? Sollten sie sechs Unfälle provozieren, um wenigstens einen Vorwand zu haben, die Wagen zu durchsuchen? Es war zum Kotzen.

Theo trieb sich in der Innenstadt herum, trank einen Kaffee im GUM, betrachtete die Auslagen und eine kleine Ausstellung, die ein Schmuckgeschäft aus Werbegründen vor dem Eingang auf einem Glastisch aufgebaut hatte: sowjetische Flugzeuge und Raumtechnik, Puppen in Raumanzügen. Er fühlte sich mies, hatte ein flaues Gefühl im Magen und sagte sich immer wieder, dass sein Scheitern gewiss sei, denn wer sich auf einen Kriminellen ein- und verlassen müsse, der sei von vornherein verloren. Er sah aus einem Fenster zum Mausoleum, die Schlange wand sich um das Gebäude herum, der Eingang zeigte zur Kremlmauer, der Ausgang war seitlich angebracht. Was hinten hineinströmte, strömte an der Seite hinaus. Alles um einen kleinen Mann zu sehen, der in Wahrheit nichts mehr mit dem Menschen zu tun hatte, den er darstellte. Als noch drei Minuten zur vollen Stunde fehlten, ging Theo los. Zügig marschierte er zum Mausoleum, um sich hinten in der Schlange einzureihen. Sobald er die Schlange erreicht hatte, stellte sich ein Mann neben ihn. Er war klein, hatte eine schwarze Russenmütze auf, die ein hageres Gesicht mit einem schwarzen Schnurrbart und schwarze Augen frei ließ. Auch er schien aus dem Süden Russlands zu stammen.

»Wir haben einen gemeinsamen Freund«, sagte der Mann mit Raucherstimme.

»Sie meinen den Herrn vom Kasaner Bahnhof«, sagte Theo und fragte sich, ob der Typ nicht eher vom FSB war. Aber es hatte keinen Zweck zu spekulieren. Es würde schon schiefgehen.

Der Mann steckte sich eine Zigarette an. »Sie reisen gern«, sagte er dann und hustete.

»Sehr gern«, sagte Theo.

»Gut«, sagte der Mann. »Das ist eine schöne Beschäftigung.«

»Ja. Und teuer.«

Der Mann lachte. »Wo wollen Sie hin?«

»Ins Ausland, einfach nur ins Ausland.«

Der Mann nickte und zog stark an seiner Zigarette. Er betrachtete die erkaltende Glut und sagte: »Wie gefällt Ihnen Finnland?«

»Gut, aber auch nicht besser als Georgien.«

»Sie wollen einfach nur verreisen.« Dann sagte er noch: »Der Weg ist das Ziel.«

»Wenn er über die Grenze führt.«

»Gut, Sie verstehen, dass wir Vorbereitungen treffen müssen. Dazu benötigen wir eine Anzahlung.«

»Ich habe Bargeld und eine Kreditkarte. Die kann ich mit tausend Euro am Tag belasten.«

»Das wird nicht genügen.«

»Gut, ich werde prüfen, ob die Kreditkartenfirma hier eine Filiale hat, und versuchen, das Limit erhöhen zu lassen.«

»Das ist eine gute Idee«, sagte er und trat nach einem letzten Zug die Zigarette aus. Er schaute sich um, und dann war er plötzlich verschwunden. Theo blickte in alle Richtungen, dann sah er sie. Es waren zwei uniformierte Polizisten, die sich der Warteschlange näherten. Der eine hatte ein Funkgerät in der Hand. Sie liefen nicht schnell, aber zielsicher auf Theo zu. Adrenalin schoss ihm ins Blut. Jetzt musste er um sein Leben laufen. Und wieder fiel ihm ein, was Henri erzählt hatte, als er einmal abtauchen musste. Aber er hatte nie erzählt, wie er aus der Sowjetunion herausgekommen war. Warum nicht? Und dann dachte er nur noch daran, wie er jetzt fliehen konnte.

Theo rannte los, schaute demonstrativ mehrfach auf die Uhr, um vorzutäuschen, dass er einen Termin verpasst hatte. Er fand es selbst lächerlich. Er war übermüdet, die würden Verstärkung rufen, und viele Jäger waren des Hasen Tod. Er blickte sich um und sah, dass sie ihm hinterherrannten. Der eine schnatterte etwas in sein Funkgerät. Theo bog nach der Basilius-Kathedrale links ab, entdeckte links eine kleine Straße, lief hinein, sah eine Hofeinfahrt und rannte hinein, wohl wissend, dass er sich in eine Falle begeben haben konnte. Aber er musste jetzt irgendwo verschwinden. Vom Hof führten drei Eingänge in zweistöckige Häuser, eines davon sah verfallen aus, Löcher im Dach, Pappe statt Glas in einigen Fenstern. Theo versuchte die Tür zu öffnen, aber die blockierte ein Vorhängeschloss. Er ging zum nächsten Fenster, riss die Pappe weg, drückte den Fensterrahmen auf und zwängte sich hinein. Als er drinnen war, sah er draußen eine alte Frau, die ihm von Anfang an zugeschaut hatte. Er legte den Zeigefinger an die Lippen, aber sie wandte sich ab und ging zur Toreinfahrt. Sein Schicksal hing nun ab von einer Frau, die gesehen hatte, wie ein fremder Mann in ein Haus eingebrochen war.

Im Haus standen ein paar alte Möbel herum, es stank nach Kot und Schnaps, offenbar war Theo nicht der Einzige, der es als Zuflucht benutzte. Aber er konnte niemanden entdecken, nur die Reste von selbst gedrehten Zigaretten und ein paar leere Flaschen. Es war bitterkalt. Er schaute aus einem Fenster im zweiten Stock hinunter auf den Hof und sah vor seinem geistigen Auge schon einen Trupp Polizisten heranstürmen. Aber es war niemand da, die Frau war auch verschwunden. Vielleicht hatte sie sich nur gewundert, dass ein Mann, der nicht arm aussah, das Haus als Unterschlupf benutzen wollte. Egal. Was nun?

Geh ins GUM, das wäre Henris Rat gewesen. Sollte er noch einmal zum Kasaner Bahnhof? Hatte der Mann ihn verpfiffen gegen eine Belohnung? Oder war es Zufall, dass die Polizisten auftauchten, als er den Mann in der Warteschlange traf? Er tippte auf Letzteres, sonst wären mehr Polizisten angerückt. Aber sicher konnte er nicht sein.

Er fror und hatte Durst und Hunger. Geh ins GUM. Vielleicht sollte er doch in der Botschaft anrufen? Obwohl das Telefon abgehört wurde. Ob der BND ihn rausholen konnte? Vielleicht war die Akte unter seinem Hemd das Risiko wert?

Er wartete eine Stunde, die nicht vergehen wollte. Er nutzte die Zeit, um weiter in der Akte zu lesen, aber es fiel ihm schwer, sich zu konzentrieren. Und doch baute sich allmählich eine monströse Geschichte in seinem Kopf zusammen.

Endlich glaubte er, die Miliz abgeschüttelt zu haben. Womöglich hatten sie gar nichts von ihm gewollt, sondern waren hinter dem Mann her, wollten nur kontrollieren, sich die Langeweile vertreiben. Konnte doch sein, dass er falsch reagiert hatte. Doch er musste aufpassen. Er schob die Akte unters Hemd.

Theo verließ das Haus und ging eiligen Schritts aus dem Hof und den Weg zurück, den er geflohen war. Als er den großen Platz erreichte, fiel er in einen Bummelschritt. Schlendernd betrat er das GUM. Während er im Erdgeschoss so tat, als ob er in aller Ruhe die Auslagen betrachtete, nutzte er den Spiegeleffekt der Scheiben, um nach Verfolgern Ausschau zu halten. Anschließend wollte er ins Obergeschoss, um etwas zu trinken und zu essen.

Als er sich gerade von einem Laden mit russischen Spezialitäten und reichlich Spirituosen abwendete, erkannte er für den Bruchteil von Sekunden ein Gesicht.

Kurz nachdem Theo das Gesicht gesehen hatte, stürzten sich vier Männer auf ihn, die er zuvor als Passanten kaum beachtet hatte. Der Schock hinderte ihn, sich zu wehren. Es war zu Ende. Jetzt bekam er die Quittung für seine Verrücktheit. Sie würden ihn vermodern lassen in einem Lager, schon weil sie verhindern mussten, dass der Inhalt der Akte bekannt wurde. Solche Gedanken schossen ihm durch den Kopf, während der Körper sich willenlos dem Zugriff fügte. Passanten starrten ihn an, als wäre er ein Kinderschänder oder Massenmörder. Die Leute genossen ihr Entsetzen, je länger sie ihn anglotzten. Theo sah es wie hinter einem durchsichtigen Vorhang. Sie zerrten ihn zu einem Hinterausgang, wo ein Transporter mit laufendem Motor wartete. Fenster hatte er nur vorn. Die Schiebetür öffnete sich, ein Mann streckte seine Hand aus und zog Theo ins dunkle Auto, während andere schoben. Dann wurde die Tür zugezogen und das Licht ging an. Sie hatten ihn auf eine Bank gesetzt, und ihm gegenüber saß ein Mann, den er kannte. Es war Henri.

Einen Plan im eigentlichen Sinn hatte Henri nicht. Er wusste nur, dass er auf keinen Fall zum Flughafen fahren durfte. Er hatte keine Mühe, sich vorzustellen, was für einen Affentanz die Genossen vom KGB dort veranstalten würden. Henri war klar, was er nicht tun durfte, aber er hatte keine Ahnung, wie er jemals die Sowjetunion verlassen konnte. Oder doch, eine vage Idee begann sich in seine Gedanken zu mischen, während er sich mühte, das Geholper der Straße im Kofferraum des Opels auszuhalten.

»Wir haben noch einen hinter uns, den muss ich loswerden«, rief Scheffer, der den Wagen durch den Verkehr steuerte. Er fuhr kreuz und quer durch Moskau, hatte zuerst vorgetäuscht, den Flughafen anzusteuern, war dann aber in eine andere Richtung abgebogen und fuhr seitdem offenkundig ziellos umher. Er baute darauf, dass seine Verfolger irgendwann unaufmerksam wurden, da dieser verrückte Typ aus Westdeutschland sie doch nur ablenken sollte von der Limousine, die den Spion zum Flughafen bringen sollte. Scheffers Aufgabe war nun, die genervten Verfolger abzuhängen, ohne dass die es als Abhängen verstanden. Er hatte es schon zwei Mal an Ampeln versucht, als er bei Dunkelgelb noch durchgefahren war, nachdem er zuvor die Bremsleuchten hatte brennen lassen. Aber der Lada, besetzt mit drei Männern, war bei Rot durchgefahren und einmal fast in einen Unfall verwickelt worden. Das wäre natürlich die beste Variante gewesen. Aber warum sollten sie gerade dann Glück haben, wenn sie ein paar Tonnen davon hätten brauchen können?

Scheffer begann dichten Verkehr zu suchen. Er näherte sich der Stadtmitte und rief Henri zu, er möge sich festhalten, wahrscheinlich bleibe ihm nichts übrig, als es auf die harte Tour zu versuchen. Was das war, wusste er auch noch nicht so genau. Er bog in eine Seitenstraße ein und sah im Rückspiegel den Lada. Die nächste Seitenstraße, dann, nach einem Ampelstopp, landete er auf einem vierspurigen Zubringer. Sie fuhren direkt in Richtung Zentrum. Scheffer zog auf die linke Spur und wendete auf die Gegenfahrbahn. Der Lada hatte keine Mühe dranzubleiben. Scheffer beschleunigte, sah auf der rechten Spur eine kleine Kolonne, vorneweg ein reichlich verbeulter Dacia, dahinter ein Wolga, dem ein Lastkraftwagen und ein Kleintransporter folgten. Er überholte die Kolonne, zog den Opel scharf auf die rechte Seite und trat mit aller Kraft auf die Bremse, als er dicht vor dem Dacia fuhr. Er beobachtete im Rückspiegel, wie der Dacia ebenfalls eine Vollbremsung machte, und gab Gas, damit der Wagen ihm nicht hinten auffuhr. Er ließ den Fuß auf dem Gas stehen, während er immer wieder in die Spiegel schaute. Der Dacia wurde mit großer Wucht von dem Lkw gerammt, und der Kleinbus prallte auf den Lkw. Die Autos schleuderten über die Straße, der Kleinbus kippte um. Scheffer schnaufte, schaute noch einmal fast ungläubig in den Spiegel und rief Henri zu: »Irgendein Idiot hat einen Unfall gebaut. Die Straße ist dicht.« Dann bremste er den Opel auf die vorgeschriebene Geschwindigkeit herunter und nahm die nächste Seitenstraße, fuhr in ein Viertel mit Mietshäusern, ließ den Wagen auf einem fast leeren Parkplatz ausrollen, stieg aus, blickte sich um, öffnete den Kofferraum und sagte: »So, und jetzt hau ab. Da vorn ist eine Haltestelle der Elektrischen.«

Henri musste damit rechnen, dass jemand gesehen hatte, wie er aus dem Kofferraum geklettert war. Er beeilte sich, den Ort zu verlassen. Es war kalt und windig, so, wie es eben im März in Moskau war. Man sollte sich den Sommer für Verfolgungsjagden aussuchen. Er grinste grimmig und sah bald die Haltestelle der Elektrischen. Dort warteten schon einige Leute, die meisten älter als Henri und einige von ihnen ärmlich gekleidet. Aber auch eine Frau mittleren Alters im Pelz stand da, ein wenig abgesetzt von den anderen. Die Bahn kam, und Henri fand einen freien Gangplatz, sodass er gegen die Sicht von außen einigermaßen abgeschirmt war. Im Wagen war es viel zu warm, aber jedes Mal, wenn der Zug hielt, strömte eisige Luft hinein. Neben Henri saß ein alter Mann, der vor sich hin summte und seinen Sitznachbarn nicht beachtete. Er trug eine blaue Wollmütze, die er bis über die Ohren hinuntergezogen hatte.

Henri überlegte einmal mehr, welche Möglichkeiten ihm blieben, wenn er überhaupt davon sprechen konnte. Zurück zur Botschaft wäre blödsinnig. Mit Sicherheit war die weiträumig umringt von KGB-Leuten, die verhindern wollten, dass er sich dort verkroch. Und selbst wenn er durchkam, wäre das nur der Auftakt einer neuen Runde, denn die Sowjetregierung würde ihn sofort ausweisen, um ihn auf dem Weg zum Flughafen abzufangen. Sie würde am Ende jeden Skandal in Kauf nehmen. Der Aufstand, den die Überwacher vor der Botschaft gezeigt hatten, verriet, was Henri ohnehin ahnte, nämlich dass sie ihn verdächtigten, an Tschernenkos Ermordung mitgestrickt zu haben. Wahrscheinlich hatte Mavick ihn verraten. Er überlegte, ob er Angela um Hilfe bitten sollte, aber wie sollte sie ihm helfen? Henri mühte sich, die Wehmut abzuwehren, die sich beim Gedanken an sie anschlich. Sie konnte nichts für ihn tun, und er würde sie nur in diese heillose Geschichte hineinziehen, ohne den Trost zu haben, dass es ihm irgendwas nutzte.

Vor dem Kursker Bahnhof stieg er aus und ging den Weg zum Roten Platz zu Fuß. Er musste sich neue Kleidung besorgen, also ging er ins GUM. Im Obergeschoss fand er einen Laden, der Kleidung verkaufte, die mit Mode allerdings nichts zu tun hatte. Er fand dick gefütterte Arbeitskleidung, eine Kunstpelzmütze, schwere Handschuhe und Stiefel, hässlich wie die Nacht, aber die Sachen konnten ihm nicht hässlich genug sein. Er ließ sich seine Westkleidung in eine gebrauchte Papiertüte verpacken und verließ das Geschäft.

Dann ging er zu einem Stand im Erdgeschoss, an dem Tee ausgeschenkt wurde und es auch Kuchen gab, der pappig aussah und, wie sich dann herausstellte, auch so schmeckte. Er schaute sich um, während er am erstaunlich guten Tee nippte, und registrierte zufrieden, dass ihn niemand beachtete. In seiner Kleidung sah er aus wie ein russischer Handwerker. Im Augenwinkel erkannte er eine Milizstreife. Bleib ruhig, befahl er sich. Sie werden nur auf dich aufmerksam, wenn du fliehst. Tatsächlich gingen sie plaudernd an ihm vorbei. Die Anspannung wich, und er war erst einmal zufrieden.

Henri zwang sich zur Ruhe, wenigstens äußerlich. Er wartete vor einer Telefonzelle am GUM. Zwei Frauen und ein alter Mann standen vor ihm, bis eine junge Frau, erstaunlich modisch gekleidet und mit gefärbten blonden Haaren, ihr Gespräch beendet hatte. Am liebsten hätte er sich unter einem Vorwand – ein Krankheitsfall, ein Verbrechen – vorgedrängt, aber er durfte nicht auffallen. Die Füße froren, sonst war die Kleidung dem Wetter gut angepasst. Er bewegte die Zehen und begann dann auf den Fußballen zu wippen. Endlich war die junge Frau fertig. Als sie die Zelle verließ, warf sie ihm einen herausfordernden Blick zu, für den Bruchteil einer Sekunde nur, als durchschaute sie seine Tarnung. Der alte Mann schlurfte zur Zelle, nahm den Hörer, warf ein paar Kopeken ein und wählte. Gleich legte er wieder auf und trat hinaus, um sich hinter Henri anzustellen. Er brummte. Die Frau schwatzte eine ganze Weile, dann legte sie endlich auf und Henri war an der Reihe. Er wählte die Nummer, die er sich eingeprägt hatte, und sagte nur: »Wladimir lässt grüßen.« Dann schaute er auf seine Armbanduhr und merkte sich die Zeit.

»Ich hatte gehofft, du hättest den Code vergessen«, sagte der KGB-Major. »Aber seit wann erfüllen sich unsere Hoffnungen?« Natürlich duzten sie sich jetzt.

Eblow bezahlte für beide, und sie betraten den Gorki-Park. Ein Eisbrecher arbeitete sich in der Moskwa ab. Auf einem zugefrorenen See drehten Kinder und Erwachsene Pirouetten auf Schlittschuhen, das Schleifgeräusch wurde Henri und Eblow vom Wind zugetragen.

»Ich suche gerade einen Spion am Flughafen«, sagte Eblow. »Aber der ist verschwunden.«

Henri musste lachen, aber es erstarb gleich wieder.

»Wenn uns jemand zusammen sieht, bin ich tot. Und du wahrscheinlich auch«, sagte Eblow. »Das Einfachste wäre, ich würde dich auf der Stelle erschießen.« Er gab sich wenig Mühe, seine schlechte Laune zu verhehlen.

»Du musst mich rausbringen.«

Eblow hustete vor Schreck. Doch dann begann er zu überlegen. Schweigend zogen sie durch den Park.

»Wenn ich dich herausbringe, dann nur als sowjetischen Agenten. Auf unseren Kanälen. Ich fürchte, du wirst dann desertieren.«

Neben Henri saß ein Mann im Rang eines Generals. Der zwirbelte einen Schnurrbart, den er gar nicht trug. Beide betrachteten Theo, aber der starrte nur auf Henri. Doch Theo sagte nichts, wenn er jetzt redete, würde er etwas verraten. Er wusste zwar nicht, was, aber es wäre bestimmt verheerend. Nein, du darfst Henri nicht kennen. Das ist ein Riesentäuschungsmanöver. Dein Vater ist ein Verräter. Er hat schon immer für die Russen gearbeitet. Wie sonst käme er hierher? Er sitzt mit einem FSB-General in einem FSB-Transporter mit weiteren FSB-Leuten in Uniform, und das mitten in Moskau. Und sie haben dich festgenommen.

Dann schickte der General seine Untergebenen aus dem Auto, auch den Fahrer, obwohl dessen Kabine durch eine Glasscheibe getrennt war. Als er sich vergewissert hatte, dass alle außer Henri, Theo und ihm ausgestiegen waren, sagte er freundlich: »Guten Tag, Herr Martenthaler. Sie haben da eine Akte, die ich gerne zurückhätte.«

Theo ließ seine Augen zwischen Henri und dem General hin- und herwandern. Henri nickte. »Gib sie ihm.«

»Sie haben sie gelesen?«, fragte der General fast väterlich.

Theo überlegte, dann erwiderte er: »Dazu hatte ich keine Zeit. Ich habe nur das Bild gesehen, den Rest lediglich überflogen.« Und er dachte, dass das FSB früher oder später die schraffierte fünfte Seite finden würde.

»Das bedaure ich natürlich«, sagte der General lächelnd. »Und was wollten Sie mit dieser Akte? Neugier, nehme ich an.«

»Ja. Was sonst?«

»In Wahrheit haben Sie etwas über Scheffer gesucht. Sie glauben, wir hätten ihn ermordet.«

»Ja, das haben Sie.«

Der General schaute ihn ruhig an. »Sie haben recht.«

Theo glaubte, nicht richtig zu hören. »Sie haben ihn wirklich ermordet?«

»Es musste sein.«

Und Theo schoss in den Kopf, dass sie ihn jetzt auch ermorden müssten.

»Sie wollen sich nicht noch einmal blamieren«, sagte der General ganz gemütlich. »Die Geschichte glaubt Ihnen doch keiner mehr. Aber hören Sie auf herumzuschnüffeln. Was immer Sie herausfänden, Sie könnten es nur dazu benutzen, sich lächerlich zu machen. Der Mann, der auf den billigsten Trick der Spionagegeschichte hereingefallen ist …«

Theo dachte an Sonja.

»Geben Sie mir bitte die Akte. Ich müsste sie Ihnen sonst abnehmen.« Der General streckte seine Hand aus.

Theo zögerte, überlegte, wie er sich retten könnte, dann öffnete er den Mantel und zog die Akte unter dem

Hemd hervor. Er schob sie langsam über den Tisch, als hätte er Angst, sie loszulassen.

Der General griff nicht nach ihr, sondern steckte sich eine Zigarre an, nachdem er den anderen eine angeboten hatte, aber die hatten nicht reagiert. Dann nahm er die Mappe und strich sie glatt, um sie schließlich fast achtlos hinter sich auf dem Boden abzulegen.

»Ihr Vater und ich sind gute Freunde«, sagte er.

Theo schaute Henri an, und der nickte.

»Unsere Arbeitgeber würden uns bis ans Ende der Welt jagen, wenn sie eine Ahnung bekommen würden von unserer gemeinsamen Operation. Daran hat das Ende der Sowjetunion und des KGB nichts geändert. Geändert haben sich beim Geheimdienst vor allem die Namen. Als ich Ihren Vater kennenlernte, war ich Major des KGB und Ihr Vater war Resident des Bundesnachrichtendienstes in Moskau.«

Dein eigener Vater wird dich nicht umbringen, dachte Theo. »Was steht in der Akte?«, fragte er. Das musste er jetzt fragen.

Der General lächelte und zog an seiner Zigarre. Er kaute den Rauch fast, bevor er ihn stoßweise ausblies. »Es geht darin um den Tod eines Generalsekretärs. Auch wenn die Sowjetunion untergegangen ist, möchten wir nicht, dass … Intimes über einen russischen Führer in der Schmutzpresse ausgebreitet wird. Wissen Sie, das ist eine Frage der nationalen Ehre.« Er lächelte.

Theo lagen Fragen auf der Zunge: Wie konnte ein alter, aber kerngesunder Mann in einem Regierungskrankenhaus sterben? Warum wurde auf eine Obduktion verzichtet? Und was hatte dieser Professor Smirnow dazu gesagt, dessen Name auf zahlreichen Dokumenten in der Akte stand? Aber er unterdrückte sie gerade noch. Nicht zu mutig werden. Du hast die Akte nicht gelesen, redete er sich ein. Und die Schraffur stammt von diesem Suchanow.

»Ich weiß, Sie wollen jetzt vieles wissen. Aber ich kann Ihnen nur sagen, dass Ihr Vater und ich zusammen mit einigen Genossen eine Operation durchgeführt haben, die dazu diente, die Welt zu retten.«

Theo glotzte ihn an, dann Henri.

»Sie werden das für übertrieben halten, für pathetisch. Wir Russen neigen dazu, natürlich. Ich kann Ihnen leider nicht viel verraten.«

Theos Hoffnung wuchs weiter. Wenn sie mich umbringen wollten, könnten sie mir alles verraten.

»Da ich aber nicht ausschließen kann, dass Sie doch einen längeren Blick in die Akte geworfen haben, will ich Ihnen die Ausgangslage unserer Operation beschreiben.« Er sog Rauch ein und stieß eine große Wolke aus. »Ende 1983 hat das besonnene Verhalten eines Offiziers in einer Überwachungsanlage bei Moskau verhindert, dass die Welt in einem Atomkrieg unterging. Es gab nachts einen Alarm, der anzeigte, dass die Amerikaner Raketen gestartet hatten, aber dieser Offizier glaubte an die Vernunft der Menschen, sogar des Präsidenten in Washington, auch wenn wir damals nicht viel Veranlassung hatten, an dessen Vernunft zu glauben. Obwohl seine Kontrollbildschirme intakt waren, meldete unser Offizier nichts nach Moskau. Unsere damaligen Befehlshaber und der Generalsekretär der Partei hätten aus dem Bett geholt werden müssen, um binnen weniger Minuten zu entscheiden, wie sie den Alarm bewerten und wie sie darauf reagieren sollten. Sie hätten, wenn es nach den Vorschriften gegangen wäre, die sowjetischen Interkontinentalraketen starten müssen, bevor diese am Boden vernichtet würden. Sie hätten sich bei ihrer Entscheidung wahrscheinlich allein auf die Meldung aus dem besagten Kontrollzentrum stützen können. Es war, wie sich bald herausstellte, ein Fehlalarm. Aber für mich und meine Freunde war es kein Fehlalarm. Wir stellten uns die Aufgabe, eine Wiederholung dieses Szenarios zu verhindern. Und wir gingen es radikal an. Nur wenn wir das Wettrüsten beendeten, konnten wir einigermaßen sichergehen, dass es einen weiteren Fehlalarm nicht geben würde oder dass er wenigstens nicht gleich den Untergang bedeutete.« Er blies eine neue Rauchwolke in den kubanischen Nebel.

»Und du hast da mitgemacht?«

Henri nickte.

»Wie sah die Operation aus?«, fragte Theo Henri.

Henri warf einen Blick auf den General.

Der zwirbelte Luft unter seiner Nase, zog an der Zigarre und ließ den Rauch beim Sprechen austreten. »Um Sie zu schützen, natürlich denke ich da auch an mich und an Ihren Vater, werde ich nichts weiter dazu sagen. Wenn Sie vernünftig sind, werden Sie auch nicht mehr fragen. Weder hier noch zu Hause.«

Als Henri nach seiner Flucht aus der Sowjetunion nach Pullach zurückgekehrt war, kündigte er den Dienst. Er verkroch sich für einige Wochen in seiner Wohnung, bis er eines Morgens einen Umschlag ohne Briefmarke und Absender in seinem Briefkasten fand. Darin befanden sich Unterlagen für ein Nummernkonto in der Schweiz. Der Bankauszug dokumentierte eine Million US-Dollar. Der Sendung war ein Zettel beigefügt, auf dem nur ein kurzer Satz stand: »Wladimir lässt grüßen.« Von einem Teil des Geldes kaufte er im Jahr 1987 das Haus in Staufen.

Ein gutes halbes Jahr später kam er nachts zurück von

seinem elsässischen Lieblingsrestaurant, dessen Speisen und dessen Wirtin es ihm angetan hatten, und wollte gerade die Haustür aufschließen, als er hinter sich ein Geräusch hörte. Instinktiv ließ er sich fallen und rollte auf dem Boden zur Seite, um sofort aufzuspringen. Mavick stand vor ihm, die Straßenlaterne ließ die Scheide seines Messers glänzen. Der Amerikaner schien keineswegs entmutigt zu sein vom Scheitern seines Überraschungsangriffs, sondern näherte sich fast gelassen seinem Opfer. Das Messer wechselte unentwegt von der linken in die rechte Hand und wieder zurück. Sie umkreisten sich auf der Garageneinfahrt, Mavick täuschte Angriffe an, und Henri sprang einen Schritt zurück, zog sein Jackett aus und wickelte es um den linken Arm. Er war jetzt angespannt, aber ruhig. Seit Monaten hatte er sich mit geradezu fatalistischer Gelassenheit auf diesen Augenblick vorbereitet.

»Sie haben mich fertiggemacht«, zischte Mavick. Er fixierte Henri, täuschte wieder an und setzte offenbar alles auf den entscheidenden Stoß. Der Amerikaner war etwas kleiner und mochte wissen, dass Henri durchtrainiert war wie ein Sportler. »Sie haben mich rausgeworfen. Sie haben mich einen Versager genannt. Sie haben mich sogar verdächtigt, das Geld unterschlagen zu haben. Und das alles, weil du Schwein dir hier ein schönes Leben machen wolltest.«

Dann ging es ganz schnell. Henri hatte sich in die Nähe der Gartentür an der Hausecke manövriert und setzte in einem Sprung über den Zaun. Er rannte die Treppe hinunter zur Veranda und blieb hinter der Ecke stehen. Er hörte den Verfolger, sah ihn um die Ecke kommen und zustechen, während Henri ihn mit der Faust auf die Nasenwurzel traf. Es knackte, und dann spürte Henri einen brennenden Schmerz am Oberschenkel. Mavicks Messer steckte tief im Muskel, während der Amerikaner mit einem Ächzen zusammengesackt war. Henri riss das Messer aus der Wunde und musste schreien vor Schmerz.

Er beugte sich zu Mavick hinunter, der auf der Seite lag, packte das Kinn und den Hinterkopf und riss den Kopf zur Seite, bis es knackte. Dann stand er auf und humpelte stöhnend nach oben. Im Badezimmer verband er die teuflisch schmerzende und heftig blutende Wunde und schluckte eine Überdosis Antibiotika. Dann zog er eine frische Hose an und ging wieder hinaus. Er fuhr seinen Geländewagen aus der Garage und spürte schon die Angst angesichts der Aussicht, nun eine lange Strecke fahren zu müssen. Und dies mit einer Leiche im Kofferraum. Er quälte sich ab, bis es ihm endlich gelungen war, Mavick in den Kofferraum zu packen. Dann ging er noch einmal zurück ins Haus, nahm eine starke Schmerztablette, steckte die Packung ein und fuhr los. Die Fahrt war ein Kampf gegen sich selbst. Ihn plagte weniger seine rätselhafte und nur mühsam gebändigte Angst vor dem Autofahren als die Schmerzen und die Müdigkeit, die von den Tabletten noch gefördert wurde. Doch er fuhr bis Bonn, in die Nähe der US-Botschaft in Godesberg, und legte Mavicks Leiche am Rheinufer ab, versteckt unter einem Busch. Er würde dennoch bald gefunden werden. Zurück auf der Rheinbrücke warf er das Messer in den Strom.

Er fuhr sofort weiter, hielt nur einmal an, um zu tanken und einen Kaffee zu trinken. Am Morgen kam er nach Hause und legte sich zwei Stunden ins Bett, ohne wirklich schlafen zu können. Das Bein schmerzte höllisch. Dann stand er auf und zwang sich, etwas zu essen. Im Bad erneuerte er den Verband, nahm wieder das Antibiotikum und rief den Hausarzt an.

Epilog

»Was machst du heute?«, fragte Paula, nachdem sie aufgewacht war.

»Ich fliege nach Berlin. Kannst du nach Olga und Radenković sehen?«

»Wie lange bleibst du weg?«

»Einen Tag.«

»Das werden die beiden knapp überleben. Aber ich werde mit ihnen ein wenig Welsisch reden. Warum fährst du weg?«

»Ich muss jemanden besuchen.«

»Soso.«

»Nein. Einen alten Mann.« Er nahm sie in die Arme. Und dachte an Scheffers schriftliche Hinterlassenschaft im Dienst. Und an den Namen Fath, der dort mehrfach auftauchte. Immer im Zusammenhang mit Zeitungsartikeln, die Tschernenkos Gesundheitszustand erwähnten oder erörterten. Bei dem es sich um den Berliner Journalisten Robert Fath handelte, einen Mann mit brüchiger Stimme, mit dem Theo gestern telefoniert hatte. »Ja, ich kannte Scheffer, aus Moskau.« Die Sache ließ Theo keine Ruhe, und vor allem ließ ihm keine Ruhe, dass der Vater ihm nichts erklärt hatte. »Halt den Mund, mein Junge«, hatte er nur gesagt. Aber so etwas ließ sich Theo vielleicht von allen möglichen Leuten sagen, nur nicht von seinem Vater. Es hatte wochenlang in ihm gebohrt, nachdem dieser General Henri und Theo über die finnische Grenze geschmuggelt hatte.

Und dann war der Brief aus Moskau eingetroffen, adressiert an Paula und offenbar ungeöffnet. Die Kopie der Akte, die er in Moskau auf die Post gegeben hatte. Er mietete ein Bankschließfach und packte die Kopie hinein.

Natürlich hatte Klein Theo zur Minna gemacht, als der heimgekommen war und gestanden hatte. Von einem unverantwortlichen Alleingang hatte Klein mehr gezischt als gesprochen. Theo kam er in dieser Phase des Gesprächs vor wie eine tödlich gereizte Klapperschlange. Doch plötzlich hatte der Abteilungsleiter umgeschaltet und war geradezu freundlich geworden, was Theo mehr erstaunt hatte als die Zischeinlage. Dann begriff er allmählich, dass Klein von der Geschichte wusste und seit mehr als zwei Jahrzehnten schwieg wie ein Grab. Wahrscheinlich kannte er nicht alle Einzelheiten und wollte sie auch nicht wissen. Aber er ahnte genug. Er musste seinen Dienst und seinen Kopf retten, denn wenn herauskam, was Henri in Moskau angestellt hatte, würde ein Tsunami die deutschen Geheimdienste hinwegfegen wie ein Ruderboot am Inselstrand. Niemand würde Klein oder der Bundesregierung glauben, dass Henri einen Alleingang gemacht hatte. Der hatte doch sogar die Amerikaner mit hineingezogen. Ein internationaler Skandal, wie es ihn noch nie gegeben hatte. Ein Geheimdienst ermordet den Führer einer Supermacht.

»Warum haben Sie mich nach Moskau geschickt? Weil ich ein Greenhorn bin?«

Klein hatte gelächelt. Dann wippte sein Daumen zwei Mal nach oben.

Natürlich, dachte Theo. Die Bundesregierung hatte ihm befohlen, die Hintergründe von Scheffers Tod in Moskau aufzudecken. Das ging ja nicht, dass die einfach einen Bundesbürger umbrachten. Und Klein hatte dem Befehl folgen müssen, aber einen geschickt, der auflaufen würde.

»Sie sollten einen Abschlussbericht schreiben, den ich nach Berlin weiterleiten kann. Darin sollte unsere Wahrheit stehen. Niemand hat etwas davon, alte Geschichten auszugraben. Sie verstehen, was ich meine? Geschichten, die die Beziehungen zwischen Moskau und Berlin belasten oder vielleicht sogar zerstören würden. Was hätten wir davon? Wie stünden wir da? Es ist für alle besser, wenn es ein Unfall war. Sie eingeschlossen. Und nun machen Sie ein paar Tage Urlaub, in denen Sie bitte nicht nach Russland fliegen. Florida, was halten Sie von Florida?«

Fath saß im Sessel und röchelte leise. Er lebte im dritten Stock eines Mietshauses in Berlin-Schöneberg. Sie stank nach Rauch, Fett und Alkohol. In der Küche hatte Theo schmutziges Geschirr in der Spüle entdeckt. Das Wohnzimmer diente als Ablage für Unmengen bedruckten Papiers, Bücher, Zeitungen, Zeitschriften, lose Blätter. Auch nach näherem Hinsehen konnte Theo kein System in der Ablage entdecken. Auf dem Tisch, auf dem Sessel und dem Sofa, auch auf dem Fußboden lag alles kreuz und quer. Fath stapfte mit hängenden Backen und einem monströsen Wanst achtlos über das Papier her, wischte einen Stapel vom Sofa und einen anderen vom Sessel. Er bot Theo nichts an, was dem die Pein ersparte, es ablehnen zu müssen. Kleine Augen lugten durch dicke Brillengläser in einer dunkelbraunen Hornfassung. Die wenigen verbliebenen Haare waren weiß.

»Ich kannte Ihren Vater, feiner Kerl. Er lebt wirklich noch?«

»Ja.« Theo ruckelte seinen Hintern in dem durchgesessenen Sofa in eine Lage, die ihm einigermaßen bequem war.

»Dann grüßen Sie ihn von mir.«

»Gerne. Sie wissen, warum ich gekommen bin.«

»Ja, wegen des armen Scheffer. Er hat übrigens auf dem gleichen Platz gesessen wie Sie. Hoffentlich gibt es da nicht weitere Parallelen.« Er kicherte, dann schnaufte er und sagte: »Scheffer hatte sich nach Ihrem Vater erkundigt. Ganz freundlich und so, dass ich erst hinterher bemerkt habe, worauf er hinauswollte.« Er nickte, um seine Worte zu bekräftigen.

Dabei hatte er sich gefreut, wieder mal mit jemandem aus der guten alten Zeit reden zu können. Und da redet man auch mal ein bisschen zu viel, dachte Theo.

»Und er hat behauptet, der alte Henri wäre lange tot. Da könnte es doch nicht schaden, wenn ich ein bisschen was erzählen würde. Das verstehen Sie doch, oder?«

»Natürlich. Scheffer hat Sie angelogen.«

»Na ja, vielleicht hat er es ja wirklich geglaubt. Über Tote soll man nichts Böses sagen.« Er kicherte wieder. Dann zog er einen Tabakbeutel aus der Hemdtasche, dazu Zigarettenpapier, und begann sich eine zu drehen. Als er fertig war, zündete er die Zigarette mit einem Streichholz an und zog genüsslich. »Dabei weiß ich nicht viel. Ich weiß aber sicher, dass Scheffer immer noch sauer war, weil sie ihn wegen dieser Geschichte in Moskau nach Pullach zurückgeholt hatten. Von einem Tag auf den anderen. Er folgte dem guten Henri gewissermaßen auf dem Fuß. Bestimmt glaubte Scheffer, dass ihn das die … Karriere gekostet hat. Oder so.«

»Und was wollte Scheffer nun von Ihnen wissen?«

»Er hat mich gefragt, was ich mit Ihrem Vater zu tun hatte. Ich war damals in Moskau ein paar Mal mit Henri einen trinken, und er hat mir dabei gesteckt, wie furchtbar schlecht es dem Generalsekretär Tschernenko ging. Ich habe das dann verwertet. Offenbar hat es gestimmt. Die Russen haben es jedenfalls nicht dementiert … na gut, die haben so was nie dementiert.« Er röchelte, dann hustete er. Nach einem weiteren Zug aus seiner Zigarette murmelte er: »Komisch war das schon, dass er so was wusste.«

»Er war beim BND«, sagte Theo.

»Ach der BND, Kinderkram.« Er starrte einer Rauchwolke nach und sagte: »Der Scheffer wollte das Gleiche von mir wissen wie Sie.«

»Was meinen Sie?«

»Das mit der Krankheit von Tschernenko.« Er hüstelte.

In Scheffers Pullacher Hinterlassenschaft stand der Name von Fath, natürlich auch die Namen von Andropow und Tschernenko. Ein paar andere noch, denen Theo keine Bedeutung zumaß. »Also, Scheffer kam zu Ihnen, nur um zu erfahren, ob Sie etwas von Tschernenkos Krankheit wussten?«

»Ja, hat mich auch gewundert.« Da steckte ein wenig Trotz in der Stimme.

»Und Sie haben ihm gesagt: Von der Krankheit weiß ich nur, was Henri mir gesteckt hat.«

»Genau.« Er schnäuzte sich. »Aber damit hat er sich nicht zufriedengegeben. Der Scheffer war ein ganz ausgefuchster Hund. Er wurde überfahren, sagen Sie?« Und als Theo nickte, fuhr er fort: »Das glaube ich nicht.«

Theo zuckte mit den Achseln. Der Magen begann zu schmerzen.

Fath erhob sich und suchte etwas in den Stapeln auf dem Tisch, dann kniend auf dem Boden. Mit einem unverständlichen Fluch setzte er sich nach ein paar Minuten wieder und atmete schwer.

»Und mehr wollte Scheffer nicht wissen?«

»Doch, doch. Ich musste haarfein rekonstruieren, bei welchen Gelegenheiten Henri mir was gesagt hat über den Generalsekretär. Und wie er es gemacht hat.«

»Wie hat er es gemacht?«

»Na, Scheffer wollte wissen, ob ich Henri zu Treffen eingeladen habe oder er mich.«

»Und wer hat eingeladen?«

»Henri, ich kam ja gar nicht dazu. Und, offen gesagt, so ein geselliger Typ war er nicht, dass man davon träumte, sich mit ihm die Moskauer Nächte um die Ohren zu hauen. Nein, so einer war er nicht. Er hat immer was über den armen Tschernenko erzählt, und dann ist er auch schon bald wieder abgezogen. Man könnte fast glauben, er sollte mich benutzen ... Wie nennt ihr so was? Desinformation, genau. Aber dann ist der Tschernenko tatsächlich im Eiltempo gestorben, hatte Henri also recht gehabt. Und bei den Kollegen galt ich eine Zeit lang als der mit dem heißen Draht in den Kreml.«

Theo strich sich durch die Haare. Die Sache war eigentlich klar. Scheffer hatte irgendwie erfahren oder es war ihm gesteckt worden, dass Tschernenko nicht so krank war, wie es verbreitet wurde. Er hat sich Zeitungen besorgt und bald festgestellt, dass die Berichte über Tschernenkos angebliche Krankheit auf Fath zurückgingen. Er hat also Fath aufgesucht, der ihm bestätigt hat, dass er Informationen bekommen hatte, und zwar von Henri. Und dann hat er Fath weisgemacht, Henri sei tot und er könne nun alles erzählen. Was Fath nun berichtete, war ziemlich dünn, aber es reichte, um Scheffer endgültig auf die Spur zu setzen. Denn er wusste ja noch, dass Henri kurz nach Tschernenkos Tod aus der Sowjetunion fliehen musste und dass ihm das sogar gelang, und zwar erstaunlicherweise ohne Hilfe des BND. Von der Sache mit den zehn Millionen Dollar hatte er womöglich auch erfahren. Selbst wenn nicht, so einer wie Scheffer konnte eins und eins zusammenzählen. Und es gab nichts, was Scheffer mehr verachtete als den Verrat, und genauso übel fand er, dass Henri seine Hilfsbereitschaft missbraucht hatte. Als in Moskau auffiel, was Scheffer herausfinden wollte, erfuhr dieser FSB-General davon und ließ Scheffer umbringen. Derselbe General, der Theo und Henri gerettet hatte.

Im Flughafen Tegel checkte er gleich ein und wartete auf einer Bank im Gate. Draußen rollten Flugzeuge und Schleppwagen über den Platz. Eine weiße Wintersonne spiegelte auf dem Beton und schmerzte fast in den Augen. In einer Ecke saß ein Pärchen und flüsterte sich etwas in die Ohren, sie kicherte. Zwei Geschäftsmänner nebeneinander in gedeckten Flanellanzügen mit Notebooks auf dem Schoß. Ein Rentnerehepaar, sie döste, er las ein Revolverblatt. Durch die Lautsprecher tönte die Warnung, sein Gepäck nicht unbeaufsichtigt zu lassen. Dann wurde ein Flug nach Mailand aufgerufen.

Irgendetwas stimmte nicht, war wenigstens unvollständig. Ein Puzzlestein fehlte. Woher hatte dieser General erfahren, dass Scheffer die alte Sache ausgraben wollte? Dieser ehrpusslige Scheffer, für den Verrat auf ewig Verrat blieb. Es gab nur drei Personen, die wussten oder wenigstens ahnten, was Scheffer auch nach Moskau zurücktrieb, neben seiner Liebe für die Stadt und die Menschen, neben der Gewissheit, dass er nirgendwo mehr zu Hause war als dort: Fath, Theo und Scheffer selbst. Keine dieser Personen hatte diesem General einen Hinweis gegeben. Er nicht, Scheffer sowieso nicht, und Fath, der hatte damit nichts zu tun, war Marionette gewesen. Wer war der Vierte?

Er wollte diesen Gedanken nicht zulassen. Und doch erinnerte er sich seines Besuchs beim Vater. Henri hatte gemauert, wie nur einer mauern konnte. Und wenn einer so mauert, nach so vielen Jahren, dann hatte er einen Grund, einen wichtigen Grund. Warum hätte er dem eigenen Sohn eine olle Kamelle verschweigen sollen? Aus pathologischer Geheimnistuerei? Theo verwarf den Gedanken. Er rekapitulierte, was Fath ihm berichtet hatte.

Die Tschernenko-Sache, und Henri hing mit drin. Das war klar. Und jetzt drohte Scheffer, in Moskau herumzuhorchen. Es gab nur einen einzigen Mann, der diesen General Eblow gewarnt haben konnte. Er erinnerte sich des Anrufs, den er erhalten hatte, nachdem er von seiner ersten Reise zusammen mit Scheffer in Moskau zurück war, als der Anrufer auflegte, nachdem Theo seinen Namen genannt hatte. Es konnte alles Zufall sein. Und doch zweifelte Theo nicht daran, dass Henri überprüft hatte, ob Theo wieder zu Hause war. Und dann hatte er diesen General Eblow angerufen.

Auf dem Rückflug überlegte er, wie er überleben könnte. Er war Mitwisser geworden, und er verstand nun, warum Henris Haus so stark gesichert war. Theo begriff auch, dass die Aktenkopie seine Lebensversicherung war, nur musste er dafür sorgen, dass dieser General in Moskau erfuhr, dass Theo sie besaß und sie nur veröffentlicht würde, wenn ihm etwas geschah. Konnte doch sein, dass Eblow es eines Tages bereute, ihm bei der Flucht geholfen zu haben. Es würde genügen, Henri einen Wink zu geben. Der telefonierte ja gerne mit Moskau. Vielleicht hatte er so eine Chance. Die Magenschmerzen schwollen an und wieder ab. Er legte seine Hände auf den Bauch.

»Geht es Ihnen gut?« Eine Stewardess beugte sich zu ihm, er wäre fast erschrocken.

»Es geht«, sagte er leise.

Professor Konomarjow war eine Koryphäe der Gerontologie. Das trieb ihm Patienten aus aller Welt zu, und seit das Sowjetsystem untergegangen war, strömten auch alte Menschen aus Osteuropa und Russland zu ihm nach Zürich in seine kleine Privatklinik, die er nun schon seit mehr als zweiundzwanzig Jahren führte. Seine Honorare waren gefürchtet, ein längerer Aufenthalt in seinem Krankenhaus ließ selbst Millionäre erschauern. Doch Konomarjow war für alle, die reich und alt waren, aber die Gebrechen des Alters mildern wollten, ein Engel, der seinen Patienten zwar nicht ewige Jugend, aber doch ein erträgliches Altern schenken konnte. War das nicht fast jeden Preis wert? Ein paar Jahre länger mit einer viel zu jungen Geliebten? Ein paar Reisen mehr, als der liebe Gott eigentlich vorgesehen hatte? Allein die Vorstellung, ihm ein Schnippchen zu schlagen, steigerte die Lebensfreude manches Patienten auf ungeahnte Weise.

Seltsam erschien manchen nur, dass Professor Konomarjow sich mit dem Geld begnügte, das, wenn es auch reichlich floss, in dieser Zeit doch nur eine Seite der Erfolgsmedaille war, wohingegen er auf die öffentliche Anerkennung, die Homestorys, die erregenden Beziehungsgerüchte, die Paparazzifotos von einsamen Stränden und ganz intimen Partys verzichtete. Niemand hatte je etwas gehört davon, dass Konomarjow private Kontakte pflegte, nie war eine Frau an seiner Seite gesehen worden, nie hatte jemand außerhalb der Klinik von ihm viel mehr gehört als Bitte und Danke. Er war immerhin ein höflicher Mensch, das würden alle bestätigen, die jemals mit ihm zu tun hatten, vom Briefboten bis zum Tankwart. Der Professor hatte keinen Chauffeur, sondern fuhr seinen Bentley selbst. Es gab eine mürrische alte Putzfrau, die, so mochte man meinen, noch nie ein Wort gesprochen hatte, jedenfalls nicht über den Professor, der die Nachbarn aber nachsagten, sie verdiene mit ihrer Arbeit mehr als mancher Hochschullehrer, auf jeden Fall aber mehr als Bankangestellte. Ihr Sohn, ein kräftiger, aber kurz gewachsener Kerl mit halblangen roten Haaren, diente dem Professor als Gärtner und konnte sich erstaunlicherweise ein schweres BMW-Motorrad leisten, und zwar nicht gebraucht, wie ein Nachbar betonte. Nicht gebraucht, fabrikneu. Ein Gärtner! Es ging ein weiteres Gerücht, nämlich dass die Putzfrau und ihr Sohn das Vermögen des Professors oder zumindest einen happigen Teil davon erben würden, wenn sie bis zu dessen Lebensende kein Sterbenswörtchen verlieren würden über den großen Mann und sein wohltätiges Werk. Für manchen war er geradezu ein Heiliger, der geplagten Menschen half und auf die Lobpreisung nichts gab. Man sah von ihm meist nur Schemen, vor allem hinter dem verdunkelten Glas seiner Limousine, die, so hatte der mit einem fachmännischen Blick begabte Tankwart kolportiert, gepanzert sei, was darauf schließen ließ, dass der Professor ein ängstlicher Mann sein musste.

Tatsächlich bewachten zwei Pförtner den Eingang und verwehrten allen Personen, die ohne Anmeldung erschienen, den Zugang zur Klinik. Klinikmitarbeiter hatten berichtet, dass alle Patienten überprüft wurden, bevor der Professor sie empfing. Das Privathaus des Professors war mit modernster Sicherheitstechnik ausgestattet, Alarmanlage, Kameras und so weiter. Manche nannten es eine Festung.

Aber all die Vorsicht half am Ende nichts. Ein Patient, ein schmächtiger Mann mit Glatze, humpelte in die Klinik, wies seine Terminzusage an der Pforte vor, wurde ins Wartezimmer geführt, dort bald aufgerufen, weil der Professor seinen Patienten keine Geduldsproben zumuten wollte, und betrat das Sprechzimmer, wo ihm Konomarjow mit einem einladenden Lächeln einen Platz anbot. Da der Patient, er nannte sich Schmidt und sprach ein sehr hartes Deutsch, nichts trinken wollte, kam der Professor gleich zur Sache. Auf die Frage, womit er Herrn Schmidt helfen könne, verwies dieser darauf, dass es eine heikle Sache sei und er sie nur völlig ungestört durch dritte Personen schildern könne. Woraufhin der Professor durch die Sprechanlage sein Vorzimmer anwies, ihn in der kommenden halben Stunde auf keinen Fall zu stören. Dann lächelte er seinen Patienten wieder an als Aufforderung, nun seinen Fall zu schildern. Schmidt zog eine Pistole mit aufgesetztem Schalldämpfer aus der Jacke und sagte ruhig: »Ein Gruß aus Moskau, Smirnow!«

Konomarjow schüttelte den Kopf, heftig, verzweifelt. »Aber das ist doch so lange her, ein Vierteljahrhundert!«, rief er und wusste doch, dass keine Zeit zu lang wäre. Nie hatte sich ein Mensch hilfloser gefühlt. Es ist doch sinnlos, dachte der Professor, völlig sinnlos. Und sein letzter Gedanke war, während Schmidt ihn fast freundlich anlächelte, dass er nun Tschernenko dorthin folgen würde, wohin er ihn selbst geschickt hatte.

Schmidt schoss Smirnow alias Konomarjow ein rotes Loch in die Stirn, danach feuerte er zwei Mal aufs Herz, bevor die Leiche nach vorn fallen konnte. Er steckte seine Waffe ruhig zurück unter die Jacke, stand auf und ging zur Tür. Die wurde in diesem Augenblick aufgerissen, und Schmidt oder wie er tatsächlich heißen mochte, stand zwei Männern gegenüber, die Smith-&-Wesson-Revolver des Modells 460 in den Händen hielten. Schmidt begriff sofort, dass Smirnow einen vorher vereinbarten Notfallcode durch die Sprechanlage geschickt hatte, schluckte einmal, schüttelte den Kopf, ließ Bedauern aufscheinen in seinem Gesicht und zog fast provozierend gemächlich seine Pistole. Die Revolver bellten gleichzeitig los.

Wenn wir noch ein Stück weiterführen in Richtung Süden, kämen wir unweigerlich an Serpuchow vorbei. Dort, wo ein mutiger Mann die Vorschrift brach, um die Welt zu retten. Doch Major Eblow hatte keine Zeit, sich in Reminiszenzen zu verlieren. Er saß im letzten Wolga von dreien, die vor Kurzem den Autobahnring im Süden verlassen hatten und jetzt mit Hochgeschwindigkeit durch den Kiefernwald rasten, und dies in die Gegenrichtung der Einbahnstraße, wie die Straßenschilder unzweideutig anzeigten. Aber es hielt sie keiner an, mit aufgeblendeten Scheinwerfern schossen die geräumigen Limousinen durch geöffnete Schranken, an der Seite uniformierte Posten mit AK-47-Gewehren über der Schulter.

Im ersten Wagen saß Tschebrikow, der Vorsitzende des Komitees für Staatssicherheit. In den anderen Wagen saßen seine engsten Mitarbeiter, unter ihnen auch Oberst Kusnezow. Er hatte einigen Ärger bekommen, da es dem westdeutschen Agenten gelungen war, zu entkommen, eine unglaubliche Panne, eine Niederlage, welche die Zweite Hauptverwaltung umso härter traf, als sie alle Vorbereitungen getroffen hatte, um diesen Martenthaler zu fassen. Und doch war er spurlos verschwunden und immer noch nicht aufgetaucht. Natürlich musste man daraus schließen, dass dieser Spion Helfershelfer im KGB gefunden hatte, mit denen er zusammen den Generalsekretär Tschernenko umgebracht hatte. Es war das übelste Komplott des Feindes gegen die Sowjetunion. Und dies in einer Zeit, in der es nach Umbruch roch, in der ein neuer Generalsekretär neue Töne erklingen ließ, die in der Leitung des Geheimdienstes den Verdacht hatten keimen lassen, Gorbatschow selbst könnte nicht nur unfreiwilliger Profiteur der Verschwörung sein, sondern mit den Verbrechern unter einer Decke stecken. Aber die

Jürgen Heimbach

Unter Trümmern

Krimi | 2. Auflage
528 Seiten | PB | Euro 13,95 | ISBN: 978-3-86532-341-5
Auch als eBook erhältlich

Deutschland 1946: Die Zeiten sind hart. Hunger, Kälte und die Sorge um vermisste Angehörige dominieren das Leben. Paul Koch kehrt in das zerstörte Deutschland zurück. 1934 ging er nach Frankreich, später nach Spanien, um gegen Franco zu kämpfen. Jetzt braucht die Polizei dringend jeden politisch Unbelasteten. Doch Kollegen und Vorgesetzte begegnen dem Kriminalkommissar mit Misstrauen. Und auch Koch ist auf der Hut.
Bei einem Überfall auf ein Warendepot wird ein Wachmann getötet. Paul Koch übernimmt den Fall, der ihn schon bald zu dem einflussreichen und aalglatten Bauunternehmer Helmut Brunner führt. Plötzlich stirbt der einzige Zeuge und Kochs Ehrgeiz ist geweckt.
Eher zufällig führen ihn seine Ermittlungen zu Dorle. Deren Mann wird vermisst und ihr Sohn ist schwer verwundet aus dem Krieg zurückgekehrt. Doch Medikamente gibt es nur auf dem Schwarzmarkt. Dorle will alles tun, um ihrem Sohn zu helfen. Wirklich alles?

Eindrucksvoll entwirft Jürgen Heimbach das Bild einer Zeit, in der jeder Schuld auf sich lädt.

www.pendragon.de

Christian v. Ditfurth, geboren 1953, ist Historiker und lebt als freier Schriftsteller in Berlin. Er hat zahlreiche Sachbücher »Deutsche Geschichte für Dummies« und Romane verfasst. Bekannt wurde er mit Bestsellern wie »Der 21. Juli«, »Die Mauer steht am Rhein« und den Kriminalromanen um den Hamburger Historiker Josef Maria Stachelmann »Mann ohne Makel«. Zuletzt erschien von ihm »Heimkehr eines Mörders«.

Pendragon Verlag
gegründet 1981
www.pendragon.de

1. Auflage

Gedruckt auf holz- und säurefreiem Naturpapier

Taschenbuch-Erstausgabe
Veröffentlicht im Pendragon Verlag
Günther Butkus, Bielefeld 2014

Herstellung und Umschlag: Uta Zeißler, Bielefeld
Foto: PantherMedia / Alexandr Blinov
Satz: Pendragon Verlag auf Macintosh
Gesetzt aus der Adobe Garamond
ISBN 978-3-86532-388-0
Gedruckt in Deutschland

Mein Dank gilt

Dr. Herbert Brehmer (Berlin) fürs kritische Gegenlesen und die fachliche Kritik. Er hat in all den Jahren fast jedes meiner Manuskripte vorab gelesen. Dieses ist das letzte, das er prüfte, und es tröstet mich nicht, dass es ihm als ehemaligem Nachrichtendienstoffizier mit Abstand am besten gefiel. Er ist viel zu früh bei einem besonders blöden Unfall gestorben.

Dr. Hilke Andresen vom Institut für Rechtsmedizin am Universitätsklinikum Eppendorf in Hamburg für die Hilfe bei einem schön fiesen Mord. Paraquat!

Susanne Schulz, Neustrelitz, für wichtige Korrekturen.

Stephanie Kratz, deren Lektorat das Manuskript nur verbessert hat.

erbärmlich. Dann tuschelte er mit Krjutschkow, woraufhin dieser das Wort ergriff: »Genosse Vorsitzender, Genossen Offiziere!« Er lehnte sich zurück, hob die Hand ein paar Zentimeter und ließ sie dann wieder sinken. »Der Genosse Vorsitzende hat, wie Sie wissen, befohlen, dass unser Dienst genau wie die Partei den Mord am Genossen Tschernenko in der Öffentlichkeit als natürlichen Tod bezeichnet. Warum, liegt auf der Hand. Vor allem würde es dem Ruf der ruhmreichen Sowjetunion in dieser gefährlichen Zeit erheblich schaden, wenn wir eingestünden, dass es möglich war, den Führer der UdSSR zu ermorden. Es würde auch die Ehre des KGB beflecken. So klar dies ist, so klar ist auch etwas anderes.« Er ließ seinen Blick langsam in der Runde kreisen, fixierte jedes Gesicht für ein paar Sekunden, was die Spannung im Raum weiter steigerte. »Und dieses andere heißt, dass wir jeden, der an diesem schandbaren Verbrechen teilgenommen hat, jagen werden bis zum Ende seiner und unserer Tage. Selbst für den undenkbaren Fall, dass das Schicksal eine Auflösung des Komitees für Staatssicherheit bereithält, werden wir, unter welchem Namen auch immer, diese Feinde ausmerzen. Wenn es schon möglich war, unseren geliebten Genossen Tschernenko feige zu meucheln, so werden wir wenigstens dafür sorgen, dass die Drahtzieher und die Mörder ihre gerechte Strafe finden. Das gelobe ich, und das werden Sie geloben im Angesicht unseres großen Vorbilds Feliks Edmundowitsch Dserschinski.«

äußerst vorsichtigen Ermittlungen hatten nichts dergleichen ergeben.

Plötzlich hielt der erste Wolga, Eblow sah, wie ein Schlagbaum sich hob. Sie waren angekommen im Hauptquartier der für Auslandsspionage zuständigen Ersten Hauptverwaltung. Vorne salutierten die Wachsoldaten, dann setzte die kleine Kolonne ihre Fahrt fort. Eingerahmt und überragt vom Wald stand das hellgraue Betongebäude zwischen anderen Bauten, die man in ihrer Schlichtheit auch in einem Gewerbegebiet vermuten könnte, ganz im Gegensatz zu dem Prachtklotz der Lubjanka.

Eblow war zum ersten Mal hier. Er bestaunte die mit blau-weißem Marmor ausgelegte Empfangshalle, an der Wand Fotos von Tschekisten, die, wie eine Tafel verriet, gerade im weltweiten Kampf gegen den Imperialismus gefallen waren. Tschebrikow ging vorneweg auf das kleine Empfangskomitee zu, das in der Halle auf sie wartete. Er begrüßte zuerst Krjutschkow, den legendären Spionagechef, einen eher klein gewachsenen Mann mit einer großen Brille auf der Nase und einer sich ausweitenden Stirnglatze.

Später saßen sie zu elft im Konferenzraum, dessen Stirnwand das unvermeidliche Porträt Dserschinskis zierte. Eblow fand, dass er auf dem Bild noch ausgemergelter aussah als sonst, als zehrte die Sorge um die Revolution ihn ganz aus.

Am Kopf des Konferenztisches saßen Tschebrikow und Krjutschkow, Letzterer blätterte in einem Aktenordner, aber man mochte ihm ansehen, dass seine Gedanken sich am wenigsten mit Akten befassten. Kusnezow und Eblow saßen am Ende der Tafel.

Tschebrikow eröffnete die Sitzung, indem er kurz den Stand der Ermittlungen referierte. Er bezeichnete ihn als